Bochner 02

HERZOG & DE MEURON
NATURGESCHICHTE

HERZOG & DE MEURON
NATURGESCHICHTE

HERAUSGEGEBEN VON
PHILIP URSPRUNG

CANADIAN CENTRE FOR ARCHITECTURE
LARS MÜLLER PUBLISHERS

Dieser Katalog erscheint anlässlich der Ausstellung *Herzog & de Meuron: Archaeology of the Mind*, die vom Canadian Centre for Architecture (CCA), Montreal, organisiert ist. Sie wird im CCA vom 23. Oktober 2002 bis zum 6. April 2003 und danach im Heinz Architectural Center, Carnegie Museum of Art, Pittsburgh, dem Schaulager, Münchenstein/Basel, und dem Netherlands Architecture Institute, Rotterdam, gezeigt. Das Schaulager ist verantwortlich für die europäischen Ausstellungsorte in Verbindung mit dem CCA.

Das CCA dankt der BMO Financial Group und der RBC Financial Group sowie Liberty Yogourt für ihre Unterstützung der Ausstellung sowie der öffentlichen Veranstaltungen, die sie begleiten.

Das CCA dankt dem Ministère de la Culture et des Communications du Québec, dem Canada Council for the Arts, dem Department of Canadian Heritage sowie dem Conseil des arts de Montréal für die grosszügige Unterstützung.

© 2002 Canadian Centre for Architecture und Lars Müller Publishers

Das Centre Canadien d'Architecture/Canadian Centre for Architecture (CCA) ist ein Forschungszentrum und Museum, das sich der Architektur und ihrer Geschichte widmet. Es gründet auf der Überzeugung, dass die Architektur als Teil der gesellschaftlichen und natürlichen Umwelt Bedeutung für die Öffentlichkeit hat. Die Aktivitäten des CCA sind international. Sie basieren auf einer einzigartigen Sammlung von Kunstwerken und Dokumenten aller Bereiche – Architektur, Städtebau, Landschaftsarchitektur –, die zur gebauten Umwelt gehören.

CCA Board of Trustees

Phyllis Lambert, Vorsitz
Raphael Bernstein
Matthew Bronfman
Pierre Brunet
Jean-Louis Cohen
Kurt W. Forster
Abe Gomel
Sylvia Lavin
Philip M. O'Brien
Dr. Werner Oechslin
Nicholas Olsberg
Tro Piliguian
Peter Rowe
François R. Roy
Louise Roy
Pierre-André Themens

The Honorable Serge Joyal, honorary
Warren Simpson, honorary

INHALT

Vorwort   8

EINLEITUNG
Herzog & de Meuron ausstellen   13
Philip Ursprung

Stücke zu vier und mehr Händen   41
Kurt W. Forster

Gattungen entstehen aus der Distanz zwischen Kamera   67
und Gegenstand
Ein Interview mit Jeff Wall von Philip Ursprung

Alles nur Abfall   78
Herzog & de Meuron

TRANSFORMATION UND VERFREMDUNG
Portfolio   82
Herzog & de Meuron und Philip Ursprung

Durch den Stein ins Paradies: 113
Geschichten und Notizen zu chinesischen Gelehrtensteinen
Albert Lutz

Über Wirbel   123
Petros Koumoutsakos

Alberto Giacometti in Basel   131
Reinhold Hohl

Dominus Winery   141
Christian Moueix

ANEIGNUNG UND UMBAU

Portfolio — 146
Herzog & de Meuron und Philip Ursprung

«Ich mache mir ein Bild auf der Oberfläche.» — 161
Basierend auf einem Interview mit Thomas Ruff von Philip Ursprung

Bei Alfred Richterich in Laufen — 170
Basierend auf einem Interview mit Alfred Richterich von Philip Ursprung

Étienne-Louis Boullée besucht die Tate Modern — 177
Adolf Max Vogt

Die «Al-Chemical Brothers» — 183
Alejandro Zaera-Polo

LAGERN UND KOMPRIMIEREN

Portfolio — 190
Herzog & de Meuron und Philip Ursprung

Herzog & de Meuron und Gerhard Richters *Atlas* — 205
Catherine Hürzeler

Hausreste: Herzog & de Meuron und Performance — 221
Rebecca Schneider

«Architektur als solche interessiert mich nicht.» — 235
Interview mit Rémy Zaugg von Philip Ursprung

EINDRUCK UND AUSDRUCK

Portfolio — 246
Herzog & de Meuron und Philip Ursprung

Draperie der Gehsteige — 277
Georges Didi-Huberman

Spekulative Architektur: — 289
Zur Ästhetik von Herzog & de Meuron
Robert Kudielka

Bauen als Lebenstrieb: Architektur als Repetition — 299
Peggy Phelan

Modelle einer verborgenen Geometrie der Natur: — 313
Karl Blossfeldts *Meurer-Bronzen*
Ulrike Meyer Stump

VERSCHACHTELTE RÄUME
Portfolio **322**
Herzog & de Meuron und Philip Ursprung

Engadiner Häuser **349**
Kurt W. Forster

Über Richard Artschwager **361**
Richard Armstrong

SCHÖNHEIT UND ATMOSPHÄRE
Portfolio **366**
Herzog & de Meuron und Philip Ursprung

Ornament und Bewegung: Wissenschaft und Kunst **397**
in Gottfried Sempers Schmuckbegriff
Carrie Asman

Atmosphären als Gegenstand der Architektur **410**
Gernot Böhme

Schönheit als Sichtbarkeit **418**
Boris Groys

Werkverzeichnis 1978–2002 **429**
Anhang **457**

Herzog & de Meuron haben ihre Werke fortlaufend nummeriert. Auf diese Werknummern wird mit einem Pfeil verwiesen: **Dominus Winery, Yountville, California** (1995–1998 →**137**)

Die Modelle zu den Projekten tragen auch eine Nummer. Sie setzt sich zusammen aus der Werknummer, einer Archivnummer und einem Kürzel: M für Modell, VHS für Video und SA für Sample (z. B. 137_001M).

VORWORT

Dieses Projekt gründet auf der Überzeugung, dass Herzog & de Meuron durch ihre Praxis zentrale Positionen im architektonischen Diskurs erlangt haben. Diese Positionen – man sollte wohl eher von Haltungen und Ansätzen als von einem theoretischen Werk sprechen – sind im Wesentlichen künstlerischer Natur. Sie sind angeregt durch die Reaktionen auf die Logik der sichtbaren Welt und sie berühren die Themen des Artifiziellen, der Materialien, der ästhetischen Strategien sowie der Art, wie Dinge gemacht werden. Der vorliegende Katalog, der die Ausstellung *Herzog & de Meuron: Archaeology of the Mind* begleitet, bildet einen Atlas dieser Anregungen und Berührungspunkte. Er ist eine Art Karte der Welten, durch die ihre Fantasie reist, eine Klassifizierung des visuellen Wortschatzes, dem sie auf ihren Fahrten begegnen. Verschiedenste Zeiten und Geschmäcker einerseits, das Künstliche, vom Menschen Gemachte und Launen der Natur andererseits stossen darin unvermittelt aufeinander und weisen auf neue Bedeutungszusammenhänge.

Herzog & de Meuron betrachten diese Welten von einer Warte aus, wo das Fantastische und das Wissenschaftliche, das Materielle und das Metaphysische ineinander übergehen. Tatsächlich scheint die Kraft ihres gebauten Werks auf der Spannung zu beruhen, die zwischen Vergänglichkeit und Substanz, Illusion und Buchstäblichkeit, Raffinement und Handfestem besteht. Ihr Werk lässt die Grenze zwischen Oberfläche und Tiefe, Metapher und Wirklichkeit, Fluss und Dauer sichtbar werden. Es versetzt uns in einen Schwebezustand zwischen dem Transzendenten und dem Realen, an einen Ort der Lebensfreude und Gelassenheit.

Der Katalog, der von Philip Ursprung und Lars Müller konzipiert wurde, spannt solche Themenfelder auf. Er bezieht sich auf die unterschiedlichen

Traditionen des illustrierten wissenschaftlichen Texts und des Kunstbuchs. Weder ein kritischer Kommentar noch ein folgsamer Tribut, trifft er, so hoffen wir, auf eben diese Grenze zwischen Fakten und Fiktionen, die Herzog & de Meuron in ihrem gebauten Werk aufspüren.

Herzog & de Meuron: Archaeology of the Mind hat eine lange Vorgeschichte. Das Projekt wurde vor einigen Jahren vom verstorbenen Paolo Costatini als Teil einer grösseren Untersuchung der Zusammenhänge zwischen Fotografie und Architektur angeregt. Zuerst wurde es von Paolo, Martin Carrier und Wendy Owens vom CCA entwickelt. 1999 erweiterte Kurt Forster als Direktor des CCA die Idee zu der viel umfassenderen Auseinandersetzung zwischen Architekten und Museum, Bauten und Sammlungen. Philip Ursprung verwirklichte das Projekt als Kurator in Zusammenarbeit mit Esther Zumsteg von Herzog & de Meuron und Pierre-Edouard Latouche vom CCA.

Herzog & de Meuron haben sich immer wieder mit Museen und Bibliotheken befasst und sich mit der Darstellung von Umformungen auseinandergesetzt, sei es im Falle eines Weinguts oder einer Apotheke. Das CCA befasst sich – in Gestalt von Projekten wie Irene F. Whittomes *Departure from Katsura,* Cedric Prices *Mean Time* oder der beginnenden Serie der *Tangenten* – mit dem Austausch zwischen seiner Sammlung und den Sichtweisen von Künstlern und Architekten. Als Dialog zwischen dem Ort des Sammelns und dem Ort des Bauens könnte das Projekt beiden Seiten kaum besser entsprechen.

Nicholas Olsberg
Direktor, CCA

EINLEITUNG

1 Halle mit Betonplatten für die Bibliothek
der Fachhochschule Eberswalde
Fotografie: Herzog & de Meuron, ca. 1999

< Jeff Wall **Dominus Estates Wineyard** 1999
Silbergelatine-Abzug, 197,3 × 257 cm
Canadian Centre for Architecture, Montreal
American Friends of the CCA/
Geschenk der Seagram Chateau & Estate Wines Company

HERZOG & DE MEURON AUSSTELLEN

Philip Ursprung

Seit über zwanzig Jahren verstricken Herzog & de Meuron ihre Beobachter in die Diskussion, ob es sich bei ihren Projekten um Kunst oder um Architektur handle. Bisher ist es niemandem gelungen, dieses Rätsel zu lösen. Im Gegenteil, je länger die Diskussion dauert, desto stärker verheddert sie sich. Die Argumente, auch diejenigen von Herzog & de Meuron selber, scheinen von ihren Bauten abzuprallen und wie Querschläger durch die Luft gewirbelt zu werden. Im Raum des Diskurses provoziert ihre Architektur eigentliche Interpretationsstrudel von Assoziationen und Metaphern. Dabei werde ich den Eindruck nicht los, dass dies den Architekten sehr gelegen kommt. Denn während sich alle Welt über die Kunst-oder-Architektur-Frage den Kopf zerbricht, können sie in Ruhe an ihrem nächsten Coup arbeiten.

Die Argumente dafür, dass ihre architektonische Praxis mit derjenigen der Kunst untrennbar verwoben ist, liegen auf der Hand. Sie zeigen, wie Gebäudehüllen unabhängig von der tragenden Struktur eines Gebäudes als Bilder funktionieren oder, in den Worten von Jacques Herzog, wie sie vom Bild «regelrecht durchtränkt» werden (**Abb. 1**).[1] Manche ihrer Bauten sind in Zusammenarbeit mit Künstlern entstanden und einige tragen Titel, die von Kunstwerken stammen könnten: Blaues Haus, Steinhaus, Wohnhaus entlang einer Scheidemauer etc. Wie beispielsweise Paul Klee oder Gerhard Richter nummerieren sie ihre Projekte. Viele ihrer Auftraggeber gehören zur Kunstwelt: Zahlreiche Sammler haben Herzog & de Meuron als Architekten gewählt und einige der bedeutendsten Museumsbauten wurden ihnen aufgetragen. Und nicht zuletzt hat Jacques Herzog zwischen 1979 und 1986, als das Büro wenig Aufträge hatte, parallel eine Karriere als Künstler verfolgt.

1 «Gespräch zwischen Jacques Herzog und Bernhard Bürgi, Basel, 8. November 1990», in: *H&deM, Architektur von Herzog & de Meuron*, Kunstverein München, München, 1991, S. 8–20, hier S. 15.

EINLEITUNG

Aber ebenso leicht fällt es, Gegenargumente anzuführen. Herzog selber betätigt sich schon lange nicht mehr als Künstler, da es unmöglich sei, «Kunst und Architektur gleichzeitig zu betreiben»[2] und weil es für ihn, wie er sagt, keine Notwendigkeit mehr gibt, sich ausserhalb der Architektur auszudrücken. Herzog & de Meuron finden es absurd, die Vorstellung von Kunst einfach auf die Architektur zu übertragen.[3] Und ganz explizit betonen sie, dass ihre Architektur nicht Kunst sei und dass sie an der Autonomie der Gattungen festhielten: «Architektur hat mit sehr vielen Dingen zu tun, sie hat viele Aspekte, und es gibt sicher Architektur, die in die Nähe der bildenden Kunst rückt, weil sie einen solch spezifischen Charakter hat […] Und heute ist eben jeder auf sich selbst gestellt und muss seine Basiswerte jeden Tag neu definieren. Das ist als Ausgangspunkt ähnlich wie in den bildenden Künsten. Aber man kann deshalb nicht sagen, Architektur sei Kunst.»[4]

2 *Jacques Herzog,* in: Rémy Zaugg, *Herzog & de Meuron – Eine Ausstellung,* Kunsthaus Bregenz, Ostfildern, Cantz, 1996, S. 31 (frz. Originalausgabe: *Herzog & de Meuron, une exposition,* Centre Georges Pompidou, Dijon, les presses du réel, 1995).
3 «In our view, the proximity between the work of art and the work of architecture is justified, but I think that to apply the image of art to architecture is the worst thing you could do, and this is just what is happening more and more frequently: For example, the images of minimal art, of deconstructivism or of high-tech are being applied to architectonic and urban design concepts which date either from the last century, or from the glorious days of the CIAM.» Herzog & de Meuron, Unbetitelter Text, in: *Architectures of Herzog & de Meuron. Portraits by Thomas Ruff,* New York, Peter Blum, 1994, o. S.
4 «Herzog & de Meuron», in: Marianne Brausch und Marc Emery (Hrsg.), *Fragen zur Architektur, 15 Architekten im Gespräch,* Basel, Birkhäuser, 1995, S. 27–43, hier S. 43.

2 Ulrich Gambke **Herzog & de Meuron. Anpassung und Setzung**
Videostills 1994
VHS, PAL, 16:9, Farbe, 55 min

Auf der Suche nach Erklärungen für das Phänomen Herzog & de Meuron öffnen sich ständig neue Felder. Man möchte die Biografien der beiden Gründer des Büros durchleuchten und wie ein Archäologe die Topografie und Geschichte ihrer kunstbegeisterten Heimatstadt Basel absuchen nach Dingen, die sie prägten. Basel, eine Stadt des «in between» (Rem Koolhaas), ist ein Zentrum der chemisch-pharmazeutischen Industrie. Wurzelt darin ihr Interesse an Verwandlungen und Verfremdungen sowie an der Synthese des Disparaten, scheinbar Unvereinbaren? Hat ihre Sensibilität für irreversible, entropische Prozesse, für das Schicksal der Produkte, «die auf Deponien verrotten»[5], mit der ständigen Bedrohung der Umwelt zu tun? Inspiriert die Kluft zwischen den unermesslichen Privatvermögen und Kunstsammlungen einzelner Chemieindustrieller und der proletarischen Kultur der Chemiearbeiter mit ihren Fussballvereinen und Wohnsiedlungen die Art, wie sie Hochkunst und Alltagskultur in ihren Projekten kollidieren lassen? Ist das Wissen um die «Unmöglichkeit, Traditionen am Leben zu halten»[6], davon geprägt, dass sie die Brutalität der

---

5 «The culture in which we live today, especially the western one, is a culture of blending and mixing substances until they are unrecognizable. These substances are a part of that matter which, according to a basic law of physics, is never lost. However, in innumerable products of our industrial age, these substances, this matter, can only reenter a natural cycle with great difficulty. This means that after they are scrapped, they harden into a useless degenerated state in a dump or depot.» *Architectures of Herzog & de Meuron*, 1994, o. S. (wie Anm. 3).
6 «The impossibility of keeping tradition alive is a universal und irreversible phenomenon.» *Architectures of Herzog & de Meuron*, 1994, o. S. (wie Anm. 3).

3 Herzog & de Meuron
Haus für einen Kunstsammler, Therwil (1985–1986 →34)
Fotografie: Margherita Spiluttini, Oktober 1991

spätmodernistischen Architektur gegenüber dem historisch Gewachsenen in den siebziger Jahren erfahren haben?

Diese Spekulationen mögen dazu führen, einzelne Projekte mit Bedeutung anzureichern. So sieht man zum Beispiel Jacques Herzog in einem Videofilm durch eine Arbeitersiedlung der fünfziger Jahre, der Zeit seiner frühesten Kindheit, gehen und davon erzählen, wie sich Herzog & de Meuron von den einfachen, scheinbar jederzeit demontierbaren Bauten rätselhaft angezogen fühlen (Abb. 2).[7] Die Fassaden tauchen in ihrem Haus für einen Kunstsammler, Therwil (1985-1986 →34) mitten in einem Villenviertel wieder auf (Abb. 3). Aber es gibt keinen Beweis dafür, dass diese Verbindung intendiert ist, dass sie beispielsweise von sozialem Aufstieg oder von einer verdrängten Erinnerung handelt. An eindeutigen Belegen für ihre Zusammenarbeit mit Künstlern hingegen mangelt es nicht: Helmut Federle übertrugen sie das Farbkonzept für die Siedlung Pilotengasse, Wien-Aspern (1987-1992 →43) sowie die Mitarbeit bei den Ausstellungsräumen der Sammlung Goetz, Haus für eine zeitgenössische Kunstsammlung, München (1989-1992 →56). Rémy Zaugg bat sie, mit ihm zusammen den Masterplan für die Université de Bourgogne, Dijon (1989-1990 →60) zu entwickeln. Sie arbeiteten mit ihm unter anderem für das Atelier Rémy Zaugg, Mulhouse (1995-1996 →133), das Roche Pharma-Forschungsgebäude, Basel (1993-2000 →100) und Fünf Höfe, Innenstadtprojekt für München (1996- →143). Adrian Schiess und Rosemarie Trockel wirkten mit beim Interieur des Ricola Marketing Gebäudes, Laufen (1997-1998 →154). Thomas Ruff war bei der Bibliothek der Fachhochschule Eberswalde (1994-1999 →105) und den Fünf Höfen beteiligt. Gerhard Richter wäre für das Projekt Zwei Bibliotheken, Université de Jussieu, Paris (1992 →90) involviert worden. Das Interesse an Yves Klein (für das Blaue Haus, Oberwil (1979-1980 →5), an Karl Blossfeldt (für das Motiv der Fassade von Ricola-Europe SA, Produktions- und Lagergebäude in Mulhouse-Brunstatt (1992-1993 →94), an Andy Warhol,[8] Dan Graham,[9] aber auch an historischen Figuren wie Konrad Witz, Leonardo da Vinci, Piet Mondrian und Alberto Giacometti, ist dokumentiert.[10]

---

7 Ulrich Gambke, *Anpassung und Setzung. Herzog & de Meuron*, Videoaufzeichnung, München, Naumann Filmproduktion, 1994 (55 min).
8 Vgl. «Minimalismus und Ornament, Herzog & de Meuron im Gespräch mit Nikolaus Kuhnert und Angelika Schnell», in: *Arch+, Herzog & de Meuron. Minimalismus und Ornament*, 129/130, Dezember 1995, S. 18-24, hier S. 22.
9 Vgl. Herzog & de Meuron, «Urban Suburban», in: Dan Graham, *The Suburban City*, Museum für Gegenwartskunst, Basel, 1996, S. 25-28.
10 Vgl. die Aussagen von Herzog & de Meuron in diesem Katalog.

Diese Künstlernamen lösen bei mir unweigerlich den Reflex aus, einen Zusammenhang zu suchen – und schon bin ich wieder in die Kunst-oder-Architektur-Frage verwickelt. Wenn die Beziehung zur Kunst so zentral ist, warum gibt es beispielsweise keine Verbindung zur Appropriation Art der achtziger Jahre, also zu Künstlern wie Louise Lawler, Sherrie Levine oder Richard Prince? Warum besteht kein Austausch mit der aktuellen, blühenden Schweizer Kunstszene? Wie um diese Ungereimtheiten zu vergessen und meine Zweifel daran zu zerstreuen, dass ihre Architektur tatsächlich in der Kunst gründet, erinnere ich mich an die Geschichte ihrer Begegnung mit Joseph Beuys. Ihr Werkkatalog hebt damit an und sie ist so oft nacherzählt worden, dass ich sie auswendig kenne: Das Basler Kunstmuseum erwirbt 1977 die Installation *Feuerstätte 1* (1974) von Beuys, was in der Öffentlichkeit kontrovers diskutiert wird. Jacques Herzog und Pierre de Meuron, noch ohne eigenes Büro, schlagen als Mitglieder einer Fasnachtsclique vor, Beuys für ein Projekt einzuladen (Abb. 4). Sie besuchen ihn und vereinbaren, die Mitglieder des Umzugs mit Filzanzügen auszustatten und ihnen Nachbildungen der Kupfer- und Eisenteile von *Feuerstätte 1* mitzugeben. Beuys selber nimmt am Umzug 1978 teil. Die Filzanzüge werden danach für die Installation *Feuerstätte 2* im Basler Museum verwendet.[11]

11 Gerhard Mack, «Bauen in einer nachromantischen Welt. Die Entwürfe von Herzog & de Meuron 1978–1988», in: Gerhard Mack, *Herzog & de Meuron, 1978–1988. Das Gesamtwerk*, Bd. 1, Basel, Birkhäuser, 1997, S. 7–19, hier S. 7.

4 Joseph Beuys an der Basler Fasnacht 1978

EINLEITUNG

5 Donald Judd **Six Cold Rolled Steel Boxes** 1969
Stahl, je 100 × 100 × 100 cm
Andy Warhol **Five Deaths Seventeen Times in Black and White** 1963
Andy Warhol **Ten-foot Flowers** 1967
Öffentliche Kunstsammlung Basel, Kunstmuseum, Aufnahme ca. 1975

6 Herzog & de Meuron
Bibliothek der Fachhochschule Eberswalde (1994–1999 →**105**)
Fotografie: Philip Ursprung, 2002

Die Parallelen zwischen dem Werk von Beuys und Herzog & de Meurons Architektur leuchten durchaus ein. Das Repertoire an Materialien, mit denen Beuys Bedeutung suggeriert, ohne sie eindeutig zu fixieren – Kupfer als Energieleiter, Filz und Fett als Wärmespeicher, Gelatine als Puffer etc. – findet sich wieder in Gestalt von Materialien wie Dachpappe, Sperrholz, Gold oder Kupferblech, mit denen Herzog & de Meuron operieren. Beuys'sche Motive wie die Akkumulation und Transformation ziehen sich wie ein roter Faden durch ihr Werk. Beuys' Umgang mit Symbolen und Allegorien musste den jungen Architekten, die sich vom formalistischen Erbe der spätmodernistischen Architektur zu lösen versuchten, als Befreiung erscheinen. Und wie für viele, die um 1950 geboren sind, war Beuys, der alles, was er anfasste, zu Kunst verwandelte, zweifellos auch für Herzog & de Meuron diejenige künstlerische Vaterfigur, die die Wiedergeburt der europäischen Kultur verkörperte. Er sublimierte die von vielen als traumatisch erfahrene Tatsache, dass die im Zweiten Weltkrieg bereits korrumpierte deutsche Kultur durch die Amerikanisierung als Folge des Marshall-Plans abermals in ihrer Autonomie bedroht war.

Seit die Minimal Art in den achtziger Jahren von der Architektur als formalem Paradigma vereinnahmt wurde, hat sich die Kunst-oder-Architektur-Diskussion der Minimal Art zugewandt. Auch hier gibt es eine Geschichte: 1975 kauft das Basler Museum Donald Judds *Six Cold Rolled Steel Boxes* (1969), und 1976 stellt es seine Zeichnungen aus. Die Skulptur Judds inspiriert Zaugg zu seinem Buch *List der Unschuld* (1982). Das Buch schätzen Herzog & de Meuron wegen der Überlegungen zur Wahrnehmung und zur Funktion des Ausstellens. Die Gegenüberstellung von Judds Metallkuben und Andy Warhols Siebdrucken auf dem Granitboden des Treppenhauses des Basler Museums prägte Zaugg ebenso wie die jungen Architekten (Abb. 5). Und tatsächlich scheint dieses Bild zwanzig Jahre später in der Bibliothek der Fachhochschule Eberswalde wieder aufzutauchen, nun als Verschmelzung der Kuben mit den Siebdrucken (Abb. 6). Herzog & de Meuron bewundern zwar die «unglaubliche Schönheit» der Skulpturen von Judd.[12] Sie schätzen den Look, also die Gestaltung der Oberfläche, die Wahl spezieller Techniken und Materialien sowie Judds Faszination für gutes Handwerk. Aber sie wollen nicht in den Kontext einer wie immer verstandenen minimalistischen Architektur eingereiht werden:[13]

---

12 Jacques Herzog, in: Zaugg, 1996, S. 34 (wie Anm. 2).
13 Vgl. Hans Frei, *Herzog & de Meuron, Neue Bilder, Eine Reflexion*, in: *Du. Herzog & de Meuron, Tate Modern*, 706, Mai 2000, S. 40–43.

«Eigentlich ist Abstraktion und Reduktion überhaupt nicht unser Thema.»[14] Und sie können sich keineswegs mit Judds formalistischer Auffassung von Architektur identifizieren, die die Kunst und Architektur als Teil eines alles umfassenden ästhetischen Systems sieht: «Judd schuf ein homogenes Universum – ein alter, totalitärer Gedanke: er meinte, seine Skulpturen hätten allgemein Gültigkeit oder die Kunst böte universelle Lösungen. Ein naiver Gedanke. Das Bauhaus gehört der Vergangenheit an.»[15]

Aber mit dieser Schilderung ist die Kunst-oder-Architektur-Frage keineswegs gelöst. Man könnte die Geschichte der Begegnung mit Beuys wieder und wieder erzählen, wie einen Gründungsmythos, dessen Autorität auf der ständigen Wiederholung beruht. Man könnte die Liste der Künstlernamen wieder und wieder aufsagen, so, wie man im Dunkeln pfeift, um sich seiner selbst zu vergewissern. Dennoch bringt einen das nicht weiter. Es scheint, dass man laut aussprechen müsse, wofür Begriffe bestehen, um etwas anderes, für das noch keine Sprache existiert, nicht wahrnehmen zu müssen.

Architekturausstellungen
Ebenso wie merkwürdige Einsprengsel, etwa Kiesel im Asphalt vor der Tate Modern, London (1994–1999 →126) die Textur bestimmter Materialien unterbrechen, zerreissen einzelne Aussagen von Herzog & de Meuron die Tautologie des Diskurses. So betonen sie, dass Beuys für sie inzwischen Geschichte sei und sie sich längst neuen Themen zugewandt hätten; beeindruckt seien sie aber nach wie vor von den Filzskulpturen und den Gerüchen in Beuys' Atelier.[16] Und besonders interessant ist, was sie im Rückblick zu ihrer Motivation sagten, Beuys zur Fasnacht einzuladen: Sie seien des Prinzips überdrüssig geworden, sich über etwas zu mokieren, indem man sich verkleidet: «Statt einer fasnächtlichen Parodie der umstrittenen Beuysschen Skulptur [...] versuchten wir deshalb, uns der Realität dieses Kunstwerks anzunähern. Wir wollten *eine neue Realität,* eine neue Skulptur schaffen [...] Der Umzug [...] sollte zu einer Art lebendiger Skulptur werden.»[17]

Wenn meine Hypothese stimmt, dass die Kunst-oder-Architektur-Diskussion ein Nebenschauplatz ist für ein anderes Thema, für das noch keine Sprache existiert, dann stellt sich die Frage, was dieses Andere sei. Die Idee, Beuys einzuladen, weil sie keine «Parodie einer Skulptur», sondern eine «neue Skulptur» schaffen wollten, weist darauf hin, dass ihre Be-

14 Herzog & de Meuron, in: *Arch+,* 1995, S. 22 (wie Anm. 8).
15 Jacques Herzog, in: Zaugg, 1996, S. 34 (wie Anm. 2).
16 Jacques Herzog, Gespräch mit dem Autor, 4. September 2001.
17 Herzog & de Meuron, in: Zaugg, 1996, S. 24f. (wie Anm. 2). Meine Hervorhebung.

mühungen auf die Sphäre der Repräsentation zielen. Ich will mich deshalb jenem Bereich ihrer architektonischen Praxis zuwenden, den die meisten Beobachter wegen seiner Ambivalenz meiden, nämlich die Architekturausstellung. Wie kommt es, dass Ausstellungen seit 1988 im Werk von Herzog & de Meuron einen so zentralen Platz einnehmen, dass sie sie als eigenständige Gattung auffassen und in ihre Werkchronologie als autonome Projekte einreihen? Wie kommt es, dass sie bei jeder Gelegenheit darüber sprechen und sich um die Dokumentation der Ausstellungen in Katalogen bemühen? Die Aussagen von Herzog & de Meuron dazu sind eindeutig. Sie betonen, dass Architekturausstellungen für sie ein Experimentierfeld seien. Es geht also weder darum, fertige oder nicht realisierte Bauten zu dokumentieren, noch darum, einen kreativen Prozess nachvollziehbar zu machen. Es geht auch nicht um Ausstellungsarchitektur im Sinne einer Installation[18] oder eines formalen Ambientes, sondern durchaus um die Gattung Architekturausstellung. In ihren Worten:

> Wir wollen den Ausstellungsraum nicht in herkömmlicher Weise belegen und ausstatten mit Dokumenten unserer architektonischen Arbeit. Solche Ausstellungen langweilen uns, da ihr didaktischer Wert eine trügerische Auskunft über unsere Architektur vermitteln würde. Man glaubt, von der Skizze zum fertigen fotografierten Werk etwas nachvollziehen zu können, aber in Wirklichkeit hat man gar nichts begriffen, sondern lediglich Dokumente einer architektonischen Realität zusammenaddiert.[19]

Die Ausstellungen ermöglichen es, die Besucher in Experimente zu involvieren, die die Architekten sonst nicht machen könnten. So wie sie für Fassaden und Interieurs im Hof ihres Büros in Basel Modelle im Massstab 1:1 errichten, um die Wirkungen zu testen, so fokussieren sie in den Ausstellungen auf die unmittelbare Begegnung einer interessierten Öffentlichkeit mit Objekten. Mit *Architektur Denkform* (1988 →47; Abb. 7) im Herbst 1988 im Architekturmuseum in Basel sprengten sie auf Anhieb die Konventionen der Architekturausstellung und testeten zugleich das Verfahren des Siebdrucks auf der Fassade, das ihr Werk prägen sollte.[20] Der Titel macht ihren Anspruch deutlich, das Denken physisch erfahrbar zu machen.

18 Vgl. Kristin Freireiss, «Introduction. It's not about art», in: *The Art of Architecture Exhibitions*, Rotterdam, Nai Puslishers, 2001, S. 8–24, hier S. 11.
19 «Gespräch zwischen Jacques Herzog und Bernhard Bürgi, Basel, 8. November 1990», 1991, S. 14 (wie Anm. 1).
20 Vgl. Herzog & de Meuron, *Architektur Denkform,* Architekturmuseum in Basel, Basel, Wiese, 1988.

EINLEITUNG

Wie Herzog später meinte: «Das, was man Philosophie nennen könnte, ist ein Gebäude aus Gedanken, Texten und Bildern. Unsere Architektur hilft uns, dieses Gebäude bruchstückhaft wahrzunehmen.»[21] Raumhohe Siebdrucke ihrer Bauten waren auf die Fensterflächen aufgedruckt. Sie filterten die Umgebung der Basler Altstadt und liessen verschiedene Ebenen der Repräsentation sich überlagern. Während sie das Basler Museum als «Projektionswand für [ihre] Gedanken»[22] verwendeten, ging es ihnen im Frühling 1991 im Kunstverein München (1991 →74) um die Präsentation der Mittel, mit denen sie ein Bauprojekt entwickeln. Zugleich gelang ihnen der Sprung in eine genuin künstlerische Institution. Die Ausstellung zeigte in vier separaten Räumen vier Kapitel architektonischer Darstellung: Entwurfsskizzen, die an die expressiven Kohlezeichnungen von Basler Künstlerinnen wie Miriam Cahn oder Silvia Bächli aus den achtziger Jahren erinnern, die aber auf Computerpapier gezeichnet sind; eine in Zusammenarbeit mit Enrique Fontanilles geschaffene Videoinstallation von sechzehn Monitoren, die eine Wanderung durch den Steinbruch von Ricola Laufen suggeriert (Abb. 8); mehrere Modelle, die wie Skulpturen präsentiert wurden; handschriftliche Konzepte zur Farbgebung sowie ein Gemälde von Helmut Federle, das aber explizit als «fremdes» Element, als autonomes Kunstwerk präsentiert wurde.

21 Herzog & de Meuron, in: Brausch und Emery, 1995, S. 27–43, hier S. 43 (wie Anm. 4).
22 Herzog & de Meuron, in: Zaugg, 1996, S. 9 (wie Anm. 2).

7 Herzog & de Meuron
Ausstellung *Architektur Denkform*, Architekturmuseum Basel (1988 →47)

Als Herzog & de Meuron ausgewählt wurden, die Schweiz an der internationalen Architekturausstellung an der Biennale Venedig im Herbst 1991 zu vertreten (1991 →76), baten sie die Künstler Balthasar Burkhard, Thomas Ruff und Hannah Villiger sowie die Fotografin Margherita Krischanitz, Aufnahmen ihrer Bauten zu machen (Abb. 9). Im Schweizer Pavillon gab es ausschliesslich Fotografien zu sehen. Zugleich war die Ausstellung ein Test dafür, welche Art von Fotografie sich für ihre Architektur eignete. Ruff hatte, ausgehend von zwei bestehenden Aufnahmen des Lagerhauses Ricola, Laufen (1986–1987 →38), eine grossformatige Fotografie elektronisch montiert. Es handelt sich also nicht eigentlich um eine Fotografie, sondern um ein konstruiertes Bild, was dem Interesse Herzog & de Meurons an autonomen künstlerischen Gattungen und Genres entgegenkommt. Die Ausstellung in Venedig war der Beginn der Zusammenarbeit mit Ruff. Für die Ausstellung in der Galerie von Peter Blum und dem Swiss Institute in New York (1994) nahm er seinerseits die Architektur zum Anlass, verschiedene fotografische Blickwinkel zu testen.

Die bisher erfolgreichste Ausstellung führte Herzog & de Meuron im Frühling 1995 in das Centre Georges Pompidou, Paris (1995 →130). Die von Rémy Zaugg konzipierte Ausstellung stellt den Höhepunkt der Zusammenarbeit mit diesem Künstler dar, der ihr Werk seit den achtziger Jahren begleitet und von Jacques Herzog gelegentlich als «fünfter Partner» bezeichnet wird. Während die Ausstellungen Anfang der neunziger Jahre die

8 Herzog & de Meuron und Enrique Fontanilles
Videowand, Details (Videostills), in der Ausstellung
Architektur von Herzog & de Meuron, Kunstverein München (1991 →74)

EINLEITUNG

9 Herzog & de Meuron
Ausstellung *Architecture of Herzog & de Meuron*
5. Internationale Architekturausstellung, Biennale Venedig, Schweizer Pavillon (1991 →76)
Fotografie: Margherita Spiluttini, 1991

10 Herzog & de Meuron und Rémy Zaugg
Ausstellung *Herzog & de Meuron, une exposition,*
Centre Georges Pompidou, Paris (1995 →130)
Fotografie: Nick Tenwiggenhorn, 1995

Komplexität unterschiedlicher Wahrnehmungen dargestellt hatten, zielte die Ausstellung in Paris auf eine einheitliche und auf einen Blick wahrnehmbare Atmosphäre (Abb. 10). Mittels spezieller Tische und einer eigens konzipierten Beleuchtung wurde der technoiden Architektur des Centre Georges Pompidou ein atmosphärischer Raum eingeschrieben. Der Raum war von hellem, weissem Licht erfüllt, als ob von den Plänen und Papieren, die alle auf einer Ebene auslagen, eine Aura ausginge. So erfolgreich die Verwandlung der Ausstellung in ein Bild gelungen war, als Experiment war sie weniger interessant als frühere Ausstellungen. Sie hätte, überspitzt gesagt, jedes beliebige Material ausstellen können. Zaugg betonte, dass er die Dokumente «unterschiedslos»[23] behandelte: «Ich weiss sehr gut, dass man am Eingang zur Ausstellung alles gewahrt, doch nichts wahrnimmt. Abgesehen von den Neonröhren an der Decke und den Tischen mit ihren Beinen, ist nicht viel zu sehen.»[24]

Wo immer sich eine Gelegenheit bietet, nutzen Herzog & de Meuron Ausstellungen, um neue Verfahren auszuprobieren, die sie in Bauten und anderen Ausstellungen weiterverfolgen. So setzt die Videowand im Kunstverein München die Platzierung von sechzig am Boden liegenden Monitoren im Col·legi d'Arquitectes de Catalunya in Barcelona (1990 →69) voraus. Die Tische im Centre Georges Pompidou waren ein Jahr zuvor im «Lesezimmer» des Swiss Institute in New York getestet worden. Und die für das Canadian Centre for Architecture entwickelte Disposition von Modellen wurde in den Ausstellungen *Herzog & de Meuron: In Process* im Walker Art Center, Minneapolis (2000-2001 →186) und *Work in Progress* in der Fondazione Prada, Milano (2001 →194) vorbereitet (Abb. 11).

Kunstwerke und fertig produzierte Waren, die für sich sprechen und im «Ausstellungsraum keine vermittelnde Instanz»[25] brauchen, sind für die Gattung Architekturausstellung keine Herausforderung. Wenn sich Herzog & de Meuron darum bemühen, ihr Potenzial als vermittelnde Instanz zu verbessern, dann geht dies experimentell besser mit einem schwierigen Material, eben Architektur. Wenn man so will, begibt sich die Architektur in der Ausstellung auf ebenso ungewisses Terrain wie die Kunst im öffentlichen Raum. Sie unterwirft sich einer Bewährungsprobe, die sie von vornherein nicht gänzlich erfüllen kann. In Herzog & de Meurons Worten:

23 Zaugg, 1996, S. 65 (wie Anm. 2).
24 Zaugg, 1996, S. 68 (wie Anm. 2).
25 Herzog & de Meuron, in: Zaugg, 1996, S. 40 (wie Anm. 2).

EINLEITUNG

Es liegt auf der Hand, dass solche Ausstellungen unweigerlich Schwächen aufweisen. Möglicherweise sind diese Schwächen aber bereits in der realen Architektur vorhanden und treten in der vom Architekten selbst eingerichteten Ausstellung nun nur um so deutlicher in Erscheinung.[26]

Alternativen zum Spektakel
Ausstellungen, genauer die erste Weltausstellung im Crystal Palace in London 1851, sind für die Kulturgeschichte der letzten hundertfünfzig Jahre vor allem deshalb von Bedeutung, weil darin ein neues System der Repräsentation und eine neue Logik der Räumlichkeit erfunden wurde (Abb. 12). Der amerikanische Literaturhistoriker Thomas Richards analysiert diese Räumlichkeit in seinem Buch *The Commodity Culture of Victorian England*.[27] Laut Richards etablierte die Great Exhibition von 1851 ein spezifisch kapitalistisches Repräsentationssystem, nämlich das, was gemeinhin «Spektakel» genannt wird.[28] Im Crystal Palace waren alle Bereiche der Wirklichkeit unter einem Dach in Gestalt einer Fülle von Konsumgütern repräsentiert. Die Produkte durften weder Preisschilder tragen noch berührt werden – sie waren ästhetisch distanziert. Die sechzehn Millionen Besucher, die an ihnen vorbeiströmten, konnten ihren Wert umso ge-

26 Herzog & de Meuron, in: Zaugg, 1996, S. 47 (wie Anm. 2).
27 Thomas Richards, *The Commodity Culture of Victorian England, Advertising and Spectacle, 1851–1914*, Stanford, California, Stanford University Press, 1990.
28 Richards, 1990, S. 58 (wie Anm. 27).

11 Herzog & de Meuron
Ausstellung *Works in Progress*, Fondazione Prada, Mailand (2001 →194)
Courtesy Prada Milano

nüsslicher abwägen. Sie konnten sich am Wert an sich erfreuen, so wie sie sich bald an der Kunst um ihrer selbst willen, an L'art pour l'art, erfreuen sollten. Joseph Paxtons Bau schuf eine Räumlichkeit, die Konsumobjekte zu Kunstwerken erhöhte, und stand damit am Beginn dessen, war Jean Baudrillard eine «Phänomenologie des Konsums» nennt.[29] Helles, von Leinwandbahnen gedämpftes Tageslicht durchflutete das Innere und löste die Dinge gleichsam in eine alles umfassende Atmosphäre von süssem Versprechen auf. Die Architektur wurde zur Trägerin einer materiell-ideellen Kohärenz von Konsumenten, Betrachtern und Dingen, vom Rohstoff über das Konsumprodukt bis hin zu dessen raffiniertester Form, dem Kunstwerk. Es entstand die Illusion, dass alles, was sichtbar ist, prinzipiell für alle verfügbar sei. Der Crystal Palace war laut Richards Fabrik, Museum, Markt, Bahnhof und Theater zugleich.[30] Die gläserne Aussenhülle des Crystal Palace fungierte zugleich als Schatulle der innen angehäuften Reichtümer und spiegelte die Vielfalt der Umgebung. Diese Räumlichkeit war perfekt und konnte nicht eigentlich verbessert werden. Sie konnte, wie schon damals vorausgesagt wurde, lediglich als endlose Addition von Crystal Palaces vervielfältigt werden.[31]

29 Vgl. Jean Baudrillard, *Le système des objets*, Paris, Gallimard, 1968; *La société de consommation, ses mythes, ses structures*, Paris, Gallimard, 1970.
30 Richards, 1990, S. 30 (wie Anm. 27).
31 «The land will be everywhere adorned with crystal palaces.» Horace Greeley, in: *The Economist*, 10. Mai 1851, S. 5, zitiert nach Richards, 1990, S. 29 (wie Anm. 27).

12 **Blick in das Ostschiff des Crystal Palace, London** 1851
Frontispiz des dritten Bandes des Fotografiealbums
Exhibition of the Works of Industry of All Nations 1851: Reports of the Juries
Canadian Centre for Architecture, Montreal

Diese Prophezeiung erfüllte sich. Das Spektakel erwies sich als langlebig. Die erste These in Guy Debords Buch *Die Gesellschaft des Spektakels* (1967) beginnt denn auch mit der Feststellung: «Das ganze Leben der Gesellschaften, in welchen die modernen Produktionsbedingungen herrschen, erscheint als eine ungeheure Sammlung von *Spektakeln*.»[32] Die ökonomische Verlagerung von der Produktion hin zu Distribution und Information im Lauf des zwanzigsten Jahrhunderts hat die Macht des Spektakels nicht grundsätzlich verändert, allenfalls seine Mechanismen. Dabei ist die Architektur als «vermittelnde Instanz» teilweise gegenüber anderen Instanzen, etwa der bildenden Kunst sowie Teilen der Mode und der Werbung, ins Hintertreffen geraten. Im Grunde genommen steht sie noch immer im Schatten des Crystal Palace. Shopping Malls und «Repräsentationsbauten» versprechen, dass die Menschen durch schieren Sichtkontakt am Konsum, der Politik oder dem Wissen teilhaben werden. Sie operieren nach wie vor mit dem Spiel von Verschleierung und Entschleierung, Täuschung und Ent-Täuschung, Transparenz und Opazität. In den Museen steht wie einst im Crystal Palace die Zeit als ewiger Frühling still. Und nach wie vor ist die Architektur von einer naturalistischen Grundhaltung dominiert, das heisst, sie evoziert die von ihr selber verdrängte Natur mittels der Artikulation von Schwerkraft, Sonnenlicht, Materialien etc.

Die Bauten von Herzog & de Meuron bieten dagegen handfeste Alternativen. Dies mag ein Grund sein für ihre Popularität, die viele Beobachter überrascht. Ihre Architektur funktioniert nicht als Kulisse und Bühne für eine in die Jahre gekommene Art der Repräsentation, sondern vielmehr so, als ob sie selber Exponat einer grösseren, noch unfertigen Ausstellung wäre, Teil einer «Stadt im Werden», wie eine urbanistische Studie für Basel von Herzog & de Meuron heisst (1991–1992 →**77**). Natürlich ist es ein Paradox, Architektur *in* Architektur auszustellen. Aber Herzog & de Meuron experimentieren gerade damit seit langem. Für eine nicht realisierte Ausstellung in Laufen in den späten siebziger Jahren schlug Jacques Herzog vor, eine Vielzahl von etwa dreissig Zentimeter hohen Häuschen in Baulücken zu platzieren. Es ging darum, die Beziehung zwischen den einzelnen Objekten und einem anscheinend unveränderlichen städtischen Umfeld zu testen, mit kurzlebiger Architektur zu experimentieren und die Besucher in dieses Experiment von Massstäblichkeit und Proportion einzubeziehen. Später brachte Herzog als Künstler eine Reihe kleiner Häuschen an einer Wand in der Galerie Stampa an. Die Objekte konnten weder als Archi-

---

32 Guy Debord, *Die Gesellschaft des Spektakels,* übers. von Jean-Jacques Raspaud, Berlin, Tiamat, 1996, S. 13.

tekturmodelle noch als Skulpturen definiert werden.³³ Einerseits waren sie bewusst uninteressant, das heisst, sie konnten keineswegs als Teil eines wirklichen architektonischen Projekts gelesen werden. Andererseits ging es dabei nicht um die Auseinandersetzung mit dem Thema Räumlichkeit, das heisst, sie konnten auch nicht als Skulpturen betrachtet werden. In erster Linie war es ein Experiment mit Massstäblichkeit, das die Besucher mit Architektur an der Wand konfrontierte. Das eindrucksvollste Beispiel für eine Ausstellung von Architektur *in* Architektur sind wahrscheinlich die Wohnhäuser an der Rue des Suisses, Paris (1996–2000 →**149**), die eine Reihe von Fassaden früherer Bauten verwenden. Es handelt sich nicht einfach um Zitate früherer Projekte. Es handelt sich auch nicht um schlichte Duplikate. Im Gegenteil, es scheint, als ob die Fassaden in neuem Licht erschienen, als ob das Werk von Herzog & de Meuron aus einer Anzahl von Charakteren bestünde, von denen keine zwei sich gleichen. Und keines ihrer Stücke wird zweimal aufgeführt. Sie betonen denn auch, dass sie über kein Repertoire an Architektur verfügten. Es scheint als könnten ihre «Schauspieler» wiederholt auftreten, ohne sich zu wiederholen, so wie jede Theateraufführung ja auch einmalig ist.

Die Räume, die sie schaffen, sind im Gegensatz zu denjenigen des Spektakels nicht universell gültig, sie sind weder beliebig zu vervielfältigen noch zu segmentieren. Herzog & de Meuron bewundern alpine Bauernhäuser und uralte japanische Bauten. Aber keines ihrer Projekte kann, wie der Crystal Palace, Bahnhof und Museum zugleich sein. Die Titel ihrer Bauten machen dies deutlich: Haus für einen Kunstsammler, Haus für einen Tierarzt, Holzhaus in Stuttgart etc.

Ihre Skepsis gegenüber der dominierenden Räumlichkeit und ihr scheinbar anachronistisches Interesse für das «Ganze»³⁴ erinnert an das kühne Projekt einer «einheitlichen Theorie» *(théorie unitaire)*, das Henri Lefebvre in seinem Buch *La production de l'espace* (1974) verfolgt.³⁵ So stellt Lefebvre beispiels-

---

33 Vgl. die Abbildung bei Zaugg, 1996, S. 30 (wie Anm. 2)
34 Auf einem Fenster ihrer Ausstellung *Architektur Denkform* stand die These: «Die Wirklichkeit der Architektur ist nicht die gebaute Architektur. Eine Architektur bildet ausserhalb dieser Zustandsform von gebaut/nicht gebaut eine eigene Wirklichkeit, vergleichbar der autonomen Wirklichkeit eines Bildes oder einer Skulptur. Die Wirklichkeit, die wir meinen, ist also nicht das real Gebaute, das Taktile, das Materielle. Wir lieben zwar dieses Greifbare, aber nur in einem Zusammenhang innerhalb des ganzen (Architektur-)Werks. Wir lieben seine geistige Qualität, seinen immateriellen Wert.»
35 «The theory we need [...] might well be called, by analogy, a ‹unitary theory›: the aim is to discover or construct a theoretical unity between ‹fields› which are apprehended seperately [...] The project I am outlining, however, does not aim to produce a (or the) discourse on space, but rather to expose the acutal production of space by bringing the various kinds of space and the modalities of their genesis together within a single theory.» Henri Lefebvre, *The Production of Space*, übers. von Donald Nicholson-Smith, Oxford, Blackwell, 1991, S. 11, 16.

weise der konventionellen Vorstellung eines «leeren» beziehungsweise «abstrakten» oder «abstrahierten» Raums, der gleichsam mit Dingen gefüllt wird,[36] die Idee einer schwer zu fassenden und dennoch allgegenwärtigen *substance* entgegen.[37] Lefebvres Begriffe lassen sich unmittelbar auf die Diskussion der Fassaden von Herzog & de Meuron übertragen. Während die Fassaden, wie Lefebvre schreibt, im «abstrahierten» Raum, wo «alles unter allen Aspekten» angeschaut werden kann, verschwinden,[38] konkretisieren Herzog & de Meuron sie neu. Am Übergang des einzelnen Baus und des städtischen Raums komprimieren sie den abstrakten Raum mittels Bildern und Materialien zu einer *substance,* die den «mentalen» und «sozialen» Raum im Sinne Lefebvres verwebt. Sie verwirklichen damit etwas, worüber Lefebvre nur spekulieren konnte, nämlich die Verschmelzung von Monument und Gebäude.[39] Sie haben dieses Verfahren erfolgreich in der Ausstellung *Architektur Denkform* getestet. In ihren Worten: «Die Überlagerungen dieser transparenten Siebdruckbilder mit den realen Gebäudeteilen der gegenüberliegenden Gassenseite sind uns in bleibender Erinnerung: Dachziegel unseres für einen Tierarzt bestimmten Hauses vor den Ziegeln eines mittelalterlichen Daches im Hintergrund.»[40] Sie unterbrechen das räumliche Kontinuum und setzen für Augenblicke die von Lefebvre kritisierte «Illusion von Transparenz und Opazität» ausser Kraft. Manchen Beobachtern kommt dies «geisterhaft» vor.[41] Für sie selber sind es «Brüche im urbanen Gefüge, die auf den ersten Blick gewalttätig wirken mögen.»[42]

Die veränderte Räumlichkeit ihrer Projekte hat auch Konsequenzen für die Diskussion der Transparenz.[43] Ihre Projekte passen zum Beispiel lediglich formal in das Konzept einer neuen, über die modernistische Be-

36 Lefebvre, 1991, S. 57 (wie Anm. 35).
37 «Although in one sense this ‹substance› is hard to conceive of, [...] it is also true to say that evidence of its existence stares us in the face: our senses and our thoughts apprehend nothing else.» Lefebvre, 1991, S. 12 (wie Anm. 35).
38 Lefebvre, 1991, S. 125 (wie Anm. 35).
39 «How could the contradiction between building and monument be overcome and surpassed? How might that tendency be accelerated which has destroyed monumentality but which could well reinstitute it, within the sphere of buildings itself, by restoring the old unity at a higher level? So long as no dialectical transcendence occurs, we can only expect the stagnation of crude interactions and intermixtures between ‹moments› – in short, a continuing spatial chaos.» Vgl. Lefebvre, 1991, S. 223 (wie Anm. 35).
40 Herzog & de Meuron, in: Zaugg, 1996, S. 12f. (wie Anm. 2).
41 Terence Riley, «Light Construction», in: *Arch+, Herzog & de Meuron. Minimalismus und Ornament*, 129/130, Dezember 1995, S. 107–112, hier: S. 107.
42 Herzog & de Meuron, in *Arch+ 129/130,* 1995, S. 23 (wie Anm. 8).
43 «The illusion of transparency goes hand in hand with a view of space as innocent, as free of traps and secret places. Anything hidden or dissimulated – and hence dangerous – is antagonistic to transparency, under whose reign every thing can be taken in by a single glance from that mental eye which illuminates whatever it contemplates.» Vgl. Lefebvre, 1991, S. 28 (wie Anm. 35).

geisterung von Licht und Luft hinausgehenden Idee der Transparenz, das Terence Riley in der Ausstellung *Light Construction* (1995) definierte.[44] Ein Symbol dafür ist die Wolke, deren Opazität und vermeintliche Formlosigkeit Riley in Projekten von Herzog & de Meuron ebenso findet wie bei Toyo Ito, Rem Koolhaas und Jean Nouvel.[45] Er holt bis zur Frührenaissance aus, um sein Argument zu stützen: Brunelleschi nahm, so Riley, zwischen dem Messbaren (dem Florentiner Baptisterium, vor dem er seine Experimente zur Perspektive vornahm) und dem Unmessbaren (zum Beispiel einer Wolke) eine unüberbrückbare Kluft an. Ähnlich habe Leonardo zwischen formlosem und definiertem Körper unterschieden. Laut Riley ist Leonardos Unterscheidung jedoch «von Grund auf falsch, bestimmt durch die Unfähigkeit der Mathematiker der Renaissance, komplexe Oberflächen zu beschreiben. Die fraktale Geometrie hat gezeigt, dass es keinen derartig fundamentalen Unterschied zwischen dem Baptisterium und der Wolke gibt, nur einen Unterschied in der Art und Weise, ihre physikalischen Merkmale zu berechnen.»[46]

Von Lefebvres Warte aus gesehen wäre dies eine genuin mechanistische Auffassung, da sie von der Prämisse ausgeht, dass letztlich alles in alles andere übersetzbar sei und dass Bedeutung im Raum des Diskurses ebenso frei zirkulieren könne wie das Visuelle im physischen Raum, solange nur die technischen Möglichkeiten ausgeschöpft würden. Wie diese Übersetzung stattfinden soll, bleibt laut Lefebvre hingegen mysteriös. Die Momente der Übersetzung werden durch Begriffe wie «Bruch», «Diskontinuität»[47] oder eben, so könnte man folgern, wie bei Riley, durch «fraktale Geometrie» maskiert. «Geisterhaft» sind also nicht die Fassaden von Herzog & de Meuron, sondern die Momente, wo eine Art der Repräsentation mit einer anderen verbunden wird. Dies wird in Thomas Ruffs Fotografie *Bibliothek Eberswalde* (1999) augenscheinlich: Zwei Studenten fahren als halb durchsichtige Phantome am dem Gebäude vorbei, so als wäre es für die Kamera unmöglich, Menschen und den Bau gleichzeitig zu repräsentieren (**Abb. 13**). Auch in seiner Aufnahme *Sammlung Goetz* (1994) hat Ruff die Bäume vor der Fassade verschwinden lassen. Er macht damit deutlich, dass die Bauten von Herzog & de Meuron nicht die Umgebung an sich

---

44 *Light Construction*, The Museum of Modern Art, New York, New York, Abrams, 1995.
45 «Die Wolke ist ein passendes Symbol für die neue Definition der Transparenz: transluzent, aber dicht, substantiell, aber ohne bestimmte Form, ewig zwischen dem Betrachter und einem weit entfernten Horizont.» Vgl. Riley, 1995, S. 109 (wie Anm. 41).
46 Riley, 1995, S. 110 (wie Anm. 41).
47 Lefebvre, 1991, S. 5 (wie Anm. 35).

EINLEITUNG

reflektieren beziehungsweise absorbieren, wie es die Nachkommen des Crystal Palace tun. Dort hatte man echte Parkbäume stehen lassen. Dagegen ignorieren Herzog & de Meuron zum Beispiel in den Fünf Höfen, Innenstadtprojekt für München (1996- →143) die Naturgesetze und lassen die Pflanzen von der Decke nach unten wachsen. Sie widersetzen sich jeglichem Naturalismus demonstrativ.

Gleichsam nebenher lässt sich damit das Kunst-oder-Architektur-Problem entschärfen. Für das mechanistische Denken ist Kunst selbstverständlich in Architektur übersetzbar. Kunst *als* Architektur und Architektur *als* Kunst, also die reibungslose Übersetzung zwischen zwei Kategorien, ist von dieser Warte aus ebenso unproblematisch wie das Hin- und Hergehen zwischen zwei Räumen. Herzog & de Meuron plädieren hingegen, ebenso wie Rémy Zaugg, Thomas Ruff und auch Jeff Wall, für die Autonomie der Gattungen.

Diese radikale Änderung der räumlichen Logik mag auch erklären, warum viele ihrer Bauten auf merkwürdige Art unfotogen sind.[48] Sie prägen sich zwar dem Gedächtnis wie Bilder auf Anhieb ein, für die Kamera stellen sie hingegen eine schier unlösbare Aufgabe. Herkömmliche Architekturfotografie setzt den abstrakten Raum ja geradezu als Grundbedingung voraus. Viele Beobachter bemängeln, dass Herzog & de Meuron sich

---

48 Terence Riley, «Gravitas and the Media», in: *AV Monografías/Monographs, Herzog & de Meuron 1980–2000*, 77, 1999, S. 31.

13 Thomas Ruff **Bibliothek, Eberswalde** 1999
Chromogener Farbabzug
185 × 230 cm
Canadian Centre for Architecture, Montreal. Geschenk von Elise Jaffe und Jeffrey Brown

in manchen Projekten auf die Fassaden konzentrieren und den Raum vernachlässigen. So kritisiert Rafael Moneo angesichts der Bibliothek der Fachhochschule Eberswalde die Beschränkung auf die Fassade, während er als Beispiel für einen gelungenen Bau die Dominus Winery, Yountville, California (1995–1998 →137) wegen der «Erhöhung und Feier» des Materials an sich lobt, eines Materials, das keiner Form bedürfe.[49] Die Feier des stummen Materials an sich ist aber gerade eine der Eigenschaften der räumlichen Logik des Spektakels. Die Experimente von Herzog & de Meuron zielen dagegen in die entgegengesetzte Richtung, nämlich zu Formen, die das Material zum Sprechen bringen.

Wenn das Spektakel seine Wurzeln in der Great Exhibition hat, dann darf man spekulieren, dass der Schlüssel von alternativen Repräsentationssystemen auch in der Gattung Ausstellung liegen könnte. Oder besser, in der Operation des Ausstellens. Denn Herzog & de Meuron erproben fortwährend verschiedene Register des Ausstellens: die Architekturausstellung als Gattung, wo Architektur einem interessierten Publikum vermittelt wird; die Ausstellungsarchitektur, also diejenigen Mittel, mit denen die Objekte präsentiert werden; und das Exponieren ihrer Bauten in mentalen und sozialen Räumen. Die von Herzog & de Meuron entwickelte Alternative zum Repräsentationssystem des Spektakels ist deswegen keine anti- oder nicht-kapitalistische Repräsentation (wie hätte man sich diese vorzustellen?), sondern vielmehr eine, die der Komplexität und Dynamik der aktuellen Situation angemessen und dadurch zukunftsweisend ist. Spätestens seit globalisierte Firmen und Museen nicht Produkte und Kunstwerke, sondern Lifestyle und Atmosphäre vermitteln, wächst die Nachfrage nach Architekten, die, überspitzt gesagt, nicht bloss Schaufenster und White Cubes im Repertoire haben. Somit erstaunt nicht, dass Prada oder die Tate Gallery Herzog & de Meuron gewählt haben.

Natural History: Das «Ganze» ausstellen
Aber noch einmal: Wonach suchen Herzog & de Meuron, wenn sie fragen:

> Gibt es eine Form der Präsentation, die den Objekten und Dokumenten einen Sinn gibt, die den Besucher fesselt, seine ganze Aufmerksamkeit und all seine rezeptiven und perzeptiven Fähigkeiten mobilisiert? Ist es möglich in einem

---

49 «The work of architecture here is simply an exaltation and celebration of material, of a material that doesn't need form.» Rafael Moneo, «In Celebration of Matter», in: *AV Monografías/Monographs, Herzog & de Meuron 1980–2000*, 77, 1999, S. 16–27, hier S. 25.

EINLEITUNG

Ausstellungsraum einen Ort zu begründen, der, ähnlich wie eine bestehende Baustelle draussen in der Stadt, eine Realität für sich wäre und zugleich die Realität des dokumentierten Gebäudes widerspiegelte?»[50]

Tatsächlich gibt es in ihrem Werkverzeichnis viele Aufnahmen von Baustellen. Die Bibliothek der Fachhochschule Eberswalde ist auf keiner Fotografie so treffend dargestellt wie auf der Aufnahme der Lagerhalle, in der die Betonplatten aufbewahrt werden (Abb. 1).[51] Auch die Halle der Tate Modern ist fotografisch am eindrücklichsten im Moment des Umbaus mit teilweise demontierten Maschinen (Abb. 14). Architekten wie John Soane konnten dieses Problem dadurch lösen, dass sie ihre Bauten auf Gemälden als Ruinen darstellen liessen (Abb. 15). Diese Art der Repräsentation steht der Architektur nicht mehr zur Verfügung. Aber ihre Spiegelung in Form der Baustelle – Robert Smithson sprach angesichts einer Baustelle einmal von «umgekehrten Ruinen»[52] – produziert denselben Effekt. Die Fotografie der Baustelle

50 Herzog & de Meuron, in: Zaugg, 1996, S. 41 (wie Anm. 2).
51 Wobei ausgerechnet dieses Bild im Werkverzeichnis nicht abgebildet ist.
52 «Umgekehrte Ruinen sind das Gegenteil der ‹romantischen Ruine›, denn diese Bauten *zerfallen* nicht in Trümmer, *nachdem* sie gebaut wurden, sondern *erheben* sich zu Trümmern, bevor sie gebaut werden.» Robert Smithson, «The Monuments of Passaic», in: *Artforum* 6, Nr. 4, Dezember 1967 (wiederabgedruckt in: Robert Smithson, *The Collected Writings,* hrsg. von Jack Flam, Berkeley, University of California Press, 1996, S. 68–74; hier zitiert nach der deutschen Ausgabe: Robert Smithson, «Fahrt zu den Monumenten des Passaic, New Jersey», in: Robert Smithson, *Gesammelte Schriften,* hrsg. von Eva Schmidt und Kai Vöckler, Köln, König, 2000, S. 97–102, hier S. 100).

14 Herzog & de Meuron **Baustelle Tate Modern, London** (1994–2000 →**126**)
Fotografie: Marcus Leith/Tate Photography, 1997

evoziert das nicht adäquat darstellbare Ganze mittels Fragmenten und kommt damit dem Interesse der Architekten für das «Ganze» der Architektur entgegen, wenn sie sagen: «Die Wirklichkeit der Architektur ist nicht gebaute Architektur: Architektur schafft ihre eigene Wirklichkeit jenseits des gebauten oder ungebauten Zustandes.»[53]

Das Spektakel bietet, wegen der Fetischisierung des fertigen Produkts, keine Möglichkeit, die «Wirklichkeit der Architektur» im Sinne von Herzog & de Meuron auszustellen. Der Crystal Palace verleibte sich zwar auch Gipsrekonstruktionen ägyptischer Tempel und Abgüsse gotischer Portale ein. Aber auf lange Sicht war dafür kein Platz. Die meisten Sammlungen von architektonischen Abgüssen wurden im Lauf des zwanzigsten Jahrhunderts zerstört (Abb. 16). Weder Kunstwerk noch Produkt, landeten sie auf den Müllhalden. Ihre Patina und Zerbrechlichkeit rührt uns heute besonders stark an. Wie oxidierte Daguerrotypien erinnern sie an all das, was sich der Repräsentation entzieht und was dennoch zur «Wirklichkeit der Architektur» gehört: die Gerüche, die Temperaturempfindungen, die räumliche Erinnerung, die Tagträume, alles Vergängliche. Wie hätte man sich eine Geruchsarchitektur, wie eine Erinnerungsarchitektur vorzustellen?

---

[53] «The reality of architecture is not built architecture: An architecture creates its own reality outside the state of built or unbuilt and is comparable to the autonomous reality of a painting and a sculpture.» Vgl. *Architectures of Herzog & de Meuron*, 1994, o. S. (wie Anm. 3).

15 Joseph Michael Gandy **Vogelperspektive der Bank of England von John Soane, als römische Ruine dargestellt** 1830
Tinte und Wasserfarbe, 84,5 × 140 cm
Courtesy Trustees of Sir John Soane's Museum

EINLEITUNG

Herzog & de Meuron greifen, wie manche Künstler, auch diejenigen Dinge auf, die im Spektakel keinen Platz haben, die unter dessen Bedingungen nicht zu Wort kommen. Auch ihre eigene Praxis produziert solche Abfälle. Im Keller ihres Büros stapeln sich Hunderte von Kisten und Kästchen mit Modellen. Es sind Fragmente, verworfene Ideen einer Gattung, die sich seit «Hunderten von Jahren als ausgezeichnetes Arbeitsinstrument und wichtiges Ausdrucksmittel für den Architekten bewährt», für deren Herstellung es aber keine Regel gibt.[54] In ihnen ist die ganze Ambivalenz ihrer architektonischen Praxis verkörpert. Es sind Reduktionen aus dem Büro von Architekten, die um die «Fallen»[55] des Reduktionismus genau Bescheid wissen. Es sind Objekte, die Ideen von Hand zu Hand, von Mitarbeiter zu Mitarbeiter haben gehen lassen. Manche von ihnen sind hässliche Basteleien, andere verblüffen durch ihre Schönheit. Sie handeln vom «Ganzen» und sind doch Fragmente für Spezialisten. Sie enthalten Tausende Stunden Arbeit, die sich der Repräsentation entziehen.

Die Ausstellung *Herzog & de Meuron: Archaeology of the Mind* (2002 →183) will untersuchen, wie diese Dinge im geschützten Raum der Institution wieder zum Reden gebracht werden können. Für diese Ausstellung tun wir so, als ob wir Archäologen aus der Zukunft wären, die im Archiv von Herzog

54 Herzog & de Meuron, in: Zaugg, 1996, S. 43 (wie Anm. 2).
55 «Though indispespensable, all reductive procedures are also traps.» Lefebvre, 1991, S. 106 (wie Anm. 35).

16 Bedford Lemere **Innenansicht des Royal Architectural Museum, London** 1869 oder später
Unnummerierte Tafel aus dem Album *Architectural Details*
Albuminsilberabzug 21,5 × 28,1 cm
Canadian Centre for Architecture, Montreal

& de Meuron auf Hunderte von Modellen stossen, ohne zu wissen, was sie bedeuten (Abb. 17). Wir arrangieren die Modelle nach formalen und morphologischen Kriterien, ordnen sie an, um Zusammenhänge zu suggerieren, setzen sie in Beziehung zu Kunstwerken, Objekten des Kunsthandwerks, der Ethnologie, zu Büchern, Fotografien, Spielzeugen etc. Wir organisieren sie zu sechs Entwicklungslinien, die eine Kohärenz suggerieren und zugleich die Kontingenz jeden Ordnungsprinzips deutlich machen: «Transformation und Verfremdung», «Aneignung und Umbau», «Einlagern und Komprimieren», «Abdruck und Ausdruck», «verschachtelte Räume», «Schönheit und Atmosphäre». Im Prinzip kehren wir mit der Ansammlung von Dingen noch einmal zur Ausstellungslogik des Spektakels im Crystal Palace zurück. Im Unterschied dazu wimmelt es hingegen von Dingen, die keine fertigen Produkte, sondern offensichtlich aus dem Zusammenhang gerissene Fragmente sind. Jedes Objekt erhält ein Etikett, das es lokalisiert und «erklärt». Die Dinge sprechen also nicht für sich, wie einst die zu Kunstwerken verklärten Konsumgüter im Crystal Palace und wie so viele anscheinend selbstreferenzielle Objekte in Architektur- und Kunstausstellungen. Architekten und Ausstellungskuratoren rücken ihnen als vermittelnde Instanzen zu Leibe. Lieber überfrachten und überdeterminieren sie die Dinge mit Bedeutung, als dass sie das stumme Material an sich feiern würden. Präsentiert sind sie auf niedrigen, als Module aneinander gereihten, kompakten Podesten. Es handelt sich dabei nicht um Ausstellungsarchitektur, sondern

17 Auspacken von Modellen von Herzog & de Meuron in Montreal 2002

18 **Kabinettschrank von William Burgess** ca. 1870er Jahre
Tafel 37 aus einem unbetitelten Album
von Interieurs und Werken von William Burgess
Albuminsilberabzug 24 × 18,5 cm
Canadian Centre for Architecture, Montreal

eher um Mobiliar, das zwischen Tisch und Sockel figuriert. Wie *catwalks* ziehen sich die Podeste durch die bestehende Architektur und ermöglichen eine Aufsicht auf die Dinge und Beschriftungen.

Die Ausstellung ist in enger Zusammenarbeit mit Herzog & de Meuron entstanden. Die Spielregel stammt von mir als Kurator. Dazu gehört, dass jedes Objekt ein Etikett erhält, dass es keine Wandschriften gibt, dass keine Verweise auf bestehende Gebäude, keine dokumentarischen Fotografien, keine *client models* und keine Pläne vorkommen. Die Auswahl der Modelle, Objekte und Kunstwerke ist gemeinsam gemacht worden. Das Dispositiv der Ausstellung, also auch das, was man als Ausstellungsarchitektur bezeichnen könnte, stammt ganz von den Architekten. Weil es eine Wanderausstellung ist, wird sich diese den jeweiligen Umgebungen anpassen und auf deren Bestände zurückgreifen.

Nur innerhalb der Gattung Architekturausstellung kann derzeit die Hierarchie zwischen fertigen Bauten, Skizzen und Modellen zur Diskussion gestellt werden. Die Ausstellung trägt im Werkverzeichnis von Herzog & de Meuron die Nummer 183 (das Projekt begann im Herbst 1999) und ist, wie alle Ausstellungen, untrennbar Bestandteil des Werks von Herzog & de Meuron. Der Titel *Archaeology of the Mind* kann als Paraphrase von Lefebvres «regressiv-progressiver» Methode gelesen werden, die auf eine «Wahrheit ‹in sich und für sich›, vollständig und dennoch relativ» zielt.[56] Die jeweilige Gegenwart wirkt auf die Vergangenheit zurück und fördert Neues, bisher Unverständliches zutage, das sich seinerseits auf die Gegenwart und Zukunft auswirkt **(Abb. 18)**. Wie jedes Experiment ist *Archaeology of the Mind* ein Blick nach vorne.

---

56 Lefebvre, 1991, S. 65–67 (wie Anm. 35).

EINLEITUNG

1 **Pierre de Meuron und Jacques Herzog im Gespräch** 2000
Fotografie: Armin Linke

STÜCKE ZU VIER UND MEHR HÄNDEN

Kurt W. Forster

Die Schweizer Architekten Jacques Herzog und Pierre de Meuron bilden eine stabile berufliche Partnerschaft. Sie eröffneten 1978 ihr Büro in Basel und nach ein paar Jahren spärlicher Tätigkeit begann die Firma zu expandieren, bis sie ihre selbst gesetzte Grösse von vier Partnern und rund hundertzwanzig Mitarbeitern erreichte, die in der Zwischenzeit fast zweihundert Projekte und Bauten hervorgebracht haben (**Abb. 1**). Ein derart bemerkenswertes Werk konnte nur aus einer echten Verschmelzung ihrer Identitäten hervorgehen. Die Zusammenarbeit zwischen Jacques Herzog und Pierre de Meuron legt beinahe so etwas wie gewollte Zwillingschaft nahe, die Bildung einer Einheit ganz nach ihren eigenen Vorstellungen und eine klare Absage an Corporate Identity. Sie stehen so immer wieder im Wettbewerb mit zahlreichen zeitgenössischen «Solisten», die ungeteilte Anerkennung erstreben: Unter sämtlichen Empfängern des Pritzkerpreises bilden sie das einzige Paar. Im Gegensatz zu den bekannten Zelebrierungen von Meisterarchitekten erinnern Herzog & de Meuron eher an berühmte Klavierduos; und wie bei diesen musikalischen Partnerschaften zeitigt auch ihre Arbeit Ergebnisse, die einem allein nicht möglich wären und so das Klischee als nutzlos und sogar falsch entlarven, wonach ein Spieler immer führt, der andere bloss folgt.

In jüngster Zeit beanspruchen berühmte Architekten immer öfter exklusive Urheberschaft für ihre Projekte und tolerieren oft nur namenlose «Mitarbeiter». In der klassischen Manier des Meisters formen und betreiben solche Grössen ihre Büros mit unbeugsamer Entschlossenheit und ungestümem Diktat, wogegen Herzog & de Meuron ihre Projekte in fortlaufendem Gespräch miteinander entwickeln, Vorschläge austauschen und Reaktionen von ihren Partnern und Kollegen einholen. Ihre gemeinsamen und individuellen Anstrengungen summieren sich zu echter Zusammenarbeit und ihre Projekte vereiteln jeglichen Versuch, die Einzelbeiträge zu unterscheiden – seien es ihre eigenen oder die anderer.[1] Jacques Herzog definierte die Ebene, auf der er und Pierre de Meuron sich treffen und auf der sie ihre Mitarbeiter einbeziehen, als «stark konzeptuell», während er gleichzeitig zugesteht, dass sie ihre Partnerschaft kaum hinterfragen. Das ist nur scheinbar ein Widerspruch, weil ihre gemeinsame Arbeit auf Affinitäten beruht, die kein noch so grosses Bemühen hervorzubringen vermöchte, wenn sie nicht schon vorhanden wären, und Früchte zeitigt, die rein logisch kaum zu erklären wären, ausser als ein *fait accompli*.

Ihre gemeinsamen Erfahrungen gehen auf Jacques' und Pierres Schulzeit in Basel und das Studium an der ETH Zürich im Anschluss an die Zeit der Studentenunruhen zurück. Ihre parallelen Biografien haben die beiden derart magnetisiert, dass zwischen ihnen die Ideen buchstäblich wie Funken sprühen.[2] Obschon in der Geschichte nahe Verwandte und Familienmitglieder manchmal eine Nebenrolle im Leben ihrer berühmteren Geschwister gespielt haben,[3] ist das Phänomen von Künstlern, die geradezu als Krypto-Zwillinge arbeiten, selten und relativ neueren Datums.[4] Die Zusammenarbeit zwischen Herzog & de Meuron ist jedoch von anderer Beschaffenheit: Ihre gemeinsame Affinität zur Kunst umfasst auch die Fähigkeit zur Zusammenarbeit mit Künstlern und stammt, wie ich glaube, direkt aus ihrer persönlichen Beziehung, die sie zu Partnern auch im weiteren kreativen, nicht bloss im spezifisch professionellen Sinne macht. Ihre

---

1 In den vergangenen Jahren sind zwei neue Partner, Harry Gugger und Christine Binswanger zum ursprünglichen Team gestossen. Jacques Herzog, der gewöhnlich als Firmensprecher amtiert, sagte dazu – ganz ohne Hintergedanken, wie mir scheint: «Pierre und ich haben ja selbst während über dreissig Jahren eine Zusammenarbeit entwickelt, die funktioniert, ohne daß wir sie genau analysiert hätten. Entscheidend ist für uns jedoch immer gewesen, eine sehr starke konzeptuelle Ebene zu erarbeiten, auf der sich verschiedene Leute und Mitarbeiter ausdrücken können.» («Gespräch zwischen Jacques Herzog und Bernhard Bürgi, Basel, 8. November 1990», in: Gerhard Mack, *Herzog & de Meuron, 1989–1991, Das Gesamtwerk*, Bd. 2, Basel, Birkhäuser, 1996, S. 185.
2 Jacques Herzog hat selber die Analogie des elektromagnetischen Feldes benutzt, um den Zustand zu beschreiben, in dem er und Pierre de Meuron ihr Interesse an der Architektur anderer verfolgen und die Suche nach ihrer eigenen betreiben. Jacques Herzog und Pierre de Meuron, «Leidenschaftlich treulos» (1990), in: Mack, 1996, S. 182 (wie Anm. 1).
3 Die äusserst zurückhaltende Rolle von Pierre Jeanneret im Büro von Le Corbusier zum Beispiel oder die unermüdliche Unterstützung, die Diego Giacometti seinem Bruder Alberto gewährte, haben erst in jüngster Zeit Anerkennung gefunden.
4 Einer der bemerkenswertesten Fälle von absichtlicher Zwillingschaft ist zweifellos der von Alighiero Boetti (1940–1994), der sich nicht nur in Alighiero e Boetti umbenannte, als ob er zwei Personen wäre, sondern auch das Phänomen von zwei zutiefst aufeinander bezogenen und doch getrennten Teilen durch sein ganzes Werk hindurch verfolgte. Sei es in seiner Faszination durch die Zahl 11 (einer aus der Wiederholung derselben Ziffer gebildeten unteilbaren Zahl, die zudem die nächste Dezimaleinheit beim Zählen einleitet) oder in seinen parallelen beidhändigen Zeichnungen – Boetti bemühte sich ständig, das Andere in seine Identität einzubeziehen oder aus dieser heraus zu erschaffen.

Vorliebe für Zusammenarbeit mit Künstlern ist geradezu ein Markenzeichen ihrer Arbeit geworden.

Als Herzog & de Meuron in den späten siebziger Jahren ihre Partnerschaft begannen, galt es als ausgemacht, dass die bildenden Künste jegliche Beziehung zur Architektur stets auf eigenes Risiko eingehen. Das Peinliche an einer grossen Zahl von öffentlichen Kunstwerken schien das Dogma der notwendigen Autonomie moderner Kunst zu bestätigen. Die Frage, wie es Herzog & de Meuron gelang, einen Ausweg aus diesem Dilemma zu finden und Künstler in ihren Bannkreis zu ziehen, ohne ihre Integrität zu gefährden, mag ihre Antwort sehr wohl in der charakteristischen, wechselseitig offenen Zugangsweise finden. Schon ganz von Anfang an, als sie 1977 den Künstler Joseph Beuys um Kostümvorschläge für eine Clique von Trommlern und Pfeifern für die Basler Fasnacht baten, versuchten Herzog & de Meuron, Künstler in ihre Arbeiten einzubeziehen. Herzog schuf selbst auch Installationen und stellte in der führenden Basler Galerie Stampa plastische und grafische Arbeiten aus und veröffentliche einen Band mit Zeichnungen, die man höchstens pro forma als architektonisch bezeichnen kann.[5] Besonders Herzog tarnte seine künstlerischen Projekte, indem er die Grenzen zwischen ihnen und öffentlichen Ereignissen wie der Basler Fasnacht verwischte oder seine eigene Stellung als Architekt unterminierte und seine minimalistischen Arbeiten in lokalen Avantgarde-

---

5 *Herzog & de Meuron: Zeichnungen/Drawings*, New York, Peter Blum, 1997.

2 Jannis Kounellis
Skizzen für eine Installation in der Kunsthalle Basel 1978
Bleistift auf Papier

EINLEITUNG

galerien zur reinen Kunst erklärte. In beiden Fällen handelte er im konventionellen Rahmen seiner Zeit und seines Ortes, verwarf aber zugleich die *raison d'être* dieser Konventionen.

Unsere Architekten verfolgten die zeitgenössische Kunst- und Galerieszene ihrer Stadt aufs genaueste. Und Basel erwies sich als ein Glücksfall. Nicht nur besitzt die Stadt ausnehmend wohl bestückte und vielfältige Museen, sondern sie wurde auch zum Schauplatz grosser öffentlicher Kontroversen, die im Ruf nach einer Volksabstimmung über den Ankauf eines Gemäldes von Picasso gipfelten.[6] Während der Zeit Franz Meyers als Direktor des städtischen Kunstmuseums (1962–1980) hatte Basel bedeutende zeitgenössische Kunstwerke angekauft, oft direkt von den Künstlern. Meyer, der die Nachfolge von Georg Schmidt angetreten hatte – seinerseits ein unermüdlicher Kämpfer für moderne Kunst –, baute eine einmalige Sammlung zeitgenössischer Kunst um Figuren wie Beuys, die Mitglieder des Informel und Vertreter der jüngsten amerikanischen Kunst auf.[7] Die Kunsthalle Basel brachte in einer Reihe von Einzelausstellungen Werke der jüngsten Generation in die Stadt.

1978 muss eine Installation von Jannis Kounellis einen tiefen Eindruck auf unsere Architekten gemacht haben. Bleistiftskizzen halten fest, wie

6 Siehe Philip Ursprung, «‹I like Pablo›: Picasso und Basel 1967», in: *Picasso und die Schweiz*, hrsg. von Marc Fehlmann und Toni Stooss, Kunstmuseum Bern, Bern Stämpfli, 2001, S. 91–97.
7 Siehe *White Fire/Flying Man,* hrsg. von Katharina Schmidt und Philip Ursprung, Basel, Schwabe, 1999.

3 Herzog & de Meuron **Skizze** 1987
Bleistift auf Papier
29,7 × 21 cm

Kounellis Fenster und Türrahmen der Kunsthalle mit Holzabfall und Schutt zu füllen plante (Abb. 2).[8] In diesen Zeichnungen variiert der Duktus zwischen nervösen, schnellen Strichen und kräftigen, beinahe verwischten Akzenten. Herzogs eigene Zeichnungen wechseln auf ähnliche Weise zwischen klaren Linien und weichen Kohlestrichen ab und bauen so ganz sachte eine Substanz auf, indem sie Linien zu Formen verdichten (Abb. 3). Sie verraten auch ein vergleichbares Interesse am Blatt selbst als Feld und an der Zeichnung als begrenzter, wenn auch deutlich fragmentarischer Notation. Das Einbeziehen eines typografischen Briefkopfs in Kounellis' Skizzen zum Beispiel charakterisiert sie als bloss geborgtes Territorium, als einen ungeklärten Bezirk, dazu da, um darin bleierne Striche zu ziehen. Es mag auf den ersten Blick als prekäre Verbindung scheinen, aber Herzog & de Meuron haben oft eine beinahe osmotische Fähigkeit an den Tag gelegt, Ideen, die sie in Kunstwerken vorfanden, zu absorbieren und umzuformen. Sie reagieren subtil, aber handeln entschieden, genau so wie sie das während ihrer Studienzeit an der ETH Zürich Aldo Rossi gegenüber taten.

Sie waren beeindruckt von Rossis Vorliebe für die archaische Praxis des Zeichnens, die als irrelevant verschrien war zu einer Zeit, die den Archi-

---

[8] Kounellis entwickelte und variierte sein Thema des Ausfachens von Öffnungen mit verschiedenen Materialien während der siebziger und achtziger Jahre in Installationen, die von Prag und Bordeaux bis Kassel und Zürich reichten; ausserdem auch in Einzelarbeiten wie *Senza titolo* (Ohne Titel, 1969–1982). Diese Arbeit besteht aus einem alten Holzschrank mit durchbrochenen Gittertüren, gefüllt mit Kalksteinbruchstücken. Siehe *Kounellis,* hrsg. von Pier Giovanni Castagnoli, Bologna, Assessorato alla cultura, 1995, S. 131.

4 Aldo Rossi **Perspektivische Skizze für das Centro Direzionale, Florenz, mit Skizzen von *David* und von der *Jungfrau mit Kind*** 1977
Filzstift und Tusche, 21 × 29,7 cm
Canadian Centre for Architecture, Montreal

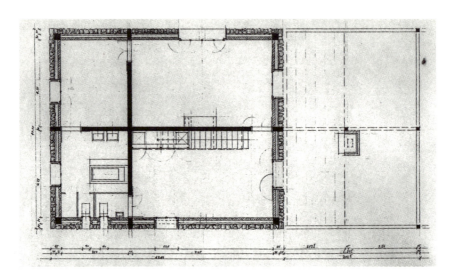

5 Herzog & de Meuron
Steinhaus, Tavole (1982–1988 →17): Grundriss Erdgeschoss

6 Herzog & de Meuron
Steinhaus, Tavole (1982–1988 →17)
Fotografie: Margherita Spiluttini, Oktober 1994

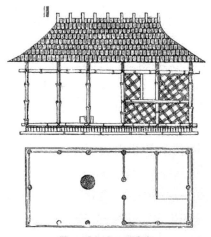

Karaibische Hütte.

tekten zur sozialen Verantwortung rief; aber sie reagierten gegen Rossis Neigung zur typologischen Einordnung der Gebäude. Herzog & de Meurons früheste Projekte nahmen zuerst als Zeichnungen Gestalt an und strahlten, einmal in Modellform übersetzt, eine bemerkenswerte Unverletzlichkeit aus, die auch Rossis Werke auszeichnete. Das Interesse ihres Lehrers an scharf geschnittenen Silhouetten und diskrepanten Massstäben, das seine Projekte in den siebziger Jahren kennzeichnete (Abb. 4), hinterliess seine Spuren im Werk unserer Architekten. Einer ihrer frühesten Bauten – erst das dritte freistehende Haus ihrer Karriere und das erste, das in einem deutlich anderen Kulturraum gebaut wurde – nimmt Abstand von Rossi und erwägt andere Ideen, denen sie während ihrer Studien in Zürich begegnet waren. Aber obwohl an einem abgelegenen Ort der ligurischen Küste Italiens gebaut, wurde das Steinhaus in Tavole (1982–1988 →17) eines der meistdiskutierten Gebäude der späten achtziger Jahre.

Das «einsame Haus»

Das Konzept des Steinhauses, des «einsamen Hauses», wie es in einer Studienskizze bezeichnet wird,[9] verblüfft durch seine Schlichtheit, die auf einer einfachen Betonrahmenkonstruktion beruht. In den Fassaden manifestiert sie sich bloss in Pfeilern und Balken, die beinahe bündig mit Tro-

---

9 Die Zeichnung trägt die unübersehbare Überschrift «Einsames Haus»; siehe Gerhard Mack, *Herzog & de Meuron, 1978–1988, Das Gesamtwerk*, Bd. 1, Basel, Birkhäuser, 1997, S. 61, Abb. E.

---

7 Gottfried Semper **Karaibische Hütte**
Aus *Der Stil in den technischen und tektonischen Künsten oder praktische Ästhetik: Ein Handbuch für Techniker, Künstler und Kunstfreunde*,
Bd. 1, München, F. Bruckmann, 1878, S. 263

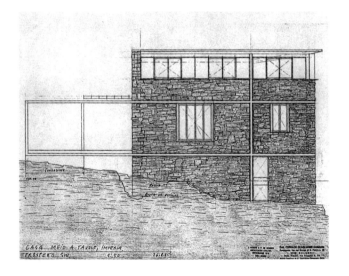

ckenmauern ausgefacht sind. Im Grundriss bilden die Innenwände ein Kreuz, das aussen in Form von schmalen Betonstreifen sichtbar wird (Abb. 5–6), die zusammen mit den Deckenplatten in den Fassaden ihrerseits kreuzförmig die Bruchsteinmauern kontrastieren. Hangseitig steht das Betonskelett als Pergola frei; im Gebäude selbst liegt seine abstrakte Geometrie eingebettet in die unendliche Vielfalt des Natursteins. Eng geschichtet und den Stützmauern der umliegenden Olivenhaine «natürlich» angepasst, erscheint der Steinmantel mit Bedacht so um die Ecken des Gebäudes herumgezogen, dass sein Äusseres einzig durch Betonstreifen und eine Anzahl Fenster- und Türrahmen unterteilt wird (Abb. 8). Die Wirkung ist durchschlagend und rätselhaft zugleich. In einen kontinuierlichen Bruchsteinmantel gehüllt, verlieren die vier Ecken des Gebäudes ihre traditionelle Betonung als Stützpunkte. Mit seinem spärlich sichtbaren Betonrahmen und seinem Bruchsteinmauerwerk stellt sich das Gebäude exakt in den Schnittpunkt zwischen abstrakter Geometrie und vorgefundenem Material. Das Betonskelett steckt Leerflächen und Hohlräume ab, die von Trockenmauern unterteilt und gefüllt werden. Ausfachung aus Naturstein und abstrakte Exposition des Gerüsts rekapitulieren so die wechselhafte Beziehung zwischen Spur (eines Konzepts) und Ausdruck (des rohen Materials). Der Rahmen stellt nicht eigentlich das Haus dar, doch er ermöglicht das Aufschichten der Steinwände. Diese extreme Betonung des konzeptuellen Ursprungs im Gerüst verweist, über das spezifische Gebäude hinaus, auf den

8 Herzog & de Meuron
Steinhaus, Tavole (1982–1988 →17): Aufriss Südfassade

Akt des Konstruierens selbst. Unter den architektonischen Gedankengängen, die Rahmenkonstruktionen mit Umwandungen in Beziehung bringen, können eigentlich nur diejenigen Gottfried Sempers nutzbringend auf das Haus unserer Architekten angewendet werden. Für Semper enthielt zum Beispiel die primitive karaibische Hütte, die er 1851 im Londoner Kristallpalast ausgestellt gesehen hatte (**Abb. 7**), den Schlüssel zu architektonischen Grundsätzen, die er, von Zeichnungen unterstützt, darlegte.[10] Diese Zeichnungen kommen einem unweigerlich in den Sinn, wenn man Herzog & de Meurons Steinhaus in Tavole betrachtet (**Abb. 8**). Die wichtigste Ähnlichkeit ist zweifellos die konzeptuelle Trennung des strukturellen Skeletts von den geflochtenen Matten, die Sempers karaibische Hütte teilweise bedecken. Die Hütte ruht auf einer Plattform und wird durch ein massives Dach geschützt. Dennoch besteht Semper darauf, dass «jedes Element der Konstruktion für sich selbst spricht.»[11] Wie diese karaibische Hütte inszeniert auch Herzog & de Meurons Haus in Tavole die Trennung von Plattform und Dach, wobei letzteres mit seiner visierartigen Auskragung über einer Reihe von Fenstern zudem auf Frank Lloyd Wrights beschattete Innenräume und die Faszination des Meisters durch geflochtene Oberflächen anspielt. Durch das Aussparen von Öffnungen in der Struktur der Bruchsteine erzeugen Herzog & de Meuron ein Spannungsverhältnis zwischen dem strukturellen Rahmen und den Ausfachungen. Aber bevor wir diesen Faden weiter verfolgen, den unsere Architekten an der ETH Zürich aufnahmen, lohnt es sich, noch ein paar weitere Resonanzen des Hauses in Tavole zu erörtern.

Un-Orte und ferne Zeiten
Der erste Eindruck des Hauses stellt nicht nur eine Verbindung zu dem Anliegen her, das Jannis Kounellis in seinen Installationen der späten siebziger Jahre verfolgte, sondern auch einen Kontrast. Während nämlich der Künstler jede Öffnung mit Holzstücken und Stein zupackte, hielten die Architekten Fenster und Türen frei, indem sie sie mit Platten vertikal rahmten. Diese Trennelemente, die direkt an den Bruchstein anstossen, waren von Anfang an aus Metall geplant. Unmittelbar gegen den rauen

---

10 Gottfried Semper, *Der Stil in den technischen und tektonischen Künsten oder praktische Ästhetik: Ein Handbuch für Techniker, Künstler und Kunstfreunde*, 2 Bde., Frankfurt am Main, Verlag für Kunst und Wissenschaft, 1860–1863, Bd. 2.
11 Aus einem Manuskript von Semper, zitiert nach Harry Francis Mallgrave, *Gottfried Semper. Ein Architekt des 19. Jahrhunderts*, übersetzt von Joseph Imorde und Michael Gnehm, Zürich, gta Verlag, 2001, S. 214 (engl. Originalausgabe: *Architect of the Nineteenth Century*, New Haven und London, Yale University Press, 1996).

EINLEITUNG

9 Robert Smithson **Non-Site: Line of Wreckage (Bayonne, New Jersey)** 1968
Bemaltes Aluminium, gerahmte Landkarte und drei gerahmte Fototafeln
150 × 178 × 32 cm (Skulptur); je 8,9 × 125,5 cm (Fotos)
Milwaukee Art Museum. Gekauft durch das Milwaukee Art Museum,
Beiträge des National Endowment for the Arts

10 Robert Smithson **Non-Site (Essen Soil and Mirrors)** 1969
Erde und zwölf Spiegel, 91,4 × 182,9 × 182,9 cm
San Francisco Museum of Modern Art. Gekauft mit einem Geschenk
von Phyllis Wattis und Beiträgen des Accessions Committee

Stein gesetzt, erzeugen sie einen scharfen Kontrast zwischen Juramaterial und moderner Industrie – und eine unmittelbare Gedankenverbindung zu Robert Smithsons mit Felsbrocken gefüllten Metallkasten (Abb. 9). Smithsons *Non-Site*-Serie von 1968, die dem Betrachter, laut dem Künstler, die Erfahrung des «physischen Abgrunds des Rohmaterials verschaffte»[12], bestand aus unbehauenen Felsbrocken, die von ihrem Ursprungsort losgebrochen und in Metallkästen ausgestellt wurden.

Smithson begann auch einen Essay, den er 1968 in *Artforum* publizierte, mit einer geologischen Metapher, indem er erklärte, dass «die Erdoberfläche und die Erfindungen des Geistes die Tendenz hätten, sich in ganz bestimmte Kunstbereiche aufzulösen.»[13] Erst durch die Entfernung des Gesteins vom Ort seines natürlichen Vorkommens und durch seine Abpackung zu Ausstellungszwecken weitet sich der Riss zwischen der Natur und dem Künstlichen zu einem Abgrund aus. Was sowohl das Gestein wie auch die Metallfassungen in diesen Abgrund reisst, ist die *Zeit;* was sie davor bewahrt, in kurzer Zeit völlig aufgelöst zu werden, ist die *Technologie,* die Kunst Materialien zu verwandeln. Smithson erkannte, dass ein Künstler seine «Grenzen» und seine «Zeit-Orte» wählen muss, um die Macht der Naturvorgänge aufzuhalten, wenn er anmerkt, dass sogar die «Mittel der Technologie wieder zu einem Teil der Geologie werden und in ihren Originalzustand zurücksinken»[14]. Nachdem Smithson einmal begonnen hatte, sein Werk in diesen weitesten Zeiträumen zu betrachten, waren Felsbrocken nicht länger leblose Sedimente und Maschinen, nicht mehr bloss industrielle Produkte: Beide wurden zu Fossilien (Abb. 10).

Um noch einmal auf Herzog & de Meurons Steinhaus in Tavole zurückzukommen: Wir erkennen nun, dass die geologischen Sedimente seines Standortes zusammengetragen wurden – genau der Ausdruck, den auch Smithson benutzte, um den Zustand seiner Gesteinsbrocken zu beschreiben –, um das zerbrechliche Material der Wände zu bilden. Das will besagen, dass sie nicht länger Teil des Ortes sind, sondern daraus entfernt wurden und sich nun auf den Betonrahmen beziehen. Andere Werke, wie Smithsons *Non-Site: Line of Wreckage (Bayonne, New Jersey)* von 1968 oder Michael Heizers *Two-Stage Liner Buried in Earth* von 1967 machen dieselbe scharfe Unterscheidung, im einen Fall durch mit Metallbändern eingefasste Steine, im anderen durch in den Boden eingelassene Metallplatten, die dazu

---

12 *Robert Smithson: The Collected Writings,* hrsg. von Jack Flam, Berkeley, University of California Press, 1996, S. 104.
13 *Robert Smithson,* 1996, S. 100 (wie Anm. 12).
14 *Robert Smithson,* 1996, S. 104 (wie Anm. 12).

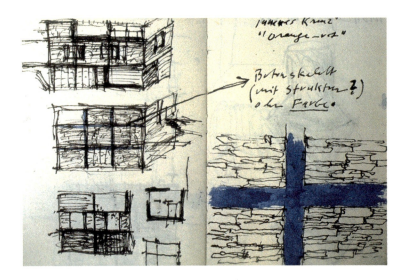

dienen, einen Leerraum unter dem Boden zu markieren. Auch im Haus unserer Architekten öffnet sich zwischen dem Eisenbeton und den Kalksteinbruchstücken die Kluft eines geologischen Zeitraumes. Smithson zerstörte den evokativen Charakter, den Steine etwa noch besitzen mochten, indem er sie in Metallkästen anordnete, die die Kälte von Verschlägen ausstrahlten und so die Brocken in geologische Ausstellungsstücke verwandelten. Unsere Architekten verzichten gleichermassen auf jede Anspielung auf ländliche Fassaden und das Gemütliche des Volkstümlichen. Jede Ähnlichkeit mit Bruchsteinmauern in der Umgebung führt bloss auf die sprichwörtlich falsche Fährte, die immer weiter von der Frage wegführt, wie Architektur sich selbst an die Stelle der Natur setzt und deren Materialien disloziert und ihrem ursprünglichen Zustand entfremdet. In Tavole wurden die Steinwände mit grösster Sorgfalt so aufgeführt, dass sie den Eindruck eines nahtlosen Geflechts erwecken, während die schlanken Betonstreben und die Platten, die die Tür- und Fensteröffnungen bilden, dieses immer wieder unterbrechen.

... ein Bild in Stein
Im Einklang mit Herzog & de Meurons Überlegungen hat Gerhard Mack vorgeschlagen, dass «die Bruchsteinausfachung [...] der Landschaft wie ein Gemälde gegenüber[tritt]»[15]. Ein solcher Vergleich zwischen den Aussen-

15 Mack, 1997, S. 61 (wie Anm. 9).

11 Herzog & de Meuron
Steinhaus, Tavole (1982–1988 →**17**)
Skizze
Tinte und Wasserfarbe auf Papier

wänden und der umgebenden Landschaft bestätigt einerseits den grundsätzlichen Unterschied zwischen Rahmen und Ausfachung, andrerseits aber auch die höchst artifizielle Verwendung natürlicher Materialien. Wenn man sich eine Bruchsteinwand als ein «Bild der Natur» vorstellt, schreibt man gleichzeitig dem Betonrahmen die Funktion einer Grenze zwischen Natur und ihrem Abbild zu. Wenn die Trockenmauer tatsächlich als Bild verstanden wird, und dazu noch als ein äusserst sorgfältig komponiertes, so wird der Rahmen, selbst da, wo er ins Bild eingelassen ist, zum Angelpunkt seiner Geometrie (Abb. 11).[16]

... und ein steiniger Weg durch die Geschichte
Der Rahmen ist auch der Ort, wo Kunst und Architektur sich zuerst begegneten, nämlich in der Befestigung von Textilien an einem Pfosten. So viel, und wahrscheinlich noch etwas mehr, dürfte von Gottfried Sempers Unterricht an der ETH Zürich (1855–1871) über ein Jahrhundert nach der Veröffentlichung seines Werkes *Der Stil in den technischen und tektonischen Künsten* überlebt haben.[17] Semper führt seine Leser darin auf eine verschlungene Reise durch die Kunst- und Architekturgeschichte, begibt sich auf die Suche nach historischen Beweisen und setzt sich mit anderen The-

16 Mack, 1997, S. 61, Bildunterschrift zur Abbildung C (wie Anm. 9). Die Zeichnung in Abbildung C, als «inneres ‹Kreuz›» betitelt, legt die Vorstellung der Architekten von einer Kreuzgeometrie im Zentrum des Projekts offen.
17 Semper, 1863 (wie Anm. 10).

12 Gottfried Semper **Eidgenössische Technische Hochschule Zürich: Nordfassade des Hauptgebäudes** 1966
Aus Martin Fröhlich, *Gottfried Semper. Zeichnerischer Nachlass an der ETH Zürich. Kritischer Katalog*, Basel, Birkhäuser, 1974, S. 250.

oretikern über die Beziehung unter den Elementen auseinander, die die Baukunst ausmachen und sie mit dem umfassenderen «Haushalt» einer Kultur verbinden.[18] Besonders eine Erkenntnis Sempers muss allerdings auf unsere Architekten einen noch grösseren Eindruck gemacht haben als sein berühmtes Gebäude für das Zürcher Polytechnikum (Abb. 12). Semper hatte nämlich begonnen, einen Gedanken zur Verbindung zwischen Kunst und Architektur in der Antike zu formulieren, der in seiner Tiefgründigkeit sich als zentral für die Architektur seiner eigenen Zeit herausstellen sollte. Er war überzeugt, dass «Kunstform und Dekoration [...] in der griechischen Baukunst durch diesen Einfluss des Flächenbekleidungsprinzips so innig in Eins verbunden [sind], dass ein gesondertes Anschauen beider bei ihr unmöglich ist»[19]. Sempers Begriff der «Flächenbekleidung» ist auf dem Dualismus von Struktur und ihrer Ummantelung aufgebaut, dem englischen *revetment*, das sich seinerseits vom französischen Begriff *vêtement*, «Bekleidung», herleitet. In diesem Konzept von Architektur als dem Produkt der ungleichartigen Verbindung von Rahmen und Bekleidung fand Semper einen neuartigen Schlüssel zur Kunstgeschichte. Als der Gründervater der Architekturschule in Zürich hinterliess er ein Erbe, das nie ganz vergessen wurde und erneutes wissenschaftliches Interesse gerade zu dem Zeitpunkt erweckte, als Jacques Herzog und Pierre de Meuron dort studierten.[20] Höchst originell und spekulativ, mussten sich Sempers verschlungene Gedanken in *Der Stil in den technischen und tektonischen Künsten* ihren Weg durch die vergangenen zwei Jahrhunderte erst durchwinden, ganz im Sinne der von ihrem Autor so geschätzten Schlingen und Knoten.

Materielle Manifestation von Gedanken

Jacques Herzogs paradoxer Ausspruch, «Nie ist Architektur tatsächlich dem Kunstwerk so nahe gewesen und auch nie so weit entfernt», entspringt dem Wunsch, für die Architektur einen Rang zu reklamieren, der nur der Kunst zugestanden wird, dabei aber die Gefahr zu vermeiden, die Bauten selbst in Kunstwerke zu verwandeln.[21] Er selber betrat das Feld der Architektur erst lange nachdem erfahrene Handwerker sich daraus zu-

---

18 Semper nahm Friedrich von Rumohrs Begriff «Haushalt der Künste» auf, um das Ganze der Faktoren zu betonen, die die wechselnden Rollen der verschiedenen Künste im Rahmen einer gegebenen Kultur bestimmen. Siehe Gottfried Semper, «Prolegomena» in: Semper, 1860, Bd. 1, S. VII (wie Anm. 10).
19 Gottfried Semper, «Die textile Kunst» (1863) in Semper, 1860, Bd. 1, S. 225 (wie Anm. 10).
20 Siehe Eva Börsch-Supan, Adolf Max Vogt u. a. (Hrsg.), *Gottfried Semper und die Mitte des 19. Jahrhunderts: Symposium vom 2.–6. Dezember 1974. Veranstaltet durch das Institut für Geschichte und Theorie der Architektur an der ETH Zürich,* Basel, Birkhäuser, 1976; Wolfgang Herrmann, *Gottfried Semper im Exil: Paris, London, 1849–1855: zur Entstehung des «Stil» 1840–1877,* Basel, Birkhäuser, 1978.

rückgezogen hatten, und so lässt sich die Erkenntnis eines tiefen Bruchs innerhalb der Bautradition nur schwer vermeiden. Es ist heute kaum noch möglich, jeden einzelnen Teil eines Bauwerks genau nach den Vorstellungen des Architekten auszuführen. Herzog weigert sich aber, industrielle Ersatzprodukte an Stelle echter Handwerkerleistung zu akzeptieren, und hat sein Bemühen daher von der Qualität der Teile auf die Funktion verlegt, die *Ideen* in einem Bauvorhaben zu spielen vermögen. In der Eingrenzung der Voraussetzungen, aus denen die zentrale Idee eines Projekts hervorgeht, spitzt der Architekt die Wirkung dieser Idee derart zu, dass bestimmte Projekte schliesslich auf einer einzigen Voraussetzung beruhen: horizontale Schichtung, um visuelle Kompression zu suggerieren, wie das im Lagerhaus Ricola, Laufen (1986-1987 →**38**) der Fall ist; oder die Umkehrung von Volumen in einer anti-intuitiven Symmetrie, wie in der Sammlung Goetz, Haus für eine zeitgenössische Kunstsammlung, München (1989-1992 →**56**), wo der Eindruck eines zwischen zwei Leerräumen schwebenden Baukörpers erzeugt wird. Herzog & de Meuron setzen auf die Idee und überwinden die unvermeidlichen Qualitätsverluste der Detailausführung. Der ganz spezifische Charakter dieser Bauten liegt im kreativen Herausarbeiten ihrer Prämissen und nicht in einem Einzelnen ihrer Elemente. Freilich gibt es Grenzen des Akzeptierbaren. So waren unsere Architekten zutiefst enttäuscht, als das Farbschema, das sie in Zusammenarbeit mit dem Maler Helmut Federle für die Siedlung Pilotengasse, Wien-Aspern (1987-1992 →**43**) ausgearbeitet hatten, abgelehnt wurde. Wenn Herzog & de Meuron nicht so deutlich von Sempers Denken geprägt wären, hätten sie zweifellos den Verlust der Kontrolle über Farbmuster und Gestaltung der Fassaden leichter verschmerzt.

Die Wirklichkeit der Architektur
Diese und andere Ärgernisse führten Herzog & de Meuron zum Schluss, dass «die Wirklichkeit der Architektur nicht einfach mit dem in eins fällt, was gebaut wird, sondern ihren Ausdruck in den Materialien findet». Herzog lokalisiert diese «Wirklichkeit der Architektur» im Material, weil dieses seinen höchsten Ausdruck erst findet, nachdem es aus seinem natürlichen Zusammenhang herausgelöst worden ist.[22] Während die Kunst praktisch jedes Material aus dem Zustand der Bedeutungslosigkeit erlösen

---

21 Jacques Herzog, «Die verborgene Geometrie der Natur» (1988), in: Mack, 1997, S. 207–211, hier S. 207 (wie Anm. 9).
22 «Die Wirklichkeit der Architektur ist nicht die gebaute Architektur.» Herzog, 1997, S. 209 (wie Anm. 21).

EINLEITUNG

13 Herzog & de Meuron
Bibliothek der Fachhochschule Eberswalde (1994–1999 →105)
Fotografie: Margherita Spiluttini, Mai 1999

kann, scheint Architektur dieses Potenzial nicht im gleichen Ausmass zu besitzen, teils, weil ihre Materialien durch die Zulieferindustrie viel radikaler vorgeformt sind und teils, weil ihre Bedeutung ausschliesslich in ihrem praktischen Verwendungszweck liegt. Das Transzendente, das Herzog & de Meuron in Materialien suchen, muss aus dem Projekt selbst entstehen, nachdem die Materialien aus ihrem gewöhnlichen Kontext herausgelöst oder von den Zwecken, für die sie üblicherweise eingesetzt werden, befreit worden sind. Im engen Rahmen aus Nutzanwendung und Konvention leisten Materialien keinen Widerstand. Erst verändert oder aus dem Bezugsrahmen hergebrachter Beziehungen herausgelöst, vermögen sie spezifisch architektonische Funktionen zu übernehmen. Es geschieht genau und ausschliesslich in der Diskrepanz zwischen dem vertrauten Verwendungszweck und einem neu erfundenen, dass Materialien Charakter entwickeln. «Charakter» als solcher wird, mindestens seit der Aufklärung, als der Schlüssel zur spezifischen Ausstrahlung eines Bauwerks, man könnte sagen, als seine Signatur und daher als seine «Wirklichkeit» verstanden.

Durch die Dinge sehen
Materialien leihen unserer Erfahrung einer architektonischen Idee ihre Wirklichkeit. Das geschieht aber nur insofern, als sie das kognitive Modell, das die Architekten vorlegen, zu verkörpern vermögen. «Was uns an Projekten und Bauten interessiert», erklärt Herzog, «ist das Modellhafte, die

Schaffung eines Instruments für die Wahrnehmung von Realität und unserer Interaktion mit ihr»[23]. Es besteht kaum Zweifel, dass Kunstwerke durch diese Beschreibung überzeugend definiert werden und dass ihre Materialität die Grundlage unserer wahrnehmenden Interaktion mit ihnen ausmacht. Herzog & de Meuron streben aber nach einer Architektur, die auf diesem Wahrnehmungsmodell beruht und deren materielle Qualitäten weniger Ausdruck handwerklichen Könnens als konzeptueller Intelligenz darstellen. Sie zielen immer auf die Herstellung uneingeschränkt nützlicher Bauten, deren langzeitiger Nützlichkeitsverlust freilich dennoch nicht zu verhindern ist. Das einzige, was sie versuchen können, ist sicherzustellen, dass ein Gebäude, nachdem es seinen Zweck überlebt hat, seine konzeptuellen Qualitäten nach wie vor beibehält. Unsere Architekten wählen ihre Materialien im Hinblick darauf, einem Gebäude einen ganz bestimmten Charakter, eine «Wirklichkeit» zu geben; mehr noch als an der Befreiung von Materialien von ihrer Fesselung an konventionelle Praxis, liegt ihnen daran, Materialien einem Test zu unterwerfen. Ob der Test erfolgreich war oder nicht, zeigt sich, wie immer, in der kulturellen Zweckmässigkeit des Experiments. Im SBB Stellwerk 4, Auf dem Wolf, Basel (1989–1994 →**49**) oder in den schwebenden Bildern an der Fassade der Bibliothek der Fachhochschule Eberswalde (1994–1999 →**105**) sind ihnen Effekte gelungen, die gleichzeitig die Materialeigenschaften betonen und unsere Sinne verwirren.

23 Herzog, 1997, S. 209 (wie Anm. 21).

14 Bibliothèque impériale, Vienne (Detail)
Aus Edward Brown, *Reisen durch Niederland*, Nürnberg, 1711

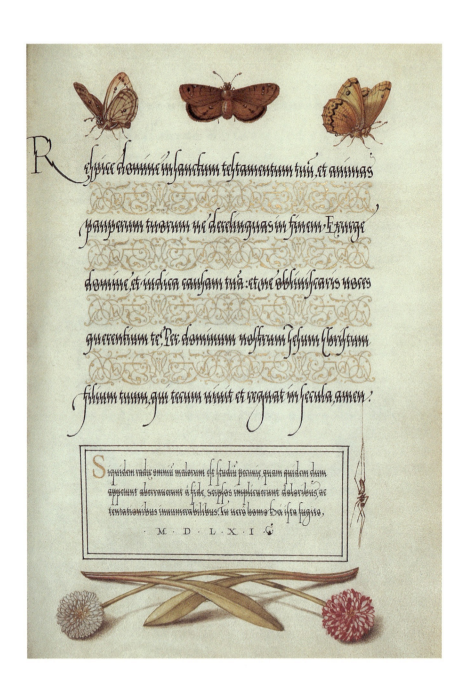

15 Joris Hoefnagel und Georg Bocskay
Gras, Nachtfalter und Kreuzblume 1561–1562
Aus *Mira calligraphiae monumenta*, Folio 128
Wasserfarbe, Gold- und Silberfarbe, Tinte auf Pergament, 16,6 × 12,4 cm
The J. Paul Getty Museum, Los Angeles

16 Joris Hoefnagel und Georg Bocskay
Schmetterlinge, Nachtfalter, Spinne und Gänseblümchen 1561–1562
Aus Mira calligraphiae monumenta, Folio 96
Wasserfarbe, Gold- und Silberfarbe, Tinte auf Pergament, 16,6 × 12,4 cm
The J. Paul Getty Museum, Los Angeles

Fiktionen und Fossilien

An der Fachhochschule Eberswalde, wo in den späten neunziger Jahren eine neue Bibliothek gebaut wurde, verbanden Herzog & de Meuron das Prinzip der horizontalen Schichtung mit dem von schwebenden, auf Glasscheiben und Zementplatten gedruckten Bildern (Abb. 13). Eher Metapher als Bild, gibt der Prozess der Aufschichtung und der seriellen Vervielfältigung schon an der Fassade einen deutlichen Hinweis auf die Funktion des Gebäudes (Abb. 14). Eine vergleichbare Verbindung, wenn auch in ganz anderem Zusammenhang entstanden, überlebt in Kalligrafiebänden von Seltenheitswert, etwa in Joris Hoefnagels *Mira calligraphiae monumenta*, wo die Schreibkunst sowohl für Text als auch ornamentale Figuren eingesetzt wird.[24] Überlagerte und gespiegelte Buchstaben simulieren die Überanstrengung des Auges, das versucht, ihre Formen zu erfassen und dabei die Fokussierung verliert (Abb. 15). Diese kalligrafische Arbeit ist weit mehr als blosse Etüde, denn die Schrift bildet eine eigene Architektur, in der sich die physischen Bedingungen ihres Zustandekommens aufgezeichnet finden:

24 Lee Hendrix und Thea Vignau-Wildberg (Hrsg.), *Mira calligraphiae monumenta. A Sixteenth-Century Calligraphic Manuscript Inscribed by George Bocskay and Illuminated by Joris Hoefnagel*, Malibu, The J. Paul Getty Museum, 1992. Das ist eine virtuose Sammlung kalligrafischer Blätter von Bocskay aus den frühen sechziger Jahren des sechzehnten Jahrhunderts, illustriert mit *exempla* aus der Naturgeschichte, die während des letzten Jahrzehnts des sechzehnten Jahrhunderts hinzugefügt wurden. Blatt 96 ist ein gutes Beispiel für horizontal «geschichtete» und ornamental überschriebene Zeilen von Text zwischen Streifen figurativer Ornamente, die später noch durch Hoefnagels Schmetterlinge und Blumen bereichert wurden.

17 Herzog & de Meuron
Bibliothek der Fachhochschule Eberswalde (1994–1999 →105)
Fotografie: Margherita Spiluttini, Mai 1999

verwoben, gebrochen, gedehnt, komprimiert oder gespiegelt; diese Zeilen sind weit mehr als nur ihrem eigenen Schreiben unterworfen. Einige der Seiten zeigen Übergänge vom Ornament zu dichtem Filigranwerk, schwerfällige Schriftzeichen wechseln mit unlesbaren Bändern ab (Abb. 16), während andere ausschwingende Züge aufweisen, die den ganzen Seitenhintergrund in der Schwebe halten. Der «materielle» Zustand von Schrift und Ornament verändert die Voraussetzung jeder Chiffre vollständig und lädt zum Vergleich mit der Schrift der Natur ein, die jedem Material eingeprägt ist.

An der Fassade von Herzog & de Meurons Bibliothek der Fachhochschule Eberswalde trägt jedes Register ein einzelnes, wiederholtes Bild, ausgewählt in Zusammenarbeit mit Thomas Ruff aus seinem persönlichen Archiv von Nachrichtenfotos. In der Horizontalen wechseln gleichmässige Streifen aus Betonplatten mit etwas höheren Bändern aus Glasscheiben ab und wiederholen dasselbe Foto nur in der untersten und obersten Reihe. Die anderen Bilder werden vertikal abgespult. Diese Bilder enthalten eine ganz andere Ladung als die erhabenen Porträts, die die Architekten ein paar Jahre zuvor für ihr Projekt für Zwei Bibliotheken, Université de Jussieu, Paris (1992→90) vorgesehen hatten. Die drei Glasbänder in Eberswalde wechseln mit Betonbändern ab und das unterste enthält durchscheinende Abbildungen von *Venus und Cupido,* das mittlere ein *Memento mori* und das oberste ein Doppelporträt von Alexander von Humboldt und seinem Assistenten Aimé Bonpland.[25] Im Gegensatz zu den Fotos auf Beton geben die Glasplatten Malerei wider. Was die Glas- und Betonflächen zusammenhält, ist im Grunde die gegensätzliche Materialität ihrer Bilder. Im Wechsel von Tag und Nacht vertauscht das Gebäude seine Erscheinung gewichtiger Undurchsichtigkeit mit der leuchtender und lebendiger Oberflächen, je nachdem wie der Eindruck der horizontalen Bänderung mit dem der soliden, durch kleine Fenster unterbrochenen Massen abwechselt (Abb. 17). Zu gewissen Zeiten werden die Bilder an der Fassade blind wie Spiegel, zu anderen Zeiten glühen sie wie Flüssigkristallbildschirme. Das Auge des Betrachters streift über diese Oberflächen und bleibt, während es Blickwinkel und Einstellung wechselt, an dem wesentlichen Unterschied haften: Die Bilder auf dem Zement sind eingraviert, während die Glasbilder Drucke sind. Wie Fossilien in Silikat scheinen die Fotografien auf unerklärliche Weise direkt in den Zement eingebettet, während die Gemälde – die explizite

---

25 Vgl. dazu die detaillierte Darstellung im Katalog zur Ausstellung an der Architectural Association School of Architecture in London; *Herzog & de Meuron, Eberswalde Library,* Architecture Landscape Urbanism, 3, London, Architectural Association, 2000.

EINLEITUNG

allegorische Bedeutung tragen – wie Gespinste der Erinnerung frei auf den Glasscheiben zu schweben scheinen. Hier handelt es sich wohl um die ausgeklügeltste Materialsprache, die die Architekten bisher entwickelt haben, denn die Bilder erhalten ihre optische Qualität durch das Material selbst, in dem sie enthalten sind. Einzig aus diesem Grund erscheinen die bildlichen Allegorien als optische *Einsichten,* während die Reportagebilder bloss *Abdruck* bleiben.

Der Unterschied zwischen Spur und Abdruck kann zur Erhellung einer uralten Unterscheidung dienen, die auch in den Fassadenbildern an der Bibliothek der Fachhochschule Eberswalde wieder auftaucht.[26] An einem Höhepunkt der Staffeleimalerei in Europa im frühen sechzehnten Jahrhundert, als die Fähigkeit der Künstler zur Reproduktion von Formen und Feinheiten der Natur eine nie da gewesene Höhe erreicht hatte, begannen die Erdkruste und die in ihr eingelagerten Mineralien und Fossilien eine unwiderstehliche Faszination und den Wunsch nach Imitation zu wecken.[27] Fossilien lagen den Werken etlicher Bildhauer in Padua zu Grunde[28] und prägten insbesondere auch die Keramik von Bernard Palissy, dem Erfinder

26 *L'Empreinte,* hrsg. von Georges Didi-Huberman, Musée national d'art moderne, Paris, Centre Georges Pompidou, 1997.
27 Georgius Agricola, *De natura fossilium libri X* (1546), in: Georgius Agricola, *Ausgewählte Werke,* übers. u. hrsg. von Georg Fraustadt, Berlin, Deutscher Verlag der Wissenschaft, 1958.
28 *Donatello e il suo tempo: Il bronzetto a Padova nel quattrocento e nel cinquecento,* Padua, Skira, 2001, S. 210–215.

18 Bernard Palissy **Abguss einer Echse (Lacerta viridis Laur)**
Emaillierter Abguss, 6 × 15 cm
Antiquités historiques d'île-de-France, Vincennes

farbiger Abgüsse, die er später zu einer fantastischen Innendekoration für eine Grotte in den Tuileriengärten zusammenfügte. Palissy setzte sich kritisch mit gewissen Spekulationen auseinander, die zur Entstehung von Fossilien im Umlauf waren, aber es darf als sicher gelten, dass er vor allem die Formen der Natur festzuhalten trachtete – Pflanzen, Reptilien, Fische und Muscheln (Abb. 18) –, indem er Gipsabgüsse machte und daraus glasierte und gebrannte Tonfiguren, die dauerhafteste Form, die damals möglich war.[29] Im Bemühen, ihrem eigenen Mythos nachzuleben, übertrugen Künstler die Formen der Natur in zeichnerische oder skulpturale Form, während andere mit Direktabgüssen zu experimentieren begannen, um die in der Natur vorgefundenen Formen zu reproduzieren. Eindrücke festzuhalten, wenn auch rein optische, war auch das erklärte Ziel der frühesten Fotografie, die so gewissermassen den Bleistift aus der Hand des Künstlers an die Natur zurückgab (Abb. 19).[30]

Das fotografische Abbild ist auch genau das, was seit jenem Moment stets wieder Herzog & de Meurons Aufmerksamkeit erregte, als sie das Foto eines Blattes von Karl Blossfeldt aus den zwanziger Jahre als Motiv für die durch-

---

29 Bernard Palissy, *Oeuvres complètes,* hrsg. von Marie-Madeleine Fragonard, Mont-de-Marsan, Editions InterUniversitaires, 1996.
30 Der Fotograf William Henry Fox Talbot betitelte seine frühen Veröffentlichungen von Fotografien *The Pencil of Nature,* London, Longman, 1844–1846. Fotografie lenkte die Aufmerksamkeit auf die Oberfläche von Gebäuden, die sich, wie Talbot bemerkte, in einem «Zustand fortgeschrittener Verwitterung» befanden. Seine genauen Beobachtungen richten die Aufmerksamkeit auf die «Haut» von Bauwerken und deuten auf ein wachsendes Bewusstsein ihrer historischen Zeugenschaft hin.

19 William Henry Fox Talbot **Teil des Queen's College, Oxford** 1843
Aus *The Pencil of Nature,* New York, Tafel 1

scheinenden Wände und das Dach des Ricola-Europe SA, Produktions- und Lagergebäude, Mulhouse-Brunstatt (1992–1993 →**94**) wählten.³¹ Das Motiv wird innen und aussen wiederholt und im Massstab sowohl dem hohen Shedbau als auch dem menschlichen Mass angenähert. Gleichzeitig beginnen die Stirnwände des Gebäudes Spuren von Regenwasser und Moos anzusetzen. Blossfeldt hatte schon früher Metallabgüsse von Pflanzenstängeln gemacht und Fotodrucke davon mit diesen festen Abgüssen kontrastiert. Herzog & de Meurons anhaltendes Interesse an Experimenten mit Drucken aller Art verbindet Sempers Überlegungen zur Fassadengestaltung mit ihrem eigenen Interesse an Bildern, das im Grunde weniger eins an Bildern als solchen denn an Abdrucken ist, da diese die ganze Spannweite von fotografischen Spuren bis zur eigentlichen Konservierung von Pflanzen- oder Tierformen als lebensnahe Abgüsse umfassen können. Es ist genau in dieser Lücke – ja, dem Abgrund – zwischen der Natur und den «Vorstellungen des Geistes», wo unsere Architekten gelegentlich dem Denken Smithsons nahe kommen, während sie Sempers Spekulationen aus den Augen verlieren.

Wahlverwandtschaften
In einem Vortrag 1981, als ihre verwirklichten Projekte noch an einer Hand abzuzählen waren, bemerkte Herzog, dass ihn «die Beziehung zwischen Architektur und Kunst stark beschäftigt, weil ich die Architektur, von der Haltung her, in einer gewissen Analogie betrachte und dennoch von der Kunst klar unterscheide, auf Grund der unterschiedlichen Voraussetzungen, die jede Disziplin aufweist»³². Er erkannte sogleich, dass Architektur, so wie Herzog & de Meuron sie verstanden, und Kunst, nach dem, was sie davon wussten, eine direkte Verbindung nur auf Grund einer Verwandtschaft einzugehen vermögen. Diese Verwandtschaft muss zudem eine freiwillige sein und fähig, eine unvorhergesehene Verbindung herzustellen. Weder die herkömmliche Anpassung zwischen einem Kunstwerk und einem Gebäude noch die erzwungene Paarung des einen mit dem anderen können für die Architektur als solche irgendeine Konsequenz haben. Einzig eine experimentelle Unterströmung zwischen ihnen, eine Hypothese zur spezifischen Befindlichkeit, die sie in einem Betrachter auslösen soll, vermag ernsthaft die Natur von Gebäuden zu beeinflussen.

---

31 Siehe Karl Blossfeldt, *Urformen der Kunst, Wundergarten der Natur. Das fotografische Werk in einem Band,* mit einem Text von Gert Mattenklott, botanische Bearbeitung von Harald Kilias, München, Schirmer/Mosel, 1994.
32 Jacques Herzog, «Das spezifische Gewicht der Architekturen» (1981), in: Mack, 1997, S. 204–206, hier S. 206. (wie Anm. 9).

Die Verbindung ihrer Disziplin mit dem Bereich der Künste setzt Jacques Herzog und Pierre de Meuron in die Lage, ihre Beziehung zueinander auch auf andere Personen auszuweiten. Der Erfolg ihrer Zusammenarbeit mit Künstlern liegt in den spezifischen Ergebnissen, die sie hervorbringt, das heisst, in dem sinnlichen Ensemble von Einzelteilen, das nicht einfach dem einen oder anderen Kopf zugeschrieben werden kann, sondern nur dem Endprodukt als Ganzem. Anders gesagt: Die Bauten von Herzog & de Meuron sind in der Lage, den Beitrag eines Künstlers zu *absorbieren*. Sie werden durch die künstlerische Zusammenarbeit nicht bloss bereichert, nicht bloss geschmückt oder davon überlagert, sondern der eigentliche Charakter dieser Bauten ist von einer zusätzlichen Idee durchdrungen, von etwas, das ohne jenes anders geartete Element nie möglich wäre. Man ist versucht zu sagen, dass Künstler wie Rémy Zaugg oder ein Fotograf wie Thomas Ruff das Duo Herzog & de Meuron durch ein drittes Instrument zum Trio erweitern. Zweifellos gehört das Horn, im Vergleich mit der Geige oder dem Klavier, einer archaischen Klasse von Instrumenten an, aber ein Trio, das alle drei zu verbinden versteht, bringt einen eigenartigen Klang hervor, der von keinem der Instrumente allein erzeugt werden kann. Künstler arbeiten mit Herzog & de Meuron zusammen wie Instrumentalisten, die sich einem Kammermusikensemble anschliessen: Einige verschwinden nach den Proben, andere dagegen kehren regelmässig zurück. Statt sich zusammenzutun, um ein «homogenes Universum» zu schaffen – in der Nachfolge von Architekten und Künstlern des zwanzigsten Jahrhunderts mit stark utopischen Neigungen –, kritisieren Herzog & de Meuron die Art und Weise, in der Le Corbusier Lösungen hinausschob, indem er seinen Blick von den tatsächlichen bestehenden urbanen Zuständen abwendete. So fragen sie sich, ob «seine Tätigkeit als Maler und Bildhauer seine Klarsicht, seinen kritischen Architektenblick» störte.[33] Einen letzten Rückzugsort, ein Gegenmittel gegen die Wirklichkeit ist es gerade nicht, was Herzog & de Meuron in ihrer alchemistischen Verbindung mit Künstlern suchen. Ihre gemeinsamen Unternehmen erzeugen neue Legierungen mit Sinnesmöglichkeiten, die ihre eigenen Erfahrungen erweitern und schärfen und ihnen so ermöglichen, nach neuen Mitteln Ausschau zu halten, durch die sich das Rohmaterial unseres Lebens verwandeln liesse.

---

33 «Über Zusammenarbeit». Interview von Rémy Zaugg mit Herzog & de Meuron (1996), in: Gerhard Mack, *Herzog & de Meuron, 1992–1996, Das Gesamtwerk*, Bd. 3, Basel, Birkhäuser, 2000, S. 226–232, hier S. 232.

EINLEITUNG

1 Jeff Wall **Dominus Estates Wineyard** 1999
Silbergelatine-Abzug, 197,3 × 257 cm
Canadian Centre for Architecture, Montreal. American Friends of the CCA/
Geschenk der Seagram Chateau & Estate Wines Company

GATTUNGEN ENTSTEHEN AUS DER DISTANZ ZWISCHEN KAMERA UND GEGENSTAND

Ein Interview mit Jeff Wall von Philip Ursprung
Vancouver, 11. Oktober 2000

Philip Ursprung: *Wie ist Ihre Verbindung mit Herzog & de Meuron zustande gekommen?*
Jeff Wall: Um 1994 wurde ich angefragt, ob ich Interesse hätte, einen oder mehrere ihrer Bauten zu fotografieren. Verschiedene Fotografen – darunter Thomas Ruff – haben schon Bilder für ihr Projekt an der Biennale in Venedig gemacht, glaube ich. Ich hatte damals keine Zeit, aber wir schätzten gegenseitig unsere Arbeit und trafen uns gelegentlich.

Wie haben Sie die Aufnahmen der Dominus Winery gemacht (Abb. 1)*?*
Ich mache meistens keine Pläne. Ich lasse mich so ein bisschen treiben, während ich an einem Gegenstand arbeite, der mich interessiert. Wenn der richtige Moment kommt, mache ich das Bild, das ich mir vorgestellt hatte.

Im Januar 1998 erhielt ich einen Brief von Nicholas Olsberg, dem Chefkurator am Canadian Centre for Architecture in Montreal, der mich anfragte, ob ich Interesse hätte, die Dominus Winery zu fotografieren. Ich zögerte, da ich fühlte, dass ich, wenn ich zustimmte, zu einem Auftragsfotografen würde, was ich nicht bin.

Aber ich verhandelte mit dem CCA und bat sie, die Tatsache zu akzeptieren, dass ich nicht versprechen könne, wirklich ein Foto zu produzieren. Ich konnte nur versprechen, dass ich es versuchen würde, und wenn ich scheitern sollte, würde ich eben scheitern. Ich wollte, dass sie einen Teil des Risikos übernehmen; anders gesagt, dass mir selbst dann etwas bezahlt würde, wenn ich scheiterte. Normalerweise verlangt ein Auftrag ein bestimmtes Ergebnis, nicht bloss Versuche. Aber ich kann keine Ergebnisse versprechen, nur Versuche. Und so war ich überrascht

EINLEITUNG

und beeindruckt, als sie diesen Vorschlag akzeptierten und mir zusicherten, meine Arbeit selbst dann zu finanzieren, wenn nichts dabei herauskäme. Wir fuhren im Sommer 1998 nach Kalifornien, um das Gebäude zu besichtigen. Das Grün der Reben bildete einen lieblichen Kontrast zum Schwarz des Baumaterials und dem Blau des Himmels. Aber ich hatte den Eindruck, dass der Sommer fotografisch nicht die beste Zeit für Aufnahmen war und dass diese auch nicht farbig sein sollten. Ich mochte die Farbaufnahmen, die ich bei dieser Gelegenheit machte, nicht.

Es ist schwer, mit Farbdias ein reines Schwarz zu erzielen. Es gelingt immer nur ein relatives Schwarz, weil Licht durch das Bild selbst dringt. Diese Aufnahme verlangte aber ein tiefes Schwarz. Ich stellte mir vor, dass es viel interessanter wäre, die Aufnahme ganz am Ende des Jahreszyklus zu machen, wenn die Reben ganz zurückgeschnitten wären, nach der Ernte, wenn der Boden nass und alles sehr dunkel wäre und die Trauben des kommenden Jahres noch gar nicht vorhanden, sondern irgendwie in den Pflanzen, der Nässe und der Dunkelheit schlummerten. Ohne das Laub war auch die Strenge in der Anlage der Rebberge besser zu sehen, die Reihen, die Ausrichtung der Rebstöcke. Der sorgfältig dimensionierte Charakter des Gebäudes schien zu der Anordnung der Felder in einem bestimmten Verhältnis zu stehen. Die Reglementierung der Natur, die zum Anbau von Reben notwendig ist, schien sichtbar geworden. Ein Rebberg ist eine solche Anordnung.

2 Jeff Wall **8056 Beverley Blvd., Los Angeles, 9 am, 24 September 1996** 1996
Silbergelatine-Abzug, 229 × 284 cm
Marian Goodman Gallery, New York

Mein Assistent Scott McFarland und ich kehrten also im Winter, im Dezember 1998 und dann nochmals im Februar 1999, zurück, für vier Tage. Das ist für meine Verhältnisse keine lange Arbeitszeit. Gewöhnlich verwende ich zwanzig oder dreissig Tage auf ein Bild.

Das Wetter in Napa im Winter ist wechselhaft, aber es regnet oft. Mich interessierte besonders der Moment, gerade nachdem der Regen aufhört. Wir richteten unsere Sachen unter Schirmen ein und warteten. Ich machte siebzig oder achtzig Negativaufnahmen von 8 × 10 Zoll, circa zwanzig pro Tag. Das ist eigentlich auch nicht sehr viel.

Wie haben Sie das endgültige Bild ausgewählt?
Wir machten Direktkopien von den Negativen und sahen sie uns im Studio an. Aus der Distanz, aus der wir fotografiert hatten, musste das Gebäude ziemlich vergrössert werden, damit der Betrachter es genau studieren konnte. Ich machte eine Vergrösserung, die das Gebäude leichter sichtbar machte, obschon man es aus ziemlicher Entfernung sieht. Das bestimmte die Grösse des Abzugs.

Haben Sie verschiedene Standorte gewählt?
Ich durchlief den ganzen Rebberg und prüfte verschiedene mögliche Blickwinkel. Einige Ansichten ergeben sich fast zwangsläufig, sind aber dennoch brauchbar. Wenn man zum Beispiel die Zufahrt heraufkommt, gibt es einen guten Standort, der aber nicht viel über die Beziehung des Weingutes zum Wein aussagt. Das Verhältnis des Gebäudes zum Wein, die Beziehung zwischen dem Land, der Anordnung des Rebbergs und deren Interpretation durch Herzog & de Meuron waren die einzigen thematischen und metaphorischen Elemente, die sich mir wirklich aufdrängten, die einzige Verbindung, die ich sehen konnte. Das Ziel der Architekturfotografie ist es, jemandem ein Gebäude verständlich zu machen, der es nicht selbst gesehen hat. Obschon ich kein Architekturfotograf bin, wollte ich doch irgendwie dieses Ziel erreichen. Die Aufnahme wurde aus einer Höhe von circa zweieinhalb Metern über dem Boden gemacht, unter Benutzung einer Leiter und eines hohen Stativs, um über die Rebstöcke hinweg zu sehen.

Ist dies das erste Mal, dass Sie eine Vignette verwendeten?
Nein, ich habe schon ein anderes Bild auf diese Weise, auch von einem Gebäude und auch in Kalifornien gemacht (**Abb. 2**). Es war meine einzige

Architekturaufnahme bis dahin. Ich arbeitete in Los Angeles und wollte eine Synagoge fotografieren. Das Gebäude war ursprünglich ein Kino gewesen, das später in einen Sakralbau verwandelt wurde. Aber strukturell war es nichts als eine grosse Kiste, für allerlei Verwendungszwecke geeignet. Mir gefiel, wie sich die Bauten auf der anderen Strassenseite in der Fassade spiegelten, und ich wollte die Reflektionen der Zweckbauten auf der Oberfläche des Sakralbaus festhalten, als ob es eine Beziehung zwischen diesen beiden Arten von Strukturen gäbe.

Ich ging eines Morgens hin, ziemlich früh, um den Stossverkehr zu vermeiden. Es war dunstig. Ich mochte den Anblick. Ich probierte verschiedene Objektive aus. Schliesslich verwendete ich ein kleineres Objektiv, das ein zu kleines Negativ produziert, um den 8 × 10-Zoll-Film ganz auszufüllen, und so eine Vignette erzeugte. Als ich das endgültige Bild sah, dachte ich, dass es mit dem kreisförmigen Rand viel schöner aussah als ohne. So führte eine Reihe von Zufällen zu diesem spezifischen Bild.

Als ich zur Dominus Winery kam, hatte ich nicht die Absicht, den Kreis zu verwenden. Es war wieder ein Zufall. Der Kreis schuf ein Ähnlichkeitsverhältnis zwischen den Perspektiven des Rebbergs, den geometrischen Eigenschaften der Geraden des Gebäudes und der Anordnung der Reben.

Ein Gebäude in seiner Umgebung zu sehen ist eigentlich unmöglich, da ein Teil der Umgebung hinter dem Betrachter liegt. Der Kreis bildet also die physikalische Grenze des Objektivs ab; er deutet an, dass im Fotovorgang immer etwas ausgespart bleibt. Da ich glaube, dass es keine fotografische Möglichkeit gibt, wirklich vollständig zu erfassen, wie ein Bau (oder irgendein anderer Gegenstand) in Wirklichkeit im Raum aussieht, schaffe ich gern ein Gefühl für die Grenzen der Darstellung.

Haben Sie eine Speziallinse verwendet?
Nein. Alle Objektive erzeugen kreisförmige Bilder. Film ist rechteckig. Normalerweise sind Kameras mit Objektiven ausgerüstet, die ein grösseres Bild erzeugen als die verwendete Filmdimension, so dass die Rundung der Bildgrenze nicht registriert wird. Wenn man eine grössere Kamera verwendet, hat man die Möglichkeit, das Objektiv auszuwechseln und das Verhältnis zwischen der Linse und den Dimensionen des Films zu verändern. Wenn man kleinere Bilder macht, erscheint der Kreis. Ich schätze das manchmal, weil man normalerweise vergisst, dass Bilder eigentlich rund sind. Sich daran zu erinnern, es zu erleben, sagt etwas darüber aus,

was Fotografie wirklich ist, und erinnert einen an das Verhältnis zwischen Objektiv und Film. Was die Linse erzeugt, ist nicht notwendigerweise dasselbe wie das, was der Film festhält.

Es gibt da einen mysteriösen kleinen Gegenstand im Vordergrund Ihrer Aufnahme der Dominus Winery. Haben Sie den dahin gelegt? Ist es ein anamorphotischer Stein?
Ich glaube, es war ein altes Stück Plastik (**Abb. 3**). Ich habe es vielleicht um einen Zoll verschoben, weil es an der Peripherie der Aufnahme lag, nicht drinnen und nicht draussen und so nicht richtig wahrzunehmen war. Es zerstörte den Kreis, und so habe ich es ein paar Zoll weitergeschoben. Aber ich habe es nicht eigens hingelegt.

Jacques Herzog hat einmal gesagt, dass die Kunst der Architektur um zwanzig Jahre voraus ist. Was halten Sie vom Verhältnis zwischen Kunst und Architektur?
Ich sehe das nicht so. Ich glaube, er meint damit, dass es leichter ist zu experimentieren, wenn man Künstler als wenn man Architekt ist, da sich ein Künstler nicht um all die praktischen Auflagen der Architektur zu kümmern braucht. Architektur ist eine der sieben Künste des traditionellen Kanons, aber wie der Film ist sie nie eine ganz freie Kunst – oder doch nur selten.

Ich sehe Architektur als sehr weit weg von dem, was ich mache, aber es ist gerade dieser Unterschied, der mich interessiert und der es mir ermöglicht,

3 Jeff Wall **Dominus Estates Wineyard (Detail)**

ein Gebäude zu fotografieren. Ich kann mich für ein Gebäude nur erwärmen, wenn es etwas ganz anderes ausstrahlt, als ich selbst bin oder will. Für mich ist es die Distanz zwischen dem, was ich mache und dem, was Architekten machen, die mich interessiert.

Ich verstehe Bilder als etwas von ihrer Umgebung völlig Losgelöstes. Vor ein paar Jahrhunderten arbeiteten Maler direkt auf den Wänden von Gebäuden. Als wir begannen, die Bilder von den Gebäuden zu lösen und bewegliche Tafeln herstellten, schufen wir damit etwas ganz anderes. Die Diskrepanz zwischen dem Gebäude und dem Bild zeigt sich an dem helleren Fleck an der Wand, den ein Bild hinterlässt, nachdem es jahrelang an dieser Stelle hing. Wenn man es entfernt, zeigt sich die Wirkung der Zeit auf der Wand. Die Architektur registriert den Stempel der Abwesenheit des Bildes. Das Verhältnis zwischen Architektur und Bild ist grundsätzlich kontingent; die beiden Kunstformen bewegen sich immer entlang verschiedener Achsen. Und so liegt auch in ihrer Zusammenarbeit immer etwas Zufälliges und Vergängliches.

Herzog & de Meuron beziehen sich in ihren Bauten oft auf Fotografie. In der Dominus Winery benutzen sie Rahmen, die den Bildern Tiefe verleihen.
Ein Gebäude als abgeschlossener Raum ähnelt einer Kamera, mit dem Fenster als Linse. «Camera» heisst ja auch Kammer. Architekten sind in der Lage, das Kammerartige an Räumen zu betonen und so fotografische Praktiken zu imitieren. Herzog & de Meuron sind möglicherweise an diesen kistenartigen Aspekten von Innenräumen interessiert. Einige ihrer Bauten erinnern mich auch an gewisse Aspekte bei Mies van der Rohe (Abb. 4). Mies war an Kasten und dem Blick nach draussen äusserst interessiert, und ich schätze die Art und Weise, wie er versuchte, die Landschaft ausserhalb seiner Glasbauten als wie auf das Glas projiziert erscheinen zu lassen. Es gibt Architekten, die sich mit Rechtecken beschäftigen, mit Fenstern, mit der Durchdringung von Oberflächen und mit Licht, im Gegensatz zu solchen, denen Volumen, Plastizität und Skulptur wichtiger sind.

Als ich das Bild von der Synagoge machte, wollte ich die Spiegelungen auf der gegenüberliegenden Fassade mit ins Bild bringen. Das hatte mit dem Aussprechen – oder vielleicht auch bloss dem Akzeptieren – der Metapher zu tun, dass Gebäude sehen, dass sie uns anschauen. Es ist bloss eine Metapher, aber trotzdem erscheint das Bild des zweiten Gebäudes im ersten durch eine architektonische Entscheidung. Es ist eine Folge der konkreten Materialien.

GATTUNGEN ENTSTEHEN AUS DER DISTANZ ZWISCHEN KAMERA UND GEGENSTAND

In der Fotografie geht es auch um Zeit. Die Steinfassade der Dominus Winery drückt zeitbezogene Themen aus wie Sedimentation und Sprödigkeit.
Architektur soll lange Zeiträume überdauern. Andere Kunstformen sind weniger dauerhaft. Hannah Arendt spricht von Kultur im Wesentlichen als von der Produktion von Gegenständen, die ihre Schöpfer überdauern und so zukünftigen Generationen erfahrbar werden und zu denen sie sich auf unvorhersehbare Weise in Bezug setzen können.

Wie lang ist die Lebensdauer Ihrer Bilder?
Ein Bild wird erst mit dem Alter wirklich interessant. Viele Künstler teilen heute die Skepsis der Avantgarde gegenüber dauerhafter Kunst. Ein Werk wie die Schokoladeskulptur von Dieter Roth im Museum für Gegenwartskunst in Basel ist nicht auf Dauer angelegt. Es soll zerfallen und uns so zwingen, zu dieser Tatsache ein Verhältnis zu entwickeln. Als avantgardistisches Experiment scheint mir das interessant, aber ich bin damit nicht einverstanden, weil ich nicht glaube, dass durch die Nicht-Dauerhaftigkeit von Werken etwas Positives zur Kunst beigetragen wird. Meine eigene Ansicht ist die, dass Werke mit der Zeit immer faszinierender werden und dass ihr Altern ermöglicht werden sollte; deswegen sollten sie aus dauerhaften Materialien hergestellt sein. Das ist der Grund, warum ich meine Schwarzweissfotografien von Hand mache, wie fürs Archiv. Farbbilder sind in der Regel weniger stabil als schwarzweisse, aber selbst diese versuche ich so dauerhaft wie möglich zu machen.

Der ästhetische Wert eines Kunstwerks ist oft nicht unmittelbar zu erkennen. Er zeigt sich erst im Verlaufe der Zeit. Die Menschen müssen Zeit haben, Kunst zu bewerten. Wenn man schon zu seiner Lebzeit akzeptiert wird, entsteht, im Schatten dieser Akzeptanz, oft eine Art von Mittelmässigkeit, die sich sehr wohl zeigen mag, nachdem alle Anhänger abgetreten und all die vergänglichen Werte, mit denen man sich beschäftigt hatte, unwichtig geworden sind. Die Zeit wird den Massstab setzen – und wir sollten das ermöglichen.

Möchten Sie die lang vergessene Idee von künstlerischen Gattungen wiederbeleben? Ist Ihre Fotografie der Dominus Winery eine Vedute oder eine Landschaft?
In der Fotografie ergeben sich die Gattungen oft aus der Distanz zwischen der Kamera und dem Gegenstand. Ein Porträt entsteht innerhalb eines ganz konkreten Bereichs von Distanzmessung. Wenn ich mich mit meinem Gegenstand gemeinsam im selben kleinen Raum aufhalte und aus der Distanz

EINLEITUNG

GATTUNGEN ENTSTEHEN AUS DER DISTANZ ZWISCHEN KAMERA UND GEGENSTAND

4 Jeff Wall **Morning cleaning (Barcelona Pavilion)** 1999
Diapositiv in Leuchtkasten, 188 × 350,5 cm
Museum of History and Industry, Seattle. Sammlung Pemco Webster & Stevens

von ein paar Fuss ein Gesicht fotografiere, so ist das ein Porträt – oder kann es wenigstens sein. Wenn ich dieselbe Person aus dreissig Metern Entfernung fotografiere, selbst wenn alles andere unverändert belassen wird, so wird man das kein Porträt mehr nennen. Gattungen in der Fotografie werden zu einem grossen Teil durch ganz grundlegende Tatsachen wie dieser bestimmt. Das Fotografieren von gewissen Gegenständen, wie Gebäuden, erfordert eine bestimmte Distanz. Bilder von Gebäuden, die aus dieser allgemeinen mittleren Distanz gemacht wurden, weisen unweigerlich eine gewisse Ähnlichkeit auf. Architekturfotos ähneln sich daher aus ganz praktischen Gründen, die nicht zwangsläufig mit irgendwelchen theoretischen Gattungsvorstellungen des Fotografen zu tun haben. Dennoch ergibt sich auf der Grundlage dieser praktischen Überlegungen eine Typologie.

Ich begann mich für die Idee der Gattung zu interessieren, weil mir schien, dass sie einen objektiven und inhärenten Teil von Bildern und den Prozessen der Bildproduktion selbst darstellte, nicht weil ich an der Wiederherstellung der Genremalerei im Sinne des neunzehnten Jahrhunderts interessiert gewesen wäre. Das interessiert mich wirklich nicht; was mich dagegen interessiert, sind die Grundlagen: die Grundlagen der Praxis und der Kunstform; und Gattungen, wie gesagt, sind durch solche Grundlagen bestimmt und vermitteln auf diese Weise etwas Grundsätzliches.

Der Bezug auf das Konzept der Gattung bewahrt Sie doch auch davor, sich in ontologische Fragen über Kunst zu verfangen.
Ja, es macht es unnötig, Kunst immer wieder neu zu erfinden. Das ist wichtig, weil einer der zentralen Aspekte von Kunst seit Duchamp darin bestand, die Regeln der Kunst für jedes Werk neu festlegen zu müssen. Das ist zwar ziemlich spannend und heute fast zu einer Grundbedingung für Kunst geworden, de rigeur. Ich habe nichts dagegen, ich denke bloss nicht, dass es den Gesamtrahmen für bedeutende Kunst bilden sollte. Das Bildliche gibt es ja zum Teil – zumindest für Bilder in der westlichen, perspektivischen Tradition – nur, weil Bilder so sehr den uns umgebenden Alltagsdingen ähneln, die wir sehen, wenn wir nicht spezifisch künstlerische Bilder anschauen. Das heisst, diese Ähnlichkeit ist nicht in erster Linie kulturell bedingt, sondern physisch, durch die Natur unseres Organismus, der Augen, des Gehirns. Das Erkennen von Ähnlichkeit in Bildern wird spontan erfahren; es braucht nicht gelernt zu werden, glaube ich. Andere Aspekte von Bildern müssen wohl erlernt werden, aber die Erfahrung von Ähnlichkeit zu sichtbaren Gegenständen gehört nicht dazu.

GATTUNGEN ENTSTEHEN AUS DER DISTANZ ZWISCHEN KAMERA UND GEGENSTAND

Es wurde gesagt, dass Fotografie eine westliche Erfindung sei, eine westliche Technologie, die alle anderen Kulturen erobert. Das ist ein politisches Argument und hat mit der Vorstellung zu tun, dass Technologie etwas von einer Kultur bewusst und für komplexe Zwecke Erfundenes ist, absichtlich, auf Grund von bestimmten kulturellen Werten – nennen wir sie mal rationale Werte, die Werte der kapitalistischen Aufklärung. Man kann dieses Argument ausweiten und behaupten, dass andere Kulturen unsere Erfahrung mit Fotografie nicht gemacht hätten, wenn wir sie ihnen nicht aufgenötigt hätten. Weil wir so mächtig sind, zwingen wir sie zu unserer Sehensweise; wenn wir weniger mächtig wären, würde das wohl nicht geschehen. Ich glaube, als politisches Argument stimmt das, wenigstens teilweise. Wir haben in der Tat einen Einfluss darauf, was Menschen sehen. Aber wir haben keinen Einfluss auf jene spontane Ähnlichkeitserfahrung zwischen einem Bild und dem darin Dargestellten. Abbildung, besonders fotografische Abbildung, ist kein Code und keine Sprache in dem Sinne, wie diese politische Diskussion sie definiert. Ähnlichkeit ist physisch und unvermeidlich. Wenn es eine gültige Politik der Fehlerkennung geben sollte, so beruht sie auf dem Prinzip der Ähnlichkeit.

Die Struktur der gläsernen Linse in einer Kamera ist der der Linse des menschlichen Auges sehr ähnlich. Das Bild, das die Kamera produziert, ist dem des Auges sehr ähnlich. Nicht identisch, aber ähnlich. Daher hat Fotografie eine physische, nicht bloss eine kulturelle Grundlage. Sie ist als Handwerk und bilderzeugende Praxis äusserst stabil, da sie sich auf die unerschütterliche Grundlage der menschlichen Sinneserfahrung stützt.

Die bildende Kunst besitzt einen gewissen Unendlichkeitsaspekt und kann nicht neu erfunden werden. Es besteht nicht nur kein Bedarf dafür, es gibt auch keinen Weg dazu. Man kann neue Bilder machen, aber es gibt weder das Bedürfnis noch die Möglichkeit, darüber hinauszugehen.

Die moderne Kunst versuchte, aus dieser Unabänderlichkeit auszubrechen, die vor hundert Jahren steril erschien. Duchamps Kritik war wesentlich, weil es in der Kunst schliesslich noch andere Dinge zu tun gibt, als Bilder zu machen. Früher war es aber die einzige Sache und daher lähmend. Aber dieser Zustand endete schon vor Jahrzehnten, und das Bildliche ist nur noch eine Möglichkeit der Kunst unter anderen. Ich halte sie immer noch für die umfassendste und der Zukunft gegenüber offenste, aber da braucht mir nicht jeder beizustimmen. Das mag einer der Hauptunterschiede zwischen uns und dem neunzehnten Jahrhundert sein.

Alles nur Abfall

In dieser Ausstellung finden sich all unsere Modelle und Materialexperimente sorgfältig nummeriert und beschildert auf Tischen ausgelegt; es ist also eine Archivausstellung, das heisst eine physische Ansammlung von Dokumenten, die wir herstellten, um gedankliche Prozesse in Gang zu bringen und zu beschleunigen oder im Gegenteil zu stoppen und in eine andere Richtung zu lenken. Es sind stumme und leblose Zeugnisse intellektueller und gruppendynamischer Prozesse, die wir in wechselnder Zusammensetzung über lange Jahre hinweg mit viel Energieaufwand immer wieder vorantrieben. In einigen Fällen sind daraus tatsächlich Gebäude entstanden.

So betrachtet, sind diese archivierten Gegenstände nichts als Abfallprodukte, denn der immaterielle, gedankliche Prozess des Verstehens, des Lernens und der Entwicklung stand stets im Vordergrund. Nie ging es um die Herstellung von Objekten mit einer auratischen Dimension oder mit Kunstwerkcharakter. Es sind keine Kunstwerke, sondern gesammelter Abfall. Darin, aber auch nur darin gibt es eine Parallele zur Naturgeschichte, die die Kuratoren hier so sehr in den Vordergrund spielen: Gesammelte Archivdokumente oder gesammelte Knochen und Versteinerungen sind einerlei – alles nur lebloser Abfall, wäre da nicht unser spezieller Blick darauf, der kreative, aufmerksame, manchmal gar liebevolle Blick des interessierten Beobachters, der die Verformungen, Rillen, Einbuchtungen und Verfärbungen zu deuten und in einen Zusammenhang zu bringen vermag.

Zwischen all die archivarischen und naturkundlichen Abfallprodukte haben die Kuratoren mit viel List auch einige wirkliche Kunstwerke geschmuggelt, zum Beispiel ein echtes Objekt von Beuys, ein originales Blau von Yves Klein, eine handgeformte Figur von Giacometti. Soll auch dies nur Abfall sein oder will sich der ausgebreitete Abfall der Archivgegenstände durch diese Kunstwerke nobilitieren und im Glanz der uns allen wohl vertrauten, häufig zu Brands gewordenen Ästhetik sonnen? Oder ist es gar umgekehrt, dass die zu Brands verkommenen Kunstwerke für einmal der Tyrannei des White Cube entfliehen sollen, um im ungewohnten Kontext neu gesehen und verstanden zu werden?

Nachdem wir bei unserer letzten grossen Ausstellung 1995 im Centre Pompidou die Gestaltung der Ausstellung unserer Arbeit einem Künstler, Rémy Zaugg, anvertrauten, beschreiten wir diesmal einen radikal anderen Weg: Wir lassen uns weitgehend auf die Idee des Projektinitiators Kurt Forster und des Kurators Philip Ursprung ein, die sich Ausstellungen der Naturgeschichte zum Vorbild genommen haben. Wir öffnen unser Archiv dem interessierten Betrachter wie eine Wunderkammer und verlagern es in den Ausstellungsraum. Da Architektur selbst nicht ausgestellt werden kann, müssen wir immer wieder Stellvertreter für sie finden.

Herzog & de Meuron, 2002

TRANSFORMATION UND VERFREMDUNG

Philip Ursprung: Das Atelier von Herzog & de Meuron liegt am Rhein, mit Blick auf die chemisch-pharmazeutische Industrie. Wie weit hat die Präsenz dieser Industrie, bei der es ja auch um die Transformation eines Materials in ein anderes geht, für Sie eine Rolle gespielt?
Herzog & de Meuron: Uns ist dieser Zusammenhang nicht so bewusst. Allerdings kann man sagen, dass Forschung, ähnlich wie sie in den Naturwissenschaften betrieben wird, fester Bestandteil unserer Arbeit ist. Pierre und ich haben uns früh für Forschung interessiert. Ich habe sogar ein Semester Biologie und Chemie studiert, bevor ich merkte, dass dies nicht mein Gebiet war. In Basel waren die chemischen Firmen dank ihrer wirtschaftlichen Potenz und grossmassstäblichen baulichen Präsenz sehr prägend. Die Basler Chemie entwickelte sich aus der Seidenbandfärberei, für die die Nähe zum Wasser wie bei allen frühen Industrialisierungen wichtig war. Deshalb erfolgte die urbanistische Entwicklung der Basler Chemieareale in unmittelbarer Nähe zum Rhein. Aus der Seidenbandfärberei entstand die Farbchemie, daraus die Pharmakologie und schliesslich die Biotechnologie. Diese Umwandlung der Industrie und ihrer Inhalte hat die Stadt Basel zweifellos geprägt.
Basel, mitten in Europa gelegen, als Nahtstelle zwischen der deutschen und französischen Kultur – dies war wohl ein ebenso entscheidender Ausgangspunkt für unser Wirken. Die Unterschiedlichkeit der Regionen, das Nebeneinander von ganz verschiedenartigen Wirklichkeiten bereichert hier die Lebensqualität. Dieses zutiefst europäische Charakteristikum sehen wir als grosse Qualität, das es für die Schweiz auch in einer globalisierten Welt beizubehalten gilt. Auch als global tätige Architekten erkennen wir in diesem vielfältigen, respektvoll geachteten Nebeneinander verschiedener Kulturen die Wurzeln für unser Verständnis von Städtebau und bildender Kunst.

Philip Ursprung: Wie hat Basel als internationales Kunstzentrum Ihre Arbeit geprägt?
Herzog & de Meuron: Die Lebendigkeit der Basler Kunstszene war für unsere eigene Entwicklung unglaublich wichtig. Nach Picasso, Newman und dem abstrakten Expressionismus in früheren Jahren sahen wir zu Beginn unserer Karriere Ausstellungen von Beuys, Judd, Warhol und anderen. Solche neuartigen Positionen wurden hier jeweils sehr früh gezeigt und intensiv diskutiert. Dies spielte für unsere Wahrnehmung eine entscheidende Rolle. Auf diese Weise haben wir früh erfahren, mit welch verschiedenen Ansätzen sich die

< Joseph Beuys **Capri-Batterie** 1985
Glühbirne mit Fassung, Zitrone, im Siebdruck bedruckte Holzkiste, Offset-Lithografie auf Papier, 18,5 × 18,5 × 16,8 cm
Walker Art Center, Minneapolis
Alfred und Marie Greisinger Collection, T.B. Walker Acquisition Fund, 1992

Welt wahrnehmen lässt und wie einer spezifischen Wahrnehmung in einem Werk Gestalt verliehen werden kann.
Spannend finden wir in Malerei und Kunst grundsätzlich die Auseinandersetzung mit der Frage, was Wirklichkeit ist. Dabei geht es einerseits um die physische Präsenz des Bildes. Was ist da? Was kann man wie darstellen mit den Mitteln der Malerei, der Bildhauerei oder eben auch mit den Mitteln der Architektur? So gesehen, haben wir Architektur immer wie Malerei oder Bildhauerei aufgefasst, denn für uns war nie von vornherein klar, was ein Boden, eine Wand, eine Decke ist. Für diese fundamentalen, aber auch banalen Bestandteile der Architektur gibt es heutzutage keine Vorlagen mehr, denn diese haben ihre Glaubwürdigkeit verloren. Es geht deshalb jedes Mal von neuem darum, sich die Frage zu stellen, wie man sie in die Welt setzen will.

Philip Ursprung: Keine Figur hat die Basler Kunstwelt in den siebziger Jahren mehr geprägt als Joseph Beuys.
Herzog & de Meuron: Beuys ist in Basel sehr früh gezeigt worden. Er eröffnete uns eine rätselhafte Welt voller unansehnlicher, schlecht riechender Materialien – Filz, Fett, Kupfer, Eisen – mit komplizierten formalen und materiellen Zusammenhängen.
Seine Arbeiten hatten etwas Altertümliches, erinnerten an den Mief des neunzehnten Jahrhunderts. Liess man sich darauf ein, entschlüsselte man mit der Zeit eine komplexe Welt. Wir waren fasziniert von der Mischung aus Naturwissenschaft und Geisteswissenschaft, Religion, Bildhauerei, Malerei, Medizin, aus Schönheit und Hässlichkeit. Als wir Beuys anlässlich einer von uns initiierten Aktion für die Basler Fasnacht kennen lernten, erkannten wir, dass die vermeintliche Hässlichkeit eine unglaubliche Schönheit enthielt. Als wir Beuys in seinem Atelier in Düsseldorf besuchten, waren die Gerüche eigenartig, aber zugleich wunderbar. Es herrschte eine ganz spezielle Atmosphäre, wie in einer Fabrik, mit Kupferspulen, Filzrollen, mit industriellen Materialien und schwer zu beschreibenden Düften. Beuys selber war kein schöner Mann, aber sehr charismatisch. Wir hatten damals gerade bei Aldo Rossi abgeschlossen – ebenfalls eine charismatische Figur –, der das Erzählerische im Sinne Fellinis vertrat und der den Süden der europäischen Kultur ebenso ausgeprägt verkörperte wie Beuys den Norden.

Beuys bleibt wichtig. Aber wenn ich mir seine Werke heute ansehe, wirken sie für mich eigenartig tot. Die in einer Aktion entstanden Arbeiten hatten eine Frische und Aktualität. Abgelegt und in Vitrinen verstaut, verschwindet die ursprüngliche Lebendigkeit mit der Zeit. Viele seiner Werke stehen nicht für sich als Form selbständig im Raum, sie bedürfen der Energie des Akteurs Beuys. Wenn die Materialien zerfallen, verwelken, vergehen, drohen sie tatsächlich wie Abfallprodukte zu wirken, ähnlich, wie ich das auch im Fall von Dieter Roth empfinde. Allerdings gibt es bei Beuys auch andere Arbeiten, die weniger mit der Energie seiner Person in Verbindung stehen, wie etwa die Zeichnungen oder die eigenständigen Skulpturen; sie funktionieren nach wie vor perfekt.

Philip Ursprung: Interessieren Sie sich für Richard Artschwager?
Herzog & de Meuron: Jean-Christophe Ammann zeigte ihn in den frühen achtziger Jahren in einer Ausstellung in der Kunsthalle Basel. Diese Mischung von Figürlichkeit und Abstraktion, Malerei und Bildhauerei war für uns damals neu. Uns interessierten besonders die *Blps.* Allerdings hatte Artschwager für uns nicht den Stellenwert von Beuys oder Warhol.

Philip Ursprung: Es ist schwierig, Ihre Architektur zu repräsentieren. Im Unterschied zur klassisch modernistischen Architektur ist sie nicht fotogen.
Herzog & de Meuron: Eine rechteckige Form ohne auffallende Gestaltungselemente ist nicht besonders aufregend. Das hat wahrnehmungstechnische Gründe. Kompliziertere, vielfältigere Formen – auch in der Natur – sind wirkungsvoller und anziehender. Unsere neueren Arbeiten sind formal und plastisch aufregender. Abbildungen von diesen Bauten – gefilmt oder fotografiert – gelingen deshalb leichter und eindrücklicher als bei den kistenartigen Projekten.
Eberswalde beispielsweise, ein sehr spektakulärer, aber kistenförmiger Bau, kann durch fotografische Aufnahmen kaum eindrücklich vermittelt werden. Das Erlebnis vor Ort, die unmittelbare Konfrontation mit dem Bau ist entscheidend. Unsere Architektur ist von Anfang an radikal auf das Erlebnis eins zu eins hin entwickelt. Wir sehen dies auch als die einzige Überlebenschance für die Architektur. Gut reproduzierbare Architektur – und auch wir bauen solche – behauptet sich besser auf dem Markt. Aber für das Überleben des Mediums Architektur zählt nur das Erlebnis eins zu eins. Das ist absolut vorrangig. Nur so kann sie gegenüber anderen Medien mithalten. Warum geht

man in den Kölner Dom? Da bietet sich einem ein räumliches Erlebnis, das man in einem Film von Steven Spielberg nicht haben kann, auch wenn die da gebotenen Effekte noch so spektakulär sind. Dieses Medienspezifische muss die Architektur nach wie vor leisten. Deshalb ist die sinnliche Erfahrung vor Ort nach wie vor zentral. Das entspricht unserer tiefen Überzeugung und danach gestalten wir unsere Arbeit.

Philip Ursprung: 1975 sah man im Kunstmuseum Basel Werke von Donald Judd und Andy Warhol nebeneinander ausgestellt – eine Kombination von Volumen und Siebdrücken, die in mancher Hinsicht der Situation in Eberswalde vergleichbar ist.
Herzog & de Meuron: Judds Werk *Six Cold Rolled Steel Boxes* mit seiner magischen Ausstrahlung hat Rémy Zaugg zu seinem wunderbaren Buch *Die List der Unschuld* angeregt. Sein Blick auf die Kuben im Kontext des schwermütigen Gebäudes des Basler Kunstmuseums hat sich uns sehr stark eingeprägt. Ich habe Judd seither selten so gut ausgestellt gesehen. Die Wirkung der Arbeit war wohl gerade deshalb so stark, weil ihre minimalistische Sprache mit etwas anderem konfrontiert war als der vermeintlich idealen, ebenfalls minimalistischen Ausstellungsumgebung. Auch in Marfa funktionieren die Aluminiumkörper in der nach aussen verglasten Halle unglaublich gut. Die Arbeiten wirken als Gesamtheit, fast wie ein metallischer, immer wieder anders erscheinender Raum, der mit seinen vielfältigen Licht- und Spiegeleffekten in krassem Gegensatz steht zur rauen Landschaft draussen. Im üblichen Galerien- oder Museumskontext wirken dieselben Werke häufig etwas dekorativ.
Auch Giacometti ist eine Künstlerfigur, die im Basler Kunstmuseum nachhaltig wirksam wird und auf uns grossen Eindruck machte. Natürlich waren wir fasziniert von den kargen Formen seiner Werke. Als ich die Skulptur *Cube* im Zürcher Kunsthaus sah, eine Art kristallinen Block, entdeckte ich, dass seine Kunst eine Basis hat, die wohl auf seine Wurzeln im Surrealismus verweist und möglicherweise auch mit seiner Herkunft aus der Landschaft des Bergells zusammenhängt, einer Landschaft, die auch uns immer wieder angezogen hat. Die Mischung der erwähnten Arbeit aus Bergkristall und anthroposophischer Form erinnert an die Formensprache, die wir auch in unserer Architektur verwenden: Solche kristallinen Formen haben wir seit dem Visper Theater und dann bei der MoMA-Erweiterung mit dem Curatorial Tower bis hin zum Prada-Projekt in Tokio gezeigt.

Philip Ursprung: Was interessiert Sie bei chinesischen Gelehrtensteinen?
Herzog & de Meuron: Bei den Gelehrtensteinen fasziniert uns die extreme Schönheit, verbunden mit dieser unauflöslichen Rätselhaftigkeit. Man weiss nicht genau, ob diese wunderbaren Formen nun figürlich oder abstrakt zu verstehen sind. Sie haben die Ausstrahlung eines *objet trouvé* und sind dennoch manipuliert. Meistens ist aber kaum auszumachen, wie das geschah. Vielfach gehört ein Sockel zum Stein, der offensichtlich künstlich bearbeitet ist, sich aber dem Stein in derselben Weise angleicht wie eine Prothese dem amputierten Körperteil. Der Sockel ahmt den Stein nach, übersteigert ihn oft aber auch, was Form und Farbe und Materialität anbelangt. Und dadurch verstärkt sich wiederum die Unsicherheit darüber, was echt ist und was ganz oder teilweise manipuliert.
Die Gelehrtensteine dienen uns als eine Art konzeptuelles Modell für einige unserer gegenwärtigen Architekturprojekte, etwa beim Projekt in Barcelona, bei der Hafenanlage in Teneriffa oder bei Prada Tokyo. Bei diesen Projekten vermischen wir Naturhaftes und Künstliches, so dass es Formen gibt, die zwar eine unmittelbare Ähnlichkeit mit gewissen Naturformen haben und dadurch oft auch eine grosse Sinnlichkeit ausstrahlen; dennoch entziehen sie sich aber einer eindeutigen Auflösbarkeit. Ähnlich wie in Wolkenformationen kann man darin unterschiedliche Dinge erkennen, eindeutig zu fassen und zu erklären sind die einzelnen Formen aber letztlich nicht. Das ist ein Aspekt natürlicher Phänomene, der uns sehr interessiert.

Basierend auf einem Interview, Basel, 2002

Chinesische Gelehrtensteine
Jahrhundertelang haben chinesische Gelehrte merkwürdig geformte Steine bewundert, so genannte «Gelehrtensteine». Deren Form löst ständig neue Assoziationen aus und ihre Oberfläche erzählt davon, dass sie endlos lange der Natur ausgesetzt waren. Aber es bleibt in der Regel unbekannt, wie stark die «natürliche» Form des Steines manipuliert wurde. Diese Künstlichkeit ist durch die speziellen Holz- oder Steinsockel, die für die Steine geschaffen werden, noch erhöht. Für Jacques Herzog sind die Gelehrtensteine «konzeptuelle Modelle» der Architektur von Herzog & de Meuron. Ihre Zweideutigkeit zwischen Natürlichkeit und Künstlichkeit, ihre rätselhafte Geschichte und ihre Schönheit gehören zu den Grundlagen des architektonischen Entwurfs von Herzog & de Meuron. Herzog interessiert sich besonders für die Sockel, die sich den Steinen «anpassen» wie eine Prothese einem verkrüppelten Körper. In den siebziger und achtziger Jahren schuf der amerikanische Bildhauer Richard Rosenblum die bedeutendste Sammlung von Gelehrtensteinen der westlichen Welt. Einige der Sockel schuf er selber.

Stein mit moosbedecktem Plateau Qing-Dynastie, vielleicht 17. bis frühes 18. Jhd.
Guangde-Kalkstein aus Guangde, Provinz Anhui, 33,5 × 37 × 17 cm
Richard Rosenblum Family Collection

Wolkenlandschaft
Qing-Dynastie, 19. bis 20. Jahrhundert
Malachit, 11,5 × 15,5 × 9,7 cm
Richard Rosenblum Family Collection

Siegel in Form eines Berges
Qing-Dynastie, 18. bis 19. Jahrhundert
Gefleckter gelber Shoushan-Speckstein aus Shoushan,
Provinz Fujian, 8 × 9,5 × 6,5 cm
Richard Rosenblum Family Collection

Berglandschaft mit schräg aufragenden Gipfeln
20. Jahrhundert, karamelfarbender Klinochor mit
schwarzen Einschlüssen, 13,1 × 19 × 6,5 cm
Richard Rosenblum Family Collection

Exzentrisch montierter Miniaturstein
Qing-Dynastie, 18. Jhd., wahrscheinlich aus Yingde,
Provinz Guangdong, 11,5 × 14,5 × 8,2 cm
Richard Rosenblum Family Collection

**Drei aus dem Meer hervorragende Berge, die
Aufenthaltsorte der Unsterblichen**
Vor-Ming-Zeit, vielleicht Song- bis Yuan-Dynastie
Schwarzer Lingbi-Kalkstein mit orangegelben Adhä-
sionen am Boden und mit drei vertieften Inschriften
Aus Lingbi, Provinz Anhui, 9,2 × 19 × 12,6 cm
Richard Rosenblum Family Collection

Miniaturstein in Form einer Blüte
20. Jahrhundert, Türkis mit schwarzen Adern und
Einschlüssen, 10 × 9,6 × 3,1 cm
Richard Rosenblum Family Collection

003_001M Karton, Papier, Metall, Holz, 70 × 70 × 31 cm

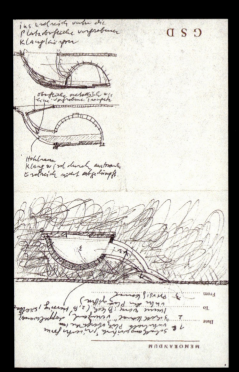

Skizze 1985, Bleistift auf Papier, 25 × 14 cm

Herzog & de Meuron
Neugestaltung des Marktplatzes, Basel
(1979–1987 →3)

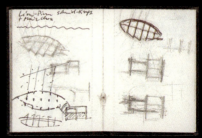

Skizzenbuch 13 1985, Bleistift auf Papier, 10,5 × 14 × 1,2 cm

Fossilien
Das Lagerhaus Ricola, Laufen (1986–1987 →38) brachte Herzog & de Meuron den internationalen Durchbruch. Der Bau befindet sich in einem aufgegebenen Steinbruch. Die Rückseite stösst fast an eine Schichtung von Kalkstein, also die Sedimente eines Ozeans, der vor Millionen von Jahren den europäischen Kontinent bedeckte. Es wimmelt in der Gegend von Fossilien. Überall wurden diese seit dem achtzehnten Jahrhundert gesammelt und geordnet. Anhand von ihnen spekulierten einst die weltweit führenden «Erdwisschaftler» über die Geschichte der Natur. Im zwanzigsten Jahrhundert wurden viele Sammlungen weggeworfen oder sie verschwanden in den Depots der Naturkundemuseen. Heute, wo sie kaum mehr etwas über die Vergangenheit des Planeten erzählen können, berichten sie uns von der Geschichte des Sammelns.

Fossil eines Blattes
Fundort und -datum unbekannt, 15,5 × 9,9 × 3 cm
Musée du Séminaire de Sherbrooke

Fossil eines Amoniten
Fundort und -datum unbekannt, 10,1 × 8,9 × 3,5 cm
Musée du Séminaire de Sherbrooke

Fossil eines Ammoniten
Fundort und -datum unbekannt, 7,9 × 5,7 × 1,4 cm
Musée du Séminaire de Sherbrooke

Nicht identifiziertes Fossil
Fundort und -datum unbekannt, 8,9 × 8,9 × 0,4 cm
Musée du Séminaire de Sherbrooke

Fossil von *Pholudonia comprefu rochelli*
Fundort und -datum unbekannt, 7,6 × 5,9 × 6,4 cm
Musée du Séminaire de Sherbrooke

Fossil eines Blattes
Fundort und -datum unbekannt, 9,6 × 7,2 × 1,1 cm
Musée du Séminaire de Sherbrooke

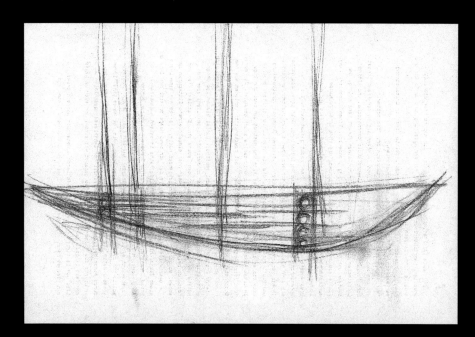

Skizze 1989
Graphit oder Kreide auf Papier, 22,9 × 30,5 cm
Canadian Centre for Architecture, Montreal

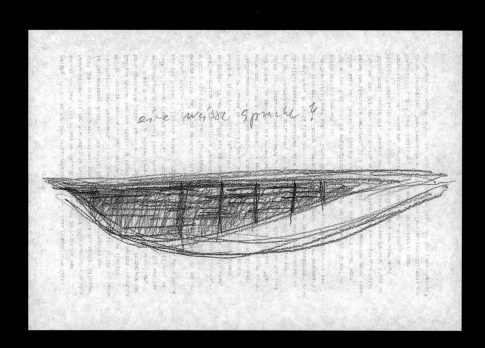

Herzog & de Meuron
Park für die Avenida Diagonal, Barcelona (1989 →51)

Skizze 1989
Graphit oder Kreide auf Papier, 22,9 × 30,5 cm
Canadian Centre for Architecture, Montreal

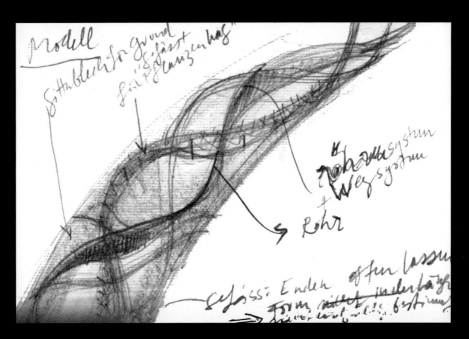

Skizze 1989
Graphit oder Kreide auf Papier, 22,9 × 30,5 cm
Canadian Centre for Architecture, Montreal

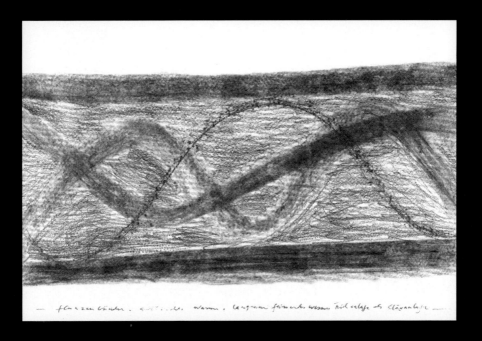

Skizze 1989
Graphit oder Kreide auf Papier, 22,9 × 30,5 cm
Canadian Centre for Architecture, Montreal

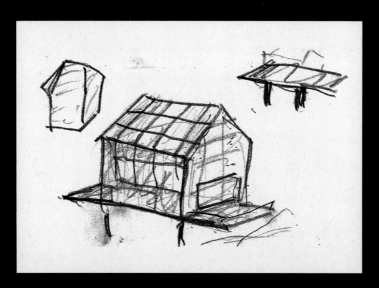

Skizze 1996
Bleistift auf Makulatur, 21 × 29 cm
Öffentliche Kunstsammlung, Kupferstichkabinett, Basel

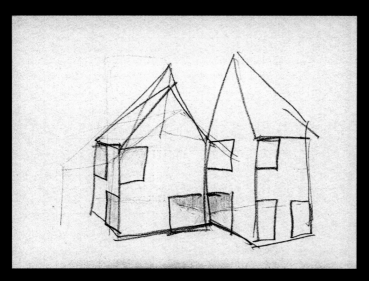

Skizze 1996
Bleistift auf Papier, 21 × 29 cm
Öffentliche Kunstsammlung, Kupferstichkabinett, Basel

Herzog & de Meuron
Haus in Leymen (1996–1997 →**128**)

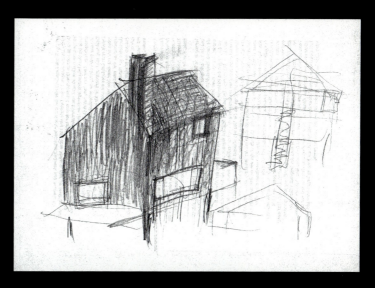

Skizze 1996
Bleistift auf Makulatur, 21 × 29 cm
Öffentliche Kunstsammlung, Kupferstichkabinett, Basel

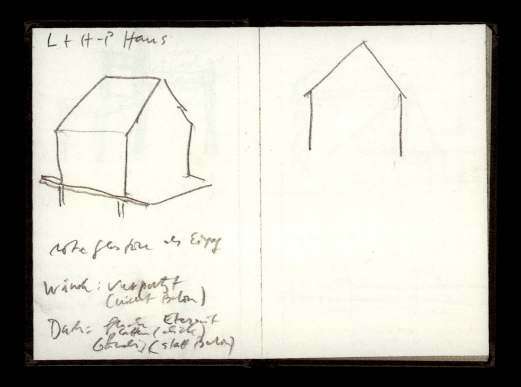

Skizzenbuch 24 1996
Bleistift auf Papier, 10 × 15 × 1,5 cm

Alberto Giacometti **Cube (Pavillon nocture)** 1934
Bronze, 94 × 54 × 59 cm
Alberto Giacometti-Stiftung, Zürich

Hiroshi Sugimoto **Signal Box Basel** 1998
Sibergelatine-Abzug, 58,4 × 47,9 cm
Canadian Centre for Architecture, Montreal

173_012M Karton
11,5 × 10,5 × 25,5 cm

173_013M Karton
14,5 × 9,5 × 25,5 cm

173_014M Karton
11,5 × 9,5 × 25,5 cm

173_006M Lindenholz
11 × 6 × 5 cm

173_007M Lindenholz
11 × 6 × 5 cm

173_025M Holz, Gummibänder
14 × 6 × 15 cm

173_024M Karton, Holz
14,5 × 6 × 27 cm

173_027M Karton, Holz
15 × 6 × 26 cm

173_020M Karton, Holz
15 × 6 × 25,5 cm

173_015M Karton
18 × 8,6 × 27,5 cm

173_017M Karton, Kupfermaschendraht, 18 × 8,5 × 28 cm

173_023M Lindenholz
14,5 × 5,5 × 25,5 cm

Herzog & de Meuron
New de Young Museum, San Francisco, California (1999– →**173**)

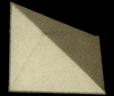
173_012M Karton
11,5 × 10,5 × 25,5 cm

173_013M Karton
11,5 × 10,5 × 25,5 cm

173_014M Karton
11,5 × 9,5 × 25,5 cm

173_006M Lindenholz
11 × 6 × 5 cm

173_007M Lindenholz
11 × 6 × 5 cm

173_025M Holz, Gummibänder
14 × 6 × 15 cm

173_024M Karton, Holz
14,5 × 6 × 27 cm

173_027M Karton, Holz
15 × 6 × 26 cm

173_020M Karton, Holz
15 × 6 × 25,5 cm

173_015M Karton
18 × 8,6 × 27,5 cm

173_017M Karton, Kupfermaschendraht, 18 × 8,5 × 28 cm

173_023M Lindenholz
14,5 × 5,5 × 25,5 cm

173_019M Karton, Kupfermaschendraht, 15 × 6 × 27 cm

173_016M Karton, Maschendraht 17 × 8,5 × 25 cm

173_018M Karton, Maschendraht 17 × 8,5 × 25 cm

173_022M Karton, Maschendraht 14,5 × 6 × 27 cm

173_021M Karton, Maschendraht 14,5 × 6 × 25 cm

173_026M Karton, Maschendraht 15 × 6 × 25 cm

173_028M Karton, Maschendraht 15 × 6 × 25,5 cm

173_029M Karton, Maschendraht 15 × 6 × 26 cm

173_008M Karton, Holz, Strumpf 16 × 7 × 26 cm

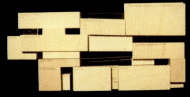
173_001M Sperrholz, Holz, Acryl 36,5 × 17 × 3 cm

173_002M Holz, Sperrholz 43 × 17 × 3,5 cm

Herzog & de Meuron
New de Young Museum, San Francisco, California (1999– →**173**)

173_019M Karton, Kupfermaschendraht, 15 × 6 × 27 cm

173_016M Karton, Maschendraht
17 × 8,5 × 25 cm

173_018M Karton, Maschendraht
17 × 8,5 × 25 cm

173_022M Karton, Maschendraht
14,5 × 6 × 27 cm

173_021M Karton, Maschendraht
14,5 × 6 × 25 cm

173_026M Karton, Maschendraht
15 × 6 × 25 cm

173_028M Karton, Maschendraht
15 × 6 × 25,5 cm

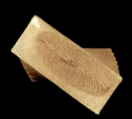

173_029M Karton, Maschendraht
15 × 6 × 26 cm

173_008M Karton, Holz, Strumpf
16 × 7 × 26 cm

173_003M Sperrholz, Acryl
38 × 16,5 × 4,5 cm

173_005M Sperrholz, Holz, Acryl
40 × 16,5 × 3 cm

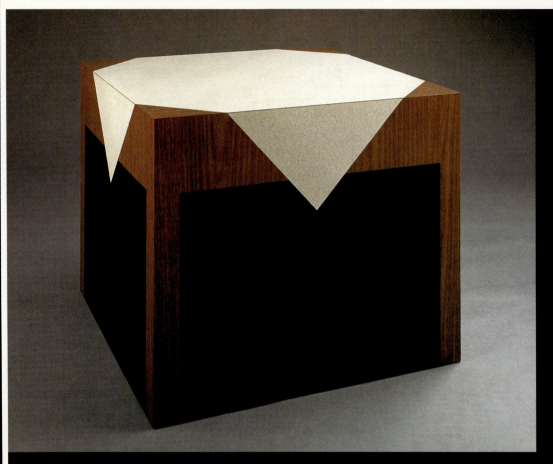

Richard Artschwager **Description of Table, Grey Table** 1964
Melaminlaminat auf Sperrholz, 66,4 × 81 × 81 cm
Whitney Museum of American Art
Geschenk der Howard und Jean Lipman Fondation, Inc.

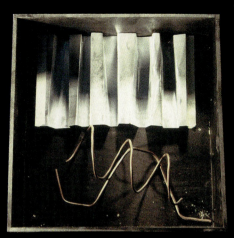 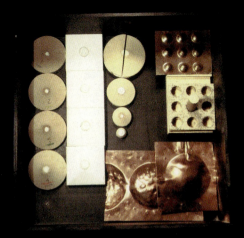

173_039M Holz, Sperrholz, Kupfer, Blech, 53 × 51,5 × 17 cm   173_040M Holz, Sperrholz, Kupfer, Blech, 53 × 51,5 × 17 cm

< Donald Judd **Six cold rolled steel boxes** 1969, Stahl, je 100 × 100 × 100 cm
Andy Warhol **Five Deaths Seventeen Times in Black and White** 1963
Andy Warhol **Ten-foot Flowers** 1967
Öffentliche Kunstsammlung Basel, Kunstmuseum

 173_052M (Detail) Kupfer, 80 × 66 × 1 cm

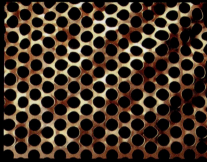 173_038M (Detail) Plastik, Farbe, 80 × 65,5 × 5 cm

 173_044M (Detail) Kupfer, 70 × 70 × 0,5 cm

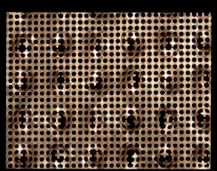 173_046M (Detail) Kupfer, 37 × 20 × 1 cm

 173_046M (Detail) Kupfer, 37 × 20 × 1 cm

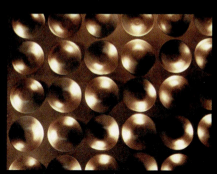 173_037M (Detail) Plastik, 80 × 69,5 × 5 cm

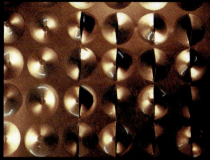 173_054M (Detail) Kupfer, 80 × 66 × 1 cm

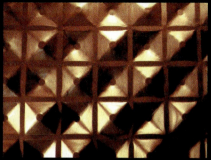 173_055M (Detail) Kupfer, 80 × 66 × 1 cm

Herzog & de Meuron
New de Young Museum, San Francisco, California
(1999– →**173**)

173_041M Holz, Papier, 58 × 13 × 2,5 cm

173_050M Kupfer, 77 × 33 × 1 cm

173_049M Kupfer, 69 × 19 × 1 cm

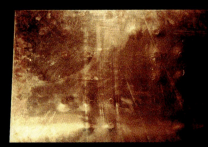
173_051M Kupfer, 92 × 58 × 1 cm

173_047M Holz, Acryl, Kupfer, 57 × 12 × 1 cm

173_042M Holz, 105 × 21 × 11 cm

173_032M Holz, Papier, 55 × 53,5 × 1 cm

173_033M Holz, 90 × 34 × 2 cm

173_034M Holz, 98 × 35 × 4 cm

Herzog & de Meuron
New de Young Museum, San Francisco, California (1999– →**173**)

106   TRANSFORMATION UND VERFREMDUNG

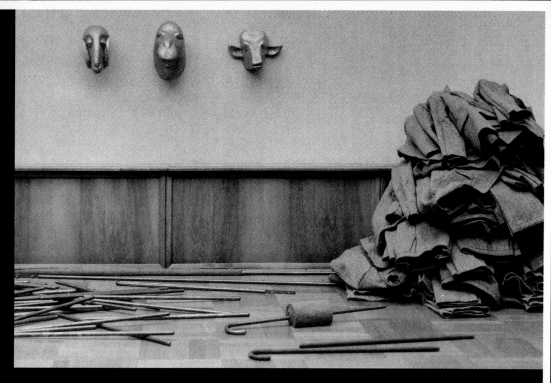

Joseph Beuys **Feuerstätte 2 (Hearth 2)** 1978–1979, Environment mit Elementen aus Kupfer, Eisen, Filz, Messing
Öffentliche Kunstsammlung Basel, Kunstmuseum

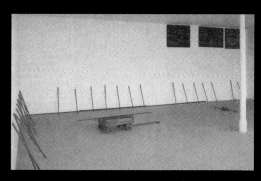

Joseph Beuys **Feuerstätte 1 (Hearth 1)** 1974
Environment mit Elementen aus Kupfer, Eisen, Filz, Holz, Kreide
Öffentliche Kunstsammlung Basel, Kunstmuseum

Fasnachtsclique «Alti Richtig»
Fasnacht Basel, 1978

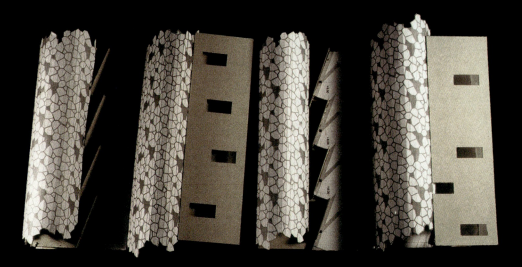

187_020M Holz, Karton, Papier, Acrylfolie, je 25 × 14 × 11 cm

187_020M Holz, Karton, Papier, Acrylfolie, 25 × 14 × 11 cm

187_024M Schaumstoff, Karton, Holz, 56 × 16,5 × 37 cm   187_024M Schaumstoff, Karton, Holz, 56 × 16,5 × 37 cm

Herzog & de Meuron
Prada Levanella, Lager- und Verteilzentrum, Montevarchi, Arezzo
(2000–2002 →**187**)

187_018M Karton, Papier, 15 × 9 × 11 cm

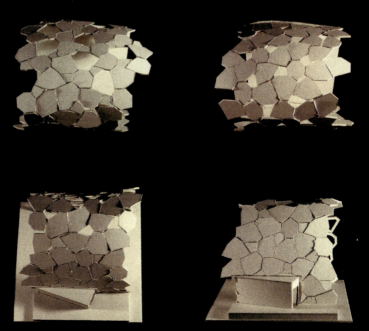

187_017M Karton, je 22 × 30 × 19 cm

187_022M Schaumstoff, Farbe
20 × 17 × 1 cm

187_024M Schaumstoff, Karton, Holz,
56 × 16,5 × 37 cm

187_026M Schaumstoff, 108 × 96 × 25 cm

Herzog & de Meuron
Prada Levanella, Lager- und Verteilzentrum, Montevarchi, Arezzo
(2000–2002 →**187**)

TRANSFORMATION UND VERFREMDUNG

Donald Judd **Untitled** 1963–1966
Holz, Ölfarbe, 49,5 × 77,5 × 115,6 cm
National Gallery of Canada, Ottawa

Donald Judd **100 Untitled Works in Aluminium** (Detail)
1982–1986
Aluminium, 104 × 130 × 183 cm
Chinati Foundation, Marfa, Texas

187_025M Schaumstoff
110 × 98 × 17 cm

DURCH DEN STEIN INS PARADIES:
GESCHICHTEN UND NOTIZEN ZU CHINESISCHEN GELEHRTENSTEINEN

Albert Lutz

Herr Xing aus der Präfektur Shuntian war ein Liebhaber von Steinen. Eines Tages gelangte er in den Besitz eines grossen Steins, der seltsam geformte Gipfel und tiefe Furchen besass. Stolz platzierte er das prachtvolle Exemplar auf dem Tisch in seinem Studio. Als eines Nachmittags schwarze Wolken einen nahen Regen ankündigten, bemerkte Herr Xing mit grenzenlosem Entzücken, dass aus vielen kleinen Öffnungen des Steins ein feiner Nebel entströmte. Von weitem sah es aus, als sei der Stein mit Flaum umhüllt. Tage danach entdeckte Herr Xing zudem in einer Höhlung eine winzige Inschrift. Die Zeichen – jedes war gerade so gross wie ein Hirsekorn – lauteten: «Stein aus dem Himmel der Reinen Leere». Der phänomenale Stein, der sich bei Regenwetter in Nebel hüllte, war ein Findling aus dem Himmel der Leere, aus der (nach daoistischen Vorstellungen) die Welt und alle Dinge entstehen. Dieser mirakulöse Stein ist der Titelheld einer Erzählung des 1679 erschienenen Sammelbandes *Wundersame Geschichten aus dem Studio eines Müssiggängers* des chinesischen Dichters Pu Songling (1640–1715).[1]

Ungewöhnliche Steine mit malerischem und zerklüftetem Aussehen haben im alten China nicht nur die Dichter zu wunderlichen Geschichten inspiriert. Chinesische Gelehrte entwarfen für die Gattung der *guaishi*, der «bizarren Steine», eine eigene Ästhetik. Mit Pinsel und Tusche schufen berühmte Künstler wahrhaftige Porträts von Steinen und Sammler gaben für Prachtsexemplare ihr halbes Vermögen hin. Solche *wenfang yashi*, «elegante Steine für das Gelehrtenstudio», kurz Gelehrtensteine, sind noch heute begehrte Sammelobjekte und werden mittlerweile auch in westlichen Museen als Kunstobjekte ausgestellt.[2]

---

[1] Pu Songling, *Strange Tales from the Make-Du Studio,* übersetzt von Denis C. und Victor H. Mayr, Beijing, Foreign Language Press, 1989, S. 434–440.
[2] *Wege ins Paradies oder die Liebe zum Stein in China,* hrsg. von Albert Lutz und Alexandra von Przychowski, *Die Liebe zum Stein,* Band I, Museum Rietberg, Zürich, 1998.

1 Ni Yuanlu **Wolken-Wasser-Stein** 17. Jahrhundert
Hängerolle, Tusche auf Seide
129,9 × 45,4 cm
The Metropolitan Museum of Art, New York. Legat von John M. Crawford, Jr., 1988

Felsen und Steine, zu Quadern und Blöcken gehauen oder in Platten zersägt, waren freilich auch im alten China in erster Linie Werkstoff, um Monumente, Paläste, Grabkammern, Grosse Mauern, Strassen, unerhört elegante Segmentbogenbrücken, Pagoden oder Häuser zu bauen. Aber nicht diese Bausteine und die Errungenschaften der chinesischen Architektur sollen hier zur Sprache kommen. Reizvoll ist es (in Zusammenhang mit der Architektur von Herzog & de Meuron), vom Vokabular und den Geschichten zu hören, die den chinesischen Literaten und Künstlern zum Thema «Stein» eingefallen sind. Denn wer sich für Transparenz, Verwandlung, Immaterialität, Dynamik und spektakuläre Oberflächen von Werkstoffen, aber auch für Monolithe, rohe Felsklötze, archaische und zugleich minimalistische Monumente interessiert, für den ist die Welt der chinesischen Gelehrtensteine eine in geheimnisvollen Nebelflaum gehüllte Quelle der Inspiration.

Nach uralter chinesischer Vorstellung sind alle Dinge und alle Lebewesen durchströmt von einer vitalen Energie, einer Lebenskraft, die *qi* genannt wird. *Qi* heisst übersetzt so viel wie Luft, Dampf, Hauch oder Energie. Das *qi* durchflutet nicht nur die Menschen (wenn sie gesund sind), sondern auch alle anderen Lebewesen und Pflanzen, aber auch Steine, Berge, Wasser und Luft. Die Steine werden als Knochen oder als Kerne dieser strömenden Energie bezeichnet, und die Anhäufung dieser Knochen und Kerne bildet ein «Skelett», das Gerüst der Erde.

Einem Künstler der späten Ming-Dynastie, Ni Yuanlu (1594–1644), ist es gelungen, in einem Bild das Wesen des *qi* auf verblüffende Weise zur Darstellung zu bringen (**Abb. 1**). Ni Yuanlu war nicht nur Künstler, sondern auch kaiserlicher Beamter, der beim Fall der Ming-Dynastie im Jahr 1644 zusammen mit dem besiegten Kaiser aus Loyalität Selbstmord beging. Sein mit Tusche auf Seide gemaltes Bild gehört – jedenfalls auf den ersten Blick – ikonografisch zur Gattung der Steinporträts. Solche Darstellungen von Steinen kamen in der chinesischen Malerei in der Song-Dynastie (960–1279) auf und erreichten im siebzehnten Jahrhundert einen Höhepunkt. Betrachtet man das Bild etwas genauer, so fragt man sich, ob tatsächlich ein Stein dargestellt ist. Ist es ein gewaltiger Meteorit, der durch den Raum schwebt? Ist hier feste Materie dargestellt oder sind es Wolken oder gar Wasserstrudel? Der Künstler verzichtete bewusst darauf, diese rätselhafte Ambivalenz zu klären. Genauso unbestimmt ist nämlich auch die von ihm verfasste Bildaufschrift am oberen rechten Bildrand: «Nicht verrückt, nicht vorgetäuscht; vielleicht Wolken, vielleicht Wasser.» Mit schnellen, kraftvollen Pinselzügen hat Ni Yuanlu das hoch aufragende amorphe Gebilde

TRANSFORMATION UND VERFREMDUNG

2 Wu Bin, Malerei; Mi Wanzhong, Kalligrafie
Zehn Ansichten eines Steins (Details) Ming-Dynastie, datiert auf 1610
Querrolle, Tusche auf Papier, 55,5 × 945,8 cm (ganze Rolle)
Privatbesitz

umrissen. In jeder Tuschelinie lässt sich die Bewegung des Pinsels nachvollziehen. Es scheint, als sei die durch die Hand des Künstlers in die Tusche fliessende Energie sichtbar gemacht. Denn dies will das Bild vorführen: Wenn das *qi* zur Darstellung gelangt, kommt es nicht darauf an, ob die energiedurchströmte Materie aus Stein, Wasser oder Wolken besteht, und deshalb ist auch das Bild mit der vagen Bildaufschrift bewusst doppelsinnig: Es stellt Materie dar und zugleich ist es Ausdruck belebter Immaterialität.

Um das Jahr 1126 hat der Gelehrte Du Wan den ersten chinesischen Katalog über das Sammeln von Gelehrtensteinen publiziert. In seinem Buch mit dem Titel *Yunlin shipu (Stein-Katalog aus dem Wolken-Wald)* stellte er Kriterien auf, wie Herkunft, Form, Farbe und Oberfläche von bizarren Steinen zu beurteilen sind.[3] Damit schuf er für alle späteren Steinkataloge eine grundlegende Systematik. Die berühmtesten Gelehrtensteine stammten aus Lingbi in der Provinz Anhui. Die Kalksteine oder Kalzite wurden in unterirdischen Steinbrüchen gewonnen. Die beste Lingbi-Qualität ist tiefschwarz und kaum gemasert, die Oberfläche ist matt schimmernd.

Gilt es, einen Gelehrtenstein, der wenige Zentimeter bis über einen Meter gross sein kann, zu beschreiben, so wird traditionell nach vier grundlegenden Kriterien vorgegangen: Gestalt, Material, Farbe und Oberflächentextur. Die Gestalt eines Gelehrtensteines bezieht sich auf seine Gesamterscheinung. Bizarr geformte Monolithe mit Spitzen, Ausbuchtungen, Falten und Durchbrechungen können wie weite Landschaften, hohe Berge mit tiefen Schluchten, versteinerte Wasserwellen, Pflanzen oder Tiere wirken. Entdeckte man im Stein die Gestalt eines Tigers oder Drachens, die Symbole für *yin* und *yang,* so war dies ein gutes Omen. Auch wenn ein perfekter Gelehrtenstein so aussieht, als hätte allein die natürliche Erosion ihm die wundersame Form gegeben, so ist bekannt, dass oft auch mit Sägen, Bohrern und Meisseln nachgeholfen wurde, um einen Stein in die gewünschte «Natur»-Form zu bringen.

Besonders geschätzt waren Gelehrtensteine, die aus mehreren Blickwinkeln reizvolle Anblicke ergaben. Ein perfekter Gelehrtenstein sollte mindestens von vier Seiten gut aussehen. Von Wu Bin (tätig ca. 1583–1626), einem Literatenmaler der ausgehenden Ming-Dynastie, gibt es eine fantastische Bildrolle mit einem für die Weltkunst einzigartigen polyskopischen Porträt eines Steins: Auf einen fünfzig Zentimeter hohen und beinahe zehn Meter langen Papierstreifen malte Wu Bin mit feinen Tuschelinien

---

[3] Edward H. Schafer, *Tu Wan's Stone Catalogue of Cloudy Forest. A Commentary and Synopsis,* Berkeley und Los Angeles University of California Press, 1961.

nebeneinander *Zehn Ansichten eines Steins* (Abb. 2). Der dargestellte Monolith mit seinen zahlreichen Zacken, die wie Flammen auflodern, ist aus den acht seitlichen Kardinalansichten sowie zweimal von unten auf einen leeren Bildgrund hingemalt. Gelingt es, was allerdings schwierig ist, alle zehn Ansichten beim Betrachten der Rolle im Gedächtnis zu speichern, so kann der Stein wie in einem virtuellen Bildraum dreidimensional vor den Augen erscheinen und auch beliebig gedreht und gewendet werden.

Neben der äusseren Erscheinungsform interessierte die chinesischen Stein-Ästheten vor allem die Beschaffenheit der Oberfläche. Um diese zu beschreiben, entwickelten sie ein ausgeklügeltes Vokabular. Minutiös wurden die Rinnen, Furchen, Runzeln, «Pockennarben» und feinen Maserierungen, aber auch die Höhlungen und Löcher beschrieben. Glänzende Oberflächen, vor allem von sehr dunklen Steinen, wurden als «feucht» *(run)* bezeichnet, wobei der Glanz nicht zu strahlend, aber auch nicht zu matt sein durfte, am liebsten «klar und feucht» (qingrun). Als «dünn» *(shou)* galten vertikal ausgerichtete Steine, deren Gestalt an Menschen erinnert (Abb. 3). Als «transparent», «leicht» oder «löchrig» *(shou, lou)* wurden Steine mit Höhlungen, dünnen Wandungen und vielen Löchern bezeichnet. Von Runzeln, Wulsten, Falten durchzogene Steine galten als «schrumpelig» *(zhou)*. Dies war besonders bei den Lingbi-Steinen ein besonders geschätztes Qualitätsmerkmal. Da man Steine wie Antiquitäten sammelte, war es auch wichtig, dass der Findling «alt» *(jiu)* war. Sehr begehrt waren daher Steine, die einen Stammbaum hatten, die Inschriften und Schriftdokumente besassen, die Auskunft über Alter und frühere Besitzer gaben. Im Laufe der Ming-Zeit (1368–1644) wurde vermehrt auf die verfeinerte Eleganz des bizarren Steins geschaut und dieses Kriterium dann mit der Bezeichnung «kultiviert» *(xiu)* beurteilt. Galt es schliesslich, einen absolut perfekten Gelehrtenstein zu loben, wurde der Begriff «unvergleichbar» *(jue)* verwendet.[4] Mit welcher Akribie aber auch Fantasie Gelehrtensteine beschrieben wurden, vermag ein Zitat aus der Bildaufschrift der oben erwähnten Bildrolle von Wu Bin zu zeigen. In langen Aufschriften sind die zahlreichen Gipfel peinlich genau mit dem Zollstab vermessen und zugleich mit einer wunderlichen Metaphorik beschrieben. Über einen Zacken des Steins wird zum Beispiel geschrieben:

---

4 Robert D. Mowry, *Worlds Within Worlds, The Richard Rosenblum Collection of Chinese Scholars' Rocks*, Cambridge, Mass., Harvard University Art Museums, 1996, S. 31–33.

TRANSFORMATION UND VERFREMDUNG

3 **Säulenförmiger Stein in Form eines ehrenwerten alten Mannes**
Ying-Kalkstein mit Einschlüssen, Provinz Guangdong, Ming-Dynastie (1368–1644)
170 × 26 × 19 cm
Courtesy Richard Rosenblum Family Collection

Sein oberes Ende ist zugespitzt wie eine Pinselspitze, und seine Haltung ist so schief, als ob er trunken sei. Mit seinem oberen Teil, der breit ist und auf dessen Oberfläche starke Wellen hier aufsteigen und dort absinken, und seinem unteren Teil, der schmal ist und sich windet, gleicht er [der legendären Schönheit] Xizi, wie sie aus dem Bad steigt, zu zart, um das Gewicht ihrer Kleider zu tragen, oder er gleicht fliegenden Schwalben, wie sie einen Tanz aufführen, wild und ungebunden.[5]

Seltsam geformte Felsen dienten als Objekte der Kontemplation. In den Furchen des Felsens die Prinzipien der Natur und damit des Kosmos zu entdecken war für die petrophilen chinesischen Gelehrten eine sinnbetörende Erfahrung. Die rohen Steine wurden – ähnlich wie die wegen ihres flüchtigen Wesens geliebten Wolken – als Sinnbilder für ein freies Leben verstanden. Ihr Alter, ihre Härte und Unvergänglichkeit machten sie zu Symbolen für Standhaftigkeit und Beständigkeit. Schliesslich wurden nach daoistischen Vorstellungen die Spitzen der Felsen und Steine als Ausgangspunkte für Himmelsflüge und die Löcher als Einstiegspforten in das Paradies der Unsterblichen betrachtet. Besonders eine Geschichte der chinesischen Literatur, die mit einem Loch in einem Felsen anfängt, hat seit über 1500 Jahren die Fantasie der chinesischen Literaten und Gelehrten inspiriert. Es ist das Gedicht des *Pfirsichblütenquells* von Tao Yuanming (365–427).[6] Es erzählt von einem Fischer, der in seinem Boot entlang eines blühenden Pfirsichhains rudert und dabei eine Höhle in einem Felsen entdeckt. Durch diese gelangt er in eine paradiesische Welt, in der die Menschen im Einklang mit der Natur friedlich und glücklich leben. Die Bewohner erzählen dem Besucher, dass ihre Vorfahren sich wegen Kriegswirren hierher zurückgezogen hätten. Sie bitten den Fischer bei seinem Abschied, niemandem von ihrer abgeschiedenen Welt zu erzählen. Dieser hält sich aber nicht an sein Wort und berichtet draussen von der Existenz der paradiesischen Welt. Den Zugang zum Tal kann er, als er später den Einstieg wieder sucht, nicht mehr finden.

Die Vorstellung, durch ein Loch in einer Steinwand nicht in die klar definierte Welt einer Höhle oder einer Behausung zu treten, sondern in eine Paradieswelt zu entschwinden, in der weder Zeit noch Raum entscheidend sind, ist verführerisch. Allerdings, dies zeigt der *Pfirsichblütenquell* auch: Die Pforte zum Glück ist, vor allem wenn man sie sucht, kaum zu finden.

5 Philip K. Hu, «Porträt eines Steins – Worte und Bilder auf einer Querrolle von Wu Bin und Mi Wanzhong», in: Lutz/von Przychowski, 1998, S. 65–76, hier S. 68 (wie Anm. 2).
6 Tao Yuanming, *Der Pfirsichblütenquell, Gesammelte Gedichte*, hrsg. von Karl-Heinz Pohl, Köln, Eugen Diederichs Verlag, 1985, S. 202–208.

TRANSFORMATION UND VERFREMDUNG

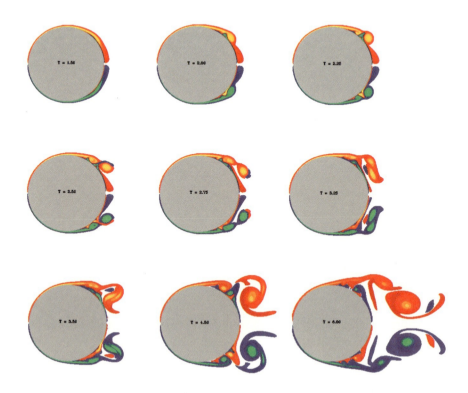

1 Petros Koumoutsakos und Anthony Leonard
**Entwicklung der Wirbelbildung in der Strömung um einen
plötzlich beschleunigten Kreiszylinder**
Aus «High-Resolution Simulation of the Flow Around an Impulsively
Started Cylinder Using Vortex Methods», in:
Journal of Fluid Mechanics, 296, 1995

ÜBER WIRBEL

Petros Koumoutsakos

Das Herz öffnet und schliesst seine Klappen, ohne dass irgendein Muskel an diesem perfekt synchronisierten Vorgang teilhat. Das Öffnen und Schliessen erfolgt, dank eines Wirbels, der sich beim Einströmen des Blutes ins Herz bildet, automatisch. Blut kreist um die sich öffnende Klappe und erzeugt einen Wirbel, der sich in einem Raum nahe der Herzklappe verfängt. Wenn der Blutzufluss stoppt, ist der Wirbel in seinem Hohlraum unter der Herzklappe vollständig eingeschlossen. Ohne den Druck einströmenden Blutes vermag er jetzt jedoch, die Herzklappe anzuheben und zu schliessen, während er sich selbst im Innern der Herzkammer auflöst.

Wirbel sind eine Naturerscheinung, die fast immer unsichtbar bleibt – ausser etwa, wenn wir die Muster beobachten, die das Einrühren von Sahne in der Kaffeetasse erzeugt. Oder die grossen spiralförmigen Wolkenmassen, die einen Wirbelsturm ankündigen und auf die die Meteorologen manchmal in den Abendnachrichten hinweisen. Hinter diesen Strukturen verbergen sich Wirbel, die Muskeln der Flüssigkeitsbewegung. Sie sind verantwortlich für den Auftrieb an Vogel- ebenso wie an Flugzeugflügeln. Insekten machen sie sich zu Nutzen, um Lasten zu tragen, die zur Grösse ihrer Flügel in keinem Verhältnis stehen; und Mikroorganismen wie die Seeanemonen wissen sich ihrer zu bedienen, um Nährstoffe an ihre Aufnahmeorgane heranzufächeln.

Die Kenntnis der Stärke und der Orte von Wirbeln genügt zur mathematischen Beschreibung eines inkompressiblen Stimmungsfeldes. Eine überraschend gute Illustration dieses Sachverhalts findet man auf einem antiken Spiegel, der auf den Zykladen gefunden wurde und ein Schiff darstellt, das eine See aus spiralförmigen Strukturen durchpflügt. Solche spiraligen und wirbligen Muster, die allgemein mit Wirbeln verbunden werden, haben

TRANSFORMATION UND VERFREMDUNG

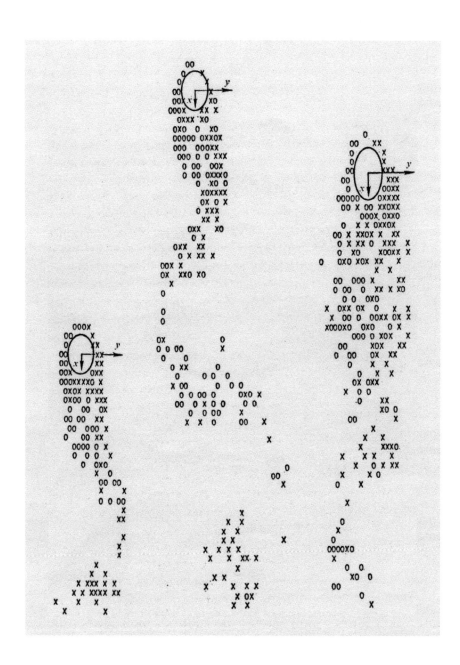

2 Alexandre J. Chorin
**Strömung um einen Kreiszylinder. Wirbelpartikelmethoden-Simulation
aus der Pionierarbeit von Alexandre Chorin**
Aus «Numerical Study of Slighly Viscous Flow», in:
Journal of Fluid Mechanics, 57 (4), 1973

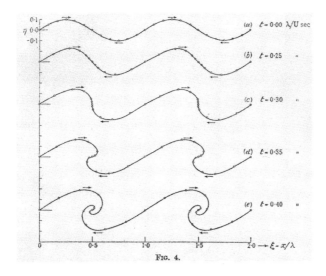

Fig. 4.

die Jahrhunderte auch in der Zeichnung *Sitzender alter Mann im Profil mit Wirbelstudien* von Leonardo da Vinci überdauert, in Vincent van Goghs *Sternennacht*, in Ando Hiroshiges *Strudel und Wellen in Naruto, Provinz Awa* und in der *Rauchmaschine* von Étienne-Jules Marey. Aber erst zu Anfang des zwanzigsten Jahrhunderts wurden sie mit der Ordnung und Eleganz der Mathematik verknüpft. Rosenheads Formulierung der Wirbelbewegung und seine frühen Berechnungen des kanonischen Problems von Wirbelschichten bildeten das erste Paradigma, das die Benutzung von Wirbeln in der Berechnung von Flüssigkeitsbewegungen erlaubte, eine folgenreiche Technik, die in den vergangenen Jahrzehnten zur Berechnung der Formen heutiger Flugzeuge, Autos und Schiffe verwendet wurde. Richard Feynman untersuchte in den fünfziger Jahren am California Institute of Technology (Caltech) die Grundstrukturen und Feinheiten in der Überlagerung von Wirbeln, und Alexandre Chorin bahnte in den siebziger Jahren den Weg für die Verwendung von Wirbelmethoden zur Simulierung von Strömungen an stumpfen Körpern.

Meine Beschäftigung mit Wirbeln folgte, mir selbst vorerst unbewusst, all diesen Wegen, von der Faszination durch meine alte Heimat und ihre Altertümer angefangen, über mein Aufwachsen in einem Küstendorf bis zu meinem Studium des Schiffbaus an der Nationalen Technischen Hochschule in Athen. Das Bindeglied bildeten schliesslich meine Studien bei Professor Anthony Leonard am Caltech, einem Pionier dreidimensionaler

3 Louis Rosenhead
Entwicklung einer Scherschicht mittels Wirbelmethoden. Berechnung von Hand.
Aus «The Formation of Vortices from a Surface of Discontinuity»,
in: *Proceedings of the Royal Society of London A*, 134, 1931

4 Petros Koumoutsakos und Jens Walther
Simulation eines turbulenten Wirbelrings mit Wirbelmethoden 2000

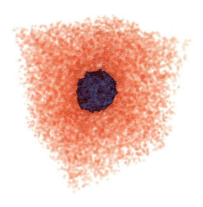

5 Jens Walther und Petros Koumoutsakos
Molekulardynamik-Simulation von verdampfenden Argontropfen 2001
Aus «Molecular Dynamics Simulation of Nanodroplet Evaporation», in:
Journal of Heat Transfer, 123 (4)

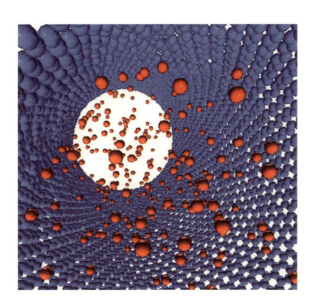

6 Jens Walther und Petros Koumoutsakos
**Molekulardynamik-Simulation einer Argonströmung innerhalb
einer Kohlenstoff-Nanoröhre** 2000

TRANSFORMATION UND VERFREMDUNG

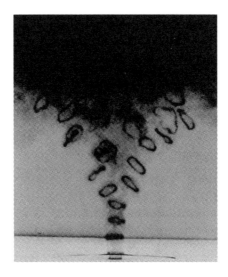

7 Moon J. Lee und William C. Reynolds **Rauchvisualisierung von in einem kontrollierten Freistrahl erzeugten Wirbelringen** 1985
Aus «Bifurcation and Blooming Jets», in: *Fifth Symposium on Turbulent Shear Flows*, Ithaca, New York, 1985

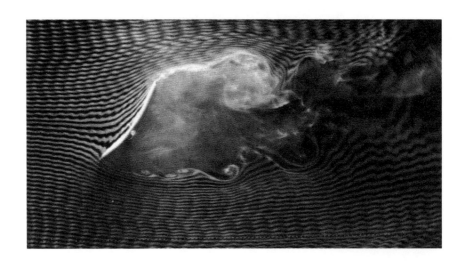

8 Étienne-Jules Marey
Rauchvisualisierung der Strömung um eine gekrümmte Oberfläche 1900

ÜBER WIRBEL

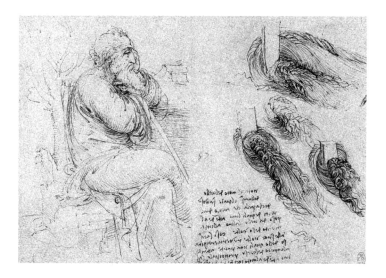

Wirbelmethoden und ein Mensch, der mich mit Eleganz und Klarheit durch die elegante und klare Welt der Wirbel führte. Das Studium der graziösen Achsensymmetrisierung von anfänglich unsymmetrischen Strukturen durch fortlaufendes Verweben und Glätten, die Erzeugung von wunderschönen, verschlungenen Wirbeln an ganz einfachen Körpern wie einem Zylinder und die Erforschung grundsätzlicher Konzepte wie des Aufbaus und der Zerstörung von Wirbelstromringen –: All das war eine faszinierende Entdeckungsreise. Mein Aufenthalt am Zentrum für Turbulenzforschung CTR in Stanford und bei der NASA Ames haben meinem Verständnis von Wirbeln noch eine weitere Dimension hinzugefügt: die der grossen numerischen Simulationen.

Das CTR war unter der Leitung von Parviz Moin und William Reynolds bahnbrechend in der Turbulenzforschung unter Verwendung von Supercomputern. Die Grundlagenforschung von John Kim, Parviz Moin und Bob Moser zum Fliessverhalten an einer glatten Wand brachte die dabei entstehenden charakteristischen komplexen Wirbel zutage. Meine andauernde Verbindung mit dem CTR hat es mir ermöglicht, unmittelbar an den Experimenten und Abenteuern von Kollegen wie Karim Shariff, Nagi Mansour, Alan Wray und Jonathan Freund zur Simulation von Formierung und Akustik von Wirbeln in turbulenten Strömungen in bis anhin nicht möglichen Grössenordnungen teilzunehmen. Es ist hier nicht der Ort, die grosse Zahl wichtiger Fortschritte und ausserordentlicher Bilder von der

9 Leonardo da Vinci **Sitzender alter Mann im Profil mit Wirbelstudien** 1513
Feder und Tinte
15.2 × 21.3 cm
Windsor Castle, Royal Library

Schönheit, Grazie und Kraft von Wirbeln aufzulisten, die im Verlauf der Jahre von Kollegen in der ganzen Welt gemacht worden sind. Ich kann ihnen für die Vorarbeit, worauf wir jetzt aufbauen können, nicht genug danken.

Meine eigene wissenschaftliche Reise hat mich zum Fliessverhalten im Nanobereich und zu Strömungen innerhalb von Zellräumen geführt. Meine Forschungsgruppe an der ETH Zürich beschäftigt sich mit Biosensoren und der Entdeckung von Vorgängen im Wasser im Nanobereich; wir simulieren die Interaktion von Wasser mit Strukturen wie zum Beispiel Kohlenstoff-Nanoröhren. Im Nanobereich scheinen Konzepte wie Wirbel oder Flüssigkeiten ihre grösserdimensionalen Bedeutungen zu verlieren. Hinter dem Computerbildschirm jedoch bleibt sich vieles gleich. Wirbel können als Partikel angesehen werden, die sich, ähnlich wie Planeten, gegenseitig eine Geschwindigkeit induzieren. Wenn man sich die Vorstellung von interagierenden Partikeln vor Augen hält, aber die Partikel von ihren Wirbeleigenschaften ablöst und statt dessen mit Masse und Ladung versieht, so lässt sich der Computer zur Simulation von Molekülen und Molekularverhalten überreden.

Für uns bleiben es dennoch Wirbel, bloss dass das Wirbelverhalten im Nanobereich eine ganz andere Bedeutung bekommt.

ALBERTO GIACOMETTI
IN BASEL

Reinhold Hohl

[D]er Basler Giacometti-Saal, dessen langwierige Formierung [...] 1950 [...] seinen Anfang nahm, [bildet] einen der Orte im Museum, wo der Besucher vom Geist eines grossen Künstlers wirklich gefangen genommen werden kann. Der Vergleich mit dem Picasso-Saal, ja mit der Holbein-Sammlung des Basler Museums scheint statthaft.[1]

Die Werke von Alberto Giacometti in der Öffentlichen Kunstsammlung Basel gehören zu den Höhepunkten dieses Museums. Von der Aufstellung der Skulpturen soll hier die Rede sein. Die Betrachtung einer Skulptur von Giacometti ist eine Begegnung, die der Künstler zu seinen Lebzeiten selbst unablässig bedacht, kontrolliert und mit zentimetergenauen Sockelhöhen beeinflusst hat. So besprach er zum Beispiel sowohl am 11. April 1964 als auch im Sommer 1965 mit dem damaligen Museumsdirektor Franz Meyer und mit dem Konservator Carlo Huber[2] Gestalt und Höhe des

---

1 Dieter Koepplin, «Giacometti – Sammlungsgeschichtliches», in: Reinhold Hohl und Dieter Koepplin, *Alberto Giacometti. Zeichnungen und Druckgraphik*. Stuttgart, Hatje, 1981, S. 93–116, hier S. 102. – Der Verfasser verdankt viele nachstehend wiedergegebene Informationen diesem musterhaft gründlichen und gescheiten Aufsatz, ohne jedes Mal auf diese Quelle hinzuweisen.
2 Katharina Schmidt und Hartwig Fischer verdankt der Autor die Möglichkeit, die Giacometti-Dossiers der Öffentlichen Kunstsammlung Basel mit den jeweiligen Memorandumnotizen einzusehen. Mit Erlaubnis von Frau Helga Huber wird im Folgenden die «28.III.67» datierte Aktennotiz ihres verstorbenen Gatten veröffentlicht, die sich auf die Zeit der Ausstellung *Bilanz. Internationale Malerei seit 1950* des Basler Kunstvereins bezieht: «Nach der Bilanz-Vernissage, Sommer 1964, stellte ich ihm [Giacometti] die Frage wieder, in der Meinung, *Der Platz* müsse höher stehen. 1. Am Abend war A. G. theoretisch einverstanden; 2. am andern Morgen hatte er überlegt, dass er ihn bei der Arbeit auch niedrig stehen hatte. Er müsse also bleiben; 3. bei der Besichtigung des bisherigen Zustandes (niedriger Holzsockel, ca. 100 cm – 110) erklärte er, das sei richtig so in Höhe und Ausführung; 4. bei versuchsweiser Aufstellung auf den jetzigen höheren Sockel reagierte er sehr überrascht, widerrief alle vorherigen Meinungen und fand, so müsse es bleiben; 5. auf die Frage, ob die Beine des Gestells dünner sein sollten: Auf keinen Fall, sie würden die Figuren konkurrenzieren. Dicker? Auch nicht. Auch Material, Farbe, Proportion der Querstreben seien richtig.»

Sockels für *Place* – ein Schlüsselwerk in seinem Schaffen nach 1945, das als Modell für eine grossstädtische Platzsituation zu verstehen ist und am besten bei einer bestimmten Betrachtungshöhe so gesehen werden kann (Abb. 1–2).

Place (1948–1949) ist das erste Nachkriegswerk Giacomettis, das von einem Museum angekauft worden ist und die zweite Erwerbung eines Museums überhaupt, dem nur der 1936 erfolgte Ankauf von *Le palais à quatre heures du matin* durch das Museum of Modern Art in New York vorausgegangen ist. *Place* wurde vom damaligen Basler Museumsdirektor Georg Schmidt, der schon seit 1946 seinen Kommissionen den Ankauf von Skulpturen Giacomettis empfohlen hatte, 1950 aus der Doppelausstellung *André Masson/ Alberto Giacometti* in der Basler Kunsthalle zur Erwerbung durch die Basler Emanuel Hoffmann-Stiftung vorgeschlagen und zusammen mit den beiden kleinformatigen Gemälden *La table* und *Portrait d'Annette*[3] für das Kunstmuseum gekauft. Mit *Place* (3 800 Franken minus 200 Franken Preisnachlass auf den Gesamtankauf) wurde den Besuchern von Anfang an ein Hauptwerk des Bildhauers Giacometti vor Augen geführt, während seine Meisterschaft als Maler erst 1963 mit dem vom nunmehrigen Direktor Franz Meyer getätigten Ankauf des Bildnisses *Caroline* (1963) zur Geltung kam. Von einem Giacometti-Saal konnte aber erst von Oktober 1967 an die Rede sein, nachdem ein Viertel des Bestandes der Ende 1965 in Zürich errichteten Giaco-

---

3 *Portrait d'Annette* ist seither als ein Bildnis von Marie-Laure de Noailles identifiziert worden.

1 Alberto Giacometti **Place** 1948–1949
Bronze
63 × 44 × 21 cm
Öffentliche Kunstsammlung Basel, Kunstmuseum

metti-Stiftung dank einem entscheidenden Geldbeitrag des Basler Geschäftsmanns Hans Grether dem Basler Kunstmuseum übergeben worden war.

Basel war lang vor Zürich mit Giacomettis Werk vertraut und dem Künstler persönlich verbunden gewesen. Hier wirkten seine Schulfreunde aus Schiers: Lucas Lichtenhan (zuerst Kunsthändler, dann bis 1949 Konservator der Kunsthalle), Christoph Bernoulli (Kunst-Impresario und *homme de lettres*) und Ernst Schlager (ein Ethnologe, der bald nach 1930 die für Giacometti wichtige Bekanntschaft mit ozeanischen Skulpturen im Basler Völkerkundemuseum vermittelt hat, was 1934 jedenfalls die Gestalt von *L'Objet invisible* inspirierte).[4] Hier lebte auch der Bildhauer Hans Stocker, dem Giacometti am Ende ihrer gemeinsamen Studienzeit in Genf und Paris ein modelliertes Selbstbildnis (jetzt im Kunsthaus Zürich) geschenkt hatte.

Und hier waren Galeristen tätig, die schon seit 1946 Werke von Giacometti ausstellten und verkauften: Suzanne Feigel in ihrer Galerie d'art moderne sowie der Kunsthändler Ernst Beyeler. Dieser hatte im Dezember 1962 in eigener finanzieller Verantwortung (samt einer von Hans Grether gedeckten Bankgarantie, der dafür Aktien seiner Firma Doetsch, Grether & Cie. AG hinterlegte) die umfassende Giacometti-Sammlung des Pittsburgher Stahlmagnaten G. David Thompson im Hinblick auf die geplante, aber

[4] Giacomettis Aufenthalt in Basel ist durch Koepplin, 1981, S. 108, Anmerkung 21 (wie Anm. 1) für den 2. November 1932 dokumentiert. Vielleicht hat er auch die Abbildung der Totenstatue von Bougainville, die ein anderer Basler Ethnologe, Felix Speiser, von seiner Expedition zu den Salomon-Inseln 1929–1930 zurückbrachte, im *Führer durch das Museum für Völkerkunde*, Basel, 1933, S. 21, gesehen.

2 Alberto Giacometti **Place** 11. April 1964
Kugelschreiber auf Papier
15 × 10,5 cm
Öffentliche Kunstsammlung Basel, Kunstmuseum

TRANSFORMATION UND VERFREMDUNG

noch lange nicht solvente schweizerische Giacometti-Stiftung gekauft. Mit Ausnahme der späteren Schenkungen und einer einzigen Neuerwerbung waren alle heute auf die Kunstmuseen in Zürich, Basel und Winterthur verteilten Werke der Giacometti-Stiftung vom Juli bis in den September 1963 hinein in der Galerie Beyeler in Basel ausgestellt. Die Korridore und Zimmer im Altstadthaus Bäumleingasse 9 vermittelten eine überaus intensive Begegnung mit Giacomettis Skulpturen von 1925 bis 1960, mit seinen Gemälden aus den Jahren 1921 bis 1960 sowie mit Zeichnungen von 1913 bis 1960. In den folgenden Jahren enthielten manche thematische Veranstaltungen in der Galerie Beyeler Werke Giacomettis. Die Präsentationen in der Galerie Beyeler – und seit 1997 im Museum der Fondation Beyeler in Riehen bei Basel – bedeuten eine Präsenz von Giacomettis Werk in Basel, die über die unterschiedlich gut gelungenen Einrichtungen des Giacometti-Saals im Basler Kunstmuseum vielleicht sogar hinausgeht. Es ist denn auch kein Zufall, dass zahlreiche Basler Privatsammlungen Skulpturen, Gemälde und Zeichnungen von Alberto Giacometti enthalten, namentlich das Privatmuseum von Frau Esther Grether.

Seit dem gleichen Jahr 1950, in welchem die erste Basler Giacometti-Ausstellung stattfand, waren seine Werke auch immer wieder Themen der offiziellen Schweizer Architekturzeitschrift *Werk*. Der Bildhauer François Stahly, der Giacomettis Atelier in Paris wiederholt vor und bald nach dem Weltkrieg besucht hatte, schilderte 1950 und 1952 die phänomenologischen Grundlagen des nun als typisch erkannten «Giacometti-Stils»; Carola Gie-

3 *Femme Debout* im Treppenhaus der Bibliothek der Hochschule
St. Gallen für Wirtschaft und Sozialwissenschaften 1962
Alberto Giacometti **Femme Debout** 1950–1952
Bronze, Höhe 60 cm
Öffentliche Kunstsammlung Basel, Kunstmuseum

dion-Welcker schrieb 1959 über «*Alberto Giacomettis Vision der Realität*»; Heinz Keller reflektierte 1963 anhand von vier mit unterschiedlicher Tiefenschärfe aufgenommenen Fotografien einer Büste «*Über das Betrachten der Plastiken Alberto Giacomettis*»; im gleichen Jahr wurde die «*Rede über Alberto Giacometti*» des damaligen Direktors der Kunsthauses Zürich, René Wehrli, der 1962 mit dem Künstler zusammen eine Retrospektive eingerichtet hatte, in dieser allen Architekten in der Schweiz zugehenden Zeitschrift abgedruckt.[5] Der eindrücklichste Beitrag war jedoch eine 1963 ganzseitig wiedergegebene Fotografie von Fritz Maurer, welche die kleine Bronzefigur *Femme debout* aus den Jahren 1950–1952 auf dem monumentalen Treppenhauspodest in der Bibliothek der neu errichteten Hochschule St. Gallen für Wirtschaft und Sozialwissenschaften der Architekten Förderer, Otto und Zwimpfer wiedergab.[6] Verantwortlich für den Ankauf und diese sensationelle Platzierung war der auch als Bildhauer tätige Walter M. Förderer (Abb. 3).

5 François Stahly, «Der Bildhauer Alberto Giacometti», in: *Werk. Offizielle Zeitschrift des Bundes Schweizer Architekten, des Schweizerischen Werkbundes, des Schweizerischen Kunstvereins*, 37, 1950, S. 181–185; François Stahly, «Die junge französische Plastik», in: *Werk*, 39, 1952, S. 369–376; Carola Giedion Welcker, «Alberto Giacomettis Vision der Realität», in: *Werk*, 46, 1959, S. 205–212; René Wehrli, «Rede über Alberto Giacometti», in: *Werk*, 50, 1963, S. 80–81; Heinz Keller, «Über das Betrachten der Plastiken Alberto Giacomettis», in: *Werk*, 50, 1963, S. 161–164.
6 *Werk*, 50, 1963, S. 315. Die gleiche Aufnahme auch in der Zeitschrift *Quadrum*, XV, Brüssel, 1963, S. 33 zum Aufsatz von Georg Schmidt «Architektur und freie Kunst» mit der gleichen irrtümlichen Datierung «1959», wie übrigens auch in der zu Lebzeiten Giacomettis entstandenen Monografie von Jacques Dupin, *Alberto Giacometti*, Paris, Maeght, 1962, S. 280. Im Katalog der Giacometti-Ausstellung in der Orangerie des Tuileries, Paris, 1969–1970, ist das Werk als Katalognummer 73 und bei der Abbildung 70 richtiger mit «1950–1952» datiert.

4 Blick in die Ausstellung André *Masson/Alberto Giacometti* in der Kunsthalle Basel 1950
Alberto Giacometti (von links nach rechts) **Homme au Doigt, Trois Figures I** und **Trois Figures II** 1947, 1949, 1949
Bronze, Höhe 177,8, 75,5 und 71,5 cm
Öffentliche Kunstsammlung Basel, Kunstmuseum

Er erinnert sich:

> Bei einer Begegnung im Basler Hotel Jura bestätigte mir Giacometti seine Befriedigung über die Aufstellung und meinte, dass er angesichts der eindeutig auf die Betrachtung von vorne inszenierten Situation verstehe, warum ich alle anderen Angebote von Plastiken abgelehnt und «stur» auf einer Plastik mit schräg nach hinten oben geneigten und zur Plastik gehörendem Sockel bestanden hätte. Nach einer Notiz über jenes Zusammentreffen im Sommer 1963 lobte er ausdrücklich «die Inszenierung der Aufstellung» mit dem Hinweis, diese entspreche seiner Arbeit, die als Werk eines «zu spät geborenen barocken Bildhauers» zu behandeln sei.[7]

Hier war die Voraussage Giacomettis erfüllt, dass eine seiner kleinen Figuren einen weiten öffentlichen Raum zu dominieren vermöge.

Das gilt natürlich auch für die Einrichtung von Ausstellungs- und Museumsräumen und für die Gestalt und Masse der Plinthen und Sockel. Zu seinen Lebzeiten hat sich Giacometti wenn immer möglich daran beteiligt – so 1950 an der Einrichtung in der Basler Kunsthalle (Abb. 4), 1956 und 1962 an den Biennale-Ausstellungen in Venedig (Abb. 5), 1956 an der von Franz Meyer veranstalteten ersten schweizerischen Giacometti-Retrospek-

---

[7] *Die Kunstwerke an der Hochschule St. Gallen. Entwürfe und Dokumente.* Kunstmuseum St. Gallen, St. Gallen, 1980, S. 48.

5 Blick in die Giacometti-Ausstellung an der Biennale Venedig mit *Grande Tête*, *Grande Femme I* und *Grande Femme II* im Vordergrund 1962
Öffentliche Kunstsammlung Basel, Kunstmuseum

tive in der Kunsthalle Bern,[8] 1962 an der grossen Gesamtausstellung im Bührle-Neubau des Kunsthauses Zürich. Fotografien belegen seine Tendenzen, einerseits die vielfältigen und scheinbar zufälligen Nachbarschaften der Werke im Atelier zu evozieren – kein anderer Bildhauer hat so viele Darstellungen seines Ateliers gezeichnet wie Giacometti, wobei man erst nach genauer Betrachtung einzusehen beginnt, wie absichtsvoll die wiedergegebenen Skulpturen gruppiert sind –, und andrerseits Raumbeziehungen zu schaffen, die den Ausstellungsbesucher entweder in eine Gruppenkomposition einbeziehen oder ihn frontal vor ein Einzelwerk zwingen. Diese beiden Grundsätze mussten jeder Einrichtung des Giacometti-Saals im Basler Kunstmuseum zugrunde liegen; sie kommen in den beiden Möglichkeiten einer diagonalen oder einer orthogonalen Aufstellung zur Geltung.

Dem Schreibenden wurde dies anlässlich der von Arnold Rüdlinger in der Basler Kunsthalle eingerichteten Gedenkausstellung im Sommer 1966 bewusst. Neben vielen Leihgaben aus Schweizer Privatbesitz wurde damals, nach der Ausstellung in der Galerie Beyeler, zum zweiten Mal innerhalb

---

8 Vom 14. oder 15. Juni 1956 berichtet Franz Meyer: «Giacometti wurde sich nach der Abreise aus Venedig während der Bahnfahrt [nach Bern] bewusst, dass der Sockel zu einer der *Femme de Venise* etwa um einen Zentimeter höher hätte sein sollen. Er schwankte beim Umsteigen in Mailand, ob er nach Venedig zurückkehren oder nach Bern weiterreisen solle, kam dann frühmorgens in Bern an, besichtigte die Berner Ausstellung. Sie gefiel ihm. Plötzlich drängte es ihn doch zur Rückkehr nach Venedig. Man bewog ihn mit Mühe dazu, seinen Wunsch, den einen Sockel zu verändern, telefonisch an Cogniat durchzugeben, was natürlich illusorisch sein musste.» Zitiert nach Koepplin, 1981, S. 110, Anmerkung 46 (wie Anm. 1).

6 Blick in den Giacometti-Raum von Franz Meyer im Kunstmuseum Basel ca. 1978

von drei Jahren der Bestand der Giacometti-Stiftung in Basel gezeigt. Die Gemälde waren im Oberlichtsaal im ersten Stock versammelt, die Skulpturen standen in chronologisch aufeinander folgenden Räumen auf mehr oder weniger diagonal angeordneten und zum Drumherumgehen einladenden Podesten und Sockeln. Bei den postkubistischen und surrealistischen Werken, die als Objekte zu betrachten sind, muss ja wirklich die Möglichkeit gegeben sein, sie von allen Seiten (und die *Femme égorgée* auch von oben) anzuschauen. Bei *Le chien* (1951) ist die Seitenansicht die ergiebigste und für die beilklingendünnen *Diego*-Köpfe (1954) enthält der Wechsel von frontaler Begegnung zur seitlichen Silhouettenansicht eine wunderbare Überraschung. Aber – dies ging mir damals als Berichterstatter für die *Neue Zürcher Zeitung* auf[9] – den stehenden Figuren und den Bildnisbüsten wird nur die frontale Betrachtung gerecht, da nur sie das materielle Kunstwerk transzendiert und die virtuelle Präsenz des Dargestellten zwingend evoziert. In einem Ausstellungsraum könnte durch die orthogonale Anordnung der Exponate die besondere Situation eines Friedhofs geschaffen werden, in dem man den Grabreihen entlanggeht und mit einer 90°-Drehung zu diesem oder jenem Grabstein die Gedankenverbindung zu den Verstorbenen – beziehungsweise zum Dargestellten in Giacomettis Werken – herstellt. Und nun geschah etwas Einmaliges in den Annalen der Kunstjournalistik: Eine Woche später waren die Sockelprismen in dieser Ausstellung orthogonal ausgerichtet! Ganz konsequent hat bis jetzt erst Kosme Maria de Barañano in seiner Giacometti-Ausstellung im Museo Nacional Centro de Arte Reina Sofia in Madrid (November 1990 bis Januar 1991) das Prinzip der frontalen angeordneten Büstenreihen durchgeführt.

Der legendär gewordene Giacometti-Saal im Basler Kunstmuseum wurde 1968 von Franz Meyer (Direktor von 1962 bis 1980) eingerichtet (Abb. 6). Er befand sich im zweiten Stockwerk in der Raumfolge linker Hand, die seinerzeit vom Amerikaner-Saal (mit Gemälden von Rothko, Newman, Still, Kline, Tobey) historisch rückwärts zum Surrealismus und dem Eckzimmer mit Giacomettis Werken führte und sich dann im rechten Winkel im langen, steinfliesenbelegten Seitenlichtsaal mit verschiedenen Skulpturen sowie mit Bildern von Léger fortsetzte. Die Durchgänge der ersten Raumflucht liegen alle in der gleichen Achse, und daraus gewann Meyer einen fabelhaften, historisch gerechtfertigten Effekt, indem Barnett Newmans stählerner Vierkant-Pfosten *Here III* von 1966 – bezeugtermassen eine Reverenz vor Gia-

---

9 rdh. «Auge in Auge. Giacometti-Aussstellung in der Kunsthalle Basel», in: *Neue Zürcher Zeitung*, Nr. 3321, Freitag, 5. August 1966, Morgenausgabe, Blatt 4.

cometti – durch vier Räume hindurch dessen *Grande figure* von 1947 gegenüberstand. Die anderen achtzehn Bronzen sowie die gipsernen Originale von *Boule suspendue* und *Le Nez* standen auf rechteckigen Sockeln (Femme égorgée auf einer bodennahen Plinthe), die Meyer selbst konzipiert hatte, und zwar so, «dass der Sockel im Verhältnis zum Kunstwerk und zum Raum möglichst wenig Masse darstellt.»[10] In diesem Sinn wurde auch der ursprüngliche Holzkubus unter Place durch das Metallgestell, von dem oben die Rede gewesen ist (**Abb. 2** und Anmerkung 2), ersetzt. Die Anordnung der Werke war durchaus orthogonal, mit Frontalansicht einerseits vom Amerikaner-, andererseits vom Steinsaal aus.

Christian Geelhaar (Direktor 1980 bis 1991) hat diese Einrichtung nur geringfügig geändert. Erst Katharina Schmidt (Direktorin von 1993 bis 2001) durchbrach den auf Georg Schmidt zurückgehenden Stilkanon. Giacomettis Skulpturen und Gemälde ordnete sie im langen Steinfliesensaal an. Gegenwärtig gibt es keinen mündlichen oder schriftlichen Hinweis, wie der neue Direktor, Bernhard Bürgi, mit der Aufstellung von Giacomettis Werken verfahren wird, jedoch einen bildlichen: Die erste Pressefotografie am Tag seiner Ernennung zeigte ihn mit priesterlicher – segnender oder exorzierender? – Gebärde vor Giacomettis *La Jambe*.[11] Sie bekräftigt Koepplins Beobachtung, dass sich «in einer Giacometti-Ausstellung leicht die Intensität einer Betrachtungsweise aus[breitet], wie man sie nur an wenigen Orten aufbringt, etwa in einer mittelalterlichen Kirche, wo es um etwas Ganzheitliches geht»[12]. Der Kunstfreund wird Basel künftig jedoch vor allem wegen des Giacometti-Saals im Museum der Fondation Beyeler besuchen, wo die Platzsituation, die im eingangs besprochenen Werk *Place* (1948–1949) als Modell zu sehen ist, mit den für die Chase Manhattan Plaza im Wall-Street-Viertel konzipierten Bronzen der überlebensgrossen *Grande femmes III* und *IV* samt dem lebensgrossen *Homme qui marche II* und der monumentalen *Grande tête* (alle 1960) lebensnah erlebbar ist.

4 Aktennotiz vom 7. April 1994 (siehe Anm. 2).
11 Auf der Titelseite der *Basler Zeitung* vom 29. September 2000.
12 Koepplin, 1981, S. 103 (wie Anm. 1).

DOMINUS WINERY

Christian Moueix

Aufgrund ihres monotonen Charakters wirkt eine Weinbaugegend ausgesprochen langweilig. Im Sommer gleichen die langen grünen Wellen einem Meer, dessen Dünung strikt parallel und stets in demselben Rhythmus verläuft. Im Winter dagegen erinnern die durch die Rebstöcke und ihre Stickel in gleichmässige Quadrate eingeteilten Flächen an riesige Friedhöfe – nicht an jene, die durch menschliche Eitelkeit ein barockes Aussehen erhalten haben, sondern jene der grossen anonymen Tragödien.

Wie haben Jacques Herzog und Pierre de Meuron als Architekten und anschliessend Jeff Wall als Fotograf diese ringsum herrschende Monotonie und Trauerstimmung sublimiert?

Und die Trauben geben das Versprechen der Blüten weiter ...
Der Wein ist die Zukunft der Rebe. Stets bezweckt die präzise Arbeit des Winzers nichts Anderes als die Produktion eines Weins, der «die gemeinsame Frucht des Weinstockes und der menschlichen Arbeit» darstellt.

Zunächst ist diese aus dem Kaukasus stammende Kletterpflanze zu bändigen; es gilt, ihr Ungestüm zu bändigen und die richtigen Abstände für eine Pflanzdichte zu finden, die dem Boden und dem Klima, dem so genannten *terroir,* angepasst ist. Die getroffene Wahl beruht auf überlieferten Erfahrungswerten; die Weinbaugebiete der Neuen Welt suchen immer noch die optimalen Abstände.

Der Weinbau gehört zu den edlen kulturellen Tätigkeiten. Jede Rebe ist ein Individuum. Die Jugend ist Lern- und Ausbildungszeit. Der Wurzelstock hat sich zu kräftigen, um dem Stamm die nötige Solidität zu geben. Dies ist sozusagen die Phase des Wissenserwerbs und des Erlangens der physischen Widerstandskraft des zukünftigen Erwachsenen.

Der Erzieher spielt, wie sich leicht erraten lässt, eine entscheidende Rolle. Um die Langlebigkeit und Zukunft der Rebe zu sichern, hat er die wilde Kraft des jungen Stamms zu mässigen, der sonst rasch einen Wein ohne Tiefe hervorbrächte. Der winterliche Rebschnitt, die Beseitigung der unproduktiven Triebe, ist der anspruchsvollste Arbeitsschritt. Der Winzer wird zum Bildhauer, die Rebe zu einem Kreuz, die Landschaft zu einem Friedhof. Doch stets kommt der Frühling wieder: Austrieb, Erlesen, Blüte, Befruchtung und Heften der Triebe. Zeichnet sich eine allzu reiche Ernte ab, muss der Mensch den Rebstock vom Übermass an Trauben befreien; man spricht in diesem Zusammenhang von grüner Weinlese. Nun beginnt die Reifung der Beeren; ihre Haut verfärbt sich von Grün zu einem intensiven Rot. Der Sommer muss warm und trocken sein. Die Weinlese ist der Höhepunkt der Winzerarbeit. Der Ausbau des Weins setzt ein, das Rebjahr beginnt von neuem.

Die Umwandlung des Traubensafts in Wein ist ein natürlicher Vorgang. Eine gute Rebe gibt einen guten Wein. Der Eingriff des Menschen sollte möglichst klein sein. Die Önologie ist eine junge Wissenschaft. Ein guter Önologe geht mit grösster Zurückhaltung vor. Er steht der Natur bei und wacht über den guten Ablauf; es ist Mäeutik. Leicht ermisst man die Selbstgefälligkeit einer «interventionistischen» Önologie, deren Akteure vergöttert werden.

Dominus Estate
Dominus ist der Traum eines Kinds aus Bordeaux, der Wunsch, anderswo sein Glück zu finden. Das Weingut Napanook (50 Hektaren) befindet sich im Zentrum des Napa Valley im Westen von Yountville. Es kann auf eine lange Geschichte zurückblicken, da hier seit 1850 Reben angepflanzt werden. Christian Moueix entdeckte das Weingut 1981, produzierte dort ab 1983 einen Wein, den er «Dominus» nannte, und wurde 1995 Alleinbesitzer. Die Dominus Winery wurde 1997 gebaut.

Die Architekten
Von Cherise Moueix ausgewählt, schätzen sie den Wein und seine Kultur.

Sie verstanden das notwendige Zurücktreten des Menschen; daher diese kaum sichtbare, diskret in die Landschaft integrierte Winery.

Sie verstanden die Notwendigkeit, auf das *terroir* Rücksicht zu nehmen; daher diese Basaltsteine, die aus einem Nachbartal kommen.

Sie verstanden, dass, was zählt, unsichtbar ist, dass die Winery nur eine Schale ist, wie die Flasche nur ein Behälter ist.

Sie verstanden, dass die Reben ein Ozean sind, und setzten die Winery in die Mitte des Weinguts, ohne überflüssige Landschaftsgestaltung; die Wellen brechen sich direkt am Felsgestein.

Sie verstanden, dass die Weinproduktion Strenge erfordert, und entwarfen vollkommen schmucklose Räume.

Sie verstanden, dass ein grosser Wein sich selbst genügt und in ruhiger Abgeschiedenheit heranreift, die keinen Rummel duldet.

Sie verstanden das extreme kalifornische Klima – heisse Tage und kühle Nächte – und verwendeten Schanzkörbe, deren thermische Wirkungskraft die Klimatisierung effizient unterstützt.

Sie verstanden es, sämtliche für die Weinproduktion erforderlichen Elemente in ein vollkommenes Parallelepiped zu integrieren und auf diese Weise die technischen Anbauten zu vermeiden, die häufig die Wineries entstellen.

Sie verstanden es, im Inneren des scheinbaren Blocks eine kunstvolle, komplexe Struktur zu schaffen, die sich entdecken lässt wie ein Wein.

Sie verstanden es, ein Instrument zu entwerfen, in dem sich die Arbeiter – in den Kellern wie in den Büros – wohl fühlen: eine freundliche Atmosphäre, die es für den Ausbau des Weins, einer reinen Lebensfreude, unbedingt braucht.

Der Fotograf

Der Fotograf erfasste die unendliche Monotonie der winterlichen Rebberge; die sich kreuzenden Diagonalen der Rebstöcke betonen die Ähnlichkeit mit grossen Friedhöfen. Die Eisendrähte, die durch die Reben laufen, erscheinen wie das Netz einer riesigen Spinne, das sich über eine schlafende Natur spannt.

Die Winery erscheint so, wie sie ist, das heisst zum einen fast unsichtbar, vom Boden und den benachbarten Hügeln absorbiert, zum anderen dennoch sehr präsent: diskret, doch deutlich vorhanden. So ist sie die Mastaba eines Grandseigneurs, der inmitten seiner Armee bestattet ist.

Der Fotograf hebt seine Präsenz durch einen Lichtkreis hervor, dessen Rolle entscheidend ist: Er ist der Kreislauf der Natur selbst, die Linse unserer Wahrnehmung, das Rund des Probierglases, die Fokussierung auf die Zukunft. Doch könnte diese Aura darüber hinaus nicht auch die Hoffnung auf bessere Zeiten und das Versprechen einer Auferstehung sein?

Im Vordergrund verschwindet ein geheimnisvoller anamorphischer Stein allmählich unter der Vegetation. Der Senf beginnt zu blühen. Die Natur schickt sich an zu triumphieren. Bald werden die Kreuze wieder ergrünen.

ANEIGNUNG UND UMBAU

< Herzog & de Meuron **Tate Modern, London**
(1994–2000 →**126**)
Fotografie: Marcus Leith/Tate Photography, 1997

<< **Andy Warhol in der Factory** ca. 1966

Giles Gilbert Scott **Bankside Power Station** 1947–1960
Aufnahme aus den 1950er Jahren

Philip Ursprung: Welche Bedeutung hat der Begriff der Aneignung für Herzog & de Meuron?

Herzog & de Meuron: In unserer Arbeit geht es immer darum, die vorhandene Welt zu reflektieren, indem wir sie in unsere Arbeit einbinden. Appropriation im Sinne von Aneignung von Stilen, von Verhaltens- und Funktionsweisen hat mit dem Anliegen zu tun, die vorhandene Welt auszuschöpfen. Diese Haltung unterscheidet sich grundlegend von einer Haltung der Tabula rasa. Unsere Strategie steht also in einem gewissen Gegensatz zu einer modernistischen Haltung, obwohl sie weder anti- noch postmodern ist. Allenfalls könnte man vielleicht von einer nachmodernen Strategie sprechen. Tatsache ist, dass wir architektonische Themen aufgreifen, die in der Moderne verschüttet und teilweise kriminalisiert waren – wie etwa das Ornament.

Philip Ursprung: Sehen Sie sich in der Nähe der so genannten Appropriation Art der achtziger Jahre, also bei Künstlern wie Richard Prince, Louise Lawler oder Sherrie Levine?

Herzog & de Meuron: Die Aneignung als strategische Methode innerhalb unserer architektonischen Arbeit ist kaum in einem direkten Zusammenhang mit der amerikanischen Appropriation Art der achtziger Jahre zu sehen. Dieses Thema lag in jener Zeit aus verschiedenen Gründen in der Luft. Weil wir uns zunächst vor allem an der bildenden Kunst orientierten, waren wir für solche Einflüsse möglicherweise aufnahmefähiger als andere Architekten. Es ging uns aber nie darum, bewusst auf eine künstlerische Bewegung aufzuspringen und uns diese als Methode anzueignen.

Philip Ursprung: Wie ist Ihre Haltung zur Tradition der Moderne?

Herzog & de Meuron: 1968 waren wir achtzehn. Wir wuchsen in einer Mischung von Aufbruchsstimmung und Skepsis heran. Die sechziger Jahre waren in der Schweiz eine Zeit der Straight-forward-Betonarchitektur. Damals kippte die ursprüngliche Rigidität der modernen Architektur. Die kristalline, Mies'sche Schönheit verlor ihre Anziehungskraft und wurde von einer poppigen Spätphase der Moderne abgelöst. Die Architektur der siebziger Jahre führte weiche Farben wie Beige, Olivgrün und das allgegenwärtige Orange ein, um die Monotonie des Grau zu brechen. Das haben wir instinktiv verachtet, ohne damals allerdings jene Übersicht zu haben, welche uns die heutige zeitliche Distanz erlaubt. Wir konnten uns also nicht bewusst gegen die Moderne wenden. Im Gegenteil: Die Moderne, vor allem in der klaren, Mies'schen Formen-

sprache, hatte für uns durchaus etwas Faszinierendes. Und dennoch waren wir auch skeptisch. Es ging uns nicht darum, uns innerhalb dieser Tradition der Moderne zu situieren, vielmehr wollten wir alle Möglichkeiten der Architektur ausschöpfen, einschliesslich ihrer viel weiter zurückreichenden Geschichte. Nicht anders als die Tradition des Mittelalters oder der Renaissance ist die Moderne Teil des historischen Erbes. Weder bekennen wir uns dazu explizit noch distanzieren wir uns davon vollständig. Bewusst abgrenzen wollten wir uns hingegen von der Postmoderne und vom aufkommenden Dekonstruktivismus. Wir versuchten diese Tendenzen buchstäblich physisch abzustreifen, denn uns war klar, dass dies nicht unsere Sprache war, sondern vielmehr ein Hindernis, unsere eigene Sprache zu entwickeln.

Philip Ursprung: War Ihnen der Dekonstruktivismus zu amerikanisch?
Herzog & de Meuron: Wir haben den Dekonstruktivismus nicht als etwas Amerikanisches, sondern im Gegenteil als etwas Europäisches, Altmodisches, Formalistisches aufgefasst. Alle waren damals vom Konstruktivismus der russischen Avantgarde und der Thematik der Schwerelosigkeit und Immaterialität begeistert. Auf der intellektuellen Ebene empfanden wir das eher als eine Art Nachlese von revolutionärer Architekturgeschichte als eine neue Revolution, welche Wege in die Zukunft öffnen könnte. Die meisten dekonstruktiven Projekte blieben ausserdem Zeichnungen, die uns weder als künstlerische Arbeiten noch als architektonische Entwürfe interessierten.

Philip Ursprung: Auch Andy Warhol kann ja unter dem Aspekt der Aneignung gesehen werden – etwa wenn man an seine «Resteverwertungstheorie» denkt.
Herzog & de Meuron: In Warhols Werk geht es wie auch in unserer Arbeit um viel Grundsätzlicheres, als eine solche stilistische Etikettierung aussagen könnte. Deshalb wehren wir uns dagegen. Man findet in Architektur und bildender Kunst ganz unterschiedliche Vorgehensweisen, wie mit der Welt, mit Materialien, mit Formen, mit Farben umgegangen wird. Aus dieser Perspektive ist jede künstlerische oder architektonische Arbeit auf einem gewissen Niveau interessant, ob es sich nun um den Umgang mit Vorhandenem – mit Abfällen sozusagen – handle oder im Gegenteil gerade darum, die Spuren der Tradition zu eliminieren. Man kann Bildermacher gegen Bilderzerstörer, ökologische gegen technisch orientierte Haltungen setzen. Es gibt viele solcher Gegensatzpaare, aber letztlich überschneiden sie sich auch.

Philip Ursprung: Der Umbau des Wohnhauses von Alfred Richterich in Laufen war einer Ihrer ersten Aufträge.
Herzog & de Meuron: Alfred Richterich war ein sehr sensibler, engagierter, interessierter Bauherr, der selber künstlerisch tätig war. Es war für uns ein grosses Glück, dass er sich so früh für unsere Arbeit interessierte. Nicht zuletzt gab sein Auftrag unserem jungen Büro für ein Jahr eine wirtschaftliche Grundlage. Jedes Stück seiner Kunstsammlung ist wie in einer Briefmarkensammlung mit viel Liebe und persönlichem Engagement eingekauft. Alles ergänzt sich und widerspiegelt die ganz persönliche, behutsame, fast zögerliche Art des Sammlers.
Das bestehende Haus, das wir für diese Sammlung und seinen Autor umbauen sollten, ist nicht sonderlich schön, eher ein architektonischer Krüppel. Wir hatten aber weder den Auftrag noch die Mittel, es abzubrechen und an dessen Stelle lauthals ein Statement zu setzen. Deshalb entschlossen wir uns für ein Manifest im umgekehrten Sinne, indem wir versuchten, das, was vorhanden war, zu neuem Leben zu erwecken und sozusagen unter veränderten Vorzeichen zu zeigen.

Philip Ursprung: Wie wählen Sie aus, was bleibt und was verschwindet?
Herzog & de Meuron: Unsere Wahl erfolgt immer im Hinblick darauf, was am Schluss zu erreichen ist. Falls wir überzeugt sind, dass die bestehende Bausubstanz ein Potenzial hat und eine Dimension einzubringen vermag, die durch einen reinen Neubau nicht erreicht werden könnte, setzen wir uns für die Erhaltung dieser Substanz ein. Aber wir wenden durchaus auch die gegenteilige Strategie des Wegräumens an – etwa im erdbebengeschädigten de Young Museum, wo wir gar nichts vom bestehenden Gebäude in unseren Neubau einbeziehen. Den Turm wieder zu verwenden war zuerst ein Thema, erwies sich dann aber als zu anekdotisch.
Möglichst viel eines Vorgängerbaus zu erhalten ist nur dann sinnvoll, wenn tatsächlich eine ausserordentliche Qualität vorhanden ist oder wenn es technisch, finanziell oder politisch nicht möglich ist, alles auszuräumen. Wenn ein wie auch immer gearteter Widerstand vorhanden ist, kann es nicht darum gehen, heldenhaft dagegen anzukämpfen. Viel sinnvoller ist es eine Form zu finden, um diese Elemente des Bestehenden in die eigene Arbeit zu integrieren und somit Teil des eigenen Werks werden zu lassen. Diese Auffassung von alt – neu ist nicht dialektisch und steht den Bemühungen der Moderne, etwa eines Scarpa, gegenüber, die seither in Altbaufragen weltweit

Schule machten. Unsere Auffassung entspricht eher jener von Viollet-le-Duc, ergänzt mit einer Prise asiatischer Kampftechnik. Wir vergleichen dieses Vorgehen mit der Strategie des Aikidokämpfers, der die Energie des Angreifers für seine eigenen Zwecke nutzt. Durch diese Taktik entsteht etwas Neues, das im Idealfall doppelt wirkungsvoll ist. Die Tate Modern hat nichts mehr mit dem ehemaligen Kraftwerk zu tun, sie ist durch und durch ein neues Museum. Unser Interesse galt der alten Backsteinsubstanz nicht im Sinne einer Spurenlese. Viel spannender war die Frage, inwiefern sie für einen neuen Bau eine Bereicherung sein könnte.

Basierend auf einem Interview, Basel, 2002

Bernd und Hilla Becher
Ende der fünfziger Jahre begannen Bernd und Hilla Becher, alte Industriebauten im Ruhrgebiet zu fotografieren. Während sie zuerst als Pioniere der Industriearchäologie galten, rückten sie dank ihren Serien von Schwarzweiss-Fotografien todgeweihter Relikte aus dem goldenen Zeitalter der Schwerindustrie in den siebziger Jahren ins Zentrum der Kunstwelt. Ihr Werk verbindet die Tradition der Neuen Sachlichkeit mit Methoden der Conceptual Art. Bernd Becher unterrichtete jahrelang an der Kunstakademie Düsseldorf. Zu seinen Kollegen gehörten Joseph Beuys und Gerhard Richter. Inzwischen hat der Ruhm der Becherschüler Thomas Ruff, Thomas Struth, Andreas Gursky und Candida Höfer denjenigen ihrer Lehrer überflügelt.

Herzog & de Meuron **Museum Küppersmühle, Sammlung Grothe, Duisburg**
(1997–1999 →**151**)
Fotografie: Christian Richters, 1999

Bernd und Hilla Becher, oben links bis unten rechts:
**Hauptfassade des Hauses Sieben Eichen 1,
Allenbach** 1970
**Hauptfassade des Hauses Friedrich-Wilhelm-Straße 30,
Siegen** 1972
**Hauptfassade des Hauses Schoßblick 17,
Kaan-Marienborn** 1972
**Hauptfassade des Hauses Rensdorfstraße 13,
Salchendorf** 1960
**Hauptfassade des Hauses Wildener Straße 25,
Salchendorf** 1962
**Hauptfassade des Hauses Eiserntalstraße 65,
Eisern** 1970
**Hauptfassade des Hauses Marienborner Straße 237,
Siegen** 1968
**Hauptfassade des Hauses Eisernstraße 130,
Eisernfeld** 1964
**Hauptfassade des Hauses Weidenauer Straße 119,
Weidenau** 1970

Silbergelatine-Abzüge, ca. 40 x 31 cm
Canadian Centre for Architecture, Montreal

Richard Prince **Untitled (Living Rooms)** 1977
4 Ektacolor-Abzüge, je 50,8 x 60 cm
Privatbesitz

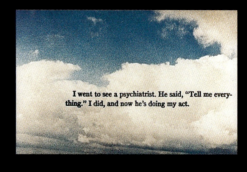

Richard Prince **Tell me Everything** 1977
Ektacolor-Abzug, 50,8 x 60 cm
Privatbesitz

Louise Lawler **In the 16th Arrondissement** 1986–1988
Schwarzweissfotografie, 50,8 x 61 cm
Courtesy Louise Lawler und Metro Pictures

Louise Lawler **Arranged by Mera & Donald Rubell** 1982
Schwarzweissfotografie, 54,6 x 49,5 cm
Courtesy Louise Lawler und Metro Pictures

Mexico
Blaschka Model 160, 1890
Genus no. 9228
Family, Compositae
Dahlia pinnata Cav.
Dahlia variabilis (Wild.) Desf.
Dahlia

Togo
Blaschka Model 439, 1894
Genus no. 5091
Family, Sterculiaceae
Cola acuminata (Beauv.) Schott and Endl.
Cola Nut, Goora Nut.

Nicaragua
Blaschka Model 424, 1894
Genus no. 4546
Family, Anacardiaceae
Anacardium occidentale Linn.
Cashew Acajou

Lebanon
Blaschka Model 770, 1889
Genus no. 1961
Family, Moraceae
Ficus Carica Linn.
The Fig.

Guatemala
Blaschka Model 227, 1891
Genus no. 1660
Family, Orchidaceae
Lycaste Skinneri (Batem.) Lindl.

Christopher Williams **Angola to Vietnam** 1989
Insgesamt 27 Fotografien
Silbergelatine-Abzüge, 35,5 x 28 cm bzw. 28 x 35,5 cm
Courtesy Christopher Williams und David Zwirner, New York

Fotografie: Herzog & de Meuron, 2002

Einweihung des Aargauer Kunsthauses Aarau 1959
(Architekten: Loepfe, Hänni und Hänggli)

Fotografie: Herzog & de Meuron, 2002   153_002M Sperrholz, Holz, 100 x 94 x 53 cm

Herzog & de Meuron
Erweiterung Aargauer Kunsthaus Aarau
(1997– →**153**)

158   ANEIGNUNG UND UMBAU

153 Moosbewachsener Tuffstein
Fotografien: Herzog & de Meuron und
Ruedi Seiwald (unten rechts), 2001

153_009M Moosbewachsener Tuffstein
200 x 200 x 150 cm

«ICH MACHE MIR MEIN BILD
AUF DER OBERFLÄCHE.»
BEI THOMAS RUFF IN DÜSSELDORF

Basierend auf dem Interview mit Thomas Ruff von Philip Ursprung,
Düsseldorf, 17. November 2000.

Als ich Thomas Ruff in seinem Atelier in Düsseldorf besuche, kommt er gerade zurück von der Baustelle. Herzog & de Meuron bauen für ihn und Andreas Gursky ein ehemaliges Fabrikgebäude zu einem Fotostudio um. Sie kehren damit zu einer ihrer frühesten Bauaufgaben zurück, dem Fotostudio Frei, Weil am Rhein (1981–1982 →14). Ruff ist zufrieden mit den Bauarbeiten und versichert, dass er beim Entwurf mitreden durfte. Einige Pläne liegen offen herum, ein Computer läuft, an den Wänden sind verschiedene seiner Arbeiten aufgehängt, fertig gerahmte Bilder und Probeabzüge. Ein grosses Gemälde eines Einkaufszentrums fällt mir auf. Ich vergesse, ihn danach zu fragen. Überhaupt deutet vieles darauf hin, dass Architektur ein wichtiges Thema für ihn ist. Wenn ein paar Mitarbeiter im Atelier wären und wenn es nicht so ruhig wäre, würde man sich in einem Architekturbüro wähnen.

Ruff hat sich seit langem mit Architektur befasst und zwischen 1987 und 1991 etwa dreissig Häuser in Düsseldorf, im Ruhrgebiet und in Köln fotografiert. Einige der Bilder waren 1990 in der Kunsthalle Zürich zu sehen (Abb. 1). Es mag sein, dass Jacques Herzog dort auf ihn aufmerksam wurde, denn 1991 lud er Ruff ein, Bauten von Herzog & de Meuron zu fotografieren. Die beiden Architekten waren eingeladen worden, die Schweiz an der Architekturbiennale Venedig zu vertreten. Sie wollten ihre Architektur gleichsam durch die Augen der Kunst präsentieren und hatten eine Reihe von Künstlern, darunter auch Jeff Wall, angefragt.

Ruff hatte noch nie etwas von diesen Schweizer Architekten gehört und lehnte zuerst ab. Er hatte erfahren, wie anstrengend Architekturfotografie war. Man kann nur an Sonntagmorgen arbeiten, um den Verkehr und die Passanten zu vermeiden. Ausserdem herrschen nur in der Zeit von Anfang

Januar bis Mitte März wegen des Hochnebels die richtigen Lichtverhältnisse. Und als freier Künstler wollte Ruff keine Auftragsfotografie machen. Schliesslich sagte er doch zu. Er fuhr aber selber nicht nach Basel, sondern schlug vor, frontale Aufnahmen des Lagerhauses Ricola, Laufen (1986–1987 →38) durch einen Architekturfotografen machen zu lassen. Die Dimension des Lagerhauses und die geringe Aufnahmedistanz erforderten zwei Aufnahmen, die Ruff dann am Computer montierte – so, wie er bereits bei einigen der Häuserbilder vorgegangen war. Lediglich in der linken oberen Ecke musste ein ins Bild ragendes Vordach elektronisch wegretuschiert werden (Abb. 2).

Die nächste gemeinsame Ausstellung kam 1994 aufgrund einer Einladung von Peter Blum zustande. Dieses Mal wurde nur Ruff gebeten, Aufnahmen zu machen. Er beschloss, sich als mehrere Fotografen auszugeben, um unterschiedliche Aspekte einbringen zu können. Er nahm nun alle Bauten selber auf. Im Fall von *Sammlung Goetz, München* retuschierte er die Bäume, die die Architekten so schätzen, elektronisch weg (Abb. 3). Das SBB Stellwerk 4, Auf dem Wolf, Basel (1989–1994 →49) nahm er in zwei Versionen auf, einmal bei Tageslicht, dann bei Nacht, mit einem elektronischen Restlichtverstärker (Abb. 4–5). Von SUVA Haus, Umbau und Erweiterung eines Wohn- und Bürohauses, Basel (1988–1993 →50) machte er eine stereoskopische Aufnahme (Abb. 6). Das Wohnhaus entlang einer Scheidemauer, Hebelstrasse, Basel (1984–1988 →29) konnte er wegen der vielen Pflanzen nicht fotografieren, so dass er eine Modellaufnahme machte, wie es ihn bereits in

1 **Blick in die Thomas-Ruff-Ausstellung** *Porträts, Häuser, Sterne* **in der Kunsthalle Zürich 1990**

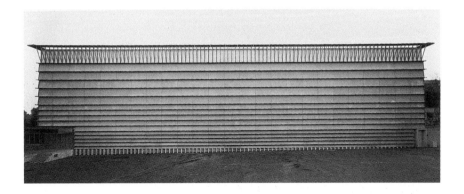

den achtziger Jahren interessiert hatte (Abb. 7). Das Ricola-Europe SA, Produktions- und Lagergebäude, Mulhouse-Brunstatt (1992–1993 →94) ist eine Mischung aus Nachtaufnahme, Kitschpostkarte und elektronischer Retusche (Abb. 8). Wichtig war, die Blossfeldt-Motive deutlich hervortreten zu lassen. Da das Gebäude vermietet war, retuschierte Ruff die Logos der anderen Firma neben Ricola weg. Die Neonleuchten belichteten den Tageslichtfilm grün und Ruff korrigierte so lange, bis der Himmel violett wurde. Antipodes I, Studentenwohnheim, Université de Bourgogne, Dijon (1990–1992 →64) schliesslich fotografierte er wie normale Architekturaufnahmen, ohne Retuschen.

Auf die Frage, ob er sich den unterschiedlichen Genres – Porträt, Landschaft, Architekturfotografie, Aktfotografie, wissenschaftliche Fotografie – auf eine unterschiedliche Art nähere, antwortet Ruff, dass er mit dem Material immer gleich umgehe. Im Gegensatz zu Fotografen, die einen leicht wiedererkennbaren Stil und eine festgelegte Bildersprache besässen, gelange er zu stets unterschiedlichen Ergebnissen. Ihm gehe es nicht darum, aus der Fülle der Wirklichkeit Bilder festzuhalten, sondern vielmehr darum, solche zu konstruieren. Am Anfang stehe stets eine Bildidee. Die Recherche – sowohl im Fundus der Kunstgeschichte wie auch im Feld der zeitgenössischen visuellen Kultur – dauere in der Regel zwei Jahre. Oft käme es zu Umwegen, viele Ideen würden auch nie realisiert. Aber die Konventionalität der Genres befreie ihn von vielen anderen Dingen.

2 Thomas Ruff **Ricola Laufen** 1991
Chromogener Farbabzug
153 × 295 cm

ANEIGNUNG UND UMBAU

3 Thomas Ruff **Sammlung Goetz, München** 1994
Chromogener Farbabzug
190 × 300 cm

4 Thomas Ruff **Auf dem Wolf, Basel** 1994
Chromogener Farbabzug
228 × 188 cm

5 Thomas Ruff **Nacht 15, II** 1994
Chromogener Farbabzug
190 × 190 cm

6 Thomas Ruff **SUVA Basel** 1993
Stereoskopische Fotografie
170 × 270 cm

ANEIGNUNG UND UMBAU

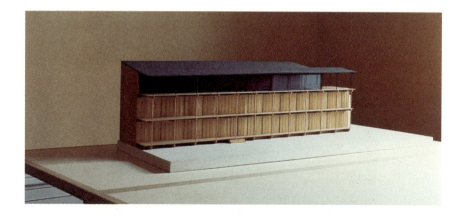

7 Thomas Ruff **Modell Hebelstrasse Basel** 1994
Chromogener Farbabzug
22 × 38 cm

8 Thomas Ruff **Ricola Mulhouse** 1994
Chromogener Farbabzug
188 × 285 cm

Bei seinen Recherchen orientiert Ruff sich nicht vornehmlich an der Tradition der Hochkunst. Für die Architekturfotografie ist ihm die Bauhausfotografie ebenso wichtig wie die banale, alltägliche Architekturfotografie, wie man sie auf Postkarten findet, wenn eine Gemeinde etwa ein neues Rathaus oder Krankenhaus gebaut hat. Für seine Häuserfotografie schwebte ihm eine Mischung aus der heroisierenden Bauhaus- und der alltäglichen Postkartenfotografie vor.

Seit er 1981 begann, Porträts zu machen, führt Ruff ein Archiv mit Zeitungsfotos. Thematisch und chronologisch ungeordnet, enthält es auf Pappkarton aufgeklebte Fotos, die ihm aus subjektiven Gründen aufgefallen sind. Es geht ihm nicht darum, das Original zu bekommen. Es interessiert ihn vielmehr, es aus der Zeitung zu nehmen, das Raster zu haben – in seinen Worten: «Ich finde die grauen, gerasterten Zeitungsfotos schöne Dinge, die ich gerne ausschneide.» Die Legenden würden weggelassen – so auch in der 1991 entstandenen Serie der vierhundert *Zeitungsbilder* –, weil er die Bilder nicht bloss als Illustrationen zum Text sehe (**Abb. 9**). Ruff: «Ohne Text ist das Bild nur noch Bild, keine Information. Man kann es nirgends zuordnen. Es schwebt im luftleeren Raum.» Nicht zuletzt interessiert ihn aber auch, dass die Kategorie des Zeitungsbilds symptomatisch ist für eine, wie er meint, «schlecht behandelte Fotografie», die den inhaltlichen und formalen Anforderungen des Textes unterworfen sei.

Ohne die Erfahrung mit den *Zeitungsbildern* wäre die Bibliothek der Fachhochschule Eberswalde (1994–1999 →**105**) nicht denkbar (**Abb. 10**). Die Idee, die Motive auf die Steine zu drucken und sie seriell zu ordnen, kam von den Architekten. Den Inhalt erwarteten sie vom Künstler. Ruff wählte die Motive – deutsche Nachkriegsgeschichte, Studenten, Forstwirtschaft, Architektur und, ganz generell, der Umgang des Menschen mit der Natur – aus seinem Archiv im Hinblick auf den Ort und die Funktion des Baues aus. Die 1994 begonnene Arbeit steht in engem Zusammenhang mit seinen seit 1996 entstandenen eigenen Fotomontagen. Für Ruff ist auch Eberswalde im Grunde eine Fotomontage. Ruffs Arbeit beruht auf einer kritischen Auseinandersetzung mit der Natur und Geschichte von Fotografie. Die angebliche Objektivität von Fotografie ist ihm seit jeher suspekt und die elektronische Manipulation ist seiner Ansicht nach nicht weniger verfremdend als die subjektive Auswahl dessen, der hinter der Kamera steht. Es geht ihm einerseits um eine analytische, reflexive Auseinandersetzung mit dem Medium, andererseits um die Neukonstruktion. Ruff: «Ich will die Klischees zerbrechen und daraus neue Bilder zusammenbauen.»

ANEIGNUNG UND UMBAU

Auch wenn sich seine Arbeit von derjenigen seiner Lehrer Bernd und Hilla Becher deutlich unterscheidet, ist die Düsseldorfer Akademie für ihn ein wichtiger Pol. Neben Becher unterrichteten Ende der siebziger Jahre – Ruff studierte dort seit 1977 – auch Gerhard Richter, Günther Uecker, Klaus Rinke und Norbert Kricke. Viele der Studenten von Joseph Beuys waren noch da und Ruff erinnert sich, dass die Punk-Zeit diese ganze Generation geprägt habe. Auf dem Feld der Kunstgeschichte führte Benjamin Buchloh den Studenten die Minimal und Conceptual Art vor Augen und gab ihnen zugleich, laut Ruff, die Gewissheit, wovon sie sich abgrenzen mussten. Ruff: «Ich arbeite in einer minimalistischen Tradition, aber man kann meine Arbeit nicht als Minimalismus bezeichnen.» Obwohl Ruff in der Fotoklasse war, standen ihm manche Schüler von Richter oder Uecker damals näher als die Fotostudenten. Die glorreiche Vergangenheit der Schule, sei es die weltberühmte Genremalerei der Düsseldorfer Malerschule im neunzehnten Jahrhundert, sei es die von Figuren wie Paul Klee geprägte Zeit der klassischen Moderne, war für den Studenten Ruff zwar nicht spürbar. Aber dennoch war die Akademie für ihn als Ort des Studiums wichtig. Ruff: «Fünfzig Prozent hat man vom Professor als Vorbild gelernt, fünfzig Prozent hat man sich gegenseitig beigebracht. An einer Fachhochschule lernt man alle Techniken, man denkt, alles ist mit Fotografie zu lösen. An der Akademie merkt man: Da hört die Fotografie auf, da fängt die Malerei an. Da hört die Malerei auf, da fängt die Skulptur an.»

9 Ausstellung *Thomas Ruff*, Bonner Kunstverein 1991

Die Abgrenzung von Fotografie zu Architektur hat auch mit den unterschiedlichen Räumlichkeiten zu tun. Architektur ist ein dreidimensionales, Fotografie ein zweidimensionales Medium. Für Ruff ist der Fotograf ein Einäugiger, der versuchen muss, Tiefe in Flächen und Linien zu verwandeln. Er ist nicht so sehr an Raumtiefe interessiert als daran, dass die Fläche gut im Bild sitzt oder zwei Linien gut zueinander stehen. Ruff: «Ich habe die Welt da draussen ja nicht gebaut, die hat jemand anderer gemacht. Ich liebe eben dieses zweidimensionale Bild davon.» Die Tiefenillusion oder auch die nuancenreichen Oberflächen der sachlichen Fotografie interessieren ihn nicht. Für Ruff gilt: «Ein Bild ist ein Bild. Es soll keine Illusion von Räumlichkeit erzeugen. Für mich kann die Wirklichkeit so tief sein, wie sie will. Ich mache mir mein Bild auf der Oberfläche.»

10 Thomas Ruff **Bibliothek, Eberswalde** 1999
Chromogener Farbabzug, 185 × 230 cm
Canadian Centre for Architecture, Montreal.
Geschenk von Elise Jaffe und Jeffrey Brown

BEI ALFRED RICHTERICH IN LAUFEN

Basierend auf einem Interview mit Alfred Richterich von Philip Ursprung
Laufen, 10. November 2000.

Alfred Richterich empfängt mich in seinem Haus in Laufen, nahe dem Bahnhof. Es ist der erste Industriebau des kleinen Städtchens. Die ehemalige Fabrik drohte zu verfallen, aber Richterich hat sie durch den Umbau erhalten können. Er hatte ursprünglich Herzog & de Meuron damit beauftragt, Räume für seine Kunstsammlung mit einer Wohnung zu verbinden.[1] Das Projekt mit drei Kuben im Dachbereich entstand 1991, fast zeitgleich mit Sammlung Goetz, Haus für eine zeitgenössische Kunstsammlung, München (1989-1992 →56), wurde aber nicht realisiert. Richterich liess den Umbau 1995 von dem inzwischen selbstständigen Mitarbeiter von Herzog & de Meuron, Martin Hsu, vornehmen. Der Bau dient Richterich als Wohnhaus, wenn er in Laufen ist, und als Arbeitsort für die Alfred Richterich Stiftung. Der Garten mit einem dreiteiligen Werk von Ian Hamilton Finlay stammt vom Schweizer Landschaftsarchitekten Dieter Kienast. Die Materialien im ganzen Haus sind sorgfältig gewählt, vieles ist in Handarbeit nach Anweisungen des Bauherrn entstanden. Die speziell angefertigten Einbauschränke sehen aus, als ob sie aus dem frühen zwanzigsten Jahrhundert stammten und immer schon da gewesen wären. Sie sind grau gestrichen. Richterich erzählt lachend, dass die Handwerker ihren Ohren nicht trauten, als sie hörten, dass die sorgfältige Schreinerarbeit in massivem Holz bemalt werden sollte.

Die Anekdote ist charakteristisch für Richterich. Er legt grössten Wert auf die Echtheit von Materialien und Rohstoffen – auch dann, wenn diese nicht sichtbar sind. Er interessiert sich für die Stimmigkeit, selbst wenn ein an sich teures Material übermalt werden muss. Und er baut ebenso gerne

1 Das Projekt trägt die Werknummer 72, Sammlung Alfred Richterich, Laufen, Projekt (1991). Vgl. Gerhard Mack, *Herzog & de Meuron, 1989-1991, Das Gesamtwerk*, Bd. 2, Basel, Birkhäuser, 1996, S. 198.

etwas Bestehendes sachte um, wie er etwas von Grund auf neu errichtet. So erlebte er als Kind, wie sein Vater mit einem selber erfundenen Kräuterzucker in der 1930 gegründeten Confiseriefabrik Richterich & Co., Laufen, von Laufen aus die Umgebung eroberte. Während des Zweiten Weltkriegs musste er dazu nicht reisen, denn als Zucker rationiert und begehrt war, konnte alles, was produziert wurde, auch verkauft werden. Ab den fünfziger Jahren wuchs der bescheidene Umsatz dann unter anderem durch den Erfolg des so genannten «Fünfermockens», eines weichen, runden Caramelbonbons, das für mehrere Generationen von Kindern zum Synonym für erschwinglichen Genuss werden sollte. In den sechziger und siebziger Jahren liess das veränderte Naturbewusstsein der Konsumenten, ihr Interesse an Ökologie und gesunder Ernährung, die Nachfrage nach den Schweizer Kräuterbonbons namentlich in Deutschland wachsen. Nach Deutschland und Italien war Ricola in Japan äusserst erfolgreich, bald danach auch in vielen anderen Ländern. Heute ist Ricola im Kräuterbonbon-Markt weltweit die Nummer eins.

Zu Beginn wurde wegen des fehlenden Eigenkapitals vorsichtig investiert. Als der Erfolg anhielt, wurde grosszügig investiert, wobei gleichzeitig die alte Bausubstanz und das Inventar ausgenützt wurden. Die Geschichte der Ricola-Bauten liest sich denn auch lange Zeit als Folge von Provisorien und Umbauten. 1951 erfolgte in Laufen der Umbau der ehemaligen Notkirche und späteren Garage zu Produktions- und Bürobauten. 1962 wurde ein Steinbruch vor Laufen erworben, wo nach und nach diverse Provisorien entstanden beziehungsweise bestehende Bauten umgenutzt wurden.[2] Einige sind inzwischen abgerissen, aber viele der älteren Gebäude werden bis heute verwendet, und sogar die erste Bäckerei gehört inzwischen wieder der Firma.

Alfred Richterichs berufliche Karriere ist nicht weniger reich an Umwandlungen. Kaufmännisch ausgebildet im väterlichen Betrieb, wandte er sich bald der Schauspielerei zu. Nach langen Aufenthalten in Paris, war er Ende der sechziger Jahre auch als Künstler mit mobilen, architekturähnlichen Skulpturen bei verschiedenen internationalen Ausstellungen beteiligt. Als sein Vater 1973 starb, engagierte er sich stärker in der Firma. Schon 1967 war die Richterich & Co., Laufen durch Alfred Richterich, seinen Bruder

[2] 1962–1966 entstanden verschiedene Provisorien im ehemaligen Steinbruch, 1967 eine neue Fabrik, 1972–1973 ein Lagerbau mit Restaurant, 1978 ein Erweiterungsbau der Fabrik mit einem neuen Zuckerlager und 1980 ein Fertigwarenlager, ein Labor, Büros und ein Vorführraum. Vgl. zur Firmengeschichte auch Ricola *Chrütergärtli*, Hauszeitung der Ricola AG, Laufen, Sondernummer über die Umstrukturierung der Ricola, Laufen, November 1982.

und Vater in die Ricola AG, wie Richterich sagt, «umgegründet» worden. 1982 strukturierten sie die Brüder zu einer Holding um. Alfred Richterichs Engagement auf kulturellem Gebiet setzte er mit der Leitung der von seinem Bruder und ihm gegründeten Emil und Rosa Richterich-Beck Stiftung fort. Auch mit der später gegründeten Alfred Richterich Stiftung verfolgt er eine vielfältige, äusserst gezielte Förderpolitik. Unter anderem hat er eines der schönsten Kunstwerke zum Thema Umwandlung ermöglicht, nämlich den Film *Der Lauf der Dinge* (1987) von Peter Fischli/David Weiss. Nicht zuletzt hat er die von seinem Vater begonnene Kunstsammlung von Ricola stark erweitert und ausserdem eine international renommierte Privatsammlung aufgebaut.

Der Kontakt zu Herzog & de Meuron kam Ende der siebziger Jahre zustande. Richterich wurde von der Gemeinde Laufen beauftragt, eine Freilichtausstellung zu konzipieren, schlug aber vor, stattdessen Künstler und Architekten für einige Tage nach Laufen einzuladen, die sich mit dem Ort und möglichen Verbesserungen auseinander setzen sollten. Der damalige Direktor der Kunsthalle Bern, Johannes Gachnang, gab ihm einige Namen an. Der Basler Galerist Diego Stampa schlug Jacques Herzog vor, der zufällig gegenüber dem Haus wohnte, in dem Richterich in Basel damals ein kleines Atelier besass. Im Rahmen der Diskussion um mögliche Platzgestaltungen entwarf Jacques Herzog eine Installation von kleinen, etwa dreissig Zentimeter hohen häuschenartigen Kuben, die in Baulücken zwischen den

1 Herzog & de Meuron
Erweiterung eines Wohnhauses, Laufen (1980 →8)
Fotografie: Michael Fontana, 2000

Häusern verteilt werden konnten. Keines der Projekte wurde realisiert. Als die Belegschaft von Ricola den Brüdern Richterich zur Feier des fünfzigjährigen Firmenjubiläums im Kantinengebäude einen Brunnen stiften wollte, wandte sich Richterich abermals an Herzog. Dieser skizzierte laut Richterich ein durchsichtiges Rohr, welches das Gebäude in seiner ganzen Höhe durchzog und das Wasser gleichsam durch die Stockwerke hätte fliessen lassen. Es blieb bei dieser Skizze, und das Projekt wurde nicht weiterverfolgt. Dennoch erwiesen sich diese ersten Kontakte zwischen Richterich und Herzog als fruchtbar. Als Richterich und seine Frau beschlossen, von Basel wieder nach Laufen umzuziehen, fragte Richterich Herzog & de Meuron, ob sie sein Haus an der Lochbruggstrasse umbauen wollten. Es ging um die Wohnung im ersten Stock sowie um die Dachwohnung, Richterichs ehemaliges Atelier, die zu einer Wohnung umgebaut werden sollten. So wurde der Kunstsammler einer der ersten Auftraggeber von Herzog & de Meuron. Es wurde nicht nur der Anfang einer freundschaftlichen Beziehung geschaffen, sondern es kam auch zu einer ersten, inspirierenden Auseinandersetzung über Architektur und Kunst.

Richterich führt mich durch dieses Haus – es ist einen Steinwurf vom gegenwärtigen Wohnhaus beim Bahnhof entfernt.[3] Von aussen ist dem

---

3 Das Haus führt die Werknummer 8, Erweiterung eines Wohnhauses, Lochbruggstrasse, Laufen (1980). Vgl. Gerhard Mack, *Herzog & de Meuron, 1978–1988, Das Gesamtwerk,* Bd. 1, Basel, Birkhäuser, 1997, S. 220.

2 Herzog & de Meuron
Erweiterung eines Wohnhauses, Laufen (1980 →8)
Fotografie: Michael Fontana, 2000

ANEIGNUNG UND UMBAU

3 Herzog & de Meuron
Erweiterung eines Wohnhauses, Laufen (1980 →8)
Fotografie: Alfred Richterich, 2001

Doppelhaus die Veränderung kaum anzusehen. Lediglich ein Oculus über der Eingangstüre deutet darauf hin, dass im Inneren etwas vorgegangen sein muss. Durch einen kleinen Anbau ist mehr Platz geschaffen worden. Das Bestehende wurde fast überall belassen, ein paar Wände wurden eingezogen, um mehr Raum für die Kunstwerke zu bieten (Abb. 1-2). Ja, es scheint, als ob die Architekten einen fremden Dachboden betreten, in den Erinnerungen des früheren Besitzers gewühlt und lediglich ein paar Umstellungen vorgenommen hätten. Der Anbau wird zur Reminiszenz an die Geschichte des Hauses. Selbst kleinste Details des Altbaus wie der Schwung eines Treppengeländers oder die farbliche Stimmung von Materialien finden im Erweiterungsbau ein Echo. Heute dient das Haus ausschliesslich der Präsentation von Richterichs Kunstsammlung. Aber noch immer kann er zu jedem Möbelstück eine Anekdote erzählen, zu jedem Durchblick einen Kommentar geben.

Auf den privaten Auftrag folgten bisher sechs Aufträge durch Ricola. 1983 ging es darum, die Liegenschaft Baselstrasse 31, ehemals Fabrikations- und Verwaltungsgebäude, räumlich zu verbessern. 1985–1986 wurde die zurückgekaufte Liegenschaft mit der Bäckerei im historischen Zentrum von Laufen, wo Ricola begonnen hatte, umgebaut (1985-1986 →32). Als im Steinbruchgelände dann ein neues vollautomatisches Hochregallager für Bonbons und getrocknete Kräuter gebaut wurde, beschloss Ricola 1986, Herzog & de Meuron mit der Fassadengestaltung der Halle zu beauftragen. Das gesamte Interieur war gegeben. Die Architekten wurden lediglich mit der Gestaltung des Äusseren beauftragt. Das Budget war bescheiden. Indem sie die Fassade dazu verwendeten, den Ort, den ehemaligen Steinbruch, spektakulär als Ort der Ablagerung zu inszenieren, gelang ihnen mit dem Lagerhaus Ricola, Laufen (1986-1987 →38) der internationale Durchbruch. 1989–1991 erfolgte der Auftrag für die Erweiterung des bestehenden Fabrikgebäudes und die Überdachung eines Teils des Innenhofs. Herzog & de Meuron lösten das Problem mit einem Reiterbau und einem frei schwebenden Glasdach (Reitergebäude mit auskragendem Glasdach für Ricola, Laufen (1989-1991 →53)). Als die Firma in den Raum der Europäischen Union expandierte, wurde Herzog & de Meuron abermals ein Direktauftrag erteilt. Das Ricola-Europe SA, Produktions- und Lagergebäude, Mulhouse-Brunstatt (1992-1993 →94) mit dem Blossfeldt-Motiv auf der Fassade sollte in der Architekturwelt den Namen Ricola endgültig mit Herzog & de Meuron verschmelzen. Für das Ansehen der Firma bei den Kunden hingegen, so betont Richterich, habe das Engagement im Bereich der Architektur wenig Bedeutung. Dies ist erstaunlich, wo doch das Marketing längst zum wichtigsten Bestandteil des Unternehmens geworden ist. So ist denn der bisher letzte Auftrag an Herzog & de Meuron auch der erste, der ein repräsentatives Interieur aufweist, nämlich das Ricola Marketing Gebäude, Laufen (1997–1998 →154). Es dient unter anderem als permanenter Ausstellungsort für die Sammlung zeitgenössischer Kunst. In unmittelbarer Nähe des 1980 umgebauten Wohnhauses gelegen, ist es durch die Interaktion mit der Umgebung abermals ein Meilenstein im Werk der Architekten geworden. Richterich führt mich auch hier durch jeden Raum. Die Innenarchitektur, die Farbgebung, Materialien und Formen der Vorhänge sind in Zusammenarbeit mit den Künstlern Rosemarie Trockel und Adrian Schiess entstanden. Die Angestellten sind bereits weg, nur einige Putzfrauen begrüssen Alfred Richterich freundlich.

Am Ende unserer Besichtigung führt mich Richterich vom neuesten Gebäude direkt, und fast ohne dass ich den Übergang bemerke, in das Direktionsgebäude. Die unscheinbare Zentrale, von der aus der Weltmarktführer für Kräuterbonbons verwaltet wird, ist die ehemalige Notkirche, die erste Erweiterung des Unternehmens, in der ab 1951 die Bonbons noch auf offenem Feuer gekocht wurden. Eine alte Holztreppe führt in das Firmenarchiv auf dem Dachboden. Seit fünfzig Jahren werden hier Broschüren, Werbeartikel, Korrespondenz aufbewahrt. Dazwischen immer wieder Kunstwerke. Richterich zeigt mir eine grossformatige Installation aus teerbemalter Dachpappe. In einem Schlitz ist ein winziges stilisiertes Häuschen eingeführt, so als ob die Skulptur die Architektur verschlingen möchte. Es handelt sich um eine der frühen Skulpturen von Jacques Herzog. Es ist das erste Mal, dass ich eine seiner Skulpturen sehe.

Die Tour führte mich durch zwanzig Jahre Architekturgeschichte. In jedem Bau haben Herzog & de Meuron ein neues Kapitel begonnen und zugleich ein früheres um- und weitergeschrieben. Als mich Alfred Richterich zur Tür bringt, ist es dunkel geworden. Er drückt mir eine Auswahl von Kräuterbonbons in die Hand. Die Rezeptur musste im Laufe der Jahrzehnte den wechselnden Lebensmittelvorschriften angepasst werden. Aber die Qualität, so Richterich, sei immer dieselbe geblieben. Er selber geniesse sie nach wie vor.

ÉTIENNE-LOUIS BOULLÉE
BESUCHT DIE TATE MODERN

Adolf Max Vogt

Der französische Architekt Étienne-Louis Boullée (1728–1799) hatte gute Gründe, seinen Entwurf für den Lesesaal der Bibliothèque royale so gross wie nur irgend möglich zu gestalten (Abb. 1). Denn die Wissenspyramide, die aus der Anhäufung von Büchern entsteht, konnte in seinen Augen nicht breit und hoch genug sein, um an ihrer Spitze zu erweisen, dass die Lehre von Sir Isaac Newton (1643–1727) mit ihrer Gravitationstheorie die Architektur des Weltgebäudes samt allen kosmischen Bewegungen endgültig erklärt.

Boullée war als Architekt keineswegs speziell ausgebildet in Mathematik oder Astronomie. Doch besass er die zwei Bände der *Histoire de L'Astronomie Moderne* des Pariser Astronomen Jean-Sylvain Bailly. Diese hatte er nicht nur gelesen, sondern einzelne Kapitel, speziell über Newton, derart verinnerlicht, dass er die gehobene, zuweilen drastisch pathetische Sprache von Bailly selber zu übernehmen vermochte.

Es war der Konflikt mit einem Bauherren, der Boullée dazu führte, mit 51 Jahren die bisher erfolgreiche Tätigkeit in Paris aufzugeben, um fortan nur noch frei zu arbeiten – frei in dem Sinne, dass er sich einen *virtuellen Bauherrn* aussuchte, der überdies vor etwas mehr als einem halben Jahrhundert gestorben war: den bereits erwähnten Isaac Newton.

Will man zuspitzen, kann man behaupten, dass an jenem 20. Januar 1779, als Boullée den Bettel mit zahlungsunwilligen Bauherren hinwarf – der störrische, neureiche Financier Nicolas Beaujon aus Bordeaux war die Ursache – die Moderne in der Architekturgeschichte beginne. Denn Boullée entwickelte ab 1779 ein Spätwerk, das aus den bisherigen Stilfolgen heraustritt, den Klassizismus und die damals modische Ägyptomanie meisterhaft zitierte und mit freier Hand variierte. Was ihn jedoch *zentral motiviert,* ist die neue kosmische Grössenordnung, wie sie im Werk Newtons errechnet

und beschrieben wird. Von ihr soll seine nunmehr virtuell gewordene Architektur Zeugnis ablegen. Denn er ist zwar ein Aufklärer, er glaubt an eine mögliche Revolution, doch er bleibt, genau wie Palladio, felsenfest davon überzeugt, dass die *Architettura majora* den Kosmos *zu spiegeln* habe.

Fünf Jahre nach dieser Befreiung aus der Abhängigkeit von Bauherren, im Jahre 1784, gelingen ihm zwei seiner wichtigsten Entwürfe: der *Kenotaph für Newton* in Form einer riesenhaften Kugel und der hier diskutierte Entwurf für die Bibliothèque royale.

Eine technische Funktion erzwingt – unfreiwillig – Monumentalität
Wie kommt es nun, dass die gross gesehene Halle von Boullées Bibliothèque royale ohne Mühe mit der Halle jenes Kraftwerks an der Themse verglichen werden kann, das sich inzwischen zur Tate Modern, London (1994–2000 →126) gemausert hat (Abb. 1-2)? Ein Vergleich drängt sich alleine schon wegen der Platzierung des Oberlichts und der enormen Höhe auf.

Wem gebührt nun der Verdienst, dass diese beiden Bauten über gut und gerne zweihundert Jahre verglichen werden können? Dem Erbauer des Kraftwerks, Sir Giles Gilbert Scott (1811–1878), dem Entdecker der brachliegenden Bauruine und Leiter der Tate Gallery Nicholas Serota oder dem Architekturbüro Herzog & de Meuron Basel, die den Wettbewerb für den Umbau in ein Museum für sich entschieden? Meine These ist, dass es gar

1 Étienne-Louis Boullée
Entwurf für die Bibliothèque royale de Paris 1784
Feder und Tusche
62 × 97,7 cm
Bibliothèque nationale de France

nicht eine Person war, die den Ausschlag gab, sondern ein Bautypus, der sich aus einer bestimmten technischen Stufe der Elektrizitätsgewinnung ergab.

Doch wenden wir uns hier Etienne-Louis Boullée selber zu. Als Pionier dessen, was später das Etikett «moderne Architektur» bekommen wird, vermochte er seinem virtuellen Bauherrn Genüge zu tun. So darf ich mit dem Gedanken spielen, dass er auch nach seinem Ableben das weitere Baugeschehen beobachtete.

In diesem Sinne nehme ich an, dass Boullée von einem Glücksgefühl heimgesucht wurde, als er aus der Distanz seiner Jenseitigkeit beobachten konnte, auf welche Art in der frühen Phase der Stromgewinnung ein Turbinenhaus dimensioniert werden musste (Abb. 3). Der Generator selber, als ein Ungetüm, das tief in den Druckstollen herabreichen muss, heischte schon beim Einbau eine geradezu imperiale Hallenhöhe, deren Kopfzone überdies einen Wanderkran aufzunehmen hatte.

Hier war, in den Augen Boullées, endlich der Fall eingetreten, wo die erhabene Dimension ganz einfach als Erfüllungsfunktion der Bauaufgabe notwendig wurde. Scott hatte somit gar keine andere Wahl. Doch die unfreiwillige Monumentalität eines Turbinenhauses mitten in der Hauptstadt belastete die eigenen Wert- und Kontextvorstellungen Scotts offensichtlich überhaupt nicht, denn er steigerte die flussseitige Fassade zusätzlich mit einem kraftvollen Kamin in der Mittelachse.

2 Herzog & de Meuron
Tate Modern, London (1994–2000 →**126**)
Fotografie: Margherita Spiluttini, Mai 2000

Kein Zweifel also, dass Boullée bereits dem Erbauer des Kraftwerkes einen kräftigen Anteil am glücklichen Gelingen der Tate Modern einräumt. – Indessen: Serota und die Basler Architekten haben dann beide ihre Chancen sehr wohl zu erkennen vermocht.

Das grosse Atemholen
Damit das grosse Atemholen zum Ereignis wird, muss der Besucher vorher durch ein Nadelöhr oder einen Tunnel gehen. Boullée hat diesen eklatanten Augenblick an beinahe jedem Projekt seines Spätwerks erprobt. Im Vergleich dazu wirkt die abgesenkte Rampe der Tate Modern mit ihrer niedrigen, aber breiten Schleuse zunächst unauffällig – als eine lediglich gestraffte Kopie des Rampenzugangs des Centre Georges Pompidou in Paris.

Doch im Inneren führen Herzog & de Meuron die Rampe doppelt so lange weiter – denn sie haben der imperialen Höhe der Halle am unerwarteten Ort nachgeholfen und den alten Boden über dem Keller herausgerissen. Der Schweizer Architekturkritiker Benedikt Loderer bewertet die Absenkung als «ein Musterbeispiel für den Umgang mit der Erbschaft: Da die Halle überhoch ist, mach sie höher! [...] Einen Augenblick lang verliert man den Halt, die Rampe und der Höhensprung machen schwindlig»[1].

Boullée hat den Eindruck, dass die Basler Architekten eine Reihe von Einzelschritten (wie das Absenken des Bodens, um Hohes höher zu machen, den Einbau von hell leuchtenden, bandförmigen Erkern in der Längswand oder das asymmetrisch an derselben Längswand weitergezogene graue Stirnband der Galerie) locker addieren, um zu einem erneuerten, erfrischten Ganzen zu kommen, das dem Altbau von Scott den Respekt nie ganz entzieht. Oder, wie Loderer es nennt, in «achtungsvoller Respektlosigkeit»[2] ihm gegenüber zu verbleiben.

Boullée fragt sich, ob sich da zwischen Schweizer Architekten derselben Generation ein Gegensatz abzuzeichnen beginne: einerseits Peter Zumthor, der vom Ganzen aufs Einzelne tendiert, andererseits Herzog & de Meuron, die umgekehrt aufsteigend, addierend und frei assoziierend vorgehen. Dabei provoziert und fasziniert Zumthor stärker durch neuartig kompakte Entwürfe. Herzog & de Meuron hingegen kommen der heutigen Art von Aufmerksamkeit durch die Lockerheit der Addition von Vorgefundenem und Assoziiertem scheinbar mühelos entgegen.

1 Benedikt Loderer, «Mit achtungsvoller Respektlosigkeit», in: *Hochparterre, Zeitschrift für Architektur und Design*, 6–7, 13, 2000, S. 10–17, hier S. 12.
2 Loderer, 2000, S. 11 (wie Anm. 1).

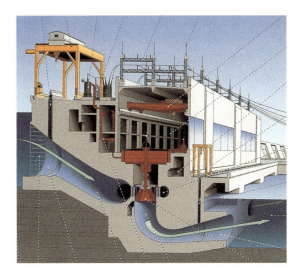

«Intensivstation»

Doch lassen wir den Alten mit seinen grübelnden Differenzierungen und wenden wir uns einer letzten Frage zu, die man mit ihm ohnehin nicht diskutieren kann – und zwar deshalb, weil er mit seinem ganzen Namen, Prestige und Nachruhm genau dieser Frage um etwa 1820 zum Opfer fiel. Sie lautet: Monumentalität und Grössentabu. (Boullée ist schon bald nach seinem Tod der Megalomanie bezichtigt worden und in der Epoche des Biedermeiers, nach den napoleonischen Exzessen, ist er in Vergessenheit geraten.)

Gerade weil die «imperiale Halle» der Tate uns an keiner Stelle imperialistisch entgegentrat, kommt eine beinahe schon vergessene Qualität der Grössenwirkung zum Zug: unbefangener, grosser Atem. Die Architekten räumen sich dabei ausdrücklich die Freiheit ein, in der Eingangshalle zunächst ihr eigenes Metier zu zelebrieren. Folgerichtig wollen sie hier keine Kunstwerke zeigen,[3] sondern sprechen in eigener Sache. Im Auftakt des Museumsbesuchs zeigt sich somit die Architektur selbst – bevor sie dann in den Ausstellungssälen die ihr so oft und gerne übertragene Funktion des Dienens übernimmt.

Harry Gugger, der als Partner der Basler Firma die Bauleitung vor Ort in London übernommen hatte, offeriert im Film über die Umnutzung zur

---

[3] Bei der Eröffnung verloren sich die temporär aufgestellten Grossskulpturen – wie zum Beispiel die *Spinne* von Louise Bourgeois – denn auch im Raum.

3 Schnitt durch ein Wasserkraftwerk
Aus Jean-Claude Corbeil und Ariane Archambault, *MacMillan Visual Dictionary*, New York, MacMillan, 1992, S. 747

Tate Modern eine neue Definition des Kunstmuseums. Er sagte: «Museen sind eigentlich Intensivstationen der Kunst.» Er meint damit in erster Linie die Bemühung für heutige Künstler, von der Lichtführung bis zum Ruhepolster die beste Präsentationsmöglichkeit anzubieten. Da indessen das Wort «Intensivstation» Patienten voraussetzt, und zwar ernstlich erkrankte, drängt sich eine zweite Bedeutung mit gutem Recht auf: Denn seit die Kunst modern ist, ist sie zugleich vital und krank, anspruchsvoll und bedroht. So ist jeder Besuch moderner Kunst in einem «Intensiv-Museum» zugleich auch ein Spitalbesuch.

Doch, wie gesagt, die Aufhebung des konventionellen Museumsklischees, in welchem die Architektur als Dienerin und die Kunstwerke als Bediente auftreten, gelingt nur dann, wenn die Architekten darauf beharren, einen angemessenen Teil des Gebäudes im Sinne der *Architettura majora* für ihre eigene Kunst zu beanspruchen. So hat es beispielsweise Steven Holl in Helsinki gehalten in seinem Museum Kiasma für Gegenwartskunst – so halten es jetzt Herzog & de Meuron in der Tate Modern.

DIE «AL-CHEMICAL BROTHERS»

Alejandro Zaera-Polo

Es ist noch nicht lange her, in den achtziger Jahren, da schienen sämtliche Architekten, die etwas auf sich hielten, ihre Werke mit Zitaten der neuesten Konzeptkünstler zu spicken, als unerlässlichen Verweis. Bis heute findet man immer wieder Architekten, meistens so um die fünfzig, die eigentlich mehr an Kunst als an Architektur interessiert scheinen und mit grossem Stolz auf ihre Zusammenarbeit mit Künstlern hinweisen. Als fleissiger Student in jener Zeit versuchte ich mich selbst darin, stellte aber bald fest, dass Architektur eigentlich viel interessanter ist, da sie mit der vielseitigsten Palette arbeitet: Struktur, Symbol, Raum, Funktion, Geld ... Es gibt kaum etwas Langweiligeres als Architektur, die wie Kunst daherkommt, innerhalb eines subjektiven Rahmens, ohne äussere Beschränkungen. Ausserdem kann man Architektur in vielen Märkten anbieten, inklusive dem Kunstmarkt, der mit seinen ansehnlichen Budgets und aufgeklärten Käuferschaft eigentlich sogar ein besonders guter Markt für Architektur ist.

Ich bin nicht sicher, ob es wichtig ist, dass Herzog & de Meuron mit Künstlern verkehren; ich glaube vielmehr, dass sie sich eher auf Architektur konzentrieren. Ihre Grundstärke ist die Fähigkeit, die höchste Stufe von Konsistenz in der Organisation der Materialien ihrer Bauten zu erreichen, das heisst das Material zum Leben zu erwecken. Das deutet eher in Richtung des Alchemisten als des Künstlers – eine Metapher, die für Basler auch ganz gut passt. Schliesslich sind Herzog & de Meuron globalisierte einheimische Basler, wie einst Ciba-Geigy.

Das Interessante an Alchemisten ist, dass sie eigentlich ausgezeichnete, aber verrückt gewordene Apotheker waren. Sie wussten nicht nur, wie man Stein in Gold verwandelt – das wissen Künstler auch –, sondern sie kannten sich auch mit prosaischeren Dingen aus, mit Kopfschmerzpillen, Parfums und anderen Mitteln, mit denen sie auf Wunsch körperliche Reaktionen auslösten. Im Gegensatz zu den verwöhnten und oft eitlen Künstlern spielte sich ihr Gewerbe in der aktiven Teilnahme an der Welt und nicht in der Auslotung ihrer eigenen subjektiven Obsessionen oder der Vorstellungen ihrer Mäzene ab. Die Ausrichtung ihrer Disziplin erlaubte ihnen das Eindringen in weit mehr Schichten – physikalische, soziale, politische, psychologische –, als das Künstlern je möglich war. Man muss bestimmte Rahmenbedingungen akzeptieren, um sich von anderen freizumachen. Konzentration auf eine fest umrissene Disziplin führt oft weiter als interdisziplinäre und konzeptuelle Spekulation. Das Werk Herzog & de Meurons reicht vom Mystischen zum Exzentrischen: Gerhard Richter oder die Spice Girls; Federle oder Manchester United; Prada Cool oder Versace Kitsch – alles ist möglich, so lange es stimuliert. Um den Eros der Materie voll zu verstehen, muss er in den allerstrengsten Anordnungen oder im Zustand der totalen chaotischen Auflösung genossen werden – stoffliche Domination oder Unterwerfung.

Um ein guter General zu werden, muss man allerdings auch Glück haben. Herzog & de Meuron hatten Glück. Sehr früh begegneten sie einem Künstler, der eigentlich ein Alchemist sein wollte: Joseph Beuys weckte in ihnen zweifellos einige latente Fähigkeiten. Als Alchemist zutiefst mit dem Stofflichen im weitesten Sinne befasst, manipulierte er Symbole, Energien, Ideologien und Prozesse der Materialiserung, Kristallisierung, Auflösung ... und experimentierte mit Materialien und Flüssen im Prozess ständiger Umformung und ständigen Austauschs.

Eine Zeit lang spielten sie mit Rossis Archetypen, sogar mit figürlichen Analogien. Sie entdeckten auch wieder ihre eigene urbane Herkunft in der Langeweile und dem Grau des nordeuropäischen Rationalismus der fünfziger Jahre und experimentierten mit der schweizerischen Konkretheit: Holzkonstruktionen und Spannbeton – eine Materialsuche, die sich schliesslich als viel produktiver erweisen sollte als die kulturellen und figürlichen Anspielungen in ihren früheren Werken. Schon sehr früh hatten sie Aufträge und konnten daher nicht endlos in der Beuys'schen Kosmologie verweilen. Im Prozess des Betongiessens und Holzaufschichtens formten sie ihre alchemische Sicht von Architektur. Der Werdegang von Herzog & de Meuron hatte begonnen.

Um Glück zu haben, muss man mit äusserster Entschlossenheit nach Möglichkeiten suchen. Der Auftrag für das Lagerhaus Ricola, Laufen (1986–1987 →38) schuf eine solche Möglichkeit, dem Werk die gesuchte

Richtung zu geben. Die Aufgabe, Material zu schichten, zu lagern und zu verteilen gab Herzog & de Meuron schliesslich den Anstoss, sich vom eher Figürlichen wegzubewegen und sich immer tiefer in Materialbewusstheit zu versenken. Wenn ein Gebäude als Ergebnis eines Akkumulations- und Konstruktionsvorgangs entsteht, löst es sich in Prozesse oder Muster auf und wird in erster Linie zu einer Organisationsform von Material, die das Objekt in Textur verwandelt. Das Lagerhaus Ricola nützt das Repetitive der stofflichen Akkumulation, um einen Rhythmus zu erzeugen. Wie in den Gesängen der Schweizer Bergler erzeugt die rhythmische Wiederholung eines Motivs, sein Widerhall im Tale, Figuren und Landschaft, konstruiert ein Territorium. Mit dem Ricola-Bau verschwanden die figürlichen Zweifel der früheren Werke und machten den konkreten materiellen Hintergrund auf einer affektiven Ebene produktiv. Antipodes I, Studentenwohnheim, Université de Bourgogne, Dijon (1990-1992 →64), das Lokomotiv-Depot, Auf dem Wolf, Basel (1989-1995 →48), die Bibliothek der Fachhochschule Eberswalde (1994-1999 →105) – Behältnisse für Körper, Züge, Bücher – setzten diese Suche in den nun folgenden Arbeiten fort. Die Bauten erweisen sich als unmittelbare Ergebnisse eines Konstruktionsprozesses, verstanden als komplexe Materialzusammenstellungen. Ist nicht das die wahre Rolle der Kunst, durch die Reorganisation der Elemente eines Milieus Territorien zu schaffen? Ist Kunst nicht die Herstellung zunehmend komplexer und in sich konsistenter Verbindungen, die ihrerseits verschiedene Funktionen zu entwickeln vermögen? Das Interessante am Lagerhaus Ricola ist die Umwandlung reiner Funktionen – Akkumulation und Verteilung von Stoffen – in Ausdrucksrhythmen, in aufscheinende materielle Eigenschaften. Echte künstlerische Produktion ist eine intrinsische Eigenschaft der Materie, der komplexen stofflichen Organisation, und nicht bloss das Ergebnis menschlichen Bewusstseins und menschlicher Subjektivität.

Aber jedes stimmige materielle Kompositum erfordert gleichzeitig die Entschichtung seiner Bestandteile. Einfärbungen, Radiografien, Markierungen – im Werk von Herzog & de Meuron ist die intensive alchemische Lust unmittelbar spürbar, die die Schlieren einer sich auflösenden Flüssigkeit in einer anderen oder ihr Tröpfeln durch einen Schwamm oder die Ausbreitung von Regennässe an einer Wand auslösen … Und wenn nun diese zufälligen Spuren beginnen Gestalt anzunehmen, sich im Einklang mit einem äusserlichen Prozess loslösen? Und wenn wir nun Figuren projizieren, einen komplexen Abdruck erzeugen, wie in einem Rorschachtest (wieder so eine schweizerische Erfindung)? Und wenn wir nun eine solche

Figur auf ein Konstruktionselement aufgiessen, so dass eine Einfärbung erscheint, und sie damit in Einklang bringen mit einem Teil des Gebäudes? Und wenn wir das nicht nur einmal tun, sondern in Wiederholung, als Serie, so dass ein Rhythmus entsteht, ein Bereich, Serien, die nun wieder zu Einfärbungen werden und die Figur selbst in der Textur, in einem stofflichen Bereich, zum Verschwinden bringen? Das Ricola-Europe SA, Produktions- und Lagergebäude, Mulhouse-Brunstatt (1992-1993 →94) steht am Anfang einer Suche, in deren Verlauf Bilder zu einem Teil des Rohstoffs werden, im Einklang mit den baulichen Elementen. Das ist etwas ganz anderes als Ornament, Wegweiser oder Markierung, weil hier das Ornament dem Baustoff untergeordnet ist statt auf den Baukörper aufgetragen wird. Solche Ornamentierung ist nicht Rhythmus; sie ist Metrum. Das Ricola-Gebäude ist weder ein «dekorierter Schuppen» noch eine «Ente». Es stellt Komplexität durch Konsistenz dar statt durch Kontrast. Das Ornament ist eine Abschattung in der materiellen Komposition geworden, hat sich dem Konstruktionssystem untergeordnet – zerschnitten, wiederholt, verfremdet. Die Alchemie korrodierender Rahmen und Schichten ist hier durch serielle Anreihung dargestellt, wodurch sich die molekülartige Anhäufung von Bonbons in eine erdrückende Masse verwandelt.

Ein Territorium wird durch die Umgruppierung von Kräften konstituiert. Es sind diese Kräfte, die Materialanhäufungen über den geschichteten Zustand der verschiedenen Komponenten eines Mediums hinaus in Einklang zu bringen vermögen. Stoff wird so zum Medium für Energien. Im SBB Stellwerk 4, Auf dem Wolf, Basel (1989-1994 →49) ist die Fassade solch ein Stoff höherer Konsistenz. Sie grenzt nicht nur gegen aussen ab, reguliert den Eintritt von Licht, Wasser und Temperatur; sie signalisiert nicht nur die Erscheinung des Gebäudes. Sie ist auch ein Faradaykäfig, ein Kupferdrahtgeflecht, das elektrische Ladungen ableitet, falls solche das Gebäude treffen sollten. Architektur präsentiert sich so als die Gestaltung materiellen Lebens, als die Produktion von Material und dessen territorialer Zusammenstellung zu übergreifender Stimmigkeit.

Das Zusammenspiel von Stein und Stahlstangen, Licht und Schatten, Masse und Luft in der Dominus Winery, Yountville, California (1995-1998 →137) wird zum Gegenstück eines noch ausgeklügelteren Kompositums von französischen Trauben, die in einem kalifornischen Tal wachsen und in amerikanischen Eichenfässern ausreifen. Hier geht es auch um Entwurzelung und Wiederanbau einer Art, um die Erzeugung komplexer Territorien und Stoffe von höherer Konsistenz. Die Weinherstellung ist eine raffinierte Form von Alchemie, ein komplexer Prozess der stimmigen Organisation von Stoffen, die unsere Geschmacksnerven anregen und die Gehirnverbindungen dämpfen, viel komplizierter als die Herstellung von Aspirin. Dieser Prozess umfasst den Boden, die Landschaft, die Sonne, das Wetter, die Behälter, die Abläufe und den Rhythmus der Arbeit. Bei Dominus geht es nicht um die Erstellung des Gebäudes, sondern um die Herstellung des Weins. Ich erinnere mich, dass Herzog & de Meuron während der Entwurfsphase des Gebäudes bemerkten, der Wein sei so gut, dass das Projekt höchstwahrscheinlich gelingen werde. Wie liess sich schweres Gitterwerk erstellen, temperaturunempfindlich wie die Erde, zugleich aber luft- und lichtdurchlässig, um jenes frische, schattige Umfeld zu erzeugen, das der Wein zur Reifung braucht? Die nach Grösse sortierten Steine in Drahtgittern erhöhen die stoffliche Komplexität des Gesamten und bilden eine Steigerung der Verflechtungen, die wiederum die Geschmeidigkeit der konstruktiven Anordnung vertiefen. Damit wurde eine Abstufung der Oberflächeneigenschaften möglich, die das Eindringen von Luft, die Menge des Lichts und die Unempfindlichkeit gegenüber Temperaturschwankungen an der Wand selbst ablesbar macht. Die abgestufte Oberfläche könnte sehr wohl den nächsten Schritt Herzog & de Meurons auf dem Weg zu noch ausgeklügelteren Territorien und noch konsistenteren Stoffen darstellen ... Machen Sie sich auf die nächste Generation architektonischer Pheromone gefasst.

LAGERN UND KOMPRIMIEREN

Richard Ross
Kiste mit etikettierten Birnen aus Gips, Landesmuseum Joanneum, Graz 1999
Chromogener Farbabzug,
45,7 × 38,7 cm
Canadian Centre for Architecture, Montreal

Richard Ross **Mineralienmuseum mit Ausstellungsvitrinen, Landesmuseum Joanneum, Graz** 1999
Chromogener Farbabzug, 77,7 × 75,5 cm
Canadian Centre for Architecture, Montreal

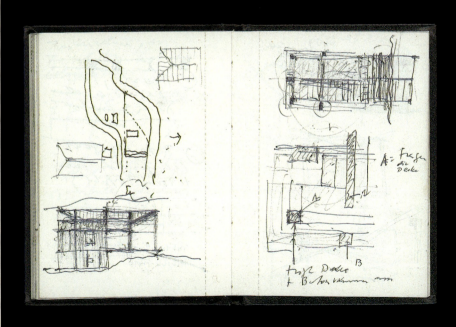

< Giorgio Sommer **Museum, Pompei** ca. 1875
Unnummerierte Tafel aus dem Album *Pompei*
Albuminsilberabzug, 20,5 × 25,5 cm
Canadian Centre for Architecture, Montreal

Herzog & de Meuron **Steinhaus, Tavole** (1982–1988 →**17**)
Skizzenbuch 13 ca. 1985
Tinte auf Papier, 10,5 × 14 × 1,2 cm

169_007M Karton, Papier, 16 x 15,5 x 6 cm

169_007M Karton, Papier, 16 x 15,5 x 6 cm

169_001 Lindenholz, Papier, Folie, 15 x 15 x 4,5 cm

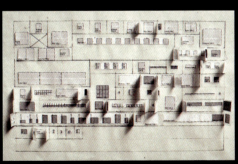

169_004M Karton, Papier, 25,5 x 15 x 5 cm

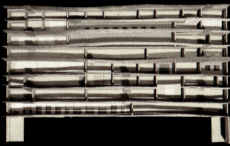

169-006M Karton, Papier, Maschendraht, 25 x 15 x 3 cm

169_005M Karton, Papier, 25 x 12 x 2 cm

169_019M Kalkpapier, Papier, Bleistift, 39 × 26 × 0,5 cm

169_019M Kalkpapier, Papier, Bleistift, 39 × 26 × 0,5 cm

Herzog & de Meuron **Schaulager für die
Emanuel Hoffmann-Stiftung, Münchenstein/Basel**
(1998–2002 →**169**)

Herzog & de Meuron und Enrique Fontanilles **Videowand, Details (Videostills)** in der Ausstellung *Architektur von Herzog & de Meuron*, **Kunstverein München** (1991 →**74**)

Herzog & de Meuron
Lagerhaus Ricola, Laufen (1986–1987 →**38**)
Fotografie: Herzog & de Meuron, 1991

< Webster and Stevens **Bretterstapel der Seattle Cedar Mill**
Aufname 1919, zeitgenössischer Silbergelatine-Abzug
25,4 × 20,3 cm, Museum of History and Industy, Seattle
Sammlung Pemco Webster & Stevens

Herzog & de Meuron
Lagerhaus Ricola, Laufen (1986–1987 →**38**)
Fotografien: Herzog & de Meuron, 1987

Philip Ursprung: Viele Ihrer wichtigsten Projekte wie Museen, Lagerhallen und Bibliotheken dienen dem Aufbewahren von Dingen.

Herzog & de Meuron: Es gibt Menschen, die sammeln, und solche, die Neues schaffen und damit die Voraussetzung und Notwendigkeit des Lagerns erst schaffen. Wir müssen diese beiden Obsessionen irgendwie unter einen Hut zu bringen versuchen. Bei Herzog & de Meuron gibt es einerseits immer mehr Modelle und Gegenstände von all unseren Projekten, die über die Jahre hinweg entstanden und wie Jagdtrophäen Zeugnisse unseres Jagd- und Erkundungstriebes sind. Andererseits müssen diese Dinge irgendwann abgelegt, archiviert, aufbewahrt werden. Die Ausstellung stellt diese beiden sich ergänzenden Obsessionen vor.

Das Ablegen ist eine der ersten und primitivsten plastischen Gesten. Man nimmt einen Stein oder einen Stuhl vom Boden und stellt ihn woanders hin. Das Ablegen ist eines der ganz elementaren, physischen, plastischen Mittel; es war in verschiedenen unserer Projekte Thema, etwa in Tavole oder in der Dominus Winery. Wichtig war uns dabei, die einzelnen Elemente des Baus nicht an einer Hilfskonstruktion aufzuhängen, sondern ganz simpel und unmittelbar auf den Boden zu stellen. Auch im Fall des Ricola-Lagerhauses in Laufen ist das Ablegen thematisiert: Hier lagern die einzelnen Bestandteile der Fassade wie eine riesige Bretterbeige in einem Industrieareal.

Industrielle Lager werden normalerweise sehr stark im Hinblick auf ihren Inhalt gebaut. Der Innenraum ist in der Regel nicht zugänglich. Die Räumlichkeit des Lagergebäudes wird sozusagen aufgefressen von der gelagerten Ware im Innenraum. Der Raum wird dadurch zugebaut, zugestopft, aufgefüllt. Das Lager verdrängt den Raum. Im Fall von Ricola Laufen ist der Raum im elektronisch gesteuerten Lager nur für die Ware da, den Menschen wird höchstens in einem kleinen Kabäuschen Platz gewährt. Deshalb war es uns ein Anliegen, den Raum durch die Architektur nach draussen zu verlagern. In der Fassade, im Zwischenraum zwischen Gebäude und Felswand, wird Räumlichkeit trotz der limitierten Möglichkeiten der Aufgabenstellung erlebbar.

In den achtziger und neunziger Jahren hat eine weltweite Expansion der Museen eingesetzt, die bis heute andauert. Die Künstler überboten sich gegenseitig mit immer grösseren Leinwänden und immer raumgreifenderen Installationen. Die amerikanische Wirtschaft erlebte in den goldenen Neunzigern vielleicht die grösste Blüte ihrer Geschichte. Private Vermögen wuchsen explosionsartig und damit nahm auch das Sammeln von Kunst zu.

In der Folge entstanden zahlreiche Privatmuseen – Erfindungen jener Zeit und Ausdruck des Stolzes, des Reichtums und der Eitelkeit der Sammler.

Philip Ursprung: Das Schaulager ist eine der grössten Bauten für zeitgenössische Kunst überhaupt.
Herzog & de Meuron: Das Schaulager soll die umfangreichen Sammlungsbestände der Emanuel Hoffmann-Stiftung aufnehmen, weil dafür im Museum für Gegenwartskunst in Basel kein Platz mehr ist. Gleichzeitig entstand aber auch die Idee, diesen reichhaltigen Fundus sichtbar zu lagern, statt ihn in Kisten zusammengepfercht wegzupacken. Es handelt sich um ein völlig neuartiges Konzept, das den besonderen konservatorischen Anforderungen zeitgenössischer Kunst gerecht zu werden versucht und die Lösung in einer Mischung aus Bibliothek, Schauplatz und Lager anbietet.
Das Schaulager in Münchenstein wird aus Zellen bestehen, aus denen sich das Lager additiv formiert. Die Kunst wird nach wie vor komprimiert gelagert, aber nicht in Kisten, sondern in einer Art Ausstellungszelle. Sie bleibt so sichtbar und für Besucher auf Anmeldung zugänglich. Der Lagerbestand ist vom räumlichen Konzept her minimal gehalten und auf eine äusserst fokussierte Wahrnehmung, zum Beispiel für Kunsthistoriker oder Schulklassen, hin angelegt. In dem atriumähnlichen Eingangsraum sowie in zwei grossflächigen Ausstellungshallen soll Kunst aber auch räumlich korrekt inszeniert werden. Uns hat die bauliche Umsetzung dieses neuen Modells fasziniert, weil die Fragestellung über die Thematik des reinen Aufbewahrens hinausgeht und die Funktion des Museums hinterfragt. Nur drei oder vier Städte auf der Welt, Paris, London, New York und vielleicht Los Angeles können sich wirklich grosse Museen leisten in der Art von Hubs bei Flughäfen. In allen anderen Städten sind Museen, und seien sie noch so bedeutend wie etwa der Prado, die Pinakothek oder die Uffizien, beschauliche Orte, weil sie keinen vergleichbaren Besucher- und Touristenstrom aufweisen können, der den Aufwand rechtfertigen würde, ein Museum räumlich fortwährend zu vergrössern und eine Sammlung vollumfänglich zu zeigen. Somit stellt sich die Frage, welcher Bautypus es in Zukunft erlaubt, den öffentlich zugänglichen Museumsraum einerseits einzuschränken, aber dennoch eine rege Ausstellungstätigkeit zu ermöglichen, und andererseits die Kunstwerke einem Expertenpublikum ständig zugänglich zu machen. Das Schaulager versucht Lösungen für diese vielfältigen Anforderungen aufzuzeigen; dieses Projekt war für uns somit eine Art Denkmodell, welches die innovative Maja Oeri als Bauherrin herausforderte.

Philip Ursprung: Für das Schaulager war ja eine Lehmfassade vorgesehen, wo das bei Ricola Laufen auf Fassade und Steinbruch aufgeteilte Thema in eines verschmolz. Man wird fast an eine archäologische Ausgrabung erinnert, beispielsweise an die Stadtmauern von Jericho.

Herzog & de Meuron: Das ist eine interessante Sicht. Allerdings haben wir aus Rücksicht auf die Bedenken der Bauherrschaft statt des zuerst vorgesehenen Materials Lehm oder Erde schliesslich doch eine Art Beton unter Verwendung des Kieses vor Ort eingesetzt. Wir arbeiten mit einer Art Beton, die sich wie natürliche Erdformen verhält. Beton ist fester als Lehm und bröckelt weniger. Wir haben mit der Eidgenössischen Materialprüfungs-Anstalt (EMPA) Tests gemacht, um Erosion und Alterungsprozess zu simulieren. Erde als Material war zu heikel. Obwohl es technisch möglich gewesen wäre, wollten wir bei dieser hohen Fassade nicht das Risiko eingehen, dass sich Teile ablösen. Wir konnten deshalb nicht ganz auf Zement verzichten. Die Wände im Schaulager sehen genauso aus wie diejenigen des für das Fundament ausgegrabenen Lochs. Es ist eine Art Positiv-Negativ-Spiel, sozusagen eine Präsentation des Untergrunds, wie ein Abdruck des Ausgrabungsorts.

Basierend auf einem Interview, Basel, 2002

Beschreibung des elektrisch betriebenen mechanischen
Ordners, Hauptsitz der Sozialversicherung, Prag
1950er Jahre, Typoskript, 12,6 × 21 cm
Canadian Centre for Architecture, Montreal

Elektrisch betriebener mechanischer Ordner, Hauptsitz
der Sozialversicherung, Prag
1950er Jahre, Silbergelatine-Abzug, 22,9 × 17,2 cm
Canadian Centre for Architecture, Montreal

Robert Smithson **Non-site (Palisades-Edgewater, New Jersey)** 1968
Email auf Aluminium, Steine und Tinte auf Papier, 142 × 66 × 91 cm
Whitney Museum of American Art, New York
Gekauft mit Mitteln der Howard and Jean Lipman Foundation, Inc.

137_002M Holz, grüner Farbstift, 65,5 × 14 × 5,5 cm

137_003M Steinkörbe, lokaler Basalt, 400 × 52 × 200 cm

Fotografie: Herzog & de Meuron, 1997

Herzog & de Meuron **Dominus Winery, Yountville, California**
(1995–1998 →**137**)

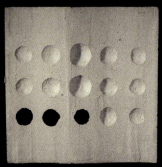  

164_016M Gips, 25 × 25 × 3 cm   164_013M Gips, 25 × 25 × 3 cm   164_012M Gips, 25 × 25 × 3 cm

164_039M Gips, 25 × 25 × 4 cm   164_015M Gips, 25 × 25 × 3 cm   164_014M Gips, 43 × 26 × 2 cm

Herzog & de Meuron
**Centro Cultural, Museum und Kulturzentrum,
Santa Cruz de Tenerife** (1999– →**164**)

Entomologische Sammlungen

Eine der schönsten Zusammenarbeiten Herzog & de Meurons mit einem Künstler ist ihre Bibliothek der Fachhochschule Eberswalde (1994–1999 →**105**), nördlich von Berlin. Die Fassade wurde zusammen mit Thomas Ruff entworfen. Die Bibliothek liegt unmittelbar neben dem Deutschen Entomologischen Institut, das sich früher in Berlin befand. Um 1900 handelte es sich um das weltweit führende Zentrum der Insektenforschung. Als seine Bedeutung abnahm, wurde es in den dreissiger Jahren nach Eberswalde verlegt. Zur Zeit der DDR blieb es in Betrieb, aber in den neunziger Jahren verlor es die staatliche Unterstützung. Von einem Verein getragen, bleibt es für das Publikum geöffnet. Aber fast nichts von der einst grössten Insektensammlung der Welt hat überlebt. Ruff wählte das Bild eines Käfers für die Bibliotheksfassade als Erinnerung an den einstmals berühmten Nachbar.

Schublade mit entomologischer Sammlung
42 × 48 × 8 cm
Sammlung Ouellet-Robert, Département de sciences biologiques,
Université de Montréal

LAGERN UND KOMPRIMIEREN

185_024M Karton, 28 × 22 × 13 cm

185_020M Karton, 28 × 22 × 13 cm

185_002M Gips, Acryl, Holz, 146 × 127 × 66 cm

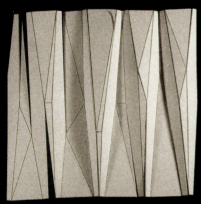
185_024M Karton, 23 × 22 × 1 cm

185_031M Gips, 53 × 64 × 18 cm

Herzog & de Meuron
Prada New York, Headquaters Prada USA
(2000–2002 →**185**)

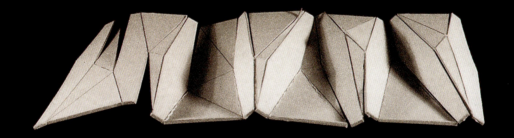

185_024M Karton
23 × 22 × 1 cm

HERZOG & DE MEURON
UND GERHARD RICHTERS *ATLAS*

Catherine Hürzeler

Gibt es handfeste Kriterien, die dafür sprechen, Gerhard Richters *Atlas der Collagen, Fotos und Skizzen* in eine Beziehung zum Werk von Herzog & de Meuron zu setzen? Ist es überhaupt legitim oder zumindest sinnvoll, Architektur mit Kunst zu vergleichen? Sicherlich ist dies ein grosses Wagnis. Bei Herzog & de Meuron fühlt man sich immer wieder dazu herausgefordert, da die Architekten einen Umgang mit Bildern, eine Bildhaftigkeit in die Architektur eingeführt haben, durch die das architektonische Werk eine sehr enge Bindung zur Kunst eingeht.

Gerhard Richters *Atlas der Fotos, Collagen und Skizzen* ist eine Materialiensammlung, die dieser parallel zum gemalten Œuvre seit 1969 anlegt und auch ausstellt. Es handelt sich um ein inzwischen auf über sechshundert Tafeln angewachsenes Sammelwerk, in dem vor allem Fotos, aber auch Werk- und Architekturskizzen sowie Collagen auf grossen Paneelen systematisch angeordnet sind. Obwohl für Richter gerade der Wunsch nach Ordnung wesentliches Kriterium war, den *Atlas* überhaupt anzulegen,[1] widersetzt sich die Sammlung den gängigen kunsthistorischen Kategorien und «hängt irgendwo dazwischen, zwischen Dokumentation und aber auch Ausstellungswürdigkeit»[2]. Wohl auch deshalb wurde das Werk lange Zeit von den Kunstkritikern nur wenig beachtet.[3]

Martin Josephy und Claudia His möchte ich für die kritische Durchsicht des Manuskripts und weiterführende Anregungen danken.
1 «Und dann ergab sich dann eben, da was draus zu machen. Das war eine Möglichkeit das Material zu ordnen und gleichzeitig zu selektieren. Irgendwelche fliegen dann weg, und so kann man sich endlich trennen. Dann sind sie geordnet und erledigt.» Interview der Autorin mit Gerhard Richter am 9. Oktober 1991.
2 Wie Anm. 1.
3 An der *documenta X* (1997) wurde der ganze *Atlas* ausgestellt. Seither ist er einem breiten Publikum bekannt.

LAGERN UND KOMPRIMIEREN

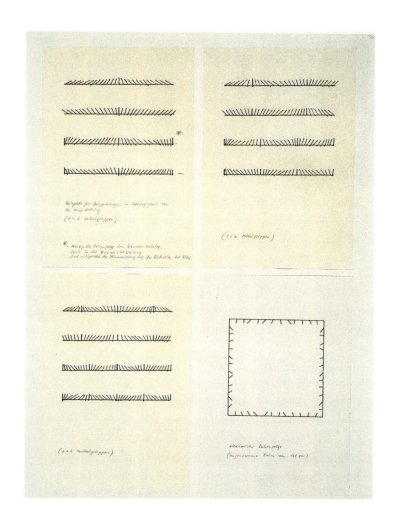

1 Gerhard Richter **Für Installation** 1972
66,7 × 51,7 cm
4 Zeichnungen (Bleistift, Tinte auf Papier, handschriftliche Anmerkung)
Städtische Galerie im Lenbachhaus München

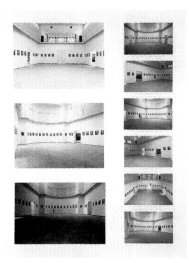

Im *Atlas* befindet sich das Ausgangsmaterial zu Richters *Achtundvierzig Porträts*, die 1972 für den deutschen Pavillon der Biennale in Venedig entstanden[4] und deren Vorbild Andy Warhols *Thirteen Most Wanted Men* (1964) ist.[5] «Scheinbar den autoritären Ansprüchen des Raumes gehorchend»[6], hat Richter die Serie ähnlicher Bildnisse wie in einer Ruhmeshalle installiert. Im *Atlas* wurden die Porträts, wie man sie in Lexiken findet, auf acht Tafeln jeweils rasterartig montiert. Eine Tafel zeigt die kurzen Lexikoneintragungen zu einer Auswahl dieser Persönlichkeiten sowie drei Skizzen für verschiedene mögliche Hängungsarten und ausserdem Fotos der Ausstellung im deutschen Pavillon der Biennale in Venedig von 1972 (Abb. 1–2). Dieses Beispiel zeigt, dass sowohl «Quellenmaterial», konzeptionelle Skizzen sowie dokumentarische Aufnahmen der fertigen Ausstellungssituation in die Sammlung aufgenommen werden können.

Beim Wettbewerbsprojekt für Zwei Bibliotheken, Université de Jussieu, Paris (1992→90) überzogen die Architekten die Fassade ihres Modells mit

---

4 Es gibt auch eine fotografierte Version der gemalten Arbeit.
5 Richter hatte die spätere Installation einer Gruppe der *Thirteen Most Wanted Men* 1967 in der Galerie Rudolf Zwirner in Köln gesehen. Vgl. Benjamin Buchloh, «Gerhard Richters Atlas: Das Archiv der Anomie», in: *Gerhard Richter*, Bd. 3, Musée d'art moderne de la ville de Paris, Ostfildern-Ruit, Cantz, 1993, S. 7–17, hier S. 45, Anm. 8. 1991 sagt er in einem Interview: «Für eine kurze Zeit fühlte ich mich schon als Pop-Künstler, aber wichtiger war, dass mich Pop und Fluxus entscheidend berührten, wie auch vordem der Tachismus.» Vgl. Gerhard Richter, *Gerhard Richter, Text*, hrsg. von Hans-Ulrich Obrist, Frankfurt am Main, Insel, 1993, S. 220.
6 Buchloh, 1993, S. 37 (wie Anm. 5).

2 Gerhard Richter **Für Installation** 1972
66,7 × 51,7 cm
9 Schwarzweiss-Fotos (36. Biennale, Venedig, 1972)
Städtische Galerie im Lenbachhaus München

LAGERN UND KOMPRIMIEREN

Lexikonporträts aus Gerhard Richters *Atlas*. Richter sollte für das Projekt eine neue Serie entwickeln, die sich auf die Bibliotheksbestände bezogen hätte. Damit wird klar, dass die Architekten sich spätestens 1992 ausführlich mit dem Werk Richters auseinandergesetzt haben.[7] Das Wettbewerbsprojekt für die Université de Jussieu wurde nicht realisiert. Die Idee für Fassaden aus bedruckten Einzelteilen wurde allerdings weiterentwickelt und kam erstmals beim Ricola-Europe SA, Produktions- und Lagergebäude, Mulhouse-Brunstatt (1992–1993 →94) zur Anwendung.

Schein als Lebensthema

> Illusion – besser Anschein, Schein ist mein Lebensthema […] Alles was ist, scheint, und ist für uns sichtbar, weil wir den Schein, den es reflektiert, wahrnehmen, nichts anderes ist sichtbar. Die Malerei beschäftigt sich wie keine andere Kunstart ausschliesslich mit dem Schein. Die Fotografie rechne ich selbstverständlich mit ein.[8]

Die serienmässige Anordnung seiner Bilder im *Atlas*, wo oft dasselbe Sujet mit ganz geringer Veränderung des Blickwinkels reihenweise neben- und übereinander gestellt wird, scheint dieses Misstrauen gegenüber der Wirk-

---

7 Richter wurde über dieses Vorhaben damals informiert. Jacques Herzog hat ihn anlässlich eines anderen Projektes später in Köln besucht.
8 *Gerhard Richter*, The Tate Gallery, London, 1992, S. 123.

3 Gerhard Richter **Detail 90**
Aus *128 Details from a Picture (Halifax 1978)*,
The Nova Scotia Pamphlets, 2, Halifax, Nova Scotia, 1980

lichkeit endlos zu repetieren. Fotografie ist nichts anderes als Schein, Emanation dessen, was sich vor der Linse befand. Die naive, unvollkommene Aufnahmetechnik der Bilder unterstreicht diese Tatsache, denn die fotografische Optik bildet sich als Unschärfe und Schlieren selbst mit ab. Die Bilder im *Atlas* verdeutlichen, dass ein Objekt, je nach dem, wie das Licht darauf fällt und welche Optik gewählt wurde, jeweils völlig anders erscheint.

Eine Publikation, die der Künstler 1980 veröffentlichte, ist in diesem Zusammenhang von Bedeutung: *128 details from a picture*[9] zeigt, wie der Titel sagt, 128 Detailaufnahmen einer in Halifax entstandenen Ölskizze, wobei der Blickwinkel jeweils leicht verändert ist (**Abb. 3**). Das Ergebnis ist frappant: Aus den Teilansichten des abstrakten Gemäldes werden Landschaften! Jacques Herzog ist von *128 details from a picture* besonders fasziniert:

> Das Interessanteste sind ja die Fotos, die Richter von der Oberfläche eines Bildes gemacht hat, wo Malerei, die irgend etwas darstellt, wie eine topographische Landschaft erscheint. Dieses Zerlegen von etwas real Existierendem um daraus etwas Neues aufzubauen. Das machen wir ja auch, wenn wir Fassaden mit einem gegenständlichen Sujet bedrucken, wie z.B. bei Ricola Mulhouse dieses Blattmotiv von Blossfeldt, aus dem in der Aneinanderreihung ein reines Ornament zu einem abstrakten Gebilde wird, welches das Volumen des Gebäudes auflöst.

[9] Gerhard Richter, *128 details from a picture (Halifax 1978)*, The Nova Scotia Pamphlets, 2, Halifax, Nova Scotia, 1980.

4 Gerhard Richter **Strich (auf Rot)** 1980
Öl auf Leinwand
Vierteilig, 190 × 2000 cm
Kreisberufsschule, Soest

> Andererseits werden abstrakte Formen, die wir auch verwendet haben, wie z.B. beim Ricola Lagergebäude in Laufen, durch die endlose Schichtung zu einer Holzbeige, d.h. es ergibt sich etwas Gegenständliches aus etwas Abstraktem.[10]

Vergleichbar, wenn auch umgekehrt im Vorgehen, ist Richters 1979–1980 für einen Kunst-am-Bau-Auftrag entstandener *Strich*[11] (Abb. 4), für den er einen einzelnen, horizontalen Pinselstrich auf monumentale Dimension vergrössert und ihn Pinselstrich um Pinselstrich malt. Was ursprünglich der Grundbaustein eines Bildes ist, wird zum Bildgegenstand erhoben, der einzelne Pinselstrich wird monumentales Wandbild. Wenn es Richter beim Biennale-Beitrag in Venedig darum ging, die Kategorie des Historienbildes zu unterlaufen und Monumentalität durch Wiederholung von Gleichartigem zum Ornament aufzuspalten, geht es beim *Strich* darum, dem symbolhaften Charakter des traditionellen Wandbildes mit einem gegenständlich abstrakten, monumentalen Zeichen zu begegnen und dem Bildverbot der frühen siebziger Jahre eine lange Nase zu machen.[12] Was Richter zeigt, ist ja nur ein Strich. Aber was ist das überhaupt, ein Pinselstrich? Was wissen wir über Malerei, wenn diese monumental vergrösserte malerische Geste uns so fremd vorkommt wie eine unbekannte Landschaft?

Eine ähnliche Haltung verdeutlicht die Dominus Winery, Yountville, California (1995–1998 →137), wo Herzog & de Meuron das Thema der Mauer unter die Lupe nehmen. Das ganze Bauwerk kann als vergrösserte und ihre einzelnen Bestandteile offen darlegende Mauer verstanden werden. Eine Mauer, die je nach Standort anders wirkt, von innen wie Spitzenwerk, aus der Ferne fest gefügt wie ein Bollwerk.

> Wir können uns doch nicht auf das Bild von Wirklichkeit verlassen, was wir sehen. Denn wir sehen es doch nur, wie es uns unser Linsenapparat Auge zufällig vermittelt, plus den sonstigen Erfahrungen, die dieses Bild korrigieren. Und weil das eben nicht ausreicht, weil wir neugierig sind, ob das alles nicht ganz anders sein kann, malen wir [...] [W]enn wir z.B. sagen, so ist das Ding, wir brauchen es nur abzubilden, dann haben wir es ganz und richtig und anders

---

10 Zitat aus einem Gespräch mit der Verfasserin vom 9. August 2000.
11 Richter hat zwei Versionen gemalt, die er einander gegenübergestellt: *Strich (auf Blau)* beziehungsweise *Strich (auf Rot)*.
12 «Ich habe einfach weitergemalt. Ich erinnere mich genau, dass diese Anti-Malerei-Stimmung bestand. Ende der sechziger Jahre begann die grosse Politisierung der Kunstszene, da war das Malen verpönt, weil es keine ‹gesellschaftliche Relevanz› hatte und also eine bürgerliche Angelegenheit war.» Vgl. Richter, 1993, S. 212 (wie Anm. 5).

kann es nicht sein. Das ist genau so mit der Benennung der Dinge und Zustände, darauf kann man sich nicht verlassen.[13]

Serialität
Das serielle Prinzip bedingt Richters Arbeitsmethode schlechthin. Dass er für seine Sammlung von Bildern dieser unverlässlichen Wirklichkeit vorwiegend das Medium Fotografie wählt, dem wir nach wie vor glauben, dass «es so gewesen ist»[14], trägt einerseits der Tatsache Rechnung, dass die neuen Medien nunmehr die Wirklichkeit sind, andererseits entlarvt das Nebeneinander der leicht verschiedenen Ansichten desselben Motivs gerade die Fragwürdigkeit dieses Authentizitätanspruchs des Mediums. Fest steht deshalb einzig, dass wir uns auf gar nichts verlassen können, weder auf die Bilder von der Wirklichkeit noch auf die Wirklichkeit selbst, denn wir wissen gar nicht, was das sein könnte.

Mit der Übertragung seriell angeordneter Bilder oder Raster auf ihre Bauten unterstreichen Herzog & de Meuron, dass sogar Architektur, die vom Anspruch her ewig währen sollte, sich je nach gewählter Optik in der Wahrnehmung ständig verändert. Ihre Arbeit geht davon aus, dass «*Firmitas* […] nicht erreicht werden kann […] ein Traum bleiben wird und nur so

13 Peter Sager, «Gespräch mit Gerhard Richter», in: *Das Kunstwerk,* 7, 1972, S. 16–17, hier S. 27.
14 «Der Name des Noemas der Photographie sei also: ‹Es-ist-so-gewesen› oder auch: das Unveränderliche.» Vgl. Roland Barthes, *Die helle Kammer,* Frankfurt am Main, Suhrkamp, 1985, S. 33.

5 Herzog & de Meuron
Griechisch-Orthodoxe Kirche (1989 →57)
Acryl, Folie, Holz

auch wirklich interessant ist»[15]. In ihrem Projekt für eine Griechisch-Orthodoxe Kirche, Zürich (1989→57; Abb. 5) trugen sie der Einsicht Rechnung, dass im Zeitalter der unbeschränkten Reproduzierbarkeit der Bilder auch Ikonen sich ihren Authentizitätscharakter nicht mehr allein durch die Ausführung von auserwählter Hand nach althergebrachten Regeln bewahren. Reproduktionen verloren gegangener oder zerstörter Exemplare sollten mit einem speziellen Verfahren in den transluzenten Marmor geätzt werden. Auf diese Weise sollte ein Kirchenraum entstehen, «dessen Baustoff und ganze Essenz sozusagen die Ikone ist»[16].

Das Prinzip, das die Architekten später für Fassaden anwenden sollten, entstand also zunächst als Idee für einen Andachtsraum. Es ist bezeichnend, dass Herzog & de Meuron die magische Wirkung, die durch die Reihung von Bildern entsteht, vom Andachtsraum kurzerhand auf die Aussenhaut ihrer Gebäude übertrugen. Da die Werbung heutzutage am wirkungsvollsten mit suggestiven Bildern operiert, darf Magie sich nicht auf Kirchenräume beschränken.

Dass es den Architekten bei der Griechisch-Orthodoxen Kirche weniger um die religiöse Aufgeladenheit der einzelnen Ikone ging als darum, durch

---

15 Herzog & de Meuron, «Firmitas», in: Gerhard Mack, *Herzog & de Meuron 1992–1996*, Das Gesamtwerk, Bd. 3, Basel, Birkhäuser, 2000, S. 223.
16 Jacques Herzog & Pierre de Meuron, «Gedanken über ein unverwirklichtes Projekt einer griechisch-orthodoxen Kirche in Zürich», in: Gerhard Mack, *Herzog & de Meuron 1989–1991*, Das Gesamtwerk, Bd. 2, Basel, Birkhäuser, 1996, S. 91.

6 Gerhard Richter **Seestücke** 1970
66,7 × 51,7 cm
2 Collagen (aus 2 Schwarzweiss-Fotos einzeln montiert)
Städtische Galerie im Lenbachhaus München

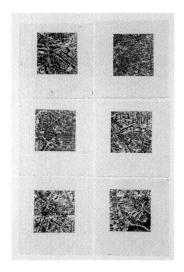

eine Art *All-over*-Behandlung des Innenraums mit diesen Bildern eine faszinierende Wirkung zu erzielen, ist wohl der Hauptgrund dafür, dass das Projekt beim Oberhaupt der orthodoxen Kirche keinen Gefallen gefunden hat. Immer wieder geht es bei Herzog & de Meurons Werken darum, unterschiedliche Materialien durch die Art und Weise, wie sie am Bau montiert und präsentiert werden, einander anzugleichen. So etwa in dem nahezu ephemeren Bau für die Sammlung Goetz, Haus für eine zeitgenössische Kunstsammlung, München (1989-1992 →56). Hier wurden helle Birkenpaneele bündig in geätztes Glas übergeführt. Festes Holz wird dem mattierten Glas angeglichen, scheint durch die gebleichte Oberfläche zeitweise selbst fast transluzent zu sein.

Das erinnert an Richters Serie von *Seestücken*. Zuweilen ist der gezeigte Himmel gar nicht derjenige, der zum ursprünglichen Foto gehörte. Der Horizont ist gleichzeitig Schnitt, der Übergang von Wasser zu Himmel also in Wirklichkeit eine Grenzlinie, der Horizont reine Konstruktion (Abb. 6).

> Jede Schönheit, die wir in der Landschaft sehen, jede bezaubernde Farbigkeit, Friedlichkeit oder Gewalt einer Stimmung, sanfte Linienführung, grossartige Räumlichkeit und was weiss ich, ist unsere Projektion, die wir auch abschalten können, um im selben Moment nur noch die erschreckende Grässlichkeit und Hässlichkeit zu sehen.[17]

17 *Gerhard Richter, Werken op papier,* Museum Overholland, Amsterdam, 1987, S. 11.

7 Gerhard Richter **Städte** 1968
66,7 × 51,7 cm
6 Schwarzweiss-Ausschnitte (Modelle aus Büchern)
Städtische Galerie im Lenbachhaus München

HERZOG & DE MEURON UND GERHARD RICHTERS *ATLAS*

8 Gerhard Richter **Zeitungs- & Albumfotos** 1962–1966
51,7 × 66,7 cm
33 Schwarzweiss-Ausschnitte, 10 Schwarzweiss-, 2 Farbfotos
Städtische Galerie im Lenbachhaus München

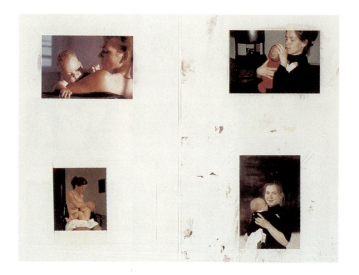

Architektur funktioniert diesbezüglich wie Landschaft. Auch auf Bauten projizieren wir im Wesentlichen unsere Vorstellungen.

Interessant ist, wie im *Atlas* Architektur gezeigt wird: Neben zum Teil utopischen Architektur- und Ausstellungsideen sammelt Richter auch Stadtansichten, wobei Fotos von gebauten Städten neben Aufnahmen von Architekturmodellen montiert werden und sich so erstaunlicherweise zum Verwechseln ähnlich sehen (Abb. 7). Deshalb erstaunt die Aussage nicht:

> Ich glaube nicht an das absolute Bild, es kann nur Annäherungen geben, immer und immer wieder Versuche und Ansätze. Das wollte ich ja auch in diesem Katalog zeigen, nicht die besten Bilder, sondern alles, die ganze Arbeit der Annäherung, mit allen Irrtümern. In meinem Bilderatlas ist das noch extremer, da kann ich die Bilderflut nur noch durch Ordnung in den Griff kriegen, da gibt es überhaupt keine Einzelbilder mehr.[18]

Ein einzelnes Bild lässt sich bei dieser Vorstellung von Wirklichkeit also gar nicht mehr rechtfertigen. Viel zu malen ist die einzige mögliche Antwort. Auch die «relative Stillosigkeit»[19] seines gemalten Werkes wird nun einsich-

---

18 *Gerhard Richter, Bilder 1962–1985* (dt./engl.), hrsg. von Jürgen Harten, Kunsthalle Düsseldorf, Köln, DuMont, 1986, S. 33.
19 Im knappen Text des Informationsfaltblatts zu Richters Ausstellung im Modern Art Museum of Fort Worth, Texas, wird Richter gleich zu Beginn als «stileless artist» bezeichnet.

9 Gerhard Richter **Vorbilder** o. J.
51,7 × 66,7 cm
4 Farbfotos (einzeln montiert)
Städtische Galerie im Lenbachhaus München

tig als Mittel, jede gewählte Ausdrucksform gleich wieder in Frage zu stellen, da es keine endgültigen Antworten geben kann.

Die Macht der Bilder
Im *Atlas* überwiegen Natur- oder Landschaftsbilder. Daneben gibt es aber auch eine grosse Anzahl von Fotos, die mit dem Begriff «Geschichte» im weitesten Sinne überschrieben werden könnten, also Bilder aus Zeitungen und Magazinen sowie Fotos der Familie und von Freunden (**Abb. 8-9**).[20] Am berühmtesten sind die Zeitungsbilder zum Tod der Baader-Meinhof-Gruppe (**Abb. 10**),[21] die Richter als Grundlage für seinen Zyklus *18. Oktober 1977* dienten.

> Photos sind doch fast Natur. Und wir bekommen sie sogar frei Haus, fast so ungestaltet wie die Wirklichkeit, nur kleiner. Wir wollen doch diese schrecklichen kleinen Bilder sehen, sie ersparen uns doch die öffentlichen Hinrichtungen, vielleicht sogar die Todesstrafe. Wir brauchen das doch.[22]

20 Am Anfang nimmt Richter auch Aufnahmen aus den Fotoalben der Familie seiner ersten Frau sowie seiner Freunde – zum Beispiel Siegmar Polkes – in den *Atlas* auf.
21 Richter hat diese Zeitungsbilder, die er «grösstenteils aus dem ‹Stern› hatte», für den *Atlas* unscharf fotografiert, weil es ihm «unangenehm war, die Fotos direkt zu zeigen». Vgl. Gespräch der Autorin mit Gerhard Richter vom 9. Oktober 1991.
22 Jan Thorn-Prikker, «Gerhard Richter, 18. Oktober 1977», in: *Parkett*, 19, 1989, S. 124–136, hier S. 128–129.

10 Gerhard Richter **Baader-Meinhof-Fotos** 1989
51,7 × 66,7 cm
8 Schwarzweiss-Reproduktionen
Städtische Galerie im Lenbachhaus München

LAGERN UND KOMPRIMIEREN

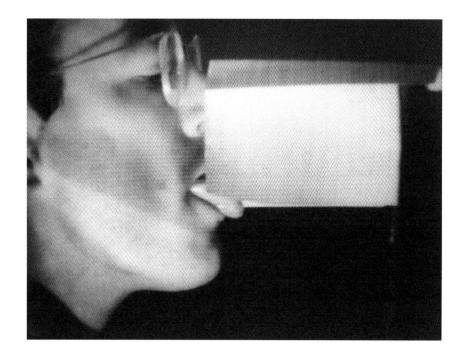

11 Jacques Herzog und Alex Silber **Killcity – 7 Bilder** 1981
Videostill
Videoband, Schwarzweiss, Ton, 15 min

Die Macht der Bilder und ihr Zusammenwirken mit der Geschichte des einzelnen Menschen zeigt auch Herzog & de Meurons Bibliothek der Fachhochschule Eberswalde (1994–1999 →105). Die Fassade des Baus ist mit Bildern bedruckt – sie sind in den Beton der Fertigplatten geätzt beziehungsweise mittels Siebdruck auf den Glasplatten und Fenstern aufgebracht –, die den im *Atlas* vorkommenden «Geschichts»-Bildern vergleichbar sind. Sie entstammen der Sammlung von Zeitungsbildern von Thomas Ruff.[23] Mit Ausnahme des Hirschkäfers zeigen die Fotos «eine Art Tagebuch der Deutschen»[24]. Vergleichbar also (wenn auch weniger spektakulär) mit Richters Aufnahmen zum Tod der Baader-Meinhof-Gruppe, ist hier durchaus ein Inhalt mit gemeint, der allerdings durch die Montageart verfremdet, sozusagen zum die Bibliothek einhüllenden Stoff wird. Es sind Bilder, die laut Thomas Ruff ausserordentlich «robust» sind. Sie haben trotz wiederholten Beschneidens durch die Zeitungsredaktion und den Künstler ihre Aussagekraft nicht verloren. Immerhin hat sich die Bauherrschaft gegen gewisse Motive äusserst vehement gewehrt: Breschnew neben Nixon auf einer Bank sitzend – dieses Motiv setzt offenbar auch heute noch so viele Assoziationen in Bewegung, dass es nicht an der Bibliotheksfassade geduldet werden konnte. Das Bild von der Bernauerstrasse, das zeigt, wie Menschen in Berlin aus Fenstern in den Westen zu flüchten versuchen, wurde schliesslich widerstrebend toleriert.

Appropriation
Für das Projekt von Eberswalde drängt sich der Begriff der Appropriation, der Aneignung, auf. Die Architekten verleiben die Zeitungsbilder Ruffs dem Baumaterial buchstäblich ein, so dass aus dem Zusammenwirken von Materialität und Motiv etwas Neues entsteht. Aber nicht nur Material und Motiv werden miteinander verschmolzen. Baukörper und Bilderhaut sind nicht mehr voneinander zu unterscheiden. Der Bau ist nichts anderes als Bildfries über Bildfries. Man kann sogar sagen, dass in Eberswalde eine doppelte Appropriation vorliegt, da Ruff diese Bilder sich auch angeeignet hat. Man kann Appropriation geradezu als Prinzip der Arbeitsweise von Herzog & de Meuron begreifen. Sie sind immer wieder darauf aus, ihrer Architektur Kunst einzuverleiben oder, besser gesagt, ihre Architektur gleichsam mit Kunst zu vereinigen, um zu einer neuartigen Sprache zu finden.

23 Thomas Ruff studierte an der Kunstakademie in Düsseldorf. Gerhard Richter war einer seiner Lehrer.
24 Interview der Autorin mit Thomas Ruff in: *Herzog & de Meuron, Urban Projects – Collaboration with Artists – Three Current Projects*, TNProbe, 4, Tokio, Toriizaka Networking, 1997, S. 99.

Von Anfang an trugen sie der Tatsache Rechnung, dass ihre Vorstellung von Architektur sich nicht aus wirklich gebauter Architektur formiert hatte, sondern aus Bildern, die sie irgendwo – auch im Film – gesehen hatten.[25] Vergleichbar mit Richter, ist ihre Auseinandersetzung mit Architektur gleichzeitig immer auch eine kritische Auseinandersetzung mit medial vermittelten Architekturbildern. Die mediale Welt ist unsere Natur und gleichzeitig ist Natur medialisiert. Ausserdem ist Architektur Denkform[26] und Denken geschieht in Bildern, die wir auf die geschaute Wirklichkeit projizieren. Frühe Bauten wurden deshalb sozusagen aus verschiedenen disparaten Bildern aufgebaut. Das Projekt SUVA Haus, Umbau und Erweiterung eines Wohn- und Bürohauses, Basel (1988–1993 →50) oder das ISP Institut für Spitalpharmazie, Rossettiareal, Basel (1995–1998 →132) hingegen sind reine Projektionsflächen, hier kann die Materialität gar nicht unabhängig von den Reflexionen, den verschiedenen Lichteffekten darauf, wahrgenommen werden. Das heisst, die Architektur weigert sich, eine endgültige Form anzunehmen. Die Fassaden wirken wie Screens, allerdings sind die Bilder, die darauf erscheinen, nur latent vorhanden und nicht elektronisch erzeugt, vergleichbar mit den flüchtigen Gedankenbildern in unserem Kopf. Wie Rémy Zauggs Bilder scheinen sie zu sagen «BUT I, WORLD, I SEE YOU», aber auch «MAIS MOI, LA VILLE, JE TE VOIS».

Eine sehr frühe Aufnahme zeigt Jacques Herzog, wie er die Zunge in ein aus Dachpappe geformtes Haus streckt (Abb. 11). Hier wird eine Haltung bildhaft ausgedrückt: Es geht um die Möglichkeit, sinnlich in ein Gebäude eindringen zu können. Die Bauten von Herzog & de Meuron bieten diese Möglichkeit immer wieder an. Gleichzeitig entlarven sie sich aber auch als reine Projektionsflächen. Es geht den Architekten nicht darum, die sinnliche Ausstrahlung eines traditionellen Hauses vorzutäuschen. Die Sinnlichkeit ihrer Gebäude ergibt sich unter anderem aus deren phantasmagorischer Erscheinungshaftigkeit, die auf *firmitas* pfeift und voll auf Verführung setzt.

---

25 Siehe «Gespräch zwischen Jacques Herzog und Theodora Vischer vom Mai 1988» in: Gerhard Mack, *Herzog & de Meuron 1978–1988*, Das Gesamtwerk, Bd. 1, Basel, Birkhäuser, 1997, S. 212–217, hier S. 212.
26 Die Ausstellung von Herzog & de Meuron 1988 im Architekturmuseum in Basel trug den Titel *Architektur Denkform*. Mit dem exemplarischen Ausstellungskonzept (siebgedruckte Bilder und Schrift auf den Glasfassaden des Museums) gelang es ihnen, gedruckte Kernsätze ihres Denkens und Bilder ihrer gebauten Architektur mit dem Bild der Stadt ausserhalb des Museums zur Deckung zu bringen.

HAUSRESTE: HERZOG & DE MEURON
UND PERFORMANCE

Rebecca Schneider

Es ist gesagt worden, dass Herzog & de Meuron ihr Material zelebrieren.[1] Oft kommentiert wird auch ihre Verwendung von konventionellen, alltäglichen architektonischen Elementen, die, so Wilfried Wang, «sogar banal sein mögen»[2]. Dass die Aufmerksamkeit der Architekten gegenüber dem Materiellen sich mit ihrer Beschäftigung mit dem Banalen verbinden lässt, unterstreicht eine Komplexität in ihrer Materialbetonung, die an karnevaleskes Vergnügen erinnert. Tatsächlich enthält Herzog & de Meurons Schwelgen in der Materie Aspekte karnevalesker Umkehrung (von innen und aussen, oben und unten), ja, gelegentlich sogar parodistischen, heiteren Humor – gleichzeitig jedoch immer auch den respektvolleren Ausdruck von Wertschätzung der alltäglichen Materialien.

Bemerkenswerterweise sieht Wang das Banale und dessen Verbindung zu den unmittelbaren Materialeigenschaften in dem Interesse widerspiegelt, mit dem die Architekten die Funktion und Geschichte eines Grundstücks betonen. Wang verbindet also die Schlichtheit des Materials mit historischen Überresten. Als Beispiel für diese Form gewordene Schlichtheit im Werk der Architekten nennt Wang die Darstellung der Schichten von Sedimentgestein im Lagerhaus Ricola, Laufen (1986–1987 →38).

Herzog & de Meuron stellen sowohl eine konzeptuelle Verbindung zu der früheren Funktion des Grundstücks als Steinbruch wie auch zu der neuen des geplanten Gebäudes als Lagerhalle her. In der abgestuften horizontalen Schichtung der Eternitplatten wird sowohl auf das Gepresste des abgebauten Gesteins

---

1 Siehe Rafael Moneo, «Celebración de la materia», in: *AV Monografías/Monographs. Herzog & de Meuron 1980–2000,* 77, 1999, S. 16–27.
2 Wilfried Wang, *Herzog & de Meuron,* Basel, Birkhäuser, 1998, S. 15.

und die Stapelung von Ricolas Produkten angespielt. Durch die Realität des Materials, die Sprache der Konstruktion und die tektonische Komposition werden Parallelen hergestellt, die Valenzen bilden, Verbindungen und Assoziationen zur Geschichte des Grundstücks, zu dessen neuer Funktion und dem nahezu banalen Material herstellen.³

«Nahezu banales Material» schreibt Wang – aber doch nicht ganz? Eine Struktur zu entwerfen, die im Wesentlichen die Banalität einer Lagerhalle repräsentiert oder widerspiegelt, fordert uns dazu auf, das Banale als dessen Gegenteil neu zu überdenken: als das Tiefe. Diese Aufforderung ist gleichzeitig eine ausgesprochene Geste des Modernismus und ein Duchamp'scher Verweis – eine karnevaleske Weise, das Unterste nach oben zu kehren – vielleicht. Und doch weicht diese doppelte Geste vom Modernismus, den sie reflektiert, auf unerwartete Weise ab. Sie ist nämlich nicht einfach Umkehrung um der Umkehrung oder der Form oder irgendeines überraschenden «Wunderbaren» der Materie willen. Diese Geste ist vielmehr und vielleicht unerwarteterweise ein Versuch, Erinnerung bewusst zu situieren und zu artikulieren – sogar Erinnerung an den Modernismus innerhalb der Erinnerung an die viel weiter zurückreichende Geschichte eines Ortes. Dass diese «Vergegenwärtigung» des Ab-lagerns nicht nur die Funktion des Gebäudes widerspiegelt (es ist ein Lagerhaus), sondern auch die Geschichte

3 Wang, 1998, S. 16 (wie Anm. 2).

1 Joseph Beuys mit der Fasnachtsclique «Alti Richtig», Basel 1978

des Bauortes, stellt eine Möglichkeit dar, wie das scheinbar Banale als mit Bedeutung be-schichtet gelesen werden kann. Jacques Herzog formulierte das folgendermassen:

> Die Fassade selbst gleicht einem grossen Lagerregal, wobei die horizontalen Platten, die senkrechten Stützen und die Träger ein System von Trag- und Stützelementen bilden [...] Wir platzierten diese riesige Lagerhalle so in das Baugrundstück, dass sie zu den Felsschichten in eine Beziehung tritt. Dazu kommt noch, dass der Fels selbst sich in einer Art Lagerhaltung befindet, da es sich um Kalk handelt, ein Sedimentgestein, das Schichten aufweist. Man kann sagen, dass der Fels mit dem Konzept des Gebäudes verwandt ist und dass auf diese Weise die Architektur ein Verständnis des Ortes fördert.[4]

Die Strenge in der Verherrlichung des Materials schafft hier eine Möglichkeit, die Geschichte des Ortes nicht zu verdrängen. Vielmehr bleibt sie echoartig im Gebäude selbst erhalten – als Echo, das die Geschichte des Ortes (als ehemaligen Steinbruchs) zitiert und in einer andauernden Konversation mit der viel älteren Geschichte des umgebenden Kalksteins selbst hörbar macht. Auf diese Weise erhält sich Geschichte im Gebäude, sowohl als sichtbare Form wie auch als unsichtbare Anspielung – so wie sichtbare Materie selbst vom unsichtbaren oder nicht länger sichtbaren Geist vergangener Performances zu widerhallen vermag. Obschon ich hier das Sicht- und Hörbare durcheinander zu bringen scheine, glaube ich, dass es, zum Teil wenigstens, genau diese Vermischung ist, die Herzog & de Meuron in ihrer Architektur umspielen. Dass Materie sowohl konkret wie auch als Zitat verwendet wird (ich werde darauf zurückkommen), ist eines der interessantesten Elemente ihres Bauens. Genau hier kann die Verbindung zwischen Architektur und Performance ansetzen.

Herzog & de Meuron haben Joseph Beuys als eine Art Tiefenschicht bezeichnet, die ihr Werk durchzieht (Abb. 1). Beuys «machte uns auf die unsichtbaren Materialeigenschaften aufmerksam», so Jacques Herzog.[5] Was sind diese unsichtbaren Materialeigenschaften und wie bleiben sie in dem sichtbaren Material, aus dem ein Gebäude errichtet wird, erhalten? Performance als eine Kunstform, die sich mit der komplexen Angelegenheit der «Lebendigkeit» befasst, wird oft als Gegenpol zum Stofflichen betrachtet. Performance ist die Form des Vergänglichen schlechthin, die verschwindet,

---

4 Jacques Herzog interviewt für *The New Modernists: Six European Architects* (1997).
5 Herzog, 1997 (wie Anm. 4).

während das Stoffliche, wie Dokumente oder Gegenstände, bleibt.⁶ Herzog & de Meuron problematisieren diese klare kunstgeschichtliche Trennung zwischen Materie, die bleibt (und für Lagerung oder Archivierung verfügbar bleibt), und Performance, die angeblich verschwindet.⁷ Es sind nämlich genau diese unsichtbaren Eigenschaften des Stoffes, die im Werk von Herzog & de Meuron verbleiben und nahe legen, dass Performance, weit davon entfernt zu verschwinden, als Nachklang des Zitierens im Gebäude verbleibt, als Poltergeist, der lärmend und klappernd durch den Hausrat des scheinbar Banalen streicht.

Angesichts des Themas der Lagerung und der Art und Weise, wie vergangene Performance sich erhält, ist es kein Zufall, dass sich Herzog & de Meuron für den Bau von Archiven, Lagerhallen und Speichereinrichtungen interessieren. Fragen von Überbleibsel, Zitat und Örtlichkeit hallen in ihrem Werk nach, ebenso die Frage nach dem, was be-haust werden kann – die Frage also, was Be-hausung überhaupt umschliesst. Unerwarteterweise wirft so die Reduktion auf das Banalste und Einfachste höchst komplizierte analytische Fragen auf. Nehmen wir das Haus in Leymen (1996–1997 →**128; Abb. 2**). Dieses Haus ist ein Musterbeispiel von Aussparung und betont die unauflöslichen Verbindungen zwischen dem Symbolischen und dem Wörtlichen,

6 Siehe Richard Schechner, *Performance Theory,* New York, Routledge, 1977; Herbert Blau, *Take Up the Bodies: Theater at the Vanishing Point,* Urbana, Ill., University of Illinois Press, 1982; und Peggy Phelan, *Unmarked: The Politics of Performance,* London und New York, Routledge, 1993.
7 Siehe Rebecca Schneider, «Performing Remains», in: *Performance Research,* 6, 2, 2001, S. 100–108.

2 Herzog & de Meuron **Haus in Leymen** (1996–1997 →**128**)
Fotografie: Margherita Spiluttini, 1997

wodurch das eine mit dem anderen in eine Art gespenstische Konversation tritt und belegt, dass ein Haus der Geschichte zitierender Praxis nicht zu entkommen vermag. Wang bemerkt, dass die äussere Form dieses Hauses «beinahe als Archetyp bezeichnet werden kann»[8]. Schon wieder «beinahe». Wang und Rafael Moneo besprechen dieses Haus, als ob es von Kindern errichtet worden wäre, wie Kinder im Westen mit fünf Linien unverkennbar ein Haus darstellen. Moneo versteht diese Beschwörung der archetypischen Be-hausung als eine unmissverständliche Reflexion auf die Geschichte:

> Ich habe wiederholt geäussert, dass das Werk von Herzog & de Meuron eine absichtliche Vernachlässigung und eine gewisse Verachtung aller ikonografischen Bezüge ausdrückt. Wir haben gesehen, wie in Projekten wie dem Basler Stellwerk oder der Sammlung Grothe in Duisburg sämtliche typologischen Anspielungen ausgemerzt wurden. Hier jedoch scheint das Ikonografische sich durchzusetzen. Ohne Zweifel stellt das Rudin-Haus den Kritiker vor ein anziehendes Problem. Die Wörtlichkeit, mit der es auf Ikonografie anspielt, impliziert deren Negation [...] Herzog & de Meuron haben versucht, das Häusliche zu exorzieren, indem sie es auf eine Form ohne Bedeutung reduzierten, auf ein blosses *flatus voci* ohne Bezugspunkt [...] Die Idee eines Ursprungs scheint damit unumgänglich und unvermeidlich eine Reflexion der Geschichte, nur in Typen gegenwärtig; das führt Architektur zu jener schmerzhaften Transformation von Erinnerung, die wir beinahe als schizophren zu bezeichnen versucht sind.[9]

«Beinahe versucht» – aber nicht ganz? Moneo liest das Haus als Versuch, «das Häusliche zu exorzieren». Im Sinne des von ihm und Wang angerufenen «Beinahe» möchte ich vorschlagen, dass das Häusliche nur *beinahe* ausgetrieben wird, aber nicht ganz. Es ist dieses «Nicht ganz», das uns dazu anregt, das Projekt dieses Hauses und die Spuren von Domiziliertheit, anders gesagt, das angespannte Nebeneinander des Symbolischen und Zitierten einerseits und des Wörtlichen andrerseits noch einmal zu überdenken.[10]

---

8 Wang, 1998, S. 150 (wie Anm. 2).
9 Moneo, 1999, S. 27 (wie Anm. 1; meine Hervorhebungen).
10 Der Theoretiker Homi Bhabha hat das «beinahe, aber nicht ganz» in der Praxis der Bedeutungsgebung mit den Eigenschaften der Mimesis in der Darstellung in Verbindung gebracht. Er stellte die Hypothese auf, dass das Gleiten des «beinahe» eine Öffnung herstellt, durch die sich soziale und kulturelle Praktiken lesen lassen (wobei allerdings seine Verwendung des Begriffs der Ambivalenz mit meinem Verständnis von «beinahe» nicht vollständig übereinstimmt). Homi K. Bhabha, «Of Mimicry and Man: The Ambivalence of Colonial Discourse», in: *October*, 28, 1984, S. 125–133. Auch die Lesart der feministischen Kritikerin Luce Irigaray gab einen wichtigen Anstoss; es ist kaum zu bestreiten, dass Mimesis sich am klarsten in Performance zeigt, aber auch für die performativen Aspekte in der Bedeutungspraxis äusserst wichtig ist.

LAGERN UND KOMPRIMIEREN

3 Faltblatt der Basler Fasnachtsclique «Alti Richtig»
Programm zu Feuerstätte 2 1978

4 Joseph Beuys mit der Fasnachtsclique «Alti Richtig», Basel 1978

Im Haus in Leymen ist die symbolische Form so klar, so offensichtlich, dass man überrascht ist, dass der Bau tatsächlich ein Haus ist, genauer, sowohl ein Haus wie auch die Ikone eines Hauses. Ich glaube nicht, dass diese Geste der Wörtlichkeit in ihrer Spannung gegenüber dem Symbolischen das Häusliche (diesen Bereich des Weiblichen, diese erniedrigende Arena von Töpfen und Pfannen) vollständig exorziert. Vielmehr wird es uns damit als etwas noch einmal zu Überdenkendes vorgestellt, in Bezug auf die sich immer wieder aufdrängenden Aspekte von Form und Funktion. «Haus» erscheint hier beinahe als etwas Absurdes, auf einer horizontalen Ebene über sich selbst Schwebendes, umrissen in scharfen, schmucklosen Proportionen. Wir mögen überrascht feststellen, dass man offenbar in Platons Ideal *leben* könnte, in dem Gott-gegebenen Bett schnarchen, an dem idealen Tisch sitzen und mampfen. Wir sind von dem Ausmass überrascht, wonach wir nicht anders können, als in der Hinterlassenschaft unserer historischen Vorstellungen zu leben. Und dies, wie der Karneval selbst, vermag Gelächter auszulösen, diese zugleich banalste und festlichste Aufforderung an Atem und Stimme.

Der Karneval und das Karnevaleske, diese respektlose Umkehrung von innen und aussen, steht in deutlichem Bezug zu der performativen Avantgarde, einschliesslich Künstlern wie Joseph Beuys, die Konzepte rituellen Engagements und einvernehmlicher Beobachtung dazu verwendeten, die musealen Gewohnheiten von Betrachtern gegenüber dem frei schwebenden Spektakel aufzurütteln (Abb. 3-4). Eine der Gegebenheiten, die die Performancekunst sich sehr zu hinterfragen bemühte, ist die verbreitete westliche ästhetische Trennung von Betrachter und Betrachtetem. Entsprechend unserer Vertrautheit mit dieser Trennung verhält sich ein Zuschauer dem Schauspiel gegenüber gewöhnlich passiv, während der Darsteller oder das Dargestellte dem Zuschauer gegenüber blind ist. Die Formel dieser Perspektive ist: Wer sieht, wird nicht gesehen, und wer agiert oder darstellt, ist blind. Als Folge dieser Gleichung bildete sich eine bestimmte Architektur heraus, die so alt ist wie das *theatron* der Antike, wo zum ersten Mal, wie Theaterwissenschaftler historisch zu rekonstruieren vermochten, die Trennung von Bühne und «Haus» in Stein gehauen wurde (Abb. 5). Wir können das als eine primäre Architektur des Bildschirms oder der visuellen Kultur allgemein verstehen, die manche Avantgardebewegung liebend gern in Frage stellte.[11] In einem

---

11 Nicht zufällig wurde Perspektive durch die Untersuchungen zu Vitruvs Entwurf für das römische Theater in der Renaissance entdeckt. Diese Entwürfe nahmen ihrerseits das griechische *theatron* zum Vorbild. Siehe Hubert Damisch, *The Origin of Perspective*, Cambridge, Mass., The MIT Press, 1994.

LAGERN UND KOMPRIMIEREN

zukünftigen Projekt hoffe ich, der folgenden Frage nachzugehen, die von der Arbeit Herzog & de Meurons an Lagereinrichtungen, Archiven und Be-hausung nicht so weit entfernt ist: Ist es möglich, die altbewährte Architektur für Theaterkunst (die Haus-teilung, die zur Projektionsfläche visueller Kultur geworden ist) zur Entstehung des Archivs in Verbindung zu setzen? Die Entwicklung von Archiven verläuft parallel zur Entwicklung des griechischen Theaters an der Quelle unserer Zivilisation, auf die wir unermüdlich, wenn auch oft irrtümlich, unsere westliche Abkunft zurückzuverfolgen suchen. Gemäss der Logik des Archivs finden wir eine Anordnung der archivierten materiellen Überreste und dokumentarischen Artefakte, die der Performance und der mündlichen oder lebendigen Überlieferung diametral entgegengesetzt ist.[12] Diesem Zugang zur Vergangenheit von Dokument, Materie und Artefakt steht die Gegenwart der Performance so schroff gegenüber wie die klar gezogene Grenze zwischen Haus und Bühne. Ich sehe die Arbeiten von Herzog & de Meuron zum *situationalen* Gedächtnis als Infragestellung dieser Trennung und die Trennung selbst als mit der theatralischen Trennung verbunden, die von Künstlern wie Beuys in Frage gestellt wird.

Viele Performancekünstler sind sich dieser in Stein gesetzten Trennung zwischen Handelndem und Zuschauer, genauer, ihrer Bedingungen von

---

12 Siehe Jacques Derrida, *Dem Archiv verschrieben: Eine Freudsche Impression,* übersetzt von Hans-Dieter Gondek und Hans Neumann, Berlin, Brinkmann und Bose, 1997 (frz. Originalausgabe: *Mal d'archive. Une impression freudienne,* Paris, Galilée, 1995).

5 Dionysos-Theater, Athen
Fotografie gedruckt durch Francis Frith & Co., frühe 1860er Jahre
Unnummerierte Tafel, aus einem undatierten Album mit dem Titel *Photographs Eastern*
mit 337 Fotografien
Albuminsilberabzug, 15,6 × 20,5 cm
Canadian Centre for Architecture, Montreal

passiver Vision und aktiver Blindheit längst bewusst. 1994 schrieb Julie Holledge zum Beispiel über ihre feministische Performancepraxis: «Anstelle der auf deutlich markierten Begrenzungen beruhenden Beziehung von Akteur und Zuschauern [...] errichte ich ein Theater der Vermischung, der durchlässigen Grenzen.»[13] Diese Aussage erinnert an viele ähnliche avantgardistische Grenzverletzungsstrategien. Worum es mir hier geht, ist Holledges Wendung «anstelle von ...», weil sie eine weitere Kreuzungsstelle von Performance und den architektonischen Fragestellungen Herzog & de Meurons blosslegt. Die Wendung hat eine Doppelbedeutung. «An der Stelle» bedeutet, etwas dort zu tun – exakt an dem Ort der vorgegebenen Grenze zwischen Akteur und Zuschauer. Aber «an Stelle von» heisst auch «anstatt» – also anstatt jener Akteur-Zuschauer-Grenze. Diese doppelte Resonanz ist zwingend. Etwas «an der Stelle» zu tun, eine alternative Praxis genau dort zu finden, *im Haus*, und das Zuschauen von der Handlung zu trennen, erfordert eine Art Diebstahl, ein «Platz-nehmen». Dieses «Platz-nehmen an der Stelle» von etwas könnte sehr schön zu Joseph Beuys' Verflechtungen des «Primitiven» oder «Magischen» im Raume des Museums passen.

Hier entstehen allerlei Ironien. Dass praktizierende Feministinnen (und ihre Praxis) im Haus «Statt-finden», das heisst ihren Platz finden sollen – in der Wohn-Statt, dem Ort der Domizilierung – sollte uns nachdenklich stimmen. Elizabeth Grosz hat in ihrem Essay *«Women, Chora, Dwelling» («Frauen, Chora, Wohnstatt»)* festgestellt, dass Frauen in den häuslichen Raum verbannt wurden. Zugleich aber, aufgrund der Bedeutungslosigkeit ihrer Tätigkeit (ihrer «performance»), wurde ihnen eine echte Existenz darin nicht zugestanden.[14] Auf ähnliche Art hat man sich «primitiven» Praktiken als Spuren längst vergangener Zeiten genähert, während von den so genannten Primitiven gesagt wurde, sie hätten selbst keine Geschichte (insofern als mündliche Überlieferung nicht materiell in einem Archiv zu ruhen pflegt). Daher ist das Agieren «an (der) Stelle» – in der Doppelbedeutung des Ausdrucks – besonders vielschichtig. Und ich meine, diese doppelte Anspielung ist in der Ironie, die Herzog & de Meurons Haus in Leymen zugrunde liegt, spürbar. Dass das Haus sowohl ein gewöhnliches Haus im Wortsinn wie auch die anzitierte Ikone «Haus» ist, bildet eine doppelte Aufforderung zu einer kritischen Untersuchung – wobei der Exorzismus des Domestischen *beinahe*, aber nicht vollständig sich vollzieht. Hier, wie schon festgestellt, befindet sich das Domestische ebenso

13 Julie Holledge, «The Language of a Lover», in: Peta Tait (Hrsg.), *Converging Realities: Feminism in Australian Theater*, Sydney, Currency Press, 1994, S. 219–227, hier S. 225.
14 Elizabeth Grosz, «Women, Chora, Dwelling», in: Elisabeth Grosz, *Space, Time, and Perversion. Essays on the Politics of Bodies*, New York und London, Routledge, 1995, S. 111–124.

wie das Banale in einem Spannungsverhältnis zu den Formidealen und beide fordern zu einer Neueinschätzung auf – das eine je *an (der) Stelle* des anderen.

In dieser verbindlichen Ansiedlung, in dieser dauerhaften Zuweisung einer Bleibe kommen so die Archive zustande.[15]

Im Archiv ist Fleisch das, was dem Verschwinden anheim gegeben ist. Fleisch vermag keine Erinnerung an Knochen zu bewahren. Nur der Knochen spricht das Gedächtnis des Fleisches. Dem Fleisch, dem Weiblich-Subkutanen, ist keine Bleibe gegeben. Freilich ist das eine kulturelle Gleichung und zweifellos denen fremd, die das Oratorische, das Geschichtenerzählen, Erscheinungen, Improvisation oder verkörperte rituelle Praxis als Geschichte einfordern. In solchen Praktiken – als primitiv, populär, volkstümlich oder naiv abqualifiziert – bleibt Performance erhalten und «hinterlässt Spuren».[16] Man kann sogar so weit gehen zu sagen, dass der Ort der Spuren offensichtlich im *Fleisch* liegt, in einem Übertragungsnetz des Ausagierens von Körper zu Körper – der Beweis einer Einwirkung über Generationen hinweg.[17]

Wenn wir Performance primär als vergänglich verstehen und diese Vergänglichkeit als Entschwinden oder Verschwinden (im Gegensatz zum Bleibenden), beschränken wir uns dann nicht selbst auf ein Performanceverständnis, das durch die kulturelle Gewohnheit des «geteilten Hauses» bestimmt wird, einer spezifischen kulturellen Ausformung des Spekulären?[18] Die Definition von Performance, die Verlust und Verschwinden selbst im Performanceablauf betont, hat in den vergangenen vierzig Jahren an Einfluss gewonnen, zum Teil weil sie den Anliegen der Kunstgeschichte und der Zunahme von Action- und Installationskunstwerken entspricht und dem Bedürfnis entgegenkommt, Performancekunst im musealen Kontext zu verstehen, wo sie den Objektstatus in Frage zu stellen scheint. Aber es ist auch eine Definition, die, wie Derrida in *Dem Archiv verschrieben* bemerkt, für die alte archontische Logik zentral ist und die «offizielle Geschichte» als das definiert, was im Hause des *archon* aufbewahrt werden und unter seiner

---

15 Derrida, 1997, S. 11 (wie Anm. 12).
16 In seinem oft zitierten *Orality and Literacy* behauptet Walter Ong, dass mündliche Traditionen, da sie sich auf Vortrag und Darstellung (Performance) stützen, keine Spuren hinterlassen. Seltsamerweise widerspricht er selbst in einem späteren Werk dieser Behauptung, indem er argumentiert, dass zahlreiche Gewohnheiten aus der mündlichen Kultur weiterdauern. Walter Ong, *Orality and Literacy: The Technologizing of the Word,* New York, Routledge, 1988, S. 11, 29, 36.
17 Für weitere interessante Bemerkungen in dieser Richtung siehe Luis Fernández-Galiano, «Dioniso en Basilea», in: *Herzog & de Meuron, Architectura Viva Monographs 77,* 1999, S. 4–15.
18 Ein interessanter Aufsatz zu Ephemera und Überresten ist Jose Munoz, «Ephemera as Evidence: Introductory Notes to Queer Acts», in: *Women and Performance Journal,* 8, 2, 1996, S. 16.

Aufsicht verbleiben kann. Wenn wir also die Gleichung akzeptieren, dass Performance nicht gespeichert werden kann[19] und keinen Bestand hat und diese Charakterisierung auf Performances im weitesten Sinne anwenden, inwieweit vermag dann Performance das archivische Denken in Frage zu stellen? *Ist es denn nicht gerade die besondere Logik des Archivs, die Performance als ein verschwundenes Vergängliches darstellt?* Anders gefragt: Ist es vielleicht so, dass die Gleichsetzung von Performance mit Flüchtigkeit und Verlust aus der kulturellen Gewohnheit archivischen Denkens folgt, anstatt diese Gewohnheit zu durchbrechen?

Das Interesse Herzog & de Meurons an Archiven legt noch ein weiteres Archivverständnis nahe, bei dem das Innere nach aussen und das Äussere nach innen gewendet wird und das die Art und Weise unterstreicht, wie Performance, ähnlich einem Echo oder den Ablagerungen eines Rituals, *an der Stelle* des Hauses verbleibt – wenn auch dem *archon* und den Bedingungen seiner Domizilierung, seinem «Hausarrest», nicht immer entgegenkommend. Die Materie ist hier von ihren geisterhaften Eigenschaften, die nicht verloren gehen, sondern merkwürdig spurenhaft *da-bleiben*, nie ganz frei. In dieser Hinsicht verfehlt Gerhard Macks Kommentar zu Herzog & de Meurons Projekt Theater Visp (1984→23) wahrscheinlich sein Ziel (Abb. 6). Mack bemerkt, wie «das Pentagon an die Kristallformen der alpinen Gesteinswelt» erinnert, in der das Theater steht, und fährt dann fort: «Der Bau wird zum symbolischen Gefäss für die verlorene Geschichte des Tales und seiner Natur.»[20] Wenn das aber so ist, wenn das Gebäude diese Geschichte zitiert, dann ist diese nicht verloren, sondern bleibt in der Erinnerungsgeste, die das Gebäude ausdrückt, erhalten.

Die Bibliothek der Fachhochschule Eberswalde (1994–1999 →105) ist in dieser Hinsicht ausserordentlich aufschlussreich. In einer späteren Veröffentlichung beschreibt Mack sie wie folgt: «Ein einfacher Würfel aus Beton und Glasplatten ist von unten bis oben mit Bildmustern tätowiert – wie der Körper eines Papuaners.»[21] In der assoziativen Anspielung auf «einen Papuaner» mag sehr wohl der oben stehende Kommentar zu Beuys und zum

---

19 Zum Thema Performance als Verschwinden siehe Blau, 1982 (wie Anm. 6). Jane Blocker, gestützt auf Peggy Phelans Arbeit, hat kürzlich die Idee ins Spiel gebracht, dass Performance erst dazu wird, indem sie verschwindet, und deutete damit an, dass Performance die Antithese zum «Aufbewahren» ist. Jane Blocker, *Where Is Ana Mendieta: Identity, Performativity, and Exile*, Durham, Duke University Press, 1999, S. 134.
20 Gerhard Mack, *Herzog & de Meuron, 1978–1988, Das Gesamtwerk*, Bd. 1, Basel, Birkhäuser, 1996, S. 79.
21 Gerhard Mack, «Building with Images: Herzog & de Meuron's Library at Eberswalde», in: Gerhard Mack und Valeria Liebermann, *Eberswalde Library: Herzog & de Meuron*, Architectural Landscape Urbanism, 3, London, AA Publications, 2000, S. 8.

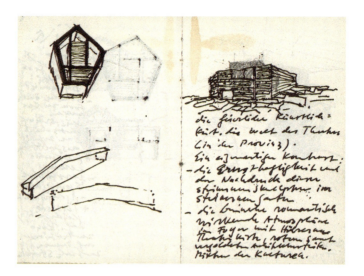

Einsatz des so genannten Primitiven in der Avantgarde nachklingen.[22] Aber betrachten wir für den Augenblick nur die fotografische Haut des Gebäudes, die sich wie ein aufgeklapptes Buch liest oder wie die Tagesschau in einer Endlosschleife (oder hier in einem Endlos*würfel*), seltsam statisch und doch gleichzeitig voll Bewegung. Da diese Bilder tatsächlich vom Künstler Thomas Ruff aus seinem Archiv von über 2500 Zeitungsfotografien ausgewählt wurden, können sie sowohl als eine weitere Übung in der Tiefe des Banalen wie auch als Möglichkeit gelesen werden, auf den Überresten des Vergänglichen zu bestehen.

Bilder wie die auf der Aussenseite von Herzog & de Meurons Bibliothek finden sich traditionsgemäss eher innen als aussen – es sei denn man denke (im Sinne Walter Benjamins) an Plakatwände, was auch völlig angebracht wäre, oder, worauf Mack hinweist, an die Geschichte des europäischen Sgraffito. Als nach aussen gekehrtes Inneres legen diese Bilder Zeugnis davon ab, wie Performance und die Praxis des Zitierens im Allgemeinen andauernd im Archiv widerhallen. Hier könnte man sagen, dass die unsichtbaren Eigenschaften der Materie *als Erinnerung* dazu neigen, geräuschvoll über die fleischige Haut des Gebäudes zu tanzen, über Fenster *und* Mauerfläche, Durchsichtigkeit *und* Panzerung. Während Archive gewöhnlich dazu dienen, Originale zu beherbergen (obschon es bei den Griechen ursprünglich Kopien waren), legen die auf der Aussenfläche reproduzierten Fotos in ihrer repeti-

---

22 Siehe Rebecca Schneider, *The Explicit Body in Performance,* London, Routledge, 1997, S. 126–149.

tiven Identität eher das Gegenteil von Original oder Ursprung nahe. Diese Bilder haben an dem Erinnerungstanz von Kopien und mimetischen Verweisen teil, der nicht nur den eigentlichen Bereich der Bibliothek (und unserer *rituellen Benutzung* ihrer Regale voll von Kopien) darstellt, sondern auch den Bereich von Performance in ihrer ganzen nachhallenden Wiederholung.

Im Zentrum der Sache liegt wahrscheinlich eine doppelte Resonanz, eine Wahl *des Ortes* der Betonung, eine *Verkündigung* der Betonung. Man könnte einerseits sagen, dass Herzog & de Meuron sich der Zelebrierung der Materie hingeben; aber man könnte auch sagen (man ist «beinahe geneigt» zu sagen), dass ihre Architektur selbst eine Sache des Zelebrierens ist.

LAGERN UND KOMPRIMIEREN

1 Herzog & de Meuron
Atelier Rémy Zaugg, Mulhouse (1995–1996 →**133**)
Fotografie: Margherita Spiluttini, August 1996

«ARCHITEKTUR ALS SOLCHE INTERESSIERT MICH NICHT.»

Interview mit Rémy Zaugg von Philip Ursprung,
bearbeitet von Michèle Zaugg-Röthlisberger
Mulhouse-Pfastatt, 28. April 2001

Frühling 2001. Rémy und Michèle Zaugg empfangen mich in ihrem Atelier in dem eine halbe Autostunde von Basel entfernten Pfastatt. Sie kauften das Anwesen 1995. Es ist das ehemalige Herrenhaus der Gründer der benachbarten Textildruckerei. Rémy Zaugg hatte Herzog & de Meuron sofort damit beauftragt, neben dem Haus ein Atelier zu bauen (Abb. 1).

Philip Ursprung: *Wie lernten Sie Jacques Herzog und Pierre de Meuron kennen?*
Rémy Zaugg: Auf der Strasse. Wir unterhielten uns. Sie kannten und schätzten meine Arbeit. 1972, als sie noch Studenten waren, hatten sie meine Ausstellung im Kunstmuseum Basel gesehen. Später lasen sie mein Buch *Die List der Unschuld*.[1] Es erschien zur *documenta VII* und wurde als Werk in einer Vitrine ausgestellt, wie eine Skulptur (Abb. 2). Jacques bezeichnet es als unsere erste Zusammenarbeit. Sein Exemplar ist voll mit Anmerkungen. Eines Tages sagten Jacques und Pierre zu mir, sie wollten etwas mit mir zusammen machen, auch wenn sie noch nicht wüssten, was. Sie betrachteten sich jedenfalls als Studenten meiner Recherche.

Gegen Ende der achtziger Jahre wurde ich gebeten, mir Gedanken über ein Kunstmuseum für den Campus der Universität Dijon zu machen. Da auch andere Gebäude errichtet werden sollten, hielt ich es für richtig, zuerst einen Masterplan auszuarbeiten. Sobald ich den Vertrag in Händen hatte, bat ich Jacques und Pierre, mir zu helfen. Es war unsere erste konkrete Zusammenarbeit. Im Anschluss daran bauten wir auf dem Campus Studentenwohnheime.

---

1 Rémy Zaugg, *Die List der Unschuld*, Eindhoven, Verlag des Stedelijk Van Abbemuseum, 1982 (französische Ausgabe: *La ruse de l'innocence*, Dijon, les presses du réel, 1997).

Hatten Sie schon mit Architekten zusammengearbeitet?
Bevor ich mich 1963 in die Basler Schule für Gestaltung einschrieb, schwankte ich lange zwischen Architektur und Malerei. Später – 1982 – baten mich die Architekten des Atelier 5 in Bern, ein Farbproblem zu lösen, das beim Bau der Erweiterung des Berner Kunstmuseums aufgetaucht war. Auch sie hatten kurz zuvor *Die List der Unschuld* gelesen. 1977 hatte ich schon mit Jean Nouvel zusammengearbeitet, und zwar für die räumliche Organisation der *Biennale des Jeunes* in Paris. Für das Kunstmuseum Luzern wollte ich abermals mit Jean arbeiten, aber ich musste darauf verzichten, weil es schwierig ist, mit einem Meister, einem Genie, zusammenzuarbeiten.

Architektur als solche interessiert mich nicht, ebenso wenig wie L'art pour l'art, wie Kunst um ihrer selbst willen. Ob ein Haus aus Glas oder aus Beton besteht, ob es ein bisschen so oder ein wenig anders aussieht: Ist das für die Organisation der Stadt relevant? Ich weiss es nicht. Schönheit und Intelligenz sind jedenfalls von Bedeutung.

Ich weiss auch nicht, warum die Architekten zu Stars, zu Promis werden. Hervorragende Architekten wurden zu allen Zeiten bewundert und anerkannt. Aber ob das ein Grund ist, aus dem Starkult ein System und ein Ziel zu machen?

Architektur ist in meinen Augen Organisation: des Raumes, eines Raumes, gegenüber- oder übereinander liegender Räume. Organisation einer Stadt und Reflexion über die soziale Organisation: Ich halte diese Dinge für wesentlich. Sie berühren die gleichen Fragen wie die, die ich mir im Atelier stelle: Was ist eine Zimmerdecke? Was ist ein Boden? Was ist eine Wand? Es sind grundlegende Fragen.

Nehmen wir die Kunst im öffentlichen Raum, ein Thema, über das viel diskutiert worden ist. Mein *Projekt '87* in Münster ist meiner Ansicht nach eine architektonische Arbeit. Nicht, weil ich die Architektur suchen würde, sondern weil Architektur eines der Elemente der Welt ist und weil ich mit meiner Arbeit in Münster nicht nur den Raum eines Platzes der Stadt, sondern auch und vor allem den mentalen und intellektuellen beziehungsweise ethischen Raum organisierte.

Jacques Herzog sagte einmal, Sie seien der fünfte Partner des Büros Herzog & de Meuron. Wie sehen Sie Ihre Zusammenarbeit?
Zur Zeit arbeiten wir gemeinsam für Roche in Basel und für ein Projekt im Zentrum von München. Ich bin einfach von Zeit zu Zeit im Architekturbüro, und wenn ich es nicht mehr aushalte, verschwinde ich wieder.

«ARCHITEKTUR ALS SOLCHE INTERESSIERT MICH NICHT.»

Manche Sitzungen sind fantastisch. Die Ideen sprühen, und das Projekt nimmt eine überraschende Wendung. Tatsächlich besteht ein grosser Unterschied zwischen der Arbeit des Architekten und der des Künstlers. Der Architekt ist in ständigem Kontakt mit dem Bauherrn und dem Publikum, ähnlich wie der Musiker. Der Künstler hingegen arbeitet meist in der Einsamkeit seines Ateliers und zeigt der Aussenwelt eventuell seine Arbeit. Der Architekt ist andauernd exponiert, der Künstler allzu allein. Das könnte einer der Gründe für unsere Zusammenarbeit sein.

Im Grunde wende ich einfach die Kenntnisse, die ich bei meiner Arbeit im Atelier erworben habe, auf die Architektur an. Die Leute, mit denen ich arbeiten muss, haben manchmal keine Ahnung, dass ich ein Künstler bin. Das stört mich ganz und gar nicht.

Ich habe es mir zum Prinzip gemacht, feste Überzeugungen zu verfolgen und den Kampf mit Klischees aufzunehmen. Auch habe ich keine bestimmte Methode. Deshalb unterscheidet sich jede Zusammenarbeit von der anderen.

Momentan geht mir eine Idee nicht aus dem Kopf: der Bau eines Privathauses in der Nähe von Basel, auf einem Grundstück, das die Region wie ein Balkon überragt. Im Vordergrund sieht man weiter unten die Stadt und die drei Nationalitäten umspannende städtische Agglomeration, rechts die ersten Ausläufer des Schwarzwalds, links das am Horizont von den Vogesen begrenzte Flachland des Elsass und im Zentrum den Rhein, der nach Norden

2 Rémy Zaugg *Die List der Unschuld*
Ausstellungssituation an der *documenta VII* 1982
documenta Archiv, Kassel

LAGERN UND KOMPRIMIEREN

3 Rémy Zaugg **Ohne Titel**
(A White Wall, a Floor, Four Walls, a Door … The World) 1988–1994
Acryl auf Leinwand
Carnegie Museum of Art, Pittsburgh. Erworben durch ein
Geschenk von Mr. und Mrs. Charles Denby, im Austausch, 1994

gegen Holland und das Meer hin fliesst. Die Lage, die Aussicht und der Rundblick mit seinem unendlich weiten Himmel inspirierten mich zu einer Gruppe von vier Bildern unterschiedlicher Grösse (das grösste misst 230 × 210 cm): alle vier vom gleichen kalten Himmelblau, eins davon monochrom, die drei anderen mit den Buchstaben oder Wörtern eines dreisprachigen Satzes in Weiss: «Und würde / sobald ich atme, / das Blau des Himmels verblassen.» – «Et si, / dès que je respire, / le bleu du ciel / s'effaçait / blanchissait / pâlissait / se raréfiait / jaunissait / blêmissait / s'évanouissait.» – «And if, / as soon as / I breathe / the blue / of the sky / grew thin.» Anstatt die Bilder nächträglich im Haus unterzubringen, kämen zuerst die Bilder und danach erst das Haus um die Bilder herum. Das wäre also ein Beispiel für eine mögliche Zusammenarbeit unter ganz und gar ungewöhnlichen Voraussetzungen. Vielleicht wird etwas aus diesem Projekt. Mal sehen.

Herzog & de Meuron kultivieren geistige Aufgeschlossenheit. Ihre Methode hängt vom Projekt ab, geht aus ihm hervor, ist ihm untergeordnet, und nicht umgekehrt. Wenn sie eine Methode haben, so ist es die, sich immer wieder zu fragen: «Was tun wir da eigentlich?» Daher auch die Präzision, die funktionale Angemessenheit und die Vielfalt von Oberfläche, Fassade und äusserer Erscheinung ihrer Konstruktionen. Sie gehören keiner Strömung an. Sie sind ihre eigene Schule, wie ich.

Gibt es misslungene Projekte?
Manchmal missglückt eine Zusammenarbeit. Das sind dann Fehlgeburten, Befruchtungen ohne Nestbau. Die Dinge, die realisiert werden, sind weder besser noch schlechter. Sie sind nur einzigartig und so verschieden, dass man sie nur schwer miteinander vergleichen kann. Wenn eine Zusammenarbeit nicht «greift», beenden wir sie und sagen: Schwamm drüber.

So war es auch mit dem New de Young Museum in San Francisco. Die Diskussion konzentrierte sich ganz auf die Fassaden, so dass die Frage des Präsentierens der Objekte, zum Beispiel eines Stuhls oder eines Teppichs, völlig in den Hintergrund rückte. Meine Idee war es aber, eine Architektur auszuarbeiten, die von einem ganz bestimmten Problem ausging: dem Problem der berühmten Vitrinen, Glasglocken und transparenten Quader, die dazu bestimmt sind, Objekte einzuschliessen und zu beschützen. Nun, ich tat es nicht absichtlich, aber ich begann, meine Sitzungen zu vergessen, und die Architekten vergassen, Termine mit mir zu vereinbaren. Zusammenarbeit lässt sich nicht erzwingen.

Was München betrifft, so sagte mir Pierre eines Tages, dass nur noch wenig Platz zur Verfügung stehe und ich somit wenig Aussicht hätte, etwas zu machen. Genau das erweckte mein Interesse und ich fuhr hin. Das war im Dezember 1999 und es entwickelte sich etwas Erstaunliches daraus.

Die meisten Bauherren fügen Kunst im letzten Moment hinzu, wie ein Schmuckstück. Pierre und Jacques hingegen wünschen sich Zusammenarbeit von Anfang an. Die Arbeit mit dem Künstler ist in ihren Augen ein Plus, eine zusätzliche Chance. Man muss manchmal egoistisch sein.

Sind Sie vertraglich an Herzog & de Meuron gebunden?
Nein, ich bin autonom. Ich schliesse direkt mit dem Bauherren einen Vertrag ab. Der einzige Vertrag, den wir je miteinander machten, betraf die Universität Dijon. Das war aber eher ein künstlerisches Manifest als ein Vertrag.

Kamen zu Ihrer Zusammenarbeit mit Herzog & de Meuron noch andere Künstler hinzu?
Nur Thomas Ruff, in München. Ich würde gern öfter mit anderen Künstlern zusammenarbeiten. Aber es gibt nicht viele, die sich um diese Art Zusammenarbeit bemühen. Man kann nicht offen und empfänglich sein, wenn man nicht eine gewisse Erfahrung besitzt, wenn man noch auf der Suche nach sich selbst ist oder Begegnungen, das Unvorhergesehene, nicht mag. Das Atelier ist ein geschützter Ort, ein bisschen wie ein Spital oder ein Laboratorium. Im öffentlichen Raum werden die Dinge schnell sehr kompliziert. Man muss andauernd neue Parameter integrieren. Vielleicht muss man auch etwas von Don Quichotte haben oder Probleme akzeptieren können.

Jacques Herzog zufolge ist die Kunst der Architektur um zwanzig Jahre voraus. Was sagen Sie dazu?
Ich verstehe nicht, was damit gemeint ist. Kann man Kunst und Architektur so vergleichen? Kunst und Architektur haben unterschiedliche Funktionen, wie ähnlich sie einander, oberflächlich betrachtet, auch sein mögen. Jacques sagte zu mir, er könne mit keinem seiner Architektenkollegen so reden, wie er es mit den Künstlern tut. Das mag heissen, dass ihm die Diskussion mit den Künstlern erlaubt, die Architektur mit einem gewissen Abstand zu sehen, oder auch, dass manche Künstler eine kritische Denkweise haben, die ihn interessiert. Trotzdem kann ich mir schlecht vorstellen, dass man keine Kollegen findet, mit denen es sich reden lässt. Man

kann in allen Berufen zumindest ein imaginäres Zwiegespräch mit den Grossen der Vergangenheit führen, die man zu seinen Mentoren gemacht hat.

Viele Architekten machen die Kunst zum Paradigma, so zum Beispiel die Minimal Art der sechziger Jahre.
Viele Architekten verstehen wenig von Kunst. Sagen wir es so: Wenn das Vitra Design Museum von Frank Gehry eine schlechte kubistische Skulptur ist, so wäre sie mit einem Jahrhundert Verspätung entstanden.

Für Herzog & de Meuron spielt Fotografie eine entscheidende Rolle. Teilen Sie dieses Interesse?
Kaum. Ich sehe mich eher in der Tradition der Malerei. Meine Referenzen sind Paul Cézanne, Piet Mondrian, Barnett Newman. Die Art, wie die Fotografie mit dem Raum umgeht, rückt sie in die Nähe der Kunst der Renaissance. Die Bilder, die sie hervorbringt, gab es schon vor der Erfindung dieser Technik. Vor den meisten Fotografien fühle ich mich, als läse ich Balzac. Diese Epoche interessiert mich aber nicht mehr; es ist eine andere Zeit. So gesehen betrachte ich Picasso als den grössten Künstler des neunzehnten und nicht des zwanzigsten Jahrhunderts.

Und wer wäre der grösste Künstler des zwanzigsten Jahrhunderts?
Barnett Newman – vielleicht. Wegen seiner Erneuerung des Bildes, jenseits des klassisch Figürlichen. Wegen der Präsenz seiner Bilder im Raum. Die Malerei braucht einen Ort, einen Raum, in dem sie sich ansiedeln kann. Der Ort, auf dem sie beruht, sind die Wand und der Boden. Man kann sie nicht draussen in der Natur, an einer Tanne oder auf einer Weide aufstellen. Ich hatte also gute Gründe, mir ein spartanisches Atelier zu wünschen. So spartanisch, dass ich es verlassen muss, wenn ich seine Härte nicht mehr ertrage. Ohne Geschwätz. Ruhig. Ruhig wie Gott, der den Menschen durch sein Schweigen beunruhigt. Mein Atelier ist eine Architektur des Schweigens. Die Dinge, aus denen sie besteht, sagen zugleich alles und nichts aus. In ihrem anspruchsvollen Schweigen liegt ihre Kraft. Es ist ein strenges Schweigen, das die Ankunft neuer Werke ermöglicht. Ich stelle mir vor, dass man ein Bild von Newman hier aufhängen könnte.
   Der grösste Künstler des zwanzigsten Jahrhunderts? – Vielleicht gibt es ihn gar nicht. Ich tauge nicht dazu, Medaillen zu verteilen. Ich finde die Frage dumm.

Sie haben mit Pierre Klossowski ein Zwiegespräch gehalten, Sie haben das Werk von Alberto Giacometti, die Arbeit von Herzog & de Meuron und die Sammlung eines Freundes ausgestellt.
Ausstellen heisst herstellen, etwas bauen, nicht nur zusammentragen und zeigen. Der Ausdruck des einzelnen Elements ist abhängig vom Ausdruck des Ganzen. Das Problem, wie es jedes Bild im Rahmen der Ausstellung zu zeigen gilt, liess mich nicht unberührt. Ich machte meine ersten Ausstellungen in meinem Atelier, um meine eigenen Werke zu sehen und zu versuchen, ihnen Sinn zu geben.

Die Arbeit eines anderen auszustellen erlaubte mir, die spezifischen Facetten meiner Arbeit zu entdecken respektive zu präzisieren.

Die Zeichnungen von Pierre Klossowski waren meiner Recherche genau entgegengesetzt. Wenn er aber zeichnete, blieb er immer ein bisschen Schriftsteller, während ich beim Malen das Schreiben zu einem banalen Werkzeug machte, mit dem man Werke wahrnahm, schuf und kritisierte. Zwei sehr unterschiedliche Symbiosen, die man sowohl ihm als auch mir damals nur schwer verzieh.

Als ich mit der Planung für die Präsentation der Werke Giacomettis begann, konnte ich seine vier, fünf winzig kleinen Skulpturen – diejenigen, die in Zündholzschachteln passten – erst richtig sehen. Ich beschloss, sie wie kleine Gestalten inmitten einer unendlich weiten, nackten Landschaft zu inszenieren, um ihrem monumentalen Charakter, ihrer extremen und paradoxen Präsenz gebührend Rechnung zu tragen. Während ich an der Präsentation des Gesamtwerks arbeitete, verblüffte mich eine Reihe hochinteressanter Tatsachen. Die Familie, in der Giacometti aufgewachsen war, hatte im Kulturleben der Schweiz eine wichtige Rolle gespielt. Sein Bruder war ebenfalls Künstler. Er war von seinem Onkel und seinem Vater, zwei bekannten Malern, ausgebildet worden und hatte unter der strengen Herrschaft von Cuno Amiet und Ferdinand Hodler gearbeitet. Dann hatte er dieses Milieu verlassen, war nach Paris gegangen und der Bildhauer des Surrealismus geworden. Eines Tages brach er mit der surrealistischen Avantgarde und kehrte in sein familiäres Milieu mit seinem öden Konservativismus zurück. Er hätte es dabei bewenden lassen und sich bis ans Ende seines Lebens mit Abwandlungen im Geiste des Surrealismus begnügen können. Doch nein, es gelang ihm, ein zweites Mal aufzubrechen, noch einmal neu zu beginnen, eine neue Aktivität in Angriff zu nehmen. Seine Umgebung verstand übrigens sehr lange nicht recht, was er da eigentlich tat. Es musste auch ziemlich sonderbar wirken, dass er einen gelben Apfel auf einer Holzkommode malte, nachdem er der Star des Surrealismus gewesen war. Dazu musste man entweder dumm und reaktionär sein oder aber eine hervorragende Intuition besitzen. Mutig schuf er seine gewaltigen, winzig kleinen Skulpturen. Später brach er nicht mit der Familie, er fuhr weiterhin alljährlich nach Stampa. Ich selber komme vom anderen Ende des Landes. Giacometti malte wie Cézanne die Wahrnehmung einer Sache und nicht die Sache selbst: ein entscheidender Unterschied. Die Wahrnehmung ist auch das zentrale Thema meiner Arbeit.

Das Planen der Präsentation der Arbeit von Herzog & de Meuron gab mir Gelegenheit, den Unterschied zwischen der Ausstellung eines Kunstwerks und der Ausstellung von Objekten genau zu erforschen: dieser Objekte, seien sie nun schön oder nicht, die, sobald die Bauten fertig sind, in Schubladen und Schränken verschwinden, dennoch aber Zeugnis ablegen können von dem, was der Architekt anstrebte.

Die Planung für die Präsentation der Ausstellung eines Freundes hat mir geholfen, das «Gesicht», die «Identität» einer Gruppe von Werken zu unterscheiden von Dokumenten, die aufgrund einer Passion vereint werden.

Die Werke von Newman und von Giacometti sind in Basel sehr stark präsent. Welche Rolle spielt diese Stadt für Sie?
Ich mag ihre Doppeldeutigkeit. Es wird dort deutsch gesprochen, aber Frankreich ist nahe und es gibt einen Austausch zwischen Französischsprachigen und Deutschsprachigen. Ich selber entstamme dem französischen Kulturkreis.

Von 1960 bis 1970 war Basel eine der Hochburgen zeitgenössischer Kunst. Hier wurden die Bilder von Newman ausgestellt, die man sonst nirgends zu sehen bekam. Dass ich sie sah, hat mich tief geprägt. Ich war ein Privilegierter! Zehn Jahre später kam Beuys. Wieder war ich tief beeindruckt.

Es ist wichtig, künstlerische Erfahrungen dieser Art direkt, mit dem Körper und dem Geist gleichzeitig, zu erleben. Das Lesen einer Rezension in einem Buch oder einer Zeitschrift hat nicht die gleiche Wirkung. Ich hatte Glück.

Die Ankunft von Beuys in einer Welt, die inmitten der Minimal Art sanft entschlummerte, rief eine Art Verwirrung hervor, die geistiger Aufgeschlossenheit extrem förderlich war. Die Bequemlichkeit verschwand, vertrieben von der Komplexität des Subversiven. Ich war gerade dabei, *Die List der Unschuld* zu schreiben. Die Komplexität, der Schock zwischen der Minimal Art und Beuys könnten – während dieser Jahre und in dieser Stadt – sehr wohl auch für Jacques und Pierre von Bedeutung gewesen sein.

EINDRUCK UND AUSDRUCK

Unbekannter Fotograf
Architekturmodell 1850er Jahre
Daguerreotypie, 6,5 × 5,2 cm
Canadian Centre for Architecture, Montreal

Philippe-Fortuné Durand (zugeschrieben)
Brücke im Bau, Lyon ca. 1845
Daguerreotypie, 7,4 × 10 cm
Canadian Centre for Architecture, Montréal

Daguerreotypien
Fotografie, für Henry Fox Talbot der «Zeichenstift der Natur», ist im Zentrum der entwerferischen Strategie von Herzog & de Meuron. Jacques Herzog spricht von einer Art Hassliebe zur Fotografie. Es irritiert ihn, dass die Fotografie die Vergänglichkeit der Menschen, der Bauten, ja sogar der Natur hervorhebt. Zugleich ist er fasziniert von ihrer Möglichkeit, die Welt darzustellen. Besonders interessieren ihn die Augenblicke im neunzehnten Jahrhundert, als die alten Städte von der Moderne quasi geweckt werden – überrascht von den ersten Baukranen und Dampfmaschinen. Zu den wichtigsten Zeugen dieser Begegnung gehören die Daguerreotypien.

< **Halle mit Betonplatten der Bibliothek der Fachhochschule Eberswalde** (1994–1999 →105)

248 EINDRUCK UND AUSDRUCK

Unbekannter Fotograf **Pont-Neuf, Paris** ca. 1842
Daguerreotypie, 14,1 × 19 cm
Canadian Centre for Architecture, Montréal

Unbekannter Fotograf **Hauptschiff des Crystal Palace, London** 1851 oder später
Stereoskopische Daguerreotypie, 6,7 × 5,9 cm (links), 6,5 × 5,6 cm (rechts)
Canadian Centre for Architecture, Montreal

Karl Blossfeldt **Bronze Modell** ca. 1900
Bronze, Höhe ca. 15 cm
Archiv der Universität der Künste Berlin

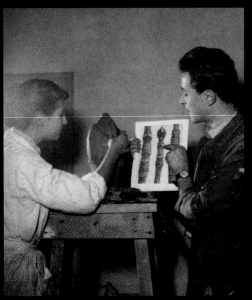

Studenten bei der Arbeit mit einem Foto von Karl
Blossfeldt in den Vereinigten Staatsschulen für freie und
angewandte Kunst, Berlin, o. J.

Fotografien und Meurer-Bronzen von Karl Blossfeldt
Der ursprünglich als Bildhauer ausgebildete deutsche Fotograf
Karl Blossfeldt (1865–1932) lehrte von 1899 bis zu seiner
Emeritierung 1930 «Modellieren nach lebenden Pflanzen» an
der Berliner Unterrichtsanstalt. 1892 hatte ihn der Kunstlehrer
Moritz Meurer als Assistenten angestellt.
In Rom stellten die beiden Gipsmodelle nach vergrösserten
Pflanzendetails her, die für den Unterricht in Bronze gegossen
wurden. Neben Bronzegüssen verwendete Blossfeldt für
den Unterricht auch selbst hergestellte Pflanzenfotografien, die
im Sog der Neuen Sachlichkeit neues Interesse erweckten.
Anfangs nicht als Kunstwerke konzipiert, erschienen seine Fotografien 1928 in einem Buch mit dem Titel *Urformen der
Kunst,* das Blossfeldt über Nacht weltberühmt machte. Die
Originalabzüge, viele davon mit den Löchern der Reisszwecken für den Unterricht, befinden sich noch immer im Archiv
der Nachfolgeinstitution der Unterrichtsanstalt, der Universität der Künste Berlin. In deren Archiv wurden 1984 ausserdem etwa dreissig Bronzemodelle gefunden. Als Herzog
& de Meuron ein Motiv für das Ricola-Europe SA, Produktions-
und Lagergebäude, Mulhouse-Brunstatt (1992–1993 → **94**)
suchten, entschieden sie sich für eines der Pflanzenmotive
von Blossfeldt. Thomas Ruff, der das Gebäude später fotografierte, wählte das Motiv als Detail.

Eisenhut, Mannstreu und Schafgarbe

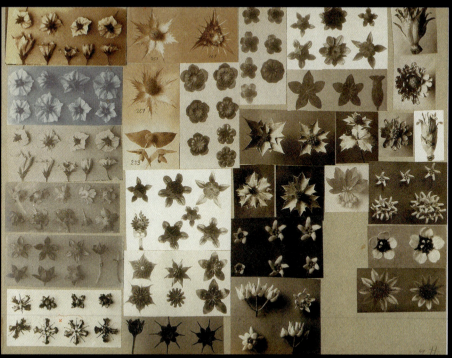

Kartoffelblüte

Karl Blossfeldt **Arbeitscollagen** ca. 1900
Silbergelatineabzüge und Cyanotypien auf karton, 50 × 65,5 cm
Archiv der Universität der Künste Berlin

Philip Ursprung: Ein Leitmotiv Ihrer Arbeit ist die Fotografie.
Herzog & de Meuron: Am meisten interessiert uns auch hier wieder die Frage: Was ist Wirklichkeit? Wie verhält sich diese abgebildete Wirklichkeit zur Zeit? Ich persönlich habe ein eigenartiges Verhältnis zur Fotografie. Ich bin von ihr fasziniert, aber sie deprimiert mich auch, weil sie so stark mit Vergänglichkeit, mit dem Vergehen der Zeit, mit dem Tod zu tun hat. Vor allem wenn sie sich auf die eigene Lebenszeit, den Zerfall des eigenen Körpers bezieht, wie er einem im Fotoalbum in der Dokumentation der eigenen Geschichte entgegentritt. Das kennt jeder, nur empfindet es nicht jeder gleich. Mein Bruder ist ein obsessiver Sammler alter Fotografie. Anhand seiner Sammlung wird deutlich, dass in den hundertfünfzig Jahren der Fotogeschichte unglaublich viele Dokumente zusammenkamen, die den kontinuierlichen Zerfall dokumentieren: Menschen, Häuser, Natur, Berge, Gletscher verändern sich und verschwinden zuletzt. Das ist traumatisch. Nur Fotografie drückt diesen Aspekt der *conditio humana* auf so eindringliche Weise aus.
Und dann ist bei der Fotografie auch immer dieses betrügerische Moment mit im Spiel. Wir sind mit der Idee aufgewachsen, Fotografie sei das Medium, das die Wirklichkeit am getreulichsten abbilde. Natürlich wurde sie seit jeher manipuliert und heute glaubt niemand mehr an ihre Authentizität. Davon handeln ja die Filme von Antonioni – besonders explizit etwa in *Blow up* – oder die Fotos von Thomas Ruff, der die banalste Realität paradoxerweise gerade dadurch erzielt, dass seine Bilder mit dem Computer bearbeitet sind. Die Qualität von Ruffs Bildern sehen wir vor allem in ihrer subversiven Kraft, die das Vertrauen in die so genannte Wirklichkeit untergräbt. Wir haben ihn auch deshalb gebeten, unsere Gebäude zu fotografieren, weil wir sehen wollten, welches Thomas' Sicht auf diese uns scheinbar so vertraute Welt ist.
Bei Ricola Mulhouse haben wir verschiedene Blossfeldt-Motive ausprobiert, bevor wir uns schliesslich für eines entscheiden konnten. Die Blattdarstellung verbindet das leicht Erkennbare, nämlich die Figur des Blatts, mit der Abstraktion, der Stilisierung, dem Ornament. Wir setzten dieses eine Bild eines Künstlers wie einen Baustein ein, nachdem wir das architektonische Konzept fertig entwickelt hatten. Damals waren wir noch nicht so weit, dass wir mit Fotos umgehen konnten wie in Eberswalde, wo wir Ruff darum baten, eigene Vorschläge für die Bearbeitung der Fassade zu machen.
Die frühesten Fotografien, die wir kennen, sind Daguerreotypien. Der starke Spiegeleffekt unterstreicht den Eindruck des Vergänglichen und Fragilen dieser Bilder. Erstaunlicherweise wirkt auch Fotografie auf Porzellan noch

ephemerer und zerbrechlicher als Fotografie auf Papier. In Eberswalde entwickelten wir ein Verfahren, Fotografie auf Beton zu applizieren. Es gefiel uns, dass wir mit dem Raster ein technisches Korn einführen mussten – zusätzlich zum natürlichen Korn des Betons –, das die Unschärfe und das Verschwinden des Bildes bereits vorwegnimmt. Dasselbe interessiert uns bei Warhol, dessen repetitive, wie gestempelt wirkende Siebdrucke sich trotz des gleich bleibenden Motivs voneinander unterscheiden und so einerseits die technischen Gegebenheiten vorführen, andererseits aber auch Veränderung und Vergänglichkeit deutlich machen. Eigentlich ist es die Objektivität und Unangreifbarkeit dieses Mediums und gleichzeitig die unausweichliche Todesnähe, die mich an Fotografie fasziniert und gleichzeitig abstösst.

Basierend auf einem Interview, Basel, 2002

Souvenirteller mit einer Abbildung der Carnegie Library, Berlin, Wisconsin nach 1897
Autotypie auf Porzellan, 6,5 × 10,3 × 2,1 cm

Souvenirteller mit einer Abbildung der Library of Congress, Washington, D.C. nach 1897
Autotypie auf Porzellan, 21,7 (Dm.) × 2,2 cm

Souvenirteller mit einer Abbildung der Carnegie Library, Burlington, Vermont nach 1904
Autotypie auf Porzellan, 14,5 (Dm.) × 2,1 cm

Alle Objekte:
Canadian Centre for Architecture, Montreal
Geschenk von Norman D. Stevens

Blauweisser Souvenirteller mit einer Abbildung von
öffentlichen Bauten in Syracuse, New York nach 1907
Autotypie auf Keramik, 26 (Dm.) × 2,3 cm

Souvenirteller mit einer Abbildung der Cotuit
Public Library, Cotuit, Massachusetts nach 1894
Autotypie auf Porzellan, 11,5 (Dm.) × 1,7 cm

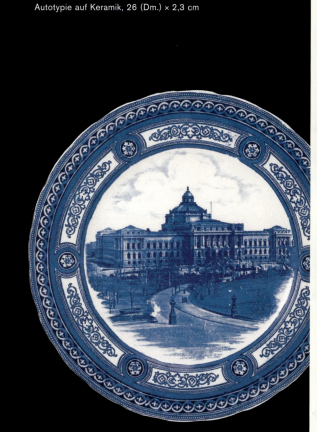

Blauweisser Souvenirteller mit einer Abbildung
der Library of Congress, Washington, D.C.
Nach 1901, Fotografie transfergedruckt auf Porzellan
25,5 (Dm.) × 2,2 cm

Blauweisser Souvenirteller mit einer Abbildung der
Vassar College Library, Poughkeepsie, New York 1929
Autotypie auf Keramik, 26 (Dm.) × 2,3 cm

Souvenirteller mit einer Abbildung der Library of Congress, Washington, D.C. nach 1897
Stich (?), transfergedruckt auf Porzellan,
12 × 15,5 × 4,5 cm

Fotografie auf Porzellan und unter Glas
In einer Zeichnung für die Griechisch-Orthodoxe Kirche, Zürich (Wettbewerb 1989 →**57**) heisst es, «Fotografie auf Porzellan am Anfang der Fotografie». Für Jacques Herzog ist ein fotografisches Bild auf Glas, auf einem dünnen Metallblech und namentlich auf Porzellan deswegen so bewegend, weil dadurch die ohnehin zerbrechliche Natur der Fotografie noch stärker betont wird. Als Technik war die Fotografie auf Porzellan tatsächlich kurzlebig. Sie war lediglich in der zweiten Hälfte des neunzehnten Jahrhunderts verbreitet. Wenige Beispiele haben überlebt. Nach einer internationalen Bibliothekarstagung in Montreal schenkte der 1997 pensionierte amerikanische Bibliothekar Norman D. Stevens dem CCA mehrere hundert auf Architektur bezogene Objekte seiner Sammlung von Bibliotheksmotiven. Stevens hatte die Sammlung 1962 mit Postkarten begonnen.

Alle Objekte:
Canadian Centre for Architecture, Montreal
Geschenk von Norman D. Stevens

Souvenir-Briefbeschwerer mit einer Abbildung der Library of Congress, Washington, D.C.
Nach 1897, handkolorierte Fotografie unter Glas
6,5 × 10,3 × 4,4 cm

Souvenirteller mit einer Abbildung der Harcourt Wood Memorial Library, New Haven, Connecticut
Frühes 20. Jahrhundert (?)
Autotypie auf Ton, 14,7 × 15 × 4,4 cm

Souvenir-Pfefferstreuer und -Salzstreuer mit Ansichten von Bostoner Bauten und Monumenten nach 1895
Fotografie auf Papier und Metal, 3 (Dm.) × 6 cm bzw. 5,5 cm

256 EINDRUCK UND AUSDRUCK

057_002M
Acryl, Transparentpapier, Xerox, Holz, 91 × 49,5 × 55 cm
Centre Georges Pompidou, Paris
Musée national d'art moderne

Skizze 1989, Bleistift auf Papier

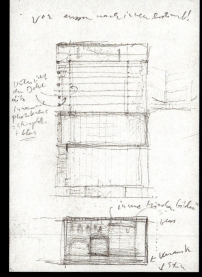

Skizze 1989, Bleistift auf Papier, 29 × 21 cm

Herzog & de Meuron
Griechisch-Orthodoxe Kirche, Zürich (1989 →57)

094_003M Polycarbonat, Siebdruck, Aluminium
200 × 203 × 4 cm
The Museum of Modern Art, New York
Gift of the architects in honour of Philip Johnson

094_001M Holz, Sperrholz, Acryl bedruckt, 120 × 92 × 20 cm

094_002M Holz, Sperrholz, Acryl, Siebdruck, 120 × 92 × 20 cm

Herzog & de Meuron
Ricola-Europe SA, Produktions- und Lagergebäude, Mulhouse-Brunstatt (1992–1993 →**94**)

Souvenir der Carnegie Library, Malboon, Illinois
Nach 1903
Autotypie in Kunststoff, 4,9 × 6,5 × 1 cm
Canadian Centre for Architecture, Montreal
Geschenk von Norman D. Stevens

Herzog & de Meuron
Bibliothek der Fachhochschule Eberswalde
(1994–1999 →**105**)

105_018M Beton, Siebdruck, 60 × 50 × 8 cm

Herzog & de Meuron
Sportanlage Pfaffenholz, St. Louis
(1989–1993 →**55**)
Fotografien: Herzog & de Meuron, 1993

Thomas Ruff **Zeitungsfoto. Haus am Horn** 1996
Chromogener Farbabzug, 22,5 × 36,5 cm

Thomas Ruff **Zeitungsfoto.**
Mädchen auf Grasdach (Detail) 1996
Chromogener Farbabzug, 16,5 × 40,5 cm

Thomas Ruff **Zeitungsfoto. Studenten in**
der Bilbliothek 1996
Chromogener Farbabzug, 18 × 38,5 cm

Thomas Ruff **Zeitungsfoto. Lorenzo Lotto,**
Venus und Cupido 1996
Chromogener Farbabzug, 23,5 × 28 cm

Thomas Ruff **Zeitungsfoto. Flugzeug** 1996
Chromogener Farbabzug, 23 × 38.5 cm

Thomas Ruff **Zeitungsfoto. Eduard Ender,** *Humboldt und Bonpland am Orinoco* 1996
Chromogener Farbabzug, 26 × 34,5 cm

Thomas Ruff **Zeitungsfoto. Bernauer Strasse** 1996
Chromogener Farbabzug, 38 × 26,5 cm

Thomas Ruff **Zeitungsfoto. Alter Palazzo** 1996
Chromogener Farbabzug, 38,6 × 38,1 cm

Thomas Ruff **Zeitungsfoto. Olympiade 1936** 1996
Chromogener Farbabzug, 56 × 82 cm

Thomas Ruff **Zeitungsfoto. Pieter Potter,** *Vanitas* 1996
Chromogener Farbabzug, 18 × 23,5 cm

Herzog & de Meuron
Bibliothek der Fachhochschule Eberswalde (1994–1999 →**105**)
Fotografien: Herzog & de Meuron, 1992–1998

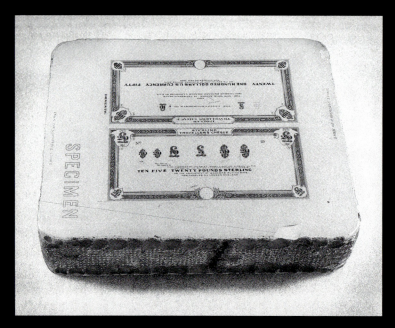

Lithografiestein zum Druck von Traveller's Cheques Nicht datiert
Lithografiestein, 30,8 × 25 × 6,6 cm
Canada Science and Technology Museum, Ottawa

Lithografiesteine
Der Abdruck eines Materials auf einem anderen, sei es Licht
auf einer fotografischen Emulsion oder Tinte auf Papier, gehört
zu den zentralen Themen von Herzog & de Meuron. Fassaden
wie diejenige der Bibliothek der Fachhochschule Eberswalde
(1994–1999 →105) handeln vom Sekundenbruchteil, wo
eine Art Materie sich einer anderen einschreibt. Das 1796 erfun-
dene Verfahren der Lithografie (wörtlich «Steinschrift») erlaubte als erste Druckform billige und schnelle Vervielfältigung
in beliebiger Menge. Diese wahrhaft epochale Erfindung hat
Victor Hugo zur berühmten Idee vom Buch, das das Gebäude
tötet, im *Zweiten Buch* seines *Notre-Dame von Paris* (1831),
inspiriert. Wenn das Medium Lithografie tatsächlich das
Gebäude getötet haben sollte, dann lässt sich fragen, ob die
Architektur sich in Eberswalde dafür hat rächen können.

Andy Warhol **Heinz Tomato Ketchup Box** 1964
Tinte auf Holz, 27,7 × 39,4 × 21,3 cm
Carnegie Museum of Art, Pittsburgh
Geschenk von Mrs. Henry J. Heinz II

Backstein von der Chinesischen Mauer
Ca. 1000 oder früher
Gebrannter Ton, 12,5 × 41 × 21,3 cm
Carnegie Museum of Natural History, Pittsburgh

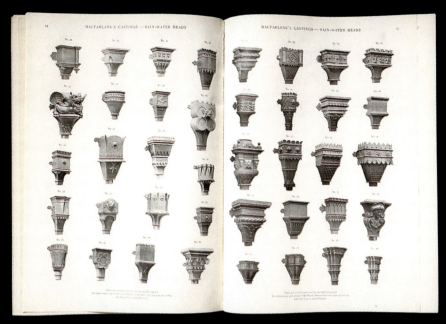

Warenmuster-Illustrationen von verzierten Kopfelementen für Regenfallrohre
Aus *Illustrated Catalogue of Mcfarlane's Castings*, 7. Aufl., Glasgow,
Walter Mcfarlane & Co., ca. 1905
Canadian Centre for Architecture, Montreal

Musterkataloge

Die Materialien, die Herzog & de Meuron in ihren Bauten einsetzen, sind selten besonders teuer oder aussergewöhnlich. Die unerwarteten Resultate erreichen sie vielmehr durch die Kombination von überall verfügbaren Materialien. Die Situation der Neuerfindung auf einer Tabula rasa interessiert sie weniger als die Aneignung und Umwandlung dessen, was leicht erhältlich ist. Das sorgfältige Aussuchen von Standardmaterial lenkt den Blick auf ein architektonisches Hilfsmittel, das von Kritikern und Historikern gern übersehen wird: den Musterkatalog. Musterbücher spielen für die Architektur seit langem eine grundlegende Rolle. 1989 gelang es dem Canadian Centre for Architecture, eine Sammlung von Musterkatalogen zur Bautechnik zu erwerben, die vom Franklin Institute in Philadelphia angelegt worden war. Mit über 5000 Exemplaren verfügt das CCA nun über die weltweit grösste derartige Sammlung.

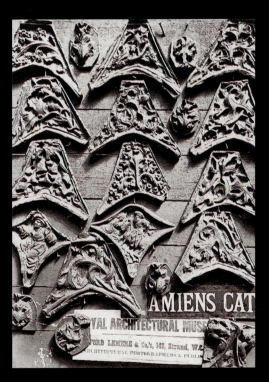

Bedford Lemere & Co. **Gipsabgüsse von Ornamenten der Kathedrale von Amiens** nach 1872
Albuminsilberabzug, 27,6 × 21,1 cm
Canadian Centre for Architecture, Montreal

Granby Elastic and Textile Ltd., Granby, Québec
Warenmuster von Gummifliesen ca. 1990
9,5 × 17,7 × 1,7 cm
Canadian Centre for Architecture, Montreal

265

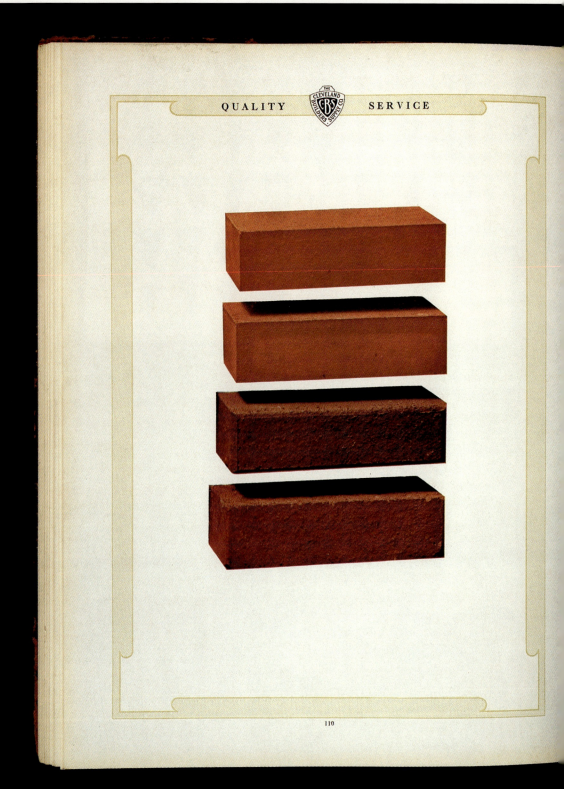

Warenmuster-Illustration von modernen Backsteinen
Aus einem unbetitelten Verkaufskatalog, Cleveland,
Cleveland Builders' Supply Co., ca. 1915
Canadian Centre for Architecture, Montreal

QUALITY SERVICE

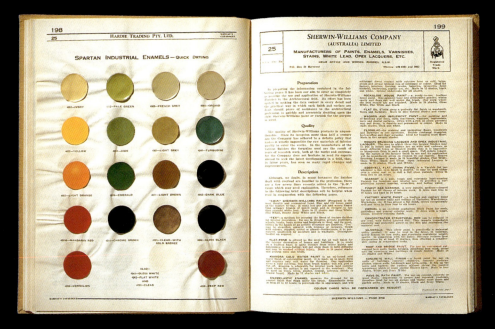

Warenmuster von industriellen Emailles
Aus *Ramsay's Architectural Catalogue: A Compendium and Filing System of Catalogus of Manufacturers and Suppliers of Building Materials and Equipment*, Melbourne, Ramsay Standard Catalogue Service, 1931
Emailfarbe auf Papier, Canadian Centre for Architecture, Montreal

Farbmuster
Aus *Transform a House into a Home with Color*, Montreal, The Canada Paint Company Ltd., o. D.
Farbe auf Papier, Canadian Centre for Architecture, Montreal

Warenmuster von Häuserfarben
Aus *New Exterior CILUX House Paint, Interior Colors, and Exterior Colors*, o. O.,
Canadian Industries Ltd., o. D., Farbe auf Papier
Canadian Centre for Architecture, Montreal

169_015M Gips, Schaumstoff, Plastik, Holz
79,7 × 46,5 × 10 cm

169_017M Gips, Acryl, Metal, Holz
92,5 × 63 × 19 cm

Herzog & de Meuron
Schaulager für die Emanuel Hoffmann-Stiftung, Münchenstein/Basel
(1998–2002 →**169**)

Herzog & de Meuron
Schaulager für die Emanuel Hoffmann-Stiftung, Münchenstein/Basel
(1998–2002 →**169**)
Fotografien: Herzog & de Meuron, 2001

169_033M (Detail) Maschendraht
100 × 36 × 1,5 cm

169_033M (Detail) Maschendraht
100 × 36 × 1,5 cm

169_034M (Detail) Metallgitter
100 × 100 × 0,5 cm

169_029M (Detail) Blei
50 × 26 × 1 cm

169_031M (Detail) Holz, Kupfer,
Maschendraht, 65 × 34 × 9 cm

169_030M (Detail) Holz, Kupfer,
Maschendraht, 28 × 21 × 6 cm

169_037M (Detail) Metallgitter
51 × 60 × 10 cm

169_032M (Detail) Kupferfolie,
Aluminiumfolie, 29 × 19 × 1 cm

169_020M (Detail) Maschendraht
12 × 11 × 5 cm

169_037M Metallgitter, 51 × 60 × 10 cm

169_018M Stein, synthetischer Harz, Zement, Schwamm,
Wachs etc., 15 × 15 × 2 cm

Herzog & de Meuron
**Schaulager für die Emanuel Hoffmann-Stiftung,
Münchenstein/Basel (1998–2002 →169)**

169_001M Lindenholz, 15 × 15 × 4,5 cm

169_002M Lindenholz, Bleistift, 15 × 15 × 4 cm

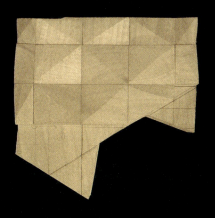

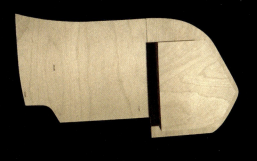

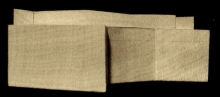

169_003M Lindenholz, 15 × 14 × 5 cm

169_009M Lindenholz, 43 × 22 × 4 cm

184_001M Holz, Karton, Schaumstoff
53 × 20 × 4,5 cm

184_001M Holz, Karton, Schaumstoff
53 × 20 × 4,5 cm

184_004M Holz, Messing, Kunststoff
53 × 20 × 4,5 cm

184_002M Holz, Kupfer, Schaumstoff
53 × 20 × 4,5 cm

184_003M Holz, Maschendraht
53 × 20 × 4,5 cm

184_011M Karton
41 × 13 × 4,5 cm

184_006M Schaumstoff, Farbe
45 × 24 × 9,5 cm

184_007M Schaumstoff, Farbe
45 × 24 × 9,5 cm

184_005M Schaumstoff, Farbe
45 × 24 × 9,5 cm

184_009M Holz, Maschendraht
53 × 20 × 4,5 cm

184_012M Karton
42 × 14 × 5 cm

184_008M Schaumstoff, Farbe
41 × 24 × 9,5 cm

184_025M Karton
41 × 14 × 4 cm

184_018M Spanplatte, Acrylfolie
58 × 6 × 14 cm

184_017M Spanplatte, Acrylfolie
51 × 5 × 6,5 cm

Herzog & de Meuron
**Prada Le Cure, Produktionszentrum und Lagerhaus,
Terranuova, Arezzo** (2000–2001→**184**)

184_026M Holz, Acryl, Farbe
48 × 27 × 2 cm

184_016M Spanplatte, Acrylfolie
22 × 10 × 6 cm

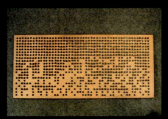
184_015M Sperrholz, Glas, Farbe
68,5 × 30 × 1,5 cm

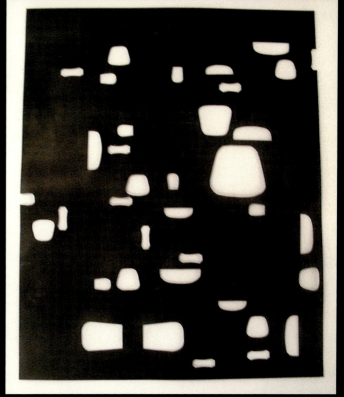
184_046M Holz, Gummi, Wachs, Karton, Gips
74 × 62,5 × 20 cm

184_032M Epoxyharz, Folie, je 10 × 6 × 3,5 cm

184_047SA Farbpigmente, Sand, je 8 × 5 × 10 cm

184_010M Holz, Farbe
41 × 14 × 4 cm

DRAPERIE DER GEHSTEIGE

Georges Didi-Huberman

Die Stadt zehnfach und hundertfach topographisch zu erbauen aus ihren Passagen und ihren Toren, ihren Friedhöfen und Bordellen, ihren Bahnhöfen und ihren ... genau wie sich früher durch ihre Kirchen und ihre Märkte bestimmte. Und die geheimeren, tiefer gelagerten Stadtfiguren: Morde und Rebellionen, die blutigen Knoten im Strassennetze, Lagerstätten der Liebe und Feuersbrünste.[1]

Damit, kurz gesagt, Modernität zu Antiquität werden kann, muss die geheimnisvolle Schönheit, die ihr das menschliche Leben unwillentlich gibt, aus ihr extrahiert worden sein.[2]

Das Jetzt das innerste Bild des Gewesnen.[3]

Es handelt sich um eine Art Draperie.[4] Man trifft sie, glaube ich, nur in Paris an. Dort jedoch stösst man überall auf sie: auf verdreckte, unförmige Lumpen und Lappen – wiederverwendete Stoffreste, gebrauchte Tücher, alte Kleidungsstücke oder zerschnittene Spannteppiche –, die von den Strassenkehrern in den Rinnstein der Gehsteige gelegt werden, um das Abwasser in den nächsten Gully oder Kanalisationsschacht zu lenken. Dort, wo die

---

1 Walter Benjamin, «Paris, die Hauptstadt des XIX. Jahrhunderts», in: Walter Benjamin, *Das Passagen-Werk. Gesammelte Schriften*, hrsg. von Rolf Tiedemann, Bd. V, Frankfurt am Main, Suhrkamp, 1991, S. 134–135.
2 Charles Baudelaire, «Le peintre de la vie moderne» (1863), in: Charles Baudelaire, *Œuvres complètes*, hrsg. von Claude Pichois, Bd. II, Paris, Gallimard, 1976 (Neuaufl. 1993), S. 695. Übersetzung von Hubertus von Gemmingen, abweichend in: Charles Baudelaire, «Der Maler des modernen Lebens», in: Charles Baudelaire, *Sämtliche Werke/Briefe in acht Bänden*, hrsg. von Friedhelm Kemp und Claude Pichois in Zusammenarbeit mit Wolfgang Drost, Bd. 5, Aufsätze zur Literatur und Kunst 1857–1860, München, Hanser, 1989, S. 213–258, hier S. 226f.).
3 Benjamin, 1991, S. 1035 (wie Anm. 1).
4 Der folgende Text ist ein Ausschnitt aus einer grösseren Untersuchung über dieses Thema.

EINDRUCK UND AUSDRUCK

Touristen in den Strassen von Paris emporschauen, um klassische Fassaden oder berühmte Bauwerke zu bewundern, richtet der Flaneur seinen Blick immer wieder nach unten und bekommt dabei unweigerlich diese ziemlich Ekel erregenden Stoffballen zu Gesicht, die sich mit schmutzigem Wasser vollgesogen haben und an denen die Abfälle hängen bleiben, wie im Wasser treibende Algen an einem Korallenriff. Diesem *altmodischen* Objekt, das in einer modernen Stadt fast schockierend wirkt, widmete der Künstler Steve McQueen eine Fotoserie (Abb. 1).[5] Seine Entdeckung von 1998 ist jedoch nur die letzte in einer langen Reihe, die ihrem «Erfinder» vermutlich unbekannt war. Gilt Paris zu Recht als «Hauptstadt des neunzehnten Jahrhunderts», so war es zugleich Kapitale einer *Archäologie* und einer *Modernität,* die unablässig solche «Gütezeichen der Zeit» und «uralte Blicke», wie Baudelaire sie nannte, hervorbrachten, Objekte, die imstande waren, den unansehnlichsten Lumpen *antik* erscheinen zu lassen oder die *Antiquität* in ihm zum Vorschein zu bringen. Vorausgesetzt natürlich, man sei der Anthropologe des Gedächtnisses der Strassen, der aus jedem Fetzen «die geheimnisvolle Schönheit, die [ihm] das menschliche Leben unwillentlich gibt», zu extrahieren vermag. Genau dies haben die Fotografen ständig gemacht, indem sie ihre Blicke hartnäckig auf die Strassen von Paris richteten.[6]

5 Vgl. Friedrich Meschede (Hrsg.), *Steve McQueen: Barrage,* Köln, Walther König, 2000.
6 Vgl. dazu Sylviane de Decker und Michel Luxembourg (Hrsg.), *Paris, capitale de la photographie,* Paris, Hazan, 1998.

1 Steve McQueen **Barrage** 1998
Chromogener Farbabzug zwischen Plexiglas
45.7 × 68.8 cm
Marian Goodman Gallery, New York/Paris

Bereits dreissig Jahre vor Steve McQueen hatte Alain Fleischer – seit Beginn der sechziger Jahre Autor von Undergroundfilmen, die Geschichte machten, aber auch von Fotografien und Installationen[7] – denselben Pariser «Absperrungen» eine herrliche Fotoserie (Abb. 2) gewidmet, indem er sich in einer unbestreitbar *topografischen* Vorgehensweise mit dem urbanen «Gewebe» (der Ausdruck ist hier voll berechtigt) auseinander setzte. So erfasste er beispielsweise systematisch alle «Fussabstreifer» einer Strasse, wie Fleischer sie nannte, um anschliessend alle Strassen eines Quartiers planmässig zu erforschen. Gelegentlich kam der Künstler nach ein paar Wochen oder Monaten zurück, um denselben «Fussabstreifer» nochmals zu fotografieren. Was Benjamin treffend die «intensive Arbeit im Inneren der Dinge» nennt, wurde in der Abfolge der Bilder sichtbar.[8]

Allerdings waren diese armseligen Lumpen 1968 noch nicht *in Mode*, das heisst in «postmoderner» Mode. Ihre authentische, vorbehaltlos bejahte *Modernität* scheint sogar – wenn man hier den zeitgenössischen Standpunkt zugunsten einer historischeren Betrachtungsweise leicht verschieben darf – das Ergebnis einer allmählichen Verfestigung des fotografischen Blickes in der Auseinandersetzung mit der Avantgarde zu sein: von Eugène Atget (Abb. 3) bis zu Lászlo Moholy-Nagy (Abb. 4).

Worin kann dieser zusammengepresste und in den Rinnstein, gegen den Gehsteig gedrückte Lumpen nun aber der Gegenwart, der *Moderne*, wenn ich so sagen darf, die Chance bieten, «das innerste Bild des Gewesenen» – und sei es nur in einem Flicklappen – festzuhalten? Das ist die Frage. Um darauf zu antworten, muss man zunächst auf die von Walter Benjamin gewählten Ausdrücke zurückkommen, insbesondere auf den Superlativ des Adjektivs «innerer»: Wer behauptet, der Strassenlumpen sei ein «innerstes Bild», der macht ihn zu einem Bild des «Gewesenen», das innerlicher nicht sein könnte.

Was ist nun dieses «Innere», dessen Geheimnisse uns die Strasse vor Augen führt? Im Kapitel P des *Passagen-Werks*, das sich mit den Strassen von Paris befasst,[9] zitiert Benjamin einen Ausschnitt aus einer Geschichte der Stadt Paris, in dem berichtet wird, man hätte 1802 damit begonnen, die in Strassenmitte befindlichen Gossen, die unter dem Ancien Régime zur Beseitigung

---

7 Vgl. insbesondere Dominique Païni, «Alain Fleischer ou le monde regardé par les images», in: Dominique Païni, *Fleischer*, Rom, Carte Segrete, 1988, S. 7–65; *Alain Fleischer*, 1970–1995, hrsg. von Régis Durand, Fundació Joan Miró, Barcelona, 1996.
8 Vgl. Georges Didi-Huberman, «L'histoire de l'art à rebrousse-poil. Temps de l'image et ‹travail au sein des choses› selon W. Benjamin», in: *Les Cahiers du Musée national d'art Moderne*, 72, 2000, S. 92–117.
9 Benjamin, 1991, S. 643–654 (wie Anm. 1). Vgl. auch S. 957–960 («die Seine, ältestes Paris»).

EINDRUCK UND AUSDRUCK

2 Alain Fleischer **Paysage de sol** 1967–1968
Chromogene Farbabzüge
Je 42 × 60 cm
Privatbesitz, Paris

des Unrats dienten, aufzuheben.[10] An ihre Stelle traten Rinnsteine, Gehsteige und Bordschwellen und mit diesen auch unser Strassenlumpen. Könnte der *innere* Charakter all dieser banalen Dinge nicht auf der unbestimmten Bewegung beruhen, die sie belebt und verwandelt? Man hat Paris eine «Stadt, die sich dauernd bewegt» genannt, hält Benjamin fest; dies bietet ihm die Möglichkeit, das Motiv einer organischen, *taktilen Sinnlichkeit* der Strasse einzuführen, die, wenn sie sich dem Blick darbietet, ihre letzte Realität, eine *viszerale Wirklichkeit*, zu erkennen gibt:

> Denn was wissen wir von Strassenecken, Bordschwellen, der Architektur des Pflasters, wir die wir niemals Hitze, Schmutz und Kanten der Steine unter den nackten Sohlen gefühlt, niemals die Unebenheiten zwischen den Fliesen auf ihre Eignung uns zu betten, untersuchten.[11]

> Wer wissen will, wie sehr wir in Eingeweiden zuhause sind, der muss vom Taumel sich durch Strassen jagen lassen, deren Dunkel soviel Ähnlichkeit mit dem Schoss einer Hure hat. Antike.[12]

Wir befinden uns auf der Strasse. Doch was können wir von ihr wissen, wenn wir sie nicht mit blossen Händen berühren (wie der Lumpensammler), wenn wir das Pflaster nicht unter unserem erschöpften Körper fühlen (wie der Clochard), wenn wir nicht die Dunkelheit durcheilen, in der Hoffnung, eine Art Schoss öffne sich vor uns (wie der einsame Mann auf der Suche nach einer Hure)? All dies kennzeichnet Benjamin schliesslich mit dem Wort «Antike». Wäre die Gegenwart der Strasse folglich das *viszeralste Bild des Gewesnen*, sein organischstes *Nachleben*?

Bereits Baudelaire hatte die Gosse oder den Rinnstein mit einem «Totenbett, das die Abscheulichkeiten davon trägt» verglichen, mit einem Höllenfluss, der – und wäre es nur im Kleinen – «schäumend die Geheimnisse der Kanalisation führt»[13]. Per definitionem, das heisst aufgrund seiner Funktion, befindet sich der Lumpen der Gehsteige stets in Nähe eines Lochs, eines Gullys oder eines Schachts. Er ist also ein Zeichen, ein Hinweis, dass die lebendige Oberfläche der Stadt genau an diesem Ort, in dieser Strasse, mit dem «Höllenreich» des Untergrundes in Verbindung steht:

---

10 Benjamin, 1991, S. 648 (Zitat L. Dubech und P. d'Espezel) (wie Anm. 1).
11 Benjamin, 1991, S. 645 (wie Anm. 1).
12 Benjamin, 1991, S. 647 (wie Anm. 1).
13 Zitiert nach Benjamin, 1991, S. 559 (wie Anm. 1).

Man zeigte im alten Griechenland Stellen, an denen es in die Unterwelt hinabging. Auch unser waches Dasein ist ein Land, in dem es an verborgenen Stellen in die Unterwelt hinabgeht, voll unscheinbarer Örter, wo die Träume münden.[14]

Hier befinden wir uns bereits mitten in der *anthropologischen Topografie*, die sich Benjamin gewünscht hatte: die Erforschung des Netzes aus Kanalisations- oder U-Bahnschächten, Brunnen, Arkaden, Passagen, Pissoirs oder Bordellen, als wären es gleichsam Orte einer Hölle oder eines Fegefeuers, in denen der Anachronismus, die Überlagerung heterogener Zeitabschnitte, sein Unwesen triebe. Hier sichert die *Menschliche Komödie* das Überleben einer Fundamentalanthropologie *des mit Schwellen konfrontierten Körpers,* die einst jede Seite der *Göttlichen Komödie* bestimmt hatte.

Keiner der bedeutenden Historiker von Paris hat sich übrigens in dieser Hinsicht getäuscht. In den *Tableaux de Paris (1782–89)* von Louis-Sébastien Mercier beruhte der Pariser Genius Loci bereits auf den «Strassenbächen» und den Personen, die für die erfolgreiche Beseitigung von Dreck und Abfall sorgten: Lumpensammler, Strassenkehrer, Schuhputzer und natürlich Bettler.[15] Maxime Du Camp hatte 1870 verstanden, dass man Paris am besten

14 Benjamin, 1991, S. 135 (wie Anm. 1). Über die Pariser Kanalisation vgl. auch S. 518–520.
15 Louis-Sébastien Mercier, *Tableaux de Paris (1782–1789),* hrsg. von Jean-Claude Bonnet, Bd. I, Paris, Mercure de France, 1994, S. 110–111 (Bäche), S. 452–453 (Lumpensammler), S. 671–674 (Bettler), S. 1202–1203 (Gehsteige), 1237–1240 (Strassenkehrer), 1255–1259 (Schuhputzer); teilweise übernommen in die deutsche Ausgabe: *Tableau de Paris. Bilder aus dem vorrevolutionären Paris,* Zürich, Manesse, 1990.

3 Eugène Atget **Bäckerei, 48 rue Descartes (Detail)** 1911
Silbergelatine-Abzug
Eugène Atget/Bibliothèque Historique de la Ville de Paris

in physiologischen Begriffen, das heisst, anhand seiner Organe, beschreiben könne: Das Muster des «Tableau» ist zu dürftig, zu abgegriffen, allzu sehr optisch oder auf das Malerische ausgerichtet und zu wenig geruchsintensiv, um das Gewühl, das die Grossstadt bewegt, angemessen wiederzugeben.[16]

Paris: ein gewaltiger Körper, ein Riesentier aus Millionen von Lebewesen, die sich zusammendrängen, bekämpfen, in monströser Weise umarmen und gegenseitig umbringen. Ein Gebilde aus Eingeweiden, stets bereit, sich zu erbrechen, zum Beispiel, wenn die Kanalisation überläuft. Vielleicht ist dies genau das, was Emile Zola 1873 in *Le Ventre de Paris (Der Bauch von Paris)* beschwor, dem Roman über die verschlingende wie die verschlungene Materie.[17] Vielleicht ist dies genau das, was Zola in knapperer, mehr ethnologischer Form in seinen Heften festhielt, in denen er nicht Geschichten von Paris erzählt, sondern die *Fakten* der Stadt beschreibt: Ständig ist die Rede von «beengten» Gassen, «von Seifenwasser stets überschwemmten Rinnsteinen», «stinkenden Hinterhöfen», «überall herumliegenden Lumpen», «schleimigen Schneckenhaufen» oder «Paketen aus Unrat» und plötzlich stösst man

---

16 Maxime Du Camp, *Paris, ses organes, ses fonctions et sa vie dans la seconde moitié du XIXe siècle*, Paris, Hachette, 1870 (Neuaufl. Monaco, Rondeau, 1993), S. 144–154 (Schlachthäuser), 339–360 (Prostitution), 361–382 (Bettlertum), 565–582 (Wasserdienst), 599–614 (Kanalisation) usw.

17 Emile Zola, *Le Ventre de Paris* (1873), hrsg. von Henri Mitterand, Paris, Gallimard, 1979 (deutsche Ausgabe: *Der Bauch von Paris*, München, Goldmann, 1959). Vgl. insbesondere: Marie Scarpa, «*Le Ventre de Paris* ou le ‹monde immonde› d'Emile Zola. Lecture ethnocritique», in: *Iris*, 19, 2000, S. 45–55.

4 Lászlo Moholy-Nagy **Kloake in Paris** 1925
Aus Franz Roh und Jan Tschichold (Hrsg.),
Foto-Auge. 76 Fotos der Zeit, Stuttgart, Fritz Wedekind,
1929, Tafel 38

auf eine Bemerkung von einzigartiger poetischer Verdichtung: «Trümmer. Herabstürzende Fetzen.»[18]

Paris also: Hauptstadt der historischen und sozialen Materie des neunzehnten Jahrhunderts. Balzac schrieb *Le Père Goriot (Vater Goriot)* aufgrund eines «hylemorphischen» Einfalls, laut dem «die Dinge von denselben Leiden erfasst werden wie die Menschen», und umgekehrt.[19] Seinen Roman *Les Misérables (Die Elenden)* oder die 1867 verfasste kleine Schrift über *Paris* verstand Victor Hugo explizit als eine Archäologie der Stadt, die einen gleichsam in Taumel versetzt:

> Der in den Untergrund von Paris blickt, wird von Schwindel erfasst [...] Unter dem gegenwärtigen Paris ist das alte zu erkennen, wie ein alter Text zwischen den Linien eines neuen in Erscheinung tritt [...] Angesichts dieser Geschichte von Paris muss man wie John Howard im Anblick weiteren Elends ständig ausrufen: «Hier sind die kleinen Tatsachen gross.»[20]
>
> Nichts ist schwieriger zu erschliessen und zugänglich zu machen als diese geologische Formation, die von der wunderbaren historischen Formation namens Paris überlagert wird.[21]

Benjamin hätte jeden dieser Sätze für sich selbst in Anspruch nehmen können: die Stadt als Palimpsest, das Vorherrschen der weggeworfenen und der unbemerkten Dinge – die «Mikrologie» und ihr Warburg'scher Leitspruch «Der liebe Gott steckt im Detail» –, das Gedächtnis als geologische Tiefe, die Geschichte als «Formation». *Les Misérables* sind bereits als «Roman des Mülls» bezeichnet worden.[22] Der lange Abschnitt mit dem Titel «Leviathans Darm» liefert eine verblüffende Beschreibung von Paris aus dem Blickwinkel seiner *Eingeweide,* das heisst der Kanalisation. So löst sich der *Anthopomorphismus* der als Organ verstandenen Stadt in der *Verschiedenartigkeit* einer

---

18 Emile Zola, *Carnets d'enquêtes* (1870–1891), hrsg. von Henri Mitterand, Paris, Plon, 1986 (Neuaufl. 1991), S. 44, 356, 367, 387, 419, 421, 436.
19 Honoré de Balzac, *Le Père Goriot* (1834), hrsg. von Marcel Bouteron, *La Comédie humaine,* Bd. II, Paris, Gallimard, 1951, S. 847–1085 (deutsche Ausgabe: *Vater Goriot,* Frankfurt am Main, Insel, 1996). Über Balzacs «Hylemorphismus» vgl. Cyrille Harpet, «Métaphores de l'abjection», in: *Iris,* 19, 2000, S. 7–22. Erinnern wir daran, dass Balzac seinen Roman *Le Père Goriot* Etienne Geoffroy Saint-Hilaire widmete.
20 Victor Hugo, «Paris» (1867), in: Victor Hugo, *Œuvres complètes. Politique,* hrsg. von Jean-Claude Fizaine, Paris, Robert Laffont, 1985, S. 8, 11, 13.
21 Victor Hugo, *Les Misérables* (1862), hrsg. von Yves Gohin, Bd. II, Paris, Gallimard, 1973 (Neuaufl. 1995), S. 663 (deutsche Ausgabe: *Die Elenden,* Düsseldorf, Winkler, 1998).
22 Françoise Chenet-Faugeras, «Du roman comme reliquaire. Conversion, transfiguration et sacralisation des déchets dans *Les Misérables*», in: *Iris,* 19, 2000, S. 31.

Sache auf, die bewegt, die die Menschen betrifft, ohne selbst eine menschliche Gestalt zu besitzen. Es ist etwas Ungestaltes, das lebt, bewegt, sich verwandelt und dem Einwohner von Paris lediglich als *Intrusion* oder *Unbehagen* bewusst wird und sich jedes Mal einstellt, wenn der viszerale Untergrund zur Oberfläche empordrängt. Hugo vergleicht dies mit den Symptomen, die auf eine ungeheuerliche Magenverstimmung und zugleich auf ein riesiges kollektives Schuldgefühl schliessen lassen:

> Gelegentlich fühlte sich die Pariser Kanalisation bemüssigt überzulaufen, als ob dieser missachtete Nil sich plötzlich erzürnte. Eine schmutzige Sache, diese Überschwemmungen mit Abwässern. Manchmal verdaute dieser Magen der Zivilisation nur schlecht, die Kloake stieg wieder hoch in den Rachen der Stadt, und Paris blieb der Nachgeschmack des Drecks. Diese Ähnlichkeiten zwischen Kanalisation und Schuldgefühl hatten etwas Gutes an sich; es waren Ermahnungen.[23]

Was in solchen Symptomen – einem monströsen «Rülpser» gleich – wieder nach oben stösst, ist nichts Anderes als die *verdrängte Erinnerung* der Stadt. Die versteckten Kontinente, die ertrunkenen Kadaver, die Missstimmigkeiten ihrer Geschichte. Kurz gesagt, wenn der Dreck wieder auf die Gehsteige gelangt, ist es die Erinnerung, die zurückkehrt, zum Beispiel eine längst begrabene Vergangenheit, die sich unvermutet, in Form eines Lumpens, Fetzens oder Lappens, in der Gegenwart zurückmeldet. Sogar «in Unordnung gebracht wie ein Wirrwarr, [...] in scheinbarem Durcheinander, [...] geht die Geschichte durch die Kanalisation.»[24]

Victor Hugo ruft in Erinnerung, wie Bruneseau im Laufe seiner schrecklichen Erforschung der Pariser Kanalisation auf einen «unförmigen, verdreckten Lumpen» stiess, «der dort, an irgendetwas hängen geblieben, im Schatten schwamm und langsam in Fetzen fiel». Wie man anhand eines gestickten Wappens feststellen konnte, war dieser Lumpen nichts Anderes als ein Stück vom Leichentuch Marats:

> Bruneseau setzte sich darüber hinweg. Man liess den Lumpen, wo er war; man beseitigte ihn nicht. War es Achtung oder Verachtung? Marat verdiente beides. Zudem war der Fetzen schon allzusehr vom Schicksal gezeichnet, als dass man

---

23 Hugo, 1973, Bd. II, S. 654 (wie Anm. 21).
24 Hugo, 1973, Bd. II, S. 650–652; vgl. auch S. 660 (wie Anm. 21).

ihn hätte berühren wollen. Im übrigen soll man die Grabesdinge an dem Ort belassen, den sie sich selbst aussuchen. Alles in allem war das Tuch eine seltsame Reliquie; eine Marquise hatte darin geschlafen; Marat war darin verfault; es hatte sich im Pantheon befunden, um bei den Ratten in der Kanalisation zu enden. Dieses Bettlaken, das Watteau einst fröhlich mit all seinen Falten gezeichnet hätte, erwies sich schliesslich Dantes starrem Blick würdig.[25]

Dies wäre also die moderne Reliquie, in der sich die Unreinheit des Bettes mit jener des Todes mischt. Ganz allein wählt sie den Altar, auf dem sie schliesslich vermodern wird, während ihre Falten «langsam in Fetzen» fallen. Würde sie vielleicht eines Tages, teilweise noch erhalten, bis zur Schachtöffnung emporsteigen, um dort die Gestalt eines Lumpens der Gehsteige anzunehmen? Wie dem auch sei, will Hugo die Funktion der Anamnese betonen, die dieser Rückfluss besitzt. Mit der Erinnerung *steigt die Wahrheit wieder empor*. Dies wäre, genauer gesagt, ihre Funktion als Symptom: «die *Krankheit* von Paris» einerseits; die *Erinnerung* an «Reste aller Katastrophen, von den Muscheln der Sintflut bis zum Lumpen Marats» andererseits;[26] schliesslich ihre *Wahrheit* selbst:

> Die Kanalisation ist das Gewissen der Stadt. Alles fliesst in ihr zusammen, alles findet sich in ihr miteinander konfrontiert. An diesem aschfahlen Ort herrscht zwar Finsternis, doch gibt es keine Geheimnisse mehr. Jedes Ding hat zu seiner wahren, zumindest zu seiner endgültigen Form gefunden. Das Positive am Müllhaufen ist, dass er nicht lügen kann […] Alle Unreinlichkeiten der Zivilisation fallen, sobald sie keine Funktion mehr haben, in diese Grube der Wahrheit, in die der riesige soziale Rutsch führt, sie werden in die Tiefe gerissen, breiten sich dort jedoch aus. Dieses Durcheinander ist ein Bekenntnis. Dort gibt es keinen falschen Schein, nichts lässt sich übertünchen, der Abfall zieht sein Hemd aus, völlige Entblössung, Auflösung der Illusionen und Trugbilder, nichts mehr als das, was ist, was in seiner Kläglichkeit aus dem Weg geräumt wird. Realität und Vergehen.[27]

Offensichtlich wollte Victor Hugo mit diesen Gedanken über die «wahre Form» der für den Konsum bestimmten Wegwerfprodukte eine eigentliche Philosophie begründen. Diese sollte eine Ästhetik, eine Politik, eine Archäologie und eine Anthropologie des kulturellen Gedächtnisses zugleich

---

25 Hugo, 1973, Bd. II, S. 659 (wie Anm. 21).
26 Hugo, 1973, Bd. II, S. 667 (wie Anm. 21).
27 Hugo, 1973, Bd. II, S. 651 (wie Anm. 21).

sein, deren Organon auch heute noch jeden Leser von Aby Warburg, Walter Benjamin oder Georges Bataille in Erregung versetzt:

> Die Philosophie ist das Mikroskop des Denkens. Alles möchte sich ihr entziehen, nichts kann ihr entkommen. Ausflüchte nützen nichts [...] In der Auslöschung der Dinge, die verschwinden, in der Verkleinerung der Dinge, die sich verflüchtigen, erkennt sie alles. Nach dem Lumpen rekonstruiert sie den Purpur, nach dem Fetzen die Frau. Mit der Kloake rekonstruiert sie die Stadt, mit dem Schlamm die Sitten.[28]

Unser Lumpen ist zweifellos ein Gegenstand, der sich für diese Art Philosophie bestens eignet. Wir könnten in ihm das «Accessoire in Bewegung» wiedererkennen, wie Warburg die um Botticellis Nymphen flatternden Schleier nannte, die unscheinbare und prächtige *Draperie der Gehsteige*. Kein lasziver Zephir fächelt ihr Luft zu, sondern das schmutzige Wasser, das vorbeifliesst, setzt sie träge in Bewegung. In diesem Fetzen steigt jedenfalls eine Wahrheit an die Oberfläche. Nicht weniger als die prunkvollen barocken Drapierungen, in die sich die Körper von *Ludovica Albertoni* oder der *Heiligen Theresia* von Bernini schmiegten, bildet dieser im Rinnstein zusammengepresste Stoffballen die Schnittstelle und die *Falte* – Erweiterung, Umhüllung, Inhärenz[29] – zwischen Eingeweiden und Oberfläche. Genau an diesem Ort, in dieser Falte, *arbeitet* die Erinnerung der Städte: Geburt und zugleich Todeskampf des «Gewesnen» im «Jetzt», sein «innerstes Bild» ...

---

28 Hugo, 1973, Bd. II, S. 652–653 (wie Anm. 21). Über das Verhältnis all dieser Dinge mit der Antike vgl. insbesondere das Gedicht «L'égout de Rome» (Die Kanalisation von Rom) in Hugos *Châtiments* (VII, 4).
29 Vgl. Gilles Deleuze, *Le Pli. Leibniz et le baroque,* Paris, Minuit, 1988, S. 31 (deutsche Ausgabe: *Die Falte. Leibniz und der Barock,* Frankfurt am Main, Suhrkamp, 2000).

EINDRUCK UND AUSDRUCK

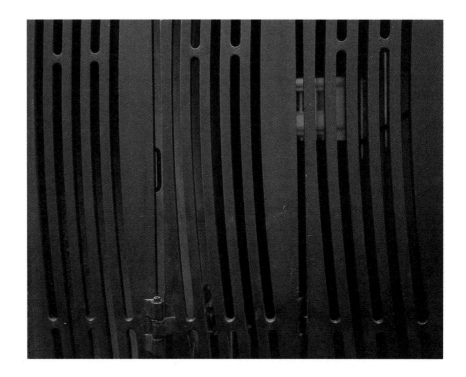

1 Herzog & de Meuron
Wohn- und Geschäftshaus Schützenmattstrasse, Basel (1984–1993 →**25**)
Fotografie: Margherita Spiluttini, August 1994

SPEKULATIVE ARCHITEKTUR:
ZUR ÄSTHETIK VON HERZOG & DE MEURON

Robert Kudielka

Ohne Gegensatz wird nichts offenbar,
kein Bild erscheint im klaren Spiegel,
so eine Seite nicht verfinstert wird.

Jacob Böhme, *De tribus principiis* (1619)[1]

Bei Bauten von «Spekulation» zu sprechen, ist eine missliche Sache. Man denkt sofort an Steuerabschreibung und Kapitalanlage, Leerstände und unverdienten Profit. Sosehr scheint das Denken zu einem Rechnen geworden, zu einem Schielen nach dem Ergebnis unter dem Strich, dass der ältere, buchstäbliche Sinn des Begriffs, der für die längste Zeit der abendländischen Geschichte die Geister bewegt hat, kaum mehr gehört wird. Spekulieren meinte einmal die höchste Form der Bewegung des menschlichen Denkens, ein Schauen, das im Herausgehen aus sich selbst, und gerade nicht in der Introspektion, zur Anschauung seiner selbst gelangen mag. Doch selbst wo diese Bedeutung noch lebendig ist, in der Philosophie und bei ihren anthroposophischen Verehrern, wird die Verquickung von Schauen, Spiegeln und Erkennen zuallerletzt mit der Architektur in Verbindung gebracht. Zu gross scheint die Distanz zwischen Entwurf und Ausführung, zu handfest der Zweck, zu äusserlich das Aussehen eines Bauwerks, als dass man damit die spontane Genugtuung des Erblickens verknüpfen würde.

Diese Verlegenheit hat freilich nicht immer bestanden. Im traditionellen europäischen Kanon der Künste ist der spekulative Rang der Architektur durchaus verbürgt gewesen. Denn nach dieser Ordnung gehörte sie

---

1 Jacob Böhme, *Sämtliche Schriften. Faksimile-Neudruck der Ausgabe von 1730 in elf Bänden*, hrsg. von Will-Erich Peuckert, Bd. 2, Stuttgart, Frohmanns Verlag – Günther Holzboog, 1960, Frontispiz.

eigentlich – wie Mathematik, Musik oder Rhetorik – zu den freien Künsten, deren Realien vom Intellekt konstituiert werden. Andererseits liegt jedoch im Baugedanken von Anbeginn, und nicht nur als Folge oder Anwendung, eine Tendenz zur Manifestation, zur Verwirklichung im Bauwerk. Das heisst, die Baukunst stand zugleich mit den so genannten mechanischen Künsten, die ihre Materialien äusserlich vorfinden, in Verbindung – der Kunst des Maurers oder des Zimmermanns zum Beispiel. Wie aber sollte man sich diesen Zusammenhang denken, wenn beide Formen von Kunst, die freie und die mechanische, im Ansatz einander entgegengesetzt waren? Das Problem war fast so knifflig wie die Frage nach dem Verhältnis des Schöpfergottes zu seiner abtrünnigen Schöpfung, mit dem bedeutsamen Unterschied freilich, dass die Begründung des metaphysischen Zusammenhangs dringlicher war als die des praktischen Baubetriebs, der niemals einer Rechtfertigung bedurfte. Nichtsdestoweniger ist es ein Angehöriger der mechanischen Künste, ein philosophierender Schuster gewesen, der die schönste, die spekulative Lösung, die nicht die Welt, sondern die Logik auf den Kopf stellt, gefunden hat. Jacob Böhme hat die Einsicht, die ihn nach eigenem Bekunden wie ein Platzregen ereilte, zu bedenken gegeben, dass Gegensätzlichkeit, weit entfernt, ein Hindernis der Offenbarung zu sein, gerade deren unerlässliche Voraussetzung sein könnte: etwa so, wie das Licht den festen, undurchsichtigen Grund des Zinngefässes braucht, um als Reflex zu glänzen.

2 **Gullydeckel, Basel**
Fotografie: Philip Ursprung, 2002

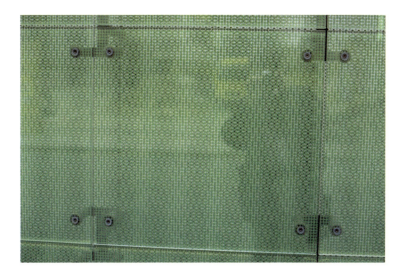

Der Gedanke hat um 1800 eine heftige Nachwirkung gehabt, vor allem bei Schelling und Hölderlin, die als eine Art Vorgeschichte der Ästhetik von Herzog & de Meuron gelten kann. Hölderlins Überlegung, dass alle Absolutismen – die absolute Monarchie, die rein apriorische Philosophie und eine bloss positive Offenbarung – streng genommen ein «Unding» sind, weil sie ohne Untertanen, ohne Erfahrung und ohne Empfänger objektlos und also gar nicht existenzfähig wären, hat nicht nur das häretische und revolutionäre Potenzial des Görlitzer Schusters zutage gefördert. Seine Folgerung, «Alles greift ineinander und leidet, so wie es tätig ist, so auch der reinste Gedanke des Menschen»[2], desavouiert auch noch die abgehobenen konzeptionellen Ambitionen des ausgehenden zwanzigsten Jahrhunderts, die architektonischen wie die rein künstlerischen, und nimmt das Paradox vom Traum einer idealen «Welt ohne Materie» und der «materiellen Gebundenheit» der Architektur vorweg, das die Basler Architekten 1996 erstaunlich ungeschützt für sich reklamiert haben:

Wir versuchen deshalb stets die materielle, die physische Erscheinungshaftigkeit von Architektur zu unterstreichen, Grenzbereiche materieller Bedingtheit herauszuarbeiten. In diesem Bereich werden spezifische Eigenschaften oft erst erkennbar! Was verkörpert Schwere? Woraus konstituiert sich Helligkeit? Was

2 Friedrich Hölderlin, «Brief an Isaak von Sinclair, 24. Dez. 1798», in: Friedrich Hölderlin, *Sämtliche Werke* (Stuttgarter Ausgabe), Bd. 6: Briefe, hrsg. von Adolf Beck, Stuttgart, 1969, S. 323.

ist eine Mauer, was ist Licht etc. Immerhin sprechen all diese Begriffe von der menschlichen Wahrnehmung der physischen Welt auf einer gedanklichen, geistigen Ebene. Und genau diese gedankliche Ebene von Wahrnehmung versuchen wir mit Architektur zu erreichen, zu treffen.³

Nein, das ist nicht das Programm einer Dialektik, die nach Aufhebung der Widersprüche strebt. Das Stichwort heisst «treffen». Die oft bemerkte Antithetik des Baustils von Herzog & de Meuron – Minimalismus und Ornamentik, Kosmetik und Struktur, Bild und Körper⁴ – scheint in einer bewusst gepflegten Spannung zwischen der Arbeit des Gedankens und der Lust am Eigensinn der physischen Gegebenheiten zu gründen. Wer eben noch den wellenförmigen Rhythmus der gusseisernen Vorhangkonstruktion am Wohn- und Geschäftshaus Schützenmattstrasse, Basel (1984–1993 →25) bewundert hat, wird zunächst überrascht sein, dasselbe Muster ein paar Schritte weiter auf einem Gullydeckel zu finden (Abb. 1-2). Das Erstaunen ist dann schon nicht mehr so gross, wenn man hört, woher die Farbe des ISP Instituts für Spitalpharmazie, Rossettiareal, Basel (1995–1998 →132) rührt: Natürlich, das ist das Grün der alten Apothekengläser (Abb. 3). Das Einräumen von Kon-

---

3 Wilfried Wang, *Herzog & de Meuron*, Basel u. a., Birkhäuser, 1992, S. 185f.
4 Vgl. Jacques Herzog, Pierre de Meuron u. a., «Minimalismus und Ornament. Herzog & de Meuron im Gespräch mit Nikolaus Kuhnert und Angelika Schnell», in: *Arch+*, 129/130, Dezember 1995, S. 18–24; Jeffrey Kipnis, «Die List der Kosmetik», in: *du*, 706, Mai 2000, S. 6–9; Hans Frei, «Herzog & de Meuron. Neue Bilder. Eine Reflexion», in: *du*, 706, Mai 2000, S. 40–43.

4 Herzog & de Meuron
Sperrholzhaus, Bottmingen (1984–1985 →27)
Fotografie: Margherita Spiluttini, März 1989

SPEKULATIVE ARCHITEKTUR

tingenz hat hier offenbar Methode. Der Knick im Sperrholzhaus, Bottmingen (1984–1985 →27) erweist sich als eine Reverenz, ein architektonischer Knicks sozusagen, vor einem ausgewachsenen Zierbaum, einer *Paulownia tomentosa,* die daneben steht (Abb. 4); und der Schrecken aller glatten Betonfassaden, der schlierige Schmutzfilm des Regenwassers, erhält am Ricola-Europe SA, Produktions- und Lagergebäude, Mulhouse-Brunstatt (1992–1993 →94) die Dignität einer Öko-Fassade: Wenn es regnet, blüht auf schwarzem Grund ein feines Pflanzengeflecht auf (Abb. 5). So ist es kein Zufall, dass sich Herzog & de Meuron immer wieder, etwa mit der Tate Modern, London (1994–2000 →126) oder dem Museum Küppersmühle, Sammlung Grothe, Duisburg (1997–1999 →151), als Konvertierer bestehender Bausubstanz hervorgetan haben. Sie kennen das Geheimnis aller echten Originalität: die Erwiderung auf das, was immer schon da ist.

Das heisst jedoch nicht, dass die Architektur von Herzog & de Meuron besonders behutsam oder gar demütig ihren Platz unter den Dingen suchte. Mitnichten. Ganz gleich, ob es sich um Wohnhäuser oder Lagerhallen, Produktionsstätten oder öffentliche Anlagen handelt, die Bauten zeigen stets eine rigoros konzeptionelle, an der amerikanischen Minimal Art orientierte Raumauffassung, deren Grundeinheit der Container ist. Die Trennschärfe, mit der sich diese Ästhetik von traditionsfrommen Basteleien absetzt und gegen die Aura von Heimeligkeit verwahrt, mag gelegentlich schmerzen. Aber a-humanistisch ist nicht notwendig gleich anti-human.

5 Herzog & de Meuron
**Ricola-Europe SA, Produktions- und Lagergebäude,
Mulhouse-Brunstatt (1992–1993 →94)**
Fotografie: Margherita Spiluttini, August 1996

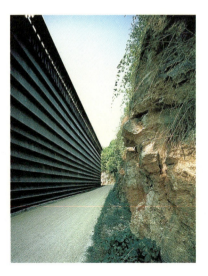

Es gibt eine Form, den Menschen auszusparen, die ihm gerade Raum schafft, Platz macht für die Zuwendung zu Anderem und das befreiende Abstandnehmen von sich selber, wie der Containerbau der Sammlung Goetz, Haus für eine zeitgenössische Kunstsammlung, München (1989–1992 →56) eindrücklich beweist. Der kritische Punkt dabei scheint, dass die «gedankliche Ebene» am Problem der «Wahrnehmung» orientiert bleibt. Darin liegt der grundlegende Unterschied zur Minimal Art, der sich vor allem am Umgang mit der Schwerkraft zeigt. Während die Gravitation in den Kästen von Donald Judd zum Beispiel bewusst neutralisiert ist, dergestalt, dass bei einer mehrgliedrigen Struktur offen bleibt, ob die Teile aneinander «hängen» oder aufeinander «lasten»,[5] wird sie von Herzog & de Meuron gerne ausdrücklich ins Spiel gebracht. Das geschieht freilich nicht in der Weise, dass die Gewichtsverhältnisse lediglich bestätigt werden wie bei den Zikkurat-Hochhäusern in Midtown Manhattan: unten der massive Block, oben, dem Licht zu, die sukzessive zurückversetzten Etagen.[6] Das Lagerhaus Ricola, Laufen (1986–1987 →38; Abb. 6), das Basler Institut für Spitalpharmazie und die Dominus Winery, Yountville, California (1995–1998 →137) zeigen vielmehr genau die umgekehrte Gewichtung (Abb. 7). Die Breite und damit das optische Ge-

5 Bruce Glaser, «Questions to Stella and Judd. Interview by Bruce Glaser. Edited by Lucy R. Lippard» (zuerst erschienen in: *Art News*, September 1966), in: Gregory Battcock (Hrsg.), *Minimal Art. A Critical Anthology*, New York, Dutton, 1968, S. 155f. (Reprint mit einer Einführung von Anne M. Wagner, Berkeley, University of California Press, 1995).
6 Vgl. Sol LeWitt, «Ziggurats», in: *Arts Magazine*, 42, 1, November 1966, S. 24f.

6 Herzog & de Meuron
Lagerhaus Ricola, Laufen (1986–1987 →38)
Fotografie: Margherita Spiluttini, August 1994

SPEKULATIVE ARCHITEKTUR

wicht der horizontalen Eternitplatten am Lagerhaus Ricola nimmt nach oben hin zu; der gleiche Effekt wird beim Institut für Spitalpharmazie durch die stufenweise Verdichtung des grünen Punktrasters auf der Glasverkleidung erzielt; und Ähnliches gilt für die Dominus Winery, bei der die Drahtkörbe mit den grösseren Steinbrocken ebenfalls oben sitzen. Das Kalkül ist eindeutig: «Ohne Gegensatz wird nichts offenbar» – erst die Umkehrung macht die Schwerkraft wahrnehmbar.

Diese Strategie ist aus der Malerei spätestens seit der Hochrenaissance bekannt. Vor allem Raffael spannt den Himmel seiner Madonnenbilder vor landschaftlichem Hintergrund häufig von einem blassen Blau am Horizont zu einem vollen, satten Ton am oberen Bildrand. Dennoch scheint es verfehlt, vom Bildhaften in den Bauten von Herzog & de Meuron zuviel Aufhebens zu machen. Das Piktorale ist nur ein Aspekt einer Architektur, die ihre Leitvorstellungen sichtbar spiegelt, statt sie lediglich intellektuell zu reflektieren. Die spekulative Umkehrung der Gravitation, die den Bau gleichsam auf sich zurückwendet und dingfest macht, gewinnt ihre volle Bedeutung eigentlich erst durch die Konfrontation mit ihrem Gegenmoment, dem zerstreuenden, jedwede Substanzialität anfechtenden Schauspiel des Lichts. Es gehört zu den hübschen, kleineren Paradoxa der Arbeit von Herzog & de Meuron, dass die häufige Verwendung von Fotografien für die Verkleidung der Bauten leicht davon ablenkt, in welchem Umfang hier die Architektur selbst als älteste Lichtbildnerei, die *photo-graphia kat exochen* sozusagen, in ihr Recht gesetzt wird.

7 Herzog & de Meuron
Dominus Winery, Yountville, California (1995–1998 →**137**)
Fotografie: Margherita Spiluttini, Mai 1998

EINDRUCK UND AUSDRUCK

Von den Nachtstücken soll gar nicht die Rede sein: Der *light beam* über der Tate Modern oder die Halloween-Maske, die aufleuchtet, wenn im Museum Küppersmühle die Lichter angehen, sind Preziosen für Flaneure. Die Licht- und Schattenspiele bei Tage sind staunenswert genug. Harte Klarheit oder freundlicher Halbschatten, plötzliche Magie oder gleichmässige Streuung – der Wechsel ist immer überraschend. Der Innenraum des Ricola-Europe SA, Produktions- und Lagergebäudes, ein äusserlich disparat anmutender, rein ergonomisch organisierter Kleinmaschinenpark wie viele auf der Welt, erscheint dank der Filterung des Tageslichts durch die semitransparente Aussenwand in sich geschlossen, ohne isoliert zu wirken (Abb. 8). Das silbergraue Streulicht, das durch die Bildtapete mit dem Blossfeldt-Motiv der Schafgarbe dringt, schafft eine abgeschiedene und zugleich annehmliche Atmosphäre. Draussen hingegen, unter dem blockigen, leicht aufkragenden Vordach, wartet das Schafgarbenmuster mit einer optischen Halluzination auf: Die gleichfalls bedruckte Decke des Dachs spiegelt sich, soweit der Schatten reicht, auf der Aussenwand in unbestimmter Tiefe. Oder nehmen wir noch einmal das Institut für Spitalpharmazie: Die grüne Verkleidung erschöpft sich keineswegs darin, je nach Blickwinkel und Beleuchtung mal wie Moiré-Seide zu flimmern, mal die Umgebung zu spiegeln oder mal vollkommen vertrübt, opak entgegenzutreten. An einer Wand in den Eingangsbereich integriert, kontrastieren die grün gepünktelten Glasplatten dort mit dem roten Fussboden – und im Verein mit Licht und Schatten hebt auf den weis-

8 Herzog & de Meuron **Ricola-Europe SA,
Produktions- und Lagergebäude, Mulhouse-Brunstatt** (1992–1993 →94)
Fotografie: Margherita Spiluttini, August 1994

SPEKULATIVE ARCHITEKTUR

sen Wänden ein fulminantes Farbenspiel von direkten Reflexen und komplexen, warmen und kalten Grauwerten an (Abb. 9). Nicht genug, wer sich ins geschäftsmässige Innere des Baus verläuft, findet noch ganz andere, unspektakuläre Spuren der Lichtbildnerei von Herzog & de Meuron, wie zum Beispiel die Glaswände der Büros in den Ecken des Gebäudes, die aus Gängen Tunnel mit einem tröstlichen Licht am Ende machen.

Der bisherige Höhepunkt dieses architektonischen Chiaroscuro dürfte jedoch die Dominus Winery in Yountville, California sein. Bereits die Fotografie gibt hier eine gute Vorstellung von dem spekulativen Ineinandergreifen von Licht, Schwerkraft und Materie. Die in Drahtcontainern abgepackten Gesteinsbrocken entfalten ihre stoffliche Spezifität frei von jeder Assoziation, dass sie als Füllmaterial für Wände dienen könnten. Übereinandergetürmt nach dem Kalkül zunehmender Vergröberung, schliessen sie sich zu einem Gesamtbild schwebender, architektonisch arretierter Gravitation, das dem gewaltigen Reflex der Sonne Kaliforniens entspricht. Zugleich lassen die wachsenden Zwischenräume unter den Brocken – die grössere Perforation der Wände – ein Eindringen des Lichtes in die Verschattung des Innenraumes zu, ein lebhaft funkelndes Spiel von Reflexen, das die Masse darstellt, indem es sie verdunkelt. Ein genaueres Äquivalent einer Weinkellerei zu ihrem Inhalt wurde vermutlich nie geschaffen: Das Gebäude der Dominus Winery ist die gekelterte Essenz von Erde und Licht. Doch bevor der poetische Überschwang die Klarheit der Spekulation trübt, gilt

9 Herzog & de Meuron
ISP Institut für Spitalpharmazie, Rossettiareal, Basel (1995–1998 →132)
Fotografie: Susanne Kudielka, Februar 2001

es einzuhalten. Wie die Blume des Weines beim Kosten, erkennt man die Güte von Architektur nur im Umgang. Die Fotografie ist für den, der das Gebäude nie gesehen hat, nur ein schönes Versprechen und ein schaler Ersatz für die tatsächliche *photographia.* Man missachtet die Ästhetik von Herzog & de Meuron im Kern, wenn man die physische «Wahrnehmung» ihrer Bauten gering schätzt. Deswegen mag die Betrachtung mit einem Zitat schliessen, das zumindest auf der «gedanklichen Ebene» den Rang dieses befreienden Ansatzes sichtbar macht. Friedrich Wilhelm Josef Schelling schrieb 1798 den Satz, der genau zweihundert Jahre später in Kalifornien Architektur geworden zu sein scheint: «Das Dunkel der Schwere und der Glanz des Lichtwesens bringen erst zusammen den schönen Schein des Lebens hervor, und vollenden das Ding zu dem eigentlich Realen, das wir so nennen.»[7]

7 Friedrich Wilhelm Josef Schelling, «Über das Verhältnis des Realen und Idealen in der Natur oder Entwicklung der ersten Grundsätze der Naturphilosophie an den Principien der Schwere und des Lichts» (1798), in: Manfred Schröter (Hrsg.), *Schellings Werke. Erster Hauptband: Jugendschriften 1793–1798,* München, 1927, S. 437.

BAUEN ALS LEBENSTRIEB:
ARCHITEKTUR ALS REPETITION

Peggy Phelan

Herzog & de Meurons Architektur, besonders ihr Projekt für die Tate Modern, London (1994–2000 →126), lässt einen erneut die komplexe zeitliche Vitalität gebauten Raumes gewahr werden (Abb. 1). In der Umrüstung von Giles Gilbert Scotts immensem Turbinenpalast und der Bereitschaft, sich davon in ihrem eigenen Bau leiten zu lassen, legen Herzog & de Meuron nahe, dass jede Manifestation eines Gebäudes bloss ein Moment in der langen Geschichte seiner möglicher Formen darstellt. Indem das Tate-Modern-Projekt feste Vorstellungen von Monumentalität und Dauer auflöst, die oft mit zeitgenössischer Architektur verbunden werden, plädiert es nicht nur dafür, dass die Architektur in der Vermischung verschiedener Kunstformen und historischer Epochen eine Rolle zu spielen hat, sondern grundsätzlicher für die Vermischung des Lebens- und Todestriebes, die unsere kollektive psychologische Geschichte prägen.

In seinem Aufsatz von 1920, «*Jenseits des Lustprinzips*», argumentiert Freud, dass Ruhe und Tod für die Lebhaftigkeit und Vitalität des Lebendigen zentral sind. In der Spekulation, dass der Lebenstrieb aus einer Art Teilung von Keimzellen hervorgeht, wobei ein Teil des Organismus abstirbt, während ein anderer auf einen früheren Zustand regrediert und das Spiel von neuem beginnt, vermutet Freud, dass diese Teilung sowohl den Todes- wie den Lebenstrieb steuert.

> Es machen nicht alle Elementarorganismen, welche den komplizierten Leib eines höheren Lebewesens zusammensetzen, den ganzen Entwicklungsweg bis zum natürlichen Tode mit. Einige unter ihnen, die Keimzellen, bewahren wahrscheinlich die ursprüngliche Struktur der lebenden Substanz und lösen sich [...] nach einer gewissen Zeit vom ganzen Organismus ab [...] Unter günstige

EINDRUCK UND AUSDRUCK

1 Herzog & de Meuron
Tate Modern, London (1994–2000 →**126**)
Fotografie: Margherita Spiluttini, Mai 2000

Bedingungen gebracht, beginnen sie sich zu entwickeln, das heisst, das Spiel, dem sie ihre Entstehung verdanken, zu wiederholen, und dies endet damit, dass wieder ein Anteil ihrer Substanz die Entwicklung bis zum Ende fortführt, während ein anderer als neuer Keimrest von neuem auf den Anfang der Entwicklung zurückgreift [...] Sie sind die eigentlichen Lebenstriebe.[1]

Dieses «Zurückgreifen» ist der kreative Akt, der den Lebenstrieb eines grossen Teils von Herzog & de Meurons jüngstem Werk ausmacht. Die «Elementarorganismen», auf die die Architekten bauen, bilden das Spiel, durch das sie die neue Existenz des gebauten Raumes aushandeln. Wie mit dem Lebenstrieb erfordert diese Leistung ein kompliziertes Hin und Her zwischen Architektur als Wiederkehr und Architektur als neuer Form. Ausserdem deuten Herzog & de Meuron an, dass diese Vermittlung sich in *sämtlichen* Bauten ausdrückt, nicht nur in Projekten, wo ein «ursprüngliches» Gebäude umgerüstet wird. Das Werk Herzog & de Meurons legt Möglichkeiten offen, wonach Bauten die komplexe Geschichte ihrer eigenen Entwicklung enthalten können, von dem ursprünglichen Einfall über Skizzen, Modelle, Pläne bis zum fertigen Gebäude. Jede Stufe der Komposition wiederholt eine vorangehende Vorstellung und verwandelt sie zugleich. Nachdem zum Beispiel die Skizze «fertig» ist, kehrt der Architekt zu der «ursprünglichen Struktur» zurück und wiederholt sie, aber nun als Modell oder als Plan. So liegt sowohl der Architektur wie den von Freud dargestellten Lebens- und Todestrieben eine ausserordentlich komplexe Beziehung zum Phänomen der Wiederholung zugrunde.

Mit dem Blick auf Wiederholung statt Entwicklung sind wir in der Lage, in die teleologische Darstellung von Architektur als linearer Entwicklung von einer Idee zu deren Verwirklichung einzugreifen. Solch ein Eingreifen ist notwendig geworden, weil eine teleologische Darstellung zur Beschreibung der komplexen Zeitlichkeit, in der wir leben, längst nicht mehr ausreicht. Indem wir uns an die Idee der Linearität halten, simplifizieren wir nicht nur Geschichte und Geschichtsschreibung, sondern wir implizieren logisch einen singulären «natürlichen Tod» als Endpunkt unserer Existenz. Freuds Betonung der Wiederholung gewährt einen verlockenden Blick auf einen weiteren Aspekt des Lebens- und Todestriebes, nämlich die Möglichkeit, dass (psychische) Geschichte nicht teleologisch verläuft, sondern eher eine ständige Oszillation zwischen Belebtheit und Ruhe darstellt. Dieses

---

1 Sigmund Freud, *Gesammelte Werke, chronologisch geordnet,* hrsg. von Anna Freud u. a., Bd. 13, London, Imago, 1940ff., S. 42f.

Triebverständnis deutet tatsächlich auf eine menschliche Geschichte voll von Möglichkeiten hin, worin Vorstellungen wie «Einfluss» oder «Entwicklung» nicht aus kausalen oder chronologischen Bedingungen hervorgehen, sondern aus einem merkwürdigen, sich wiederholenden Hin und Her zwischen immer wiederkehrenden Fragen und Antworten. Um den Lebenstrieb der Architektur so zu betrachten, ist man gezwungen, von der Verdinglichung des realisierten Baus als eines zwangsläufigen architektonischen Endpunkts abzusehen. Während es relativ leicht fällt anzuerkennen, dass der Ursprung von Bauten in mehreren Quellen zugleich liegt, hat sich die Einsicht, dass damit logischerweise eine Vielzahl von Endpunkten verbunden ist, als weitaus schwieriger erwiesen.

Zur Sache der Formen
Um das Werk von Herzog & de Meuron in einer Veröffentlichung zu besprechen, in der es sowohl um Architektur als auch um Kunstkritik geht, muss man sich mehrere verschiedene «Elementarorganismen» vornehmen, die als architektonische «Keimzellen» funktionieren. Kommissionen, Wettbewerbe, Zeichnungen, schriftliche Stellungnahmen der Architekturbüros, Modelle, Videos der Modelle, Fotografien von (und manchmal auf) den Bauten und die ausserordentliche Beredtheit von Jacques Herzog selbst, wie sie in zahlreichen veröffentlichten Interviews und schriftlichen Texten vorliegt, stehen hier als Gebäude, die die konkreten, ausgeführten Bauten sowohl erinnern wie auch ersetzen. Jacques Herzog baut Sätze und Gedanken ebenso sorgfältig, wie Ingenieure ihre Träger und Bolzen messen. Er ist abwechselnd angeekelt, freudig erregt, überzeugend, widerspenstig, elegant, direkt – manchmal alles zusammen in einem einzigen Satz: «Wir können uns auf nichts verlassen, auf kein Baumaterial, auf keine herkömmliche Bauweise und -tradition, weil eigentlich diese Sachen fortwährend unbrauchbar geworden sind.»[2] Seine Bemerkungen schützen die Bauten der beiden Architekten, aber verschieben sie auch in konzeptuelle Räume, die manchmal die Architektur selbst begrenzen, manchmal darüber hinausweisen.

Im Versuch in den späten siebziger Jahren, über die immense Distanz zwischen dem Modell und dem gebauten Ort nachzudenken, begannen Herzog & de Meuron, Video als Mittel zu benützen, um sich Bauten in der Umgebung zu verbildlichen, in der sie einst stehen würden. Während freilich jede Architektur sich der Spannung von Verlockung und Enttäu-

---

2 «Gespräch zwischen Jacques Herzog und Theodora Vischer», in: Gerhard Mack, *Herzog & de Meuron, 1978–1988,* Das Gesamtwerk, Bd. 1, Basel, Birkhäuser, 1996, S. 212–217, hier S. 213.

schung stellen muss, die die Beziehung zwischen Planung und Ausführung strukturiert, ist Herzog & de Meurons Antwort auf diese Struktur höchst lehrreich. Nicht nur, dass das Videoformat den Raum des zukünftigen Gebäudes auf die Fläche des Bildschirmes zusammendrückt: Es belebt dieses Modell gleichzeitig. Als ihre Arbeit fortschritt, stellte sich die bekannte Frage: «Was ist das Leben der Architektur?» nach und nach neu als: «Wie kann Architektur am Dialog zwischen Animation und Ruhe teilnehmen, der für die Unterscheidung zwischen Leben und Tod so zentral ist?» Architektur wird meist als eine Sache von festen Gegenständen verstanden und es ist gerade dieses Starre, das sie mit permanenter Bewegungslosigkeit verbindet, die wir, vielleicht zu unrecht, mit dem Tod assoziieren.

Herzog & de Meuron deuten an, dass das herkömmliche Verständnis von Zeit und Raum die Bewegung, die gebautem Raum innewohnt, und die Bewegungslosigkeit, die der Zeit ihr Mass angibt, bisher übersehen hat. Sie gelangten zu dieser selbst heute noch aufrüttelnden Einsicht durch die Betrachtung von Video, Film und dem, was Jacques Herzog «Bilder» zu nennen pflegt, und fanden in diesen Medien Ideen für ihre Architektur. Ein grosser Teil ihrer Arbeit in den neunziger Jahren ist die Frucht dieser Inspiration.

Architektur als Wiederholung
Im Zentrum der Technik der fotografischen Künste steht eine komplexe Auseinandersetzung mit dem Phänomen der Wiederholung. Fotografie, Kino

2 Herzog & de Meuron
Steinhaus, Tavole (1982–1988 →**17**)
Fotografie: Margherita Spiluttini, Oktober 1994

und Video vermitteln die Erkenntnis, dass visuelle, narrative und psychische Kontinuität sich auf die Wiederholung desselben Bildes stützt. Für das Kino wurde das wohl am besten von Jean-Luc Godard in seiner schneidenden Bemerkung ausgedrückt, «das Kino ist der Tod in vierundzwanzig Bildern pro Sekunde.» Das Ende des visuellen Lebens jedes Bildes – sein Tod – wird nur verhindert durch das Heranrasen des nächsten Bildes. Das Auge, langsamer als die Kamera, da ihm zugleich die Fähigkeit und Bürde der Erinnerung gegeben sind, speichert das Bild, nachdem es eigentlich schon aus dem Blickfeld verschwunden ist. Diese bekannte Tatsache des kinematischen Erlebens wird zu Recht als das «Anhalten des Bildeindrucks» bezeichnet. Im Schritt von der epistemologischen Kraft des Kinos zu der der Architektur deuten Herzog & de Meuron an, dass Gebäude als Bilder bestehen bleiben, selbst wenn sie gar nie gebaut oder sogar nachdem sie abgerissen wurden. Wie bestehen sie weiter? Wie bei Freuds Keimzellen geschieht dies dadurch, dass sie als Auslöser von Wiederholung dienen. Jeder verwirklichte Bau ist die Konsolidierung der Wiederholungen, durch die seine Verwirklichung ausgehandelt wurde. Ausserdem wird Architektur selbst in anderen Medien wiederholt, vor allem in Zeichnung und Fotografie, während sie selber im Verlauf der Verwirklichung eines bestimmten Gebäudes ihrerseits Ideen und Bilder aus anderen Medien reproduziert.

Diese Konzeption von Architektur als Wiederholung weicht deutlich von den Orthodoxien ab, die sich mit postmoderner Architektur verbinden. Postmoderne Architektur zelebriert das Zitat, den Verweis und die Anspielung, die alle dazu beitragen, Architektur in einen geschlossenen Diskursrahmen zu stellen, worin es möglich ist, beispielsweise eine Louis-Kahn-Geste hier oder ein Frank-Lloyd-Wright-Markenzeichen dort zu erkennen. Diese Zitate und Anspielungen verstärken die semiotische und visuelle Geschichte dieser Architektur selbst dann, wenn die angespielten Quellen in der Popkultur oder Malerei liegen. Jacques Herzog hat wiederholt betont, dass die Postmoderne «für uns wirklich nie ein Thema war». Damit meint er, dass er weniger am Zitat als an einer Art Zusammenarbeit, vielleicht könnte man sogar sagen einer Form des «Bewohnens» ihrer Bauten durch verschiedene Kunstformen interessiert ist. So ist das Steinhaus, Tavole (1982–1988 →17) nicht so sehr das Zitat eines Gemäldes als die Erforschung des Problems, wie Wiederholung – das wörtliche Ordnen und Neuordnen von Steinen, immer und immer wieder – das Bewohnen des durch diese Wiederholung erst geschaffenen Raumes ermöglichen könnte, des Raumes, der aus den sich wiederholenden Steinen gebildet wird und den wir ein Haus nennen (Abb. 2).

Anders gesagt, architektonische Wiederholung schafft buchstäblich eine Umgrenzung. Das deutete darauf hin, dass wir wahrscheinlich in den nachhallenden Konsequenzen und Schwingungen einer Handlung, wie dem Anordnen von Steinen, zu leben lernen vermöchten, wenn wir sie nur oft genug wiederholten, selbst wenn wir nicht *mit* ihnen zu leben vermögen und sie deshalb wiederholen müssen, um sie zu erneuern. Mehr als eine Sisyphusarbeit, dient die Neuordnung von Steinen, mit denen eine Behausung errichtet wird, als Stichwort für die anderen repetitiven Tätigkeiten, die ein häusliches Leben ermöglichen: Liebe machen, Essen machen, sich Zeit nehmen.

Die fruchtbarsten Kollaborationen, die Herzog & de Meuron eingegangen sind, waren allerdings die, die Fotografie und Video einschlossen.[3] Die Wiederholbarkeit, die der Fotografie zugrunde liegt, verwischt den Unterschied zwischen Original und Kopie – der zentrale Anreiz dieses Mediums für die Architekten. Während Herzog & de Meuron mit Künstlern wie Thomas Ruff und Rémy Zaugg direkt zusammenarbeiteten und Jacques Herzog mit Verweisen auf das Werk von Aldo Rossi und Joseph Beuys immer schnell zur Hand ist, eröffnet ihr Interesse an der Wiederholung dennoch eine viel reichhaltigere Form der Reflexion über artistische Berührungspunkte als die blosse geradlinige Chronologie, wie sie durch ein traditionelles Verständnis von Beeinflussung nahe gelegt wird. Anders gesagt, ihr Werk regt zu einer vertieften Betrachtung der Kunst der Wiederholung an. Der höchste Meister dieser Kunst war Andy Warhol.

Andy als Architekt
Es ist nicht schwer, die Berührungspunkte zwischen Warhol und Herzog & de Meuron aufzuzählen: Beide haben sich der Kunst als Recycling verschrieben; beide sind an Serien interessiert, an Siebdruck und Fotografie (**Abb. 3**). Die Tate Modern erinnert an Warhols Factory. Beide sind geradezu besessen von Archiven, Lagerung, Beinhaltung, dem Bewahren des Vergänglichen. Beide sind vom Gedanken angetan, die Geheimnisse des Museums zu lüften. Beide verwenden Energie darauf, die Grenzen zwischen Vergangenheit und Gegenwart, zwischen Leben und Tod zu verwischen. Beide befassen sich mit der Anziehungskraft von Oberflächen. Beide haben Siebdrucke anderer an ihre Bauten platziert. In Herzog & de Meurons Arbeit am Ricola-Europe SA, Produktions- und Lagergebäude, Mulhouse-Brunstatt

---

3 Siehe den Katalog zu der von Herzog & de Meuron entworfenen Ausstellung für den Schweizer Pavillon an der Architektur-Biennale, Venedig, 1991: *Architektur von Herzog & de Meuron*, hrsg. vom Bundesamt für Kultur, Baden, Lars Müller, 1991.

EINDRUCK UND AUSDRUCK

3 **Andy Warhol in der Factory** ca. 1965

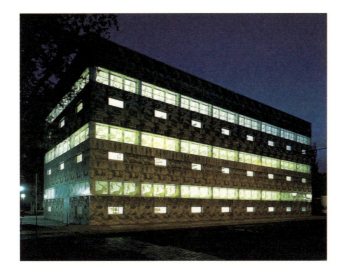

(1992–1993 →94) wurde die Fotografie eines Blattes des deutschen Fotografen Karl Blossfeldt aus den zwanziger Jahren verwendet; Thomas Ruffs Fotografien bedecken die Fassade der Bibliothek der Fachhochschule Eberswalde (1994–1999 →105; Abb. 4).[4] Warhols Serie *Most Wanted Men,* die am Pavillon Philip Johnsons für die New Yorker Weltausstellung 1964–1965 angebracht wurde, hatte ihren Ursprung in den Fahndungsbildern Krimineller aus den Listen der meistgesuchten flüchtigen Verbrecher des FBI. Sobald das Werk allerdings an der Fassade des Pavillons montiert war, ordneten die Organisatoren, die Gerichtsklagen befürchteten, dessen Entfernung an. Anstatt das Werk aber zu entfernen, übermalte Warhol es mit Silberfarbe.[5] So blieb

---

4 Der Umfang dieses Aufsatzes erlaubt keine ausführliche Diskussion dieser interessanten Bauten. Als Ersatz lohnt es sich, Jacques Herzogs eigenen Kommentar zur Verwendung von Blossfeldts Fotografie (Siebdruck auf Polykarbon) hier wiederzugeben: «We knew exactly how far we could stretch the point and we did a ready-made which we then used repetitively. This is the most advanced operation that we have conducted with an artist, though we [are] always very much aware of being architects and not painters or image-makers. Indeed we use art with very egoistic intent. In this case, we studied at length the dimensions of the leaf because we were anxious to avoid stooping to kitsch or pop-art as one can see in some contemporary architectures. We tried drawing it to a human scale, as if it were personified, but the effect was very disagreeable. So we reduced it appreciably, but then it looked like a bath-tile. It was certainly not easy to hit on the right measure, to stop the serial repetition assuming an over-oriental look.» Vgl. Jacques Herzog, «On Materials» (aus einem Interview mit Rita Capezzuto vom 30. September 1994), in: *Domus,* 765, November 1994, S. 74–77.
5 Nelson Rockefeller, der Gouverneur von New York, und Robert Moses, der Präsident der Weltausstellung, machten sich Sorgen wegen möglicher Rechtsklagen, wenn sie die Gesichter stehen liessen. Warhol schlug vor, die Fotos der flüchtigen Verbrecher abzunehmen und sie durch Bilder Moses' zu ersetzen, aber Johnson lehnte ab. Für eine ausführliche Diskussion siehe David Bourdon, *Warhol,* New York, Harry N. Abrams, 1989, S. 181f.

4 Herzog & de Meuron
Bibliothek der Fachhochschule Eberswalde (1994–1999 →105)
Fotografie: Margherita Spiluttini, Mai 1999

EINDRUCK UND AUSDRUCK

5 Andy Warhol **Empire** 1964
Sequenz von vier aufeinander folgenden Einzelbildern
16-mm-Film, Schwarzweiss, ohne Ton, 480 min
The Andy Warhol Museum, Pittsburgh, a museum of the Carnegie Institute

das Original an der Fassade des Gebäudes als Mahnung bezüglich der gestalterischen Grenzen im Rahmen eines Spektakels namens «Weltausstellung». Die Fassade des Pavillons durfte ihr Gesicht – oder ihre Gesichter – nicht zeigen; die Oberfläche des Gebäudes wurde zur Schramme statt zur glatten Fuge.

Die Nennung von Herzog & de Meurons Architektur und Warhols Kunst im selben Diskurs verweist sowohl auf das zunehmende Interesse an architektonischen Aspekten im Werk des letzteren wie auf die aufkommenden filmischen und fotografischen Impulse im Werk der beiden Architekten. Einer der Hauptunterschiede zwischen Architektur und Film liegt darin, dass Architektur, wenn sie einmal gebaut ist, angeblich still steht, während Film, um überhaupt wahrgenommen zu werden, sich bewegen muss. Warhols Kunst, ebenso wie die von Herzog & de Meuron, kompliziert solch simple Unterscheidungen. In seinem Acht-Stunden-Film *Empire* (1964) zum Beispiel hält Warhol die Kamera von der Morgen- bis zur Abenddämmerung auf die Fassade eines Gebäudes gerichtet (**Abb. 5**). Sie bewegt sich nicht und auch das Gebäude bewegt sich nicht. Aber Licht bewegt sich über das Gebäude. Später wird der Kinoprojektor den Filmstreifen bewegen, auf dem die «ursprüngliche» Bewegung aufgezeichnet ist; das wiederholt sich in jeder Vorstellung. In der Analogie der optischen Wiederholung, die sich auf die Bewegung von Licht konzentriert, widerspiegeln sich der Film als Aufnahme und der Film als Projektion gegenseitig auf fast unheimliche Weise. Die Projektionsgeschwindigkeit von sechzehn statt der üblichen vierundzwanzig Bilder pro Sekunde verleiht der Monumentalität der Architektur des Empire State Building ein Gewicht, das der Film selbst nicht zu bewegen vermag. Im Gegensatz dazu, in der schier unerschöpflichen Geduld, mit der der Filmstreifen das Gebäude umspielt, scheint es über seinem Fundament zu schweben. Das Empire State Building wird Licht im Sinne eines Tänzers, der sich von der Schwerkraft nicht abschrecken lässt; und es wird Licht im Sinne der optischen Spur von etwas Immateriellem auf Zelluloid. Die Vermischung von Architektur und Film in *Empire* legt die Oszillation zwischen Bewegung und Stillstand frei, die die Verbindug zwischen den beiden Kunstformen so vital macht.[6]

Auf ähnliche Weise kennzeichnet die Oszillation zwischen Bewegung und Ruhe Warhols berühmteste Porträts. Seine *Marilyn* entstand aus einem Stand-

---

6 Warhol war einer von Marianne Moores «Literalisten der Imagination» und machte deutliche Unterscheidungen zwischen Film als Projektion und Filmen als Objekten, die auf Spulen aufgerollt und in Büchsen aufbewahrt werden.

foto. Warhol schnitt das Foto für einen Siebdruck zurecht, um es so leichter reproduzierbar zu machen. Dieser technologische Vorgang kennzeichnet den fortwährenden Übergang zwischen Bewegung und Ruhe, zwischen Bewegtheit und Unbeweglichkeit, den Freud als den «eigentlichen Lebenstrieb» reklamiert.[7] Der zentrale Punkt hier ist nicht, dass Warhols Kunst (wie die meisten schöpferischen Handlungen) den Lebenstrieb darstellt. Es geht vielmehr darum, dass die besondere Intensität von Warhols Kunst als Modus der Wiederholung – der die Verlangsamung beweglicher Bilder erlaubt – als dramatische Begegnung zwischen dem Todes- und dem Lebenstrieb verstanden werden kann, dem Doppelimpuls, der sein bestes Werk, sein bestes Leben, seinen besten Tod konstituiert. Im blossen Ausdruck «sein bestes» spricht sich zugleich die Anerkennung aus, dass er all dies – arbeiten, leben, sterben – immer wieder unternahm.[8]

[7] Freuds Insistieren auf den Wörtern «eigentlich», «echt» betont zugleich die «falsche» Verdrängung des eigenen Lebenstriebes in Tätigkeiten wie «Kinder haben». Kinder hat man nicht – darüber kann man jedes Kind befragen. Sobald sie geboren sind, haben Kinder ihre eigenen Triebe und Eltern können ihren Trieben nicht ausweichen, indem sie sie ihren Kindern «geben».
[8] Für eine umfassendere Diskussion von Warhols Verhältnis zu Tod und Wiederholung siehe Peggy Phelan, «Andy Warhol: Performances of *Death in America*», in: Amelia Jones und Andrew Stephenson (Hrsg.), *Performing the Body/Performing the Text,* London und New York, Routledge, 1999, S. 223–236. Die Sonderausgabe von *Ojeblikket* mit dem Titel «Death Drive: Art and Film Beyond the Pleasure Principle», herausgegeben von Gertrud Sandqvist, bietet die beste Darstellung des Einflusses von Freuds Aufsatz auf die zeitgenössische Kunst. Siehe *Ojeblikket: Publication for Visual Cultures,* 2, 10, Kopenhagen, 2000.

6 Herzog & de Meuron **Ein Haus aus Lego, Beitrag zur Ausstellung**
L'architecture est un jeu… magnifique (1985 →28)
Videostill

Herzog & de Meuron bauten Modelle speziell für Videoaufnahmen (Abb. 6). Wie Jacques Herzog erklärte, beabsichtigen sie damit, die Grenzen der von ihnen geschaffenen abgeschlossenen Räume aufzubrechen: «Die [Video-] Aufnahmen, die wir so erhielten, verwiesen auf die Bilderwelt, aus der sie kamen [...], nämlich aus der medialen Welt, wo die von uns gemachten Architekturbilder sich mit dem Bilderfluss als Teil der Erfahrung des Betrachters auseinandersetzen konnten.»[9] Während Warhol also versucht, ein übersehenes Standfoto aus dem Strom unseres Bilderrepertoires zurückzuholen und festzumachen, versuchen Herzog & de Meuron, ein unbewegtes architektonisches Modell in genau diesen Bilderfluss einzuschieben. Obschon aus gegenteiligen Perspektiven und in unterschiedlichen Medien erarbeitet, erinnern uns die Werke von Warhol und Herzog & de Meuron daran, dass die Lebens- und Todestriebe uns unweigerlich in eine Geschichte der Wiederholung einbinden. Jeder Bau und jede unserer Handlungen kommt zustande (oder nicht) in einem andauernden Austausch zwischen solchen Wiederholungen. Sie sind die Leistung, wodurch wir die Existenz von Architektur – ebenso wie unsere eigene – aushandeln.

9 Mack, 1996, S. 215 (wie Anm. 2).

EINDRUCK UND AUSDRUCK

1 Karl Blossfeldt
Achillea umbellata. Blatt einer Schafgarbe. 30fache Vergrösserung
Aus *Urformen der Kunst. Photographische Pflanzenbilder von
Karl Blossfeldt,* hrsg. mit einer Einleitung von Karl Nierendorf, Berlin, Verlag Ernst Wasmuth,
o. J. [1928], Tafel 37

MODELLE EINER VERBORGENEN
GEOMETRIE DER NATUR:
KARL BLOSSFELDTS *MEURER-BRONZEN*

Ulrike Meyer Stump

Die Pflanzenfotografien des deutschen Kunsthandwerkers Karl Blossfeldt (1865–1932) tauchen im Werk von Herzog & de Meuron immer wieder überraschend auf. Das bekannteste Beispiel ist die Fassade des Ricola-Europe SA, Produktions- und Lagergebäude, Mulhouse-Brunstatt (1992–1993 →94). In Analogie zum Produkt der Firma Ricola (Kräuterbonbons) liessen die Architekten ein Pflanzenmotiv im Siebdruckverfahren auf transparenten Polykarbon drucken, dessen Wiederholung im Raster angeordnet ein regelmässiges Muster bildet.¹ Aber schon Jahre früher finden sich Blossfeldt-Motive in ersten Zeichnungen zum Fotostudio Frei, Weil am Rhein (1981–1982 →14), ohne dass die Pflanzenbilder Eingang in das endgültige Projekt gefunden haben.² Beim Wettbewerb Bibliothek und Masterplan der Technischen Universität Cottbus (1993 →98) bleibt die Auseinandersetzung mit Blossfeldts Werk blosse Referenz: In einer Zeichnung erscheint der Schriftzug «Blossfeldt im Café» und in einer Visualisierung desselben Projektes «Karl Blossfeldt im Foyer» in Leuchtschrift auf der Fassade.³ In beiden Fällen handelt es sich wohl um Ankündigungen einer fiktiven Ausstellung, so als wäre es wünschenswert, dass Blossfeldts Fotografien in einer von Herzog & de Meuron entworfenen Universitätsbibliothek ausgestellt würden.

Mit seinen isolierten, meist symmetrisch und vor einem neutralen Hintergrund angeordneten, stark vergrösserten Pflanzendetails (Abb. 1) wird Blossfeldt in der Geschichte der deutschen Fotografie den Hauptvertretern der Neuen Sachlichkeit zugeordnet und zusammen mit Albert Renger-Patzsch

---

1 *Achillea umbellata*, aus: Karl Blossfeldt, *Urformen der Kunst. Photographische Pflanzenbilder von Karl Blossfeldt*, hrsg. mit einer Einleitung von Karl Nierdendorf, Berlin, Verlag Ernst Wasmuth, o. J. [1928], Tafel 37.
2 Gespräch mit Philip Ursprung, Oktober 2000.
3 Vgl. *Herzog & de Meuron. Zeichnungen/Drawings*, mit einem Text von Theodora Vischer, New York, Peter Blum Edition, 1997.

2 Karl Blossfeldt **Bronze Modell**
Bronze, ca. 15 cm (Höhe), ca. 1900
Archiv der Universität der Künste Berlin

und August Sander genannt. Sein Inventar von Pflanzenformen gleicht der strengen, sachlichen Fotografie der Moderne, auf die sich heute die erfolgreichen Fotografen der so genannten «Düssldofer Schule» berufen: Bernd und Hilla Becher und deren Schüler, unter anderem Thomas Ruff, der wiederholt mit Herzog & de Meuron zusammengearbeitet hat. Blossfeldt selbst aber hat sich nie als Vertreter der fotografischen Avantgarde verstanden und wunderte sich über den Erfolg seines ersten Buches *Urformen der Kunst*, das ihn 1908 mit 63 Jahren schlagartig weltberühmt machte.

Wenig bekannt ist, dass Blossfeldt eigentlich Bildhauer war. Er absolvierte 1881 bis 1883 eine Lehre in der Kunstgiesserei des Eisenhüttenwerks Mägdesprung im Selketal und setzte darauf seine Studien als Modelleur an der Unterrichtsanstalt des Kunstgewerbemuseums Berlin fort.[4] Blossfeldts Fotografien entstanden als Teil eines grösseren Auftrags, eine Naturstudiensammlung aus getrockneten Pflanzenpräparaten, Gips- und Bronzemodellen sowie fotografischen Vergrösserungen herzustellen. Auftraggeber war der Maler und Kunstpädagoge Moritz Meurer, dessen Naturstudienklasse Blossfeldt 1891 an der Unterrichtsanstalt besucht hatte. Meurer berief Blossfeldt 1892 nach Abschluss von dessen Ausbildung nach Rom, um vor Ort und während ausgedehnter Reisen im Mittelmeerraum die Flora der antiken Kunst zu studieren. Meurers Unternehmen verstand sich als ein Versuch, dem im Historismus verfangenen deutschen Kunstgewerbe wieder neuen Aufschwung zu verleihen. Das genaue Studium des Pflanzenaufbaus und dessen Umsetzung in der Ornamentik sollte dem Kunstgewerbe wieder auf einen mit der klassischen Antike vergleichbaren Höhepunkt verhelfen.

Meurer verbreitete seine Naturformenlehre in zahlreichen Publikationen, die 1909 in seinem Hauptwerk *Vergleichende Formenlehre des Ornamentes und der Pflanze* zusammengefasst wurden.[5] Für seinen Assistenten Blossfeldt veranlasste Meurer 1899 die Gründung des Ergänzungsfaches «Modellieren nach lebenden Pflanzen» an der Unterrichtsanstalt, wo Blossfeldt bis zu seiner Emeritierung 1930 lehrte. Im Keller der Hochschule der Künste Berlin, der Nachfolgeinstitution der Unterrichtsanstalt, wurden 1984 über dreissig Bronzemodelle von Pflanzendetails wieder entdeckt, nachdem diese bis anhin nur als Abbildungen in Moritz Meurers Schriften bekannt gewesen waren.[6]

4 Noch heute befinden sich in Mägdesprung zwei von Blossfeldt für den Bronzeguss in Lebensgrösse modellierte Hirsche. Vgl. Ann und Jürgen Wilde, *Karl Blossfeldt. Urformen der Kunst*, Dortmund, Harenberg Edition, 1995, S. 255.
5 Moritz Meurer, *Vergleichende Formenlehre des Ornamentes und der Pflanze. Mit besonderer Berücksichtigung der architektonischen Kunstformen*, Dresden, 1909.
6 Sie wurden 1999 zum ersten Mal gesamthaft in einer Ausstellung gezeigt. Vgl. *Karl Blossfeldt – Licht an der Grenze des Sichtbaren*, Akademie der Künste Berlin, München u. a., Schirmer/Mosel, 1999.

Blossfeldt modellierte seine plastischen Modelle von Pflanzendetails zuerst in Gips, dann wurden sie bei der Giesserei C. Nisini in Rom in Bronze gegossen und auf einheitlichen Holzsockeln präsentiert (**Abb. 2**). Sie dienten als Anschauungsmaterial, das den Kunststudenten der Jahrhundertwende das Kopieren bestimmter vegetabiler Formen erlaubte. In Meurers *Catalog der plastischen Pflanzenformen* wurden sie als Lehrmittel kommerziell vertrieben.[7] Die Bedeutung der Bronzen ist deshalb nicht in ihrem naturwissenschaftlichen Informationsgehalt zu suchen, sondern in ihrer Funktion als Visualisierungen einer Gestaltungstheorie – ganz im Gegensatz etwa zu den zeitgleich in Deutschland für das Naturwissenschaftliche Museum der Harvard University entstandenen Glasblumen von Leopold und Rudolf Blaschka (**Abb. 3**).[8] Die fast fotografisch anmutende Detailgenauigkeit dieser farbigen Glasmodelle erinnert an «Bonsai-Architektur», wie Jacques Herzog konventionelle, architektonische Präsentationsmodelle leicht abschätzig nennt.[9]

Blossfeldts Pflanzenskulpturen sind Abstraktionen, tektonische Modelle der Natur, vergleichbar mit Herzogs Definition eines Arbeitsmodells, das «in sich die konzeptionelle Idee erfahrbar macht und nicht nur als Abbildung dient»[10]. Für die Architekten spielen diese Modelle eine wichtige Rolle bei der Entwicklung ihrer Projekte: «Good working models sometimes have an aura that is much more effective in communicating the architectural idea than a perfectly detailed replica.»[11] Aus dem gleichen Grund konnte Meurer für seine Naturstudien denn auch nicht irgendeinen Modelleur gebrauchen, sondern suchte einen mit einer speziellen Begabung, die er in Blossfeldt gefunden zu haben glaubte. Begeistert schrieb er 1892 aus Rom an den Direktor der Unterrichtsanstalt in Berlin: «Mit Blossfeldt bin ich ausserordentlich zufrieden, denn er ist nicht bloss fleissig und geschickt, sondern auch sehr intelligent und begreift, auf was es ankommt.»[12] Blossfeldt präzisiert diese Begabung anhand seiner fotografischen Tätigkeit: «Wenn ich

---

7 Moritz Meurer, *Catalog der plastischen Pflanzenformen. Eine Sammlung von Modellen nach der Natur in Relief- und Rundformen zum Gebrauche an technischen Kunstschulen*, Berlin, Kühtmann, o. J. [1899].
8 Diese einzigartigen Glasmodelle von Pflanzendetails wurden 1887 bis 1936 von Leopold und Rudolf Blaschka in der Nähe von Dresden hergestellt. 1890 bis 1900 arbeiteten Vater und Sohn Blaschka ausschliesslich für die Sammlung der Harvard University. Vgl. Richard Evans Schultes und William A. Davis, *The Glass Flowers at Harvard*, Cambridge, Mass., Botanical Museum of Harvard University, 1992.
9 «Interview by Theodora Vischer with Jacques Herzog», in: *Architectures of Herzog & de Meuron, Portraits by Thomas Ruff*, New York, Peter Blum Edition, 1994, S. 29.
10 Jacques Herzog und Theodora Vischer, «Gespräch», in: *Herzog & de Meuron, Architektur Denkform*, hrsg. vom Architekturmuseum Basel, Basel, Wiese, 1988, S. 40–50, hier S. 46.
11 Vischer/Herzog, 1994, S. 29 (wie Anm. 9).
12 Moritz Meurer, Brief an Ernst Ewald, 17.3.1892, Hochschularchiv, Hochschule der Künste Berlin.

jemandem einen Schachtelhalm in die Hand gebe, so ist es kein Problem, davon eine photographische Vergrösserung zu machen – das kann jeder. Aber beobachten, die Formen sehen und finden, das aber können nur wenige.»[13]

Ziel dieser Naturbeobachtungen war das Aufdecken und Sichtbarmachen einer «verborgenen Geometrie der Natur», ein Begriff, den Jacques Herzog 1988 als Titel für einen Vortrag wählte. Herzog beschreibt darin dieses für ihn so wichtige Studienobjekt als ein «geistiges Prinzip und nicht primär eine äussere Erscheinungsform der Natur»[14], weshalb man auch keine direkte Umsetzung organischer Formen in der Architektur von Herzog & de Meuron findet. Dabei erwähnt er Goethe, Novalis, Rudolf Steiner, Bruno Taut und Joseph Beuys als Philosophen und Künstler, die auf verwandten Gebieten gearbeitet haben.

Ebensogut hätte Herzog aber den weniger bekannten Moritz Meurer nennen können. Meurer interessierte sich dafür, «in welcher Weise [...] die pflanzliche und thierische Lebewelt sowohl nach ihrer rein formalen Seite wie nach Hinsicht ihrer organischen Entwickelung, ihrer struktiven und funktionellen Eigenschaften von Einfluss auf die Erfindung und den gedanklichen Ausdruck der Kunstformen geworden sind»[15]. Das geistige

13 Karl Blossfeldt, unveröffentlichter Aufsatz, 1929, Karl Blossfeldt Archiv, Ann und Jürgen Wilde, Zülpich.
14 Jacques Herzog, «Die verborgene Geometrie der Natur» (1988), in: Gerhard Mack, *Herzog & de Meuron 1978–1988*, Das Gesamtwerk, Bd. 1, Basel, Birkhäuser, 1997, S. 210.
15 Moritz Meurer, *Die Ursprungsformen des Griechischen Akanthusornamentes und ihre natürlichen Vorbilder*, Berlin, Georg Reimer, 1896, Einführung.

3 Leopold und Rudolf Blaschka
Dionaea muscipula Ellis (Venusfalle) 1890
Glasmodell
The Botanical Museum of Harvard University, Cambridge, Mass.

Prinzip der Natur ist bei Meurer somit nicht nur ein geometrisches, sondern ein tektonisches, ein Gestaltungsprinzip, das sich an Wachstum und Funktion der Pflanze orientiert. Es greift auf Goethes «Bauplan»[16] der Pflanze zurück, zitiert Gottfried Sempers Analyse der Pflanze als Illustration der architektonischen Grundprinzipien[17] und nimmt unbeabsichtigt das Programm des Deutschen Werkbundes voraus. Tatsächlich beobachtete Blossfeldt, dass Form und Funktion sich in der Pflanze als Einheit präsentieren: «[Die Pflanze] baut und formt nach Logik der Zweckmässigkeit, und sie bringt alles in künstlerische Form.»[18]

Die Suche Meurers und Blossfeldts nach der verborgenen Geometrie der Natur gleicht der Suche nach einem vereinheitlichenden Prinzip, das Goethe das «geheime Gesetz, das heilige Rätsel der Natur»[19] genannt hatte. Im romantisch geprägten Naturbild Meurers erlaubte das genaue Studium des Pflanzenaufbaus, «das innere Gesetz hervortreten zu lassen, das durch die Welt der Kunstformen gleichwie in der Natur waltet.»[20] Dieses universelle,

16 Johann Wolfgang von Goethe, «Die Metamorphose der Pflanzen» (1790), in: Johann Wolfgang von Goethe, *Naturwissenschaftliche Schriften I,* München, C. H. Beck, 1981, S. 64–101.
17 Gottfried Semper, *Der Stil in den technischen und tektonischen Künsten oder praktische Ästhetik: Ein Handbuch für Techniker, Künstler und Kunstfreunde,* Bd. 1, Frankfurt, Verlag für Kunst und Wissenschaft, 1860.
18 Karl Blossfeldt, unveröffentlichter Aufsatz, 1929, Karl Blossfeldt Archiv, Ann und Jürgen Wilde, Zülpich.
19 Johann Wolfgang von Goethe, «Die Metamorphose der Pflanzen», zitiert in: Ernst Haeckel, *Generelle Morphologie der Organismen II,* Berlin, Georg Reimer, 1866, S. XVII.
20 Gottfried Semper, 1860, Einführung (wie Anm. 17), zitiert in: Moritz Meurer, 1909, Einführung (wie Anm. 5).

4 Thomas Ruff **Nacht, Blossfeldt** 1994
Chromogener Farbabzug
20 × 21 cm
Courtesy Peter Blum, New York

konstruktive Gesetz, das Semper mit den Begriffen Symmetrie, Proportionalität, Richtung und Schwerkraft umschrieben hatte, sollte stilbildend auf die angewandte Kunst übertragen werden.[21] Jede Kunstform würde dabei so gestaltet werden, als sei sie die Antwort der Natur auf eine architektonische Problemstellung.

Bei Herzog & de Meuron hingegen steht die Geometrie der Natur für ein Abbild der heutigen kulturellen Erscheinungsvielfalt. Jacques Herzog spricht von der «Komplexität eines Beziehungssystems, [...] dessen Analogie [ihn] im Bereich der Kunst und der Gesellschaft interessiert.»[22] Als Beispiel erwähnt er das Projekt für Zwei Wohnhäuser, Gaba-Areal, Basel (1982–1988 →45), bei welchem Herzog & de Meuron zwei gegensätzliche Haustypen miteinander konfrontierten: das eine Gebäude mit der Struktur eines «Konglomerates», eine Wachstumsform, vergleichbar mit einem Stück Nagelfluh, das andere Gebäude als eine in sich abgeschlossene, fertige, von aussen bestimmte Form. Beide Formtypen glaubt Herzog in der Natur vorzufinden. Seine Analyse der Natur ist nicht Stilprogramm, sondern dient ihm als Begründung einer Stilheterogenität, deren Ursprung in einem gänzlich veränderten Naturbild zu suchen ist.

Dieses Naturbild ist geprägt durch die Eingriffe der Industriegesellschaft in ihre natürliche Umwelt. Für Herzog hat die Störung des ökologischen Gleichgewichts Folgen für die zeitgenössische, postmoderne Kultur: «Es scheint [...] ein Zusammenhang zu existieren zwischen einer ästhetischen, kritischen Wahrnehmung und einer tatsächlichen, messbaren Zerstörung an der realen (natürlichen) Welt.»[23] Wenn Thomas Ruff demnach 1994 eines der Blossfeldt-Motive der Fassade des Ricola-Europe Produktions- und Lagergebäudes in Mulhouse-Brunstatt fotografiert und dabei eine Nachtsichtkamera benutzt, wie sie im Golfkrieg eingesetzt wurden (Abb. 4), so fotografiert er keine Natur, die den architektonischen Denkmälern der Menschheit gleicht. Viel eher erinnert bei Ruff die grüne Aura des Pflanzenmotivs in ihrer unheimlichen Strahlung an «giftige, lebensfeindliche Stoffe», wie Herzog den Zivilisationsabfall der westlichen Konsumwelt bezeichnet.[24] Blossfeldts in Bronze verewigte Naturgesetze, Modelle eines ganzheitlichen Denkens, lösen sich hier in einer nächtlichen Scheinwelt auf.

21 Semper, 1860, Einführung (wie Anm. 17).
22 Herzog, 1997, S. 210 (wie Anm. 14).
23 Herzog, 1997, S. 210 (wie Anm. 14).
24 Herzog, 1997, S. 210 (wie Anm. 14).

VERSCHACHTELTE RÄUME

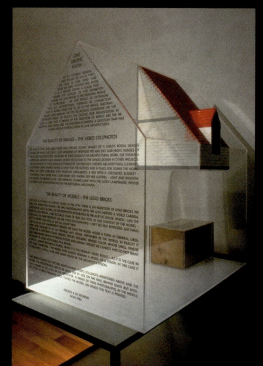

Herzog & de Meuron
Ein Haus aus Lego, Beitrag zur Ausstellung *L'architecture est un jeu ...*
magnifique, **Centre Georges Pompidou, Paris** (1985 →28)
< Videostill: Herzog & de Meuron, 1985

028_001M Acryl, Papier, Folie, 438 Legosteine
75 × 62 × 86 cm

oben: **Blockhaus an der Matten, Tessin** Aus Jakob Hunziker, *Das Schweizerhaus nach seinen landschaftlichen Formen und seiner geschichtlichen Entwicklung. Zweiter Abschnitt: Das Tessin*, Aarau, Sauerländer, 1902, S. 93

Haus in Sils, Engadin Aus Jakob Hunziker, *Das Schweizerhaus nach seinen landschaftlichen Formen und seiner geschichtlichen Entwicklung. Achter Band: Schlusswort und Register*, Aarau, Sauerländer, 1914, S. 3

oben: Yasuhiro Ishimoto **Eingangsraum und erster Raum des Shoiken-Pavillons von der Nordveranda, Katsura-Palast, Kyoto** 1953
Silbergelatineabzug, 18,2 × 23,5 cm
Canadian Centre for Architecture, Montreal

Yasuhiro Ishimoto **Mittlerer Raum des Gepparo-Pavillons mit der Loggia ohne Fussboden und dem ersten Raum dahinter, Katsura-Palast, Kyoto** 1953
Silbergelatineabzug, 18,2 × 23,5 cm
Canadian Centre for Architecture, Montreal

Philip Ursprung: Das Thema der ineinander verschachtelten Räume findet sich in vielen Ihrer Projekte.

Herzog & de Meuron: Dieses Thema interessiert uns in Bezug auf alte Gebäude, beispielsweise Engadiner Häuser oder auch traditionelle japanische Häuser. Im Unterschied zu der späteren, westlichen, modernen Tradition mit ihrer Funktionsteilung der Räume war bei diesen Häusern die Anordnung eine andere. Es gab zum Beispiel keine dienenden und bedienten Räume – trotz der damaligen Herrschaftsverhältnisse. Das Engadiner Haus, aber auch der japanische Katsurapalast sind beides eigentlich komprimierte Städte. Die Küche, die Speisekammer, der Sulèr, eine Art breiter Gang oder öffentliche Piazza im Hausinnern, haben alle als Raum ihren eigenen, selbstständigen Charakter, ihren eigenen «Stolz». Die Räume grenzen aneinander wie Länder auf der Landkarte. Es gibt keine Sicherheitszonen dazwischen, keine Korridore, die lediglich zur Erschliessung dienen. Dieses rein Zudienende ist erst später hinzugekommen. In einem modernen Gebäude ist die vermiet- oder verkaufbare Fläche durch Trennung und Unterscheidung entstanden. Der Raum ist durchschnitten, aufgeteilt. Die Grundrisse alter traditioneller Häuser hingegen scheinen durch Aneinanderfügen, durch Addition entstanden oder durch Kompression. Das Steinhaus in Tavole haben wir nach diesem Prinzip konzipiert, gleichsam als vier Häuser, die sich zu einem Ganzen fügen.

Ende der siebziger Jahre konzentrierten wir unser Denken auf plastische Formen und deren Beziehung zur sozialen und politischen Ebene, die sie reflektieren. Ein Konglomerat hat eine polyzentrische Natur und ist deshalb etwas grundsätzlich anderes als etwas Monolithisches, das aus einer einzigen Idee hervorgeht. Wir haben eine Studie über Engadiner Häuser gemacht, in der wir das traditionelle Engadiner Haus den Hotels des neunzehnten Jahrhunderts gegenüberstellten. Das Hotel Waldhaus ist ein Konglomerat, während zum Beispiel das Grand Hotel in Maloja einem klassizistischen Prinzip folgt. Es baut auf einer einzigen Formidee auf. Wir gehen nun aber nicht hin und sagen, aus moralischen Gründen sei diese oder jene Form vorzuziehen, sondern sehen beide als mögliche Optionen, die jeweils eine spezifische Räumlichkeit und ein entsprechendes soziales Muster ergeben. Das ist bestimmt irgendwo mit Beuys' Obsession der sozialen Plastik in Verbindung zu sehen. Solche architektonische Instrumente haben aber auch heute noch ihre Berechtigung und so archaisch sie auch sind, funktionieren sie noch heute.

Für das Grothe Museum in Duisburg haben wir beispielsweise das Treppenhaus als Monolith angelegt. Wir wollten die vertikale Zirkulation als etwas Losgelöstes, als eine eigene Bewegung mit eigenen Räumlichkeiten anlegen, die nur auf das Gehen, abseits der Kunstbetrachtung, konzentriert war.
In der Sammlung Goetz hingegen haben wir die Ausstellungsräume als Kisten so ineinander verschachtelt, dass die Treppe sozusagen in einen Spalt dazwischen zu liegen kommt. Die Treppe ist ein ausgesparter Raum und – plastisch gesehen – eben nicht als autonomes Stück für sich konzipiert.
Sie ist nicht als Treppenturm aufgefasst, sondern als Leerstelle, als Spalt, wie eine Schublade. Das Gebäude ist im Gegensatz zu Duisburg so klein, dass die Loslösung der vertikalen Bewegung keinen Sinn machen würde.

Basierend auf einem Interview, 2002

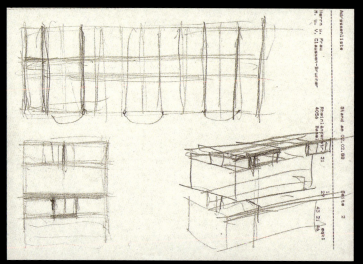

Skizze 1989, Bleistift auf Makulatur, 24 × 30,5 cm

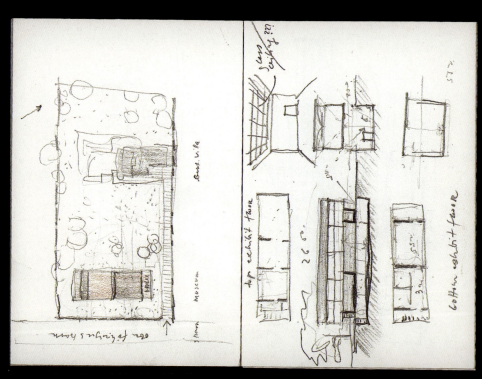

Skizzenbuch 28 1989, Bleistift auf Papier, 12 × 17,5 × 1,5 cm

Herzog & de Meuron
**Sammlung Goetz, Haus für eine zeitgenössische
Kunstsammlung, München** (1989–1992 →**56**)

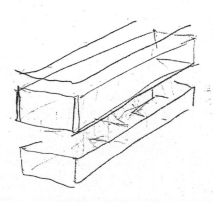

Skizze 1989, Bleistift auf Papier
The Museum of Modern Art, New York

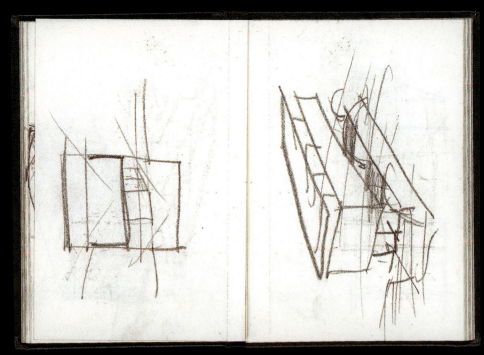

Skizzenbuch 27 1989, Bleistift auf Papier, 12 × 17,5 × 1,5 cm

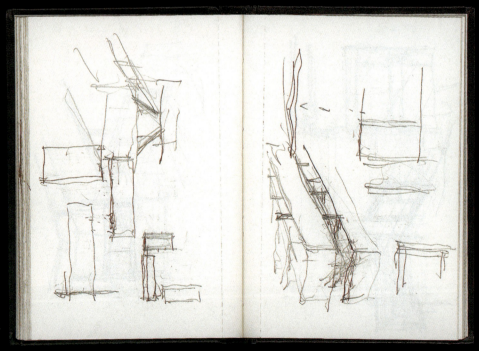

Skizzenbuch 27 1989, Bleistift auf Papier, 12 × 17,5 × 1,5 cm

Herzog & de Meuron
Sammlung Goetz, Haus für eine zeitgenössische Kunstsammlung, München (1989–1992 →**56**)

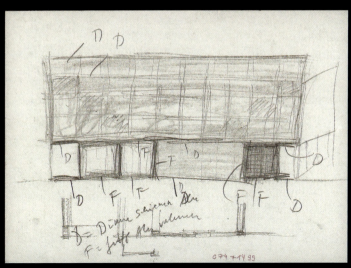

Skizze 1989, Bleistift auf Makulatur, 29 × 42 cm

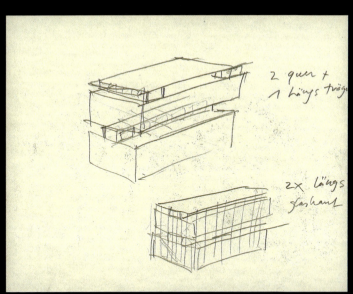

Skizze 1989, Bleistift auf Papier, 29 × 42 cm

Herzog & de Meuron
Elsässertor, Geschäftshaus und Warenumschlag, Basel
(1990 →**65**)
065_001M Aluminium, 320 × 75 × 75 cm
Fotografien: Balthasar Burkhard, 1990

Herzog & de Meuron
Sperrholzhaus, Bottmingen (1984–1985 →**27**)
Fotografie: Herzog & de Meuron, 1985

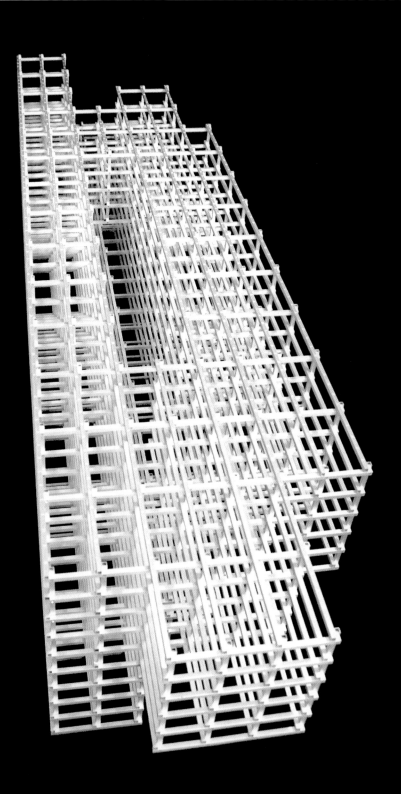

Herzog & de Meuron
Elsässertor, Geschäftshaus und Warenumschlag, Basel
(1990 →**65**)
065_001M Aluminium, 320 × 75 × 75 cm
Fotografie: Balthasar Burkhard, 1990

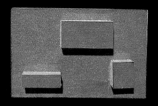 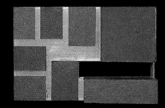 

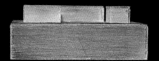 

098_001M Acryl, Papier
7,5 × 5 × 3 cm

098_002M Acryl, Papier
7,8 × 5 × 2 cm

098_003M Acryl, Papier
7,5 × 4,8 × 2 cm

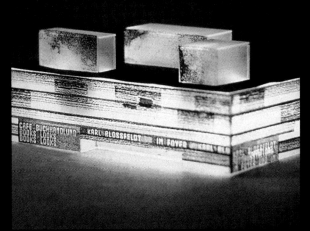

098_004M Acryl, Papier, Folie, 16 × 10 × 6 cm

Herzog & de Meuron
Bibliothek und Masterplan der Technischen Universität Cottbus
(1993 →**98**)

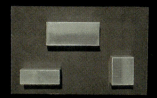 

098_004M Acryl, Papier, bedruckte Folie
16 × 10 × 6 cm

098_003M Acryl, Papier
7,5 × 4,8 × 2 cm

134_001M Holz, Acryl, 75 × 58 × 70 cm

Herzog & de Meuron
Holzhaus, Stuttgart (1995 →**134**)
Fotografie: Hisao Suzuki, 1995

Stereometrische Objekte, hergestellt in den USA, ca. 1870
Holz, Kiste: 8,5 × 22,3 × 15 cm
Canadian Centre for Architecture, Montreal

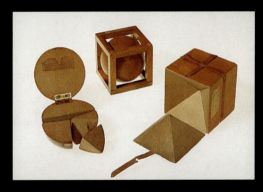

Ross Mensuration Blocks
Hergestellt in Fremont, Ohio, ca. 1870
Holz, Kiste: 23 × 42 × 28,8 cm
Canadian Centre for Architecture, Montreal

Kennedy's Dissecting Mathematical Blocks
Hergestellt in Des Moines, Iowa, ca. 1893
Holz, Leder, Sphäre: 59 cm (Umfang), Kegel: 17,6 (Höhe),
Halbzylinder: 15 cm (Länge)
Canadian Centre for Architecture, Montreal

Architekturspielzeuge
Die binäre, «industrielle» Mechanik des Umschaltens, An- und
Abkoppelns gehört zu den Themen, die Herzog & de Meuron
faszinieren und die in manchen ihrer Projekte auftauchen.
Ebenso wertvoll ist für sie das, was sie als «konkrete Räume»
und «autarke Stücke» bezeichnen. Manche ihrer Holzmodelle
ähneln Spielzeugen.

145_001M Lindenholz, Graphit, 18,8 × 4 × 2,8 cm

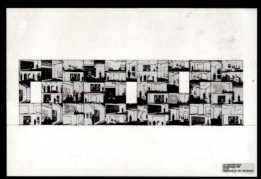

Collage 1996 Papier, Folie, 21 × 29 cm

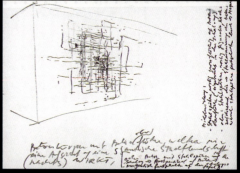

Skizze 1996, Bleistift und Tinte auf Papier, 29 × 21 cm

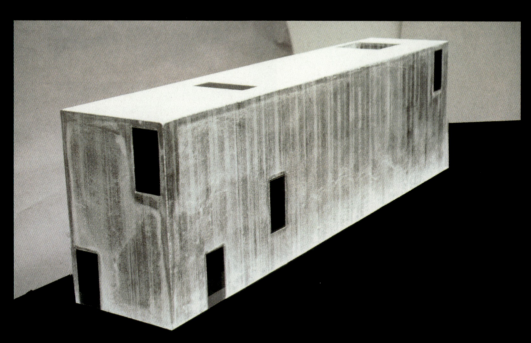

145_002M Beton, Holz, 151 × 43 × 47 cm

Herzog & de Meuron
Kunstkiste Bonn, Museum für die Sammlung Grothe
(1996–1997 →**145**)

145_003M Holz, Graphit, 50 × 43 × 47 cm >

340   VERSCHACHTELTE RÄUME

Herzog & de Meuron
Eintreffen der Modellkisten in Montreal 2002

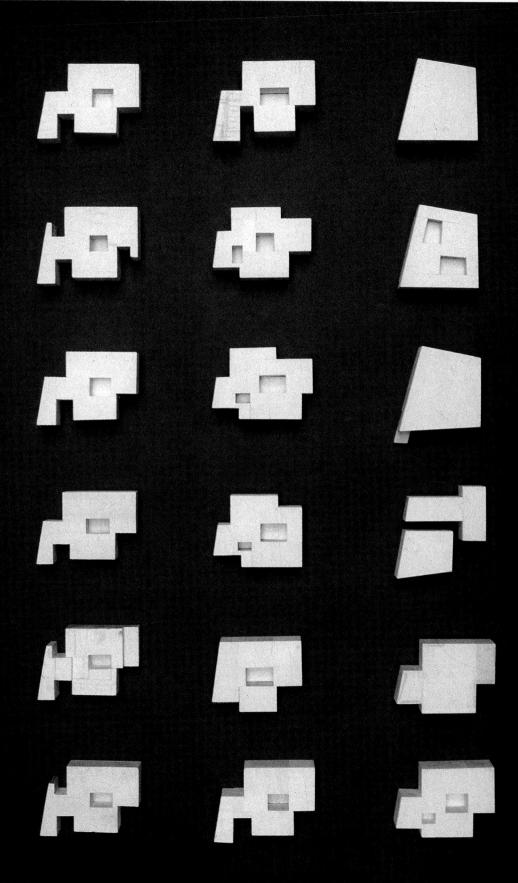

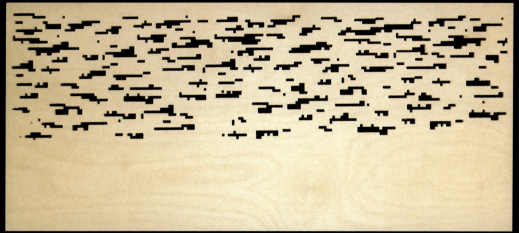

164_023M Sperrholz, 55 × 25 × 1 cm

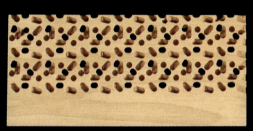

164_033M Holz, 12,5 × 6 × 0,2 cm

164_034M Holz, 12,5 × 7 × 0,2 cm

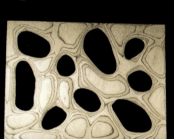

164_019M Sperrholz, 46 × 34 × 1 cm

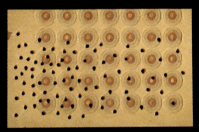

164_038M Holz, 16 × 12 × 0,5 cm

164_035M Holz, 22 × 11 × 0,5 cm

164_036M Holz, 24 × 12,5 × 0,5 cm

< Herzog & de Meuron
ISP – Institut für Spitalpharmazie, Rossettiareal, Basel
(1995–1996 →**132**)
132_002M Lindenholz, je ca. 8 × 11 cm

Herzog & de Meuron
**Centro Cultural, Museum und Kulturzentrum,
Santa Cruz de Tenerife** (1999– →**164**)

164_007M Holz, 83 × 37 × 10 cm

164_001M Karton, 27 × 6 × 2 cm

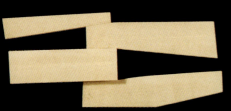 

164_005M Holz, 29 × 13 × 3 cm   164_002M Holz, 36 × 18 × 3 cm

Herzog & de Meuron
Centro Cultural, Museum und Kulturzentrum, Santa Cruz de Tenerife (1999– →**164**)

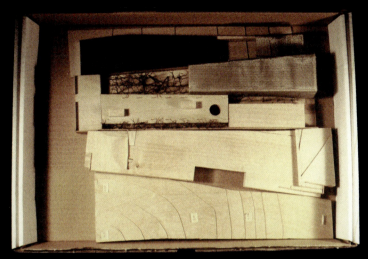

164_003M Holz, Maschendraht, Blech, Karton, 37 × 30 × 5 cm

164_002M Holz, 36 × 18 × 3 cm

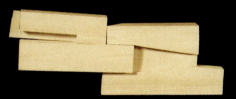

164_006M Holz, 35 × 13 × 3 cm

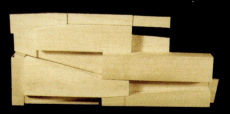

164_004M Holz, 35 × 15 × 3 cm

164_029M Karton, Papier, je 80 × 29 × 8 cm

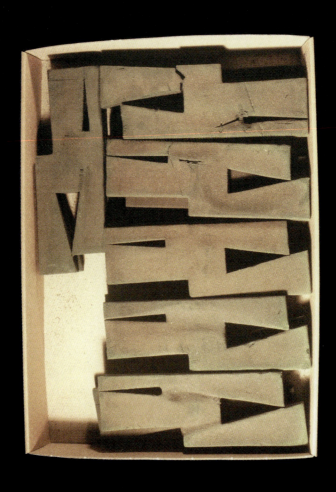

164_008M Schaumstoff
27 × 8 × 2 cm

ENGADINER HÄUSER

Kurt W. Forster

Die blosse Vorstellung einer anonymen volkstümlichen Architektur beruht auf einer Reihe von Bauten, die, wie die Generationen einer Familie, von einem fernen Ursprung herstammen, ohne je die Kennzeichen dieser Herkunft ganz zu verlieren. Obwohl ihre Baumeister unbekannt blieben, lassen die erhaltenen Bauten bezüglich ihres Zwecks und Charakters nichts zu wünschen übrig. Sie weckten das Interesse der Architektenzunft, noch bevor sie zum Gegenstand der Historiker wurden. Der Berliner Architekt Karl Friedrich Schinkel (1781–1841) zeichnete ländliche Bauten im Tirol, in der Schweiz, in Italien und England und pries ihre robusten Formen in seinen Kommentaren, etwa wenn er sie mit den Monumenten der klassischen Antike vergleicht: «Die Alphütte, sowohl die kleine unbedeutende, als die zierlichste grosse Wohnung eines Patriziers eines kleinen Orts, ist ein classisches architektonisches Werk, wie ein altgriechischer Tempel, und gewiss war sie zu Perikles Zeit schon ganz ebenso gebaut.»[1]

Schinkels Wertschätzung war nicht nur eine Sache der persönlichen Vorliebe, sondern bildete schon bald den Ansatz für eine Reihe von «Schweizerhäusern», wie sie genannt wurden, die in Berlin und andernorts entstanden, gefolgt von einer Welle von Chaletbauten in vielen Ländern, die bis weit ins zwanzigste Jahrhundert anhielt. Diese Häuser von grösstenteils fiktivem alpinen Ursprung fanden sogar bei den Schweizern selbst Anklang, die nun ihrerseits begannen Chalets zu bauen. Die Wirkung solch synthetischer Bautypen liegt gerade darin, dass sie sich nicht nur weit verbreiten, sondern selber den Platz der Originale einnehmen, die zu sein sie beanspruchen.

Der unersättliche Appetit der Historiker des neunzehnten Jahrhunderts übersah zwar die volkstümliche Architektur keineswegs, fand aber erst einen

1 Karl Friedrich Schinkel, *Briefe, Tagebücher, Gedanken*, hrsg. von Hans Mackowsky, Berlin, 1922, S. 192.

VERSCHACHTELTE RÄUME

1 **Blockhaus in An der Matten, Tessin**
Aus Jakob Hunziker, *Das Schweizerhaus nach seinen landschaftlichen
Formen und seiner geschichtlichen Entwicklung. Zweiter Abschnitt:
Das Tessin*, Aarau, Sauerländer, 1902, S. 93

rechten Zugang zu ihr, nachdem die Geschichtsschreibung von den Normen der klassischen Architektur abzuweichen begann. Zwar blieb die alpine Architektur ein schwieriger Gegenstand für diejenigen, die an dem Rauen und Kräftigen keinen besonderen Gefallen fanden, aber die entstehende Hotelarchitektur, die sich im späteren neunzehnten Jahrhundert im ganzen Alpenraum verbreitete, verband volkstümliche Elemente mit dem Bombast der Architektur der Gründerjahre. Genau zu der Zeit, als Hotelbauten sich auch ins Engadin drängten, erregten ländliche Bauten aus der ganzen Schweiz die ungeteilte Aufmerksamkeit des Laienhistorikers Jakob Hunziker (1827–1901).[2] Seine erstmalige Dokumentation, weitgehend die Frucht ausgiebiger Wanderungen durch sämtliche Regionen der Schweiz, begann zwar erst ganz am Ende seines Lebens im Druck zu erscheinen, erreichte aber schliesslich den stattlichen Umfang von acht Bänden. Da das von Hunziker zusammengetragene Material von ausserordentlicher Vielfalt ist, verursacht jeder Versuch der historischen Erläuterung seines Ursprungs und seiner Entwicklung erhebliche Schwierigkeiten. Das Bedürfnis, eine feste Verbindung zwischen einer Region, ihren Bewohnern und dem vorherrschenden Haustypus herzustellen, läuft der Erklärung seiner Herleitung und Veränderung zuwider; das Dilemma von Evolution und Identität neigt sogar noch dazu, sowohl die Typologisierung (als Ergebnis von Veränderungen) als auch die Evolution (den Prozess der Herausbildung eines Haustyps) zu verschärfen. Diese Situation ist bei weitem kein blosser Widerspruch der Geschichtsschreibung; die Praxis moderner Gebäudeerhaltung geht unmittelbar davon aus und ringt dauernd mit diesem Problem.

Hunziker leitete die verschiedenen Bauformen von einem Kern ab, den er sich als den ursprünglichen vorstellte.[3] Angeregt durch das patriotische Gefühl in seinem Heimatland, nannte er diesen primitiven Kern das «Gotthardhaus». Der Gotthard, das zentrale Massiv der Schweizer Alpen, und dessen vielfältige Verknüpfung mit der Geschichte schienen für die Schweizer mit dem mythischen Ursprungsort und der Idee einer letzten Zufluchtsstätte zusammenzufallen. Das von Hunziker mit dem Gotthardgebiet assoziierte Haus, das sich praktischerweise auf die vier Hauptregionen des Landes

[2] Das Staatsarchiv des Kantons Aargau in Aarau bewahrt eine beträchtliche Sammlung von Jakob Hunzikers Notizen, Fotografien, Zeichnungen und Manuskripten auf. Siehe auch das Vorwort des Herausgebers zum letzten Band von Jakob Hunzikers *Das Schweizerhaus nach seinen landschaftlichen Formen und seiner geschichtlichen Entwicklung*, Aarau, Sauerländer, 1914.
[3] In seinem Vorwort zur vierten Auflage des weitest verbreiteten Buches zur Volksarchitektur Graubündens, Jachen U. Könz' *Das Engadiner Haus*, Bern, Paul Haupt, 1994 (frühere Auflagen 1952, 1966, 1978), unternimmt der Herausgeber Alfred Schneider eine Neubewertung von Hunzikers Theorie, die eine von Könz' Quellen bildet. Er analysiert die Wandlungen in Könz' Urteilen im Verlauf nahezu eines halben Jahrhunderts seit der Erstauflage des Buches.

ausweiten sollte, bestand aus einem Kernbau mit Steinfundament, der Herd und Küche umfasste, und einem Obergeschoss aus Holzbalken, zusammengefügt in Blockbauweise (Abb. 1). Hunziker stellte sich vor, dass das Gotthardhaus eine Grundkonfiguration darstellte, die – ähnlich wie die linguistische Theorie eine Basis für alle indoeuropäischen Sprachen rekonstruiert hatte – als Ursprung zahlreicher möglicher Varianten dienen konnte.

Hunzikers These hat den Vorteil aller Ursprungshypothesen: Kein einziges, wirkliches Gotthardhaus brauchte zu existieren – und konnte realistischerweise erhalten geblieben sein –, um als Vorläufer späterer Häuser zu dienen, einschliesslich noch ungebauter. Durch einen Prozess der Unterteilung, der Hinzufügung und der Variation ihrer Grundelemente konnten die meisten vorhandenen Häuser erklärt und ihre regionalen Unterschiede erläutert werden. Die Theorie war weit verbreitet und stand am Anfang einer wachsenden Literatur zur volkstümlichen Architektur, immer mehr oder weniger nationalistisch oder sogar rassistisch ausgerichtet, aber stets auch nützlich für die Klassifizierung einer erstaunlichen Vielfalt von Bauten innerhalb des Typischen. Dieser Ansatz hatte als Weiteres zur Folge, dass er die Ansicht bekräftigte, wonach Gebäudetyp und Region eine feste Verbindung eingegangen waren, und so die Unterscheidung erlaubte zwischen dem, was zu einem Ort gehörte und was nicht.[4]

Es braucht kaum betont zu werden, dass der Ansatz, regionaltypische Formen von einem fernen Ursprung herzuleiten, die Entwicklungs- und

2 Herzog & de Meuron **Haus in Leymen** (1996–1997→**128**)
Fotografie: Margherita Spiluttini, Mai 1998

Wandlungsprozesse vollständig in die Vergangenheit verlegte und jeder weiteren Wandlung oder dem Auftauchen neuer Typen in der Gegenwart oder der Zukunft im Namen des Bestehenden entgegentrat.[5] Typologisch ausgerichtete Studien gehen so oft eine feste Verbindung mit dem Konservatismus ein, sei es in der harmlosen Absicht der Erhaltung von Bestehendem oder der aggressiveren einer rassistischen Ideologie.

All das muss einer Diskussion von Herzog & de Meurons Interesse an der traditionellen Architektur des Engadins vorausgeschickt werden. Von ihren frühesten Bauten, zum Beispiel dem Blauen Haus in Oberwil (1979–1980 →5), bis zu jüngeren Beispielen wie dem Haus in Leymen (1996–1997 →128; Abb. 2) wird das vertraute Profil des Hauses streng getrennt von seinen internen Unterteilungen behandelt, was zu unerwarteten Manifestationen des einen innerhalb des anderen führt. Man kann eine gewisse Beziehung zu Aldo Rossis Interesse an primitiven Haustypologien nicht übersehen (Abb. 3), die in Rossis Fall wohl von seiner Faszination für Typologiestudien im Allgemeinen und seiner Konsultation von Hunzikers Werken in den Jahren herrührt,

---

4 Jakob Hunziker vermischte frei seine Beobachtungen zu Gebäuden und ihren Bewohnern, zum Beispiel wenn er schreibt, «der Typus der umstehenden oder sitzenden Personen ist verschieden: bei dem einen blonden Knaben ausgesprochen deutsch». Hunziker räumt jeden weiteren Zweifel aus, wenn er in seinen abschliessenden Bemerkungen behauptet, «dass von den Häusertypen dasselbe gilt, was von den Rassentypen der Bevölkerung». Vgl. Jakob Hunziker, *Das Schweizerhaus, Band 2: Das Tessin*, Aarau, Sauerländer, 1902, S. 9, 155.

5 Könz bemerkte, «das Engadinerhaus hat sich mit grosser Konsequenz nach dem Additionsprinzip entwickelt». Vgl. Könz, 1994, S. 19 (wie Anm. 3).

3 Aldo Rossi **Einfamilienhäuser in Goito** 1979
Aus Alberto Ferlenga, *Aldo Rossi. Architetture 1959–1987*,
Milano, Electa, 1987, S. 148.

VERSCHACHTELTE RÄUME

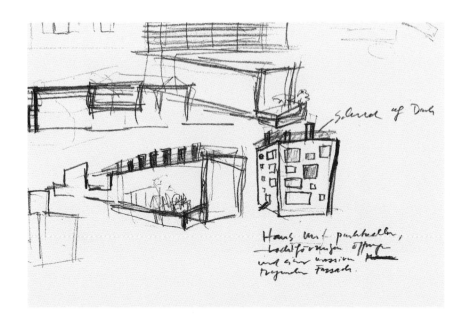

4   Herzog & de Meuron
Sils-Cuncas, Quartier- und Gestaltungsplan (1991 →78)
Skizze, Bleistift auf Papier
Ausschnitt aus einem A3-Bogen

5   Herzog & de Meuron
Sils-Cuncas, Quartier- und Gestaltungsplan (1991 →78)
Skizze

ENGADINER HÄUSER

als Rossi an der ETH in Zürich unterrichtete (1972–1975). Sowohl Rossis als auch Herzog & de Meurons Studien zeichnen die allmähliche, gelegentlich auch plötzliche Entwicklung eines Grundschemas in einem bestimmten Projekt nach. Wir brauchen den Verbindungen zwischen volkstümlicher und professioneller Architektur nicht im Einzelnen nachzugehen; es genügt, sie im Wandel einzelner Aspekte der Typologie zu erkennen. Eine Art Prüfstein für Herzog & de Meurons Annäherung an die Engadiner Typologien stellt ihr Projekt für Sils-Cuncas, Gestaltungsplan (1991 →78) für eine Gruppe von Häusern im Herzen des Tals dar. Das Projekt gewann den ersten Preis, wurde aber durch den lokalen Protest vereitelt, der sich immer nur dann zu bilden scheint, wenn ausnahmsweise etwas anderes als die übliche Bauspekulation droht.

Die Projektstudien, die Herzog & de Meuron ausgearbeitet hatten, konzentrierten sich auf zwei Charakteristika der Engadiner Häuser: 1) die eng verbundenen, dicht in ein geschlossenes Volumen eingepassten inneren Strukturen und 2) die Oberflächengestaltung der breiten Fassaden mit ihrer komplexen Durchfensterung (Abb. 6). In ihrem Wettbewerbsbeitrag beschrieben Herzog & de Meuron das Engadinerhaus als das Ergebnis eines Entwicklungsvorgangs «von einem heterogenen Konglomerat einzelner Zellen zu einer klassischen Architektur von beinahe monokristalliner Erscheinung»[6]. Ein schwaches Echo von Hunzikers Evolutionstheorie klingt in dieser For-

[6] Gerhard Mack, *Herzog & de Meuron. Das Gesamtwerk, 1989–1991*, Bd. 2, Basel, Birkhäuser, 1996, S. 177.

6 Haus in Sils, Engadin
Aus Jakob Hunziker, *Das Schweizerhaus*, Bd. 8,
Aarau, Sauerländer, 1914, S. 3

VERSCHACHTELTE RÄUME

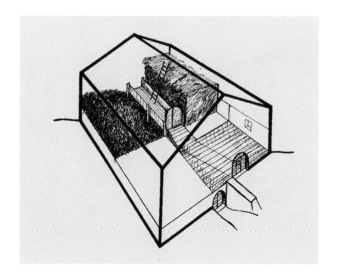

7 Jachen Ulrich Könz **Das Engadinerhaus des siebzehnten bis achtzehnten Jahrhunderts: erster Stock mit Sulèr und Scheune**
Aus *Das Engadiner Haus,* 4. Aufl., Bern, Paul Haupt, 1994, S. 26

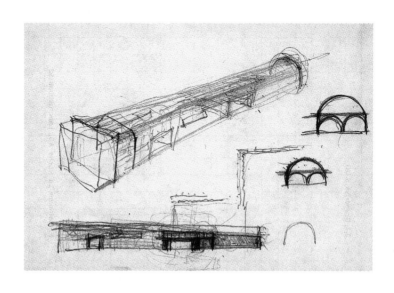

8 Herzog & de Meuron
Dominus Winery, Yountville, California (1995–1998 →**137**)
Skizze, 1995, Bleistift auf Makulatur
15 × 21 cm

mulierung zwar noch nach, verschwindet aber hinter einem differenzierten Verständnis der verschiedenen Bautypen, die sich in der lokalen Baupraxis im Verlauf des letzten Jahrhunderts zu vermischen begonnen hatten. Herzog & de Meuron interpretieren diese Entwicklungen keineswegs als eine örtlich begrenzte Baupraxis, sondern als das Produkt eines Jahrhunderts schweizerischer Hotelarchitektur und anderer Einflüsse im Tal und damit als eine Suche nach modernen Äquivalenten für alte Vorbilder. Ihre eigenen Studien führten die Architekten von der ziemlich getreuen Adaptation von Engadiner Haustypen zu einer neuen Idee (Abb. 4): Durch die Umformung zeitgenössischer Wohnbauten und ihrer Verschmelzung zu einem Weiler verwandelten sie Hunzikers Beschreibung der Vergangenheit in einen Entwurf für die Zukunft. Sie planten, ihre Bauten mit elektronischen Leuchtschriften zu versehen, die die Reaktion Nietzsches und anderer berühmter Engadinbesucher auf das «Dach Europas» öffentlich ausgestrahlt hätten, statt bloss die typischen Sgraffitoverzierungen an den Fassaden nachzuäffen (Abb. 5).

Man kann noch einen Schritt weitergehen und die parallele, wenn auch umgekehrte Beziehung zwischen den analytischen Studien des Engadinerhauses und der fortschreitenden Entwicklung neuer Gebäude betrachten. Wenn eine der Zeichnungen des Architekten Jachen Ulrich Könz (Abb. 7) – wahrscheinlich der einflussreichste Vertreter traditioneller Engadiner Architektur im zwanzigsten Jahrhundert und der Dokumentarist des idyllischen Dorfes Guarda – neben die frühen Skizzenentwürfe von Herzog & de

9 Jachen Ulrich Könz **Das Engadinerhaus des siebzehnten bis achtzehnten Jahrhunderts: Schema**
Aus *Das Engadiner Haus*, 4. Aufl., Bern, Paul Haupt, 1994, S. 26

Meurons Dominus Winery, Yountville, California (1995-1998 →137) gehalten wird (Abb. 8), so zeigt sich etwas, was die gattungsmässige Ähnlichkeit übertrifft. In beiden Fällen bestätigt die äussere Form des Gebäudes seine Unabhängigkeit von der internen Raumaufteilung, modifiziert diese aber gleichzeitig auf subtile Weise. Durchgänge und Befensterung vermitteln zwischen den Innenräumen, der Gesamtsymmetrie und den internen Funktionen. Könz' Vogelschau auf ein typisches Engadinerhaus (Abb. 9) und Studien unserer Architekten für das Haus in Leymen (Abb. 10) und die Dominus Winery (Abb. 11) belegen diesen Prozess gegenseitiger Adaptation. Es gelingt den Architekten, die komplexe innere Raumaufteilung des Gebäudes so zu gestalten, dass ein einziges, kompaktes Volumen entsteht. Türen und Fenster reflektieren die hausinternen Bedürfnisse, beeinträchtigen aber die Einheit des Gebäudes nicht. Herzog & de Meuron liefern damit eindrücklich den Beweis, dass Typologien, statt die Evolution neuer Formen zu behindern, dazu dienen können, diese zu erzeugen. Ausgehend von ihrer versuchsweisen Annäherung an Hunzikers Repertoire des Schweizerhauses und via Aldo Rossis Wiederbelebung des Interesses am Typologischen, haben sie das Problem des Bauens im Engadin neu durchdacht.

Herzog & de Meuron erweisen sich als eifrige Schüler eines typologischen Vorbilds, das seine Faszination über Jahrhunderte hinweg beibehalten hat, ohne je sein Geheimnis ganz preiszugeben. Sie betonen dabei zwei völlig verschiedene Aspekte, der eine eng verbunden mit der komplexen inneren Unterteilung von Engadinerhäusern, der andere mit dem feinen, in die Fassaden geritzten Gewebe von Sgraffito. Während Letzteres durch gedankenlose Imitation bis zu dem Punkt abgenutzt ist, wo einzig ein modernes Äquivalent wieder akzeptable Ergebnisse zu zeitigen vermag, behält der erste Aspekt seine Verbindung mit Gegenwartsproblemen. Ein Schlüssel zu Herzog & de Meurons Lösung der Typologiefrage kann daher in ihrer Fähigkeit gesehen werden, die programmatischen Zwecke eines Gebäudes neu zu durchdenken, statt sie eilfertig zu erfüllen.

ENGADINER HÄUSER

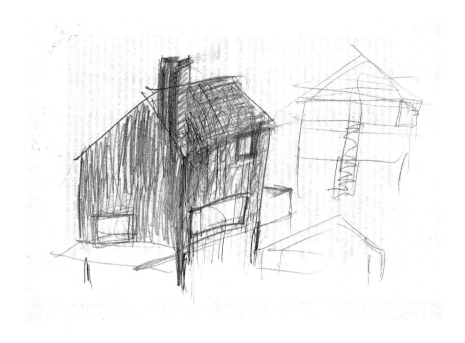

10 Herzog & de Meuron **Haus in Leymen** (1996–1997 →**128**)
Skizze, 1996

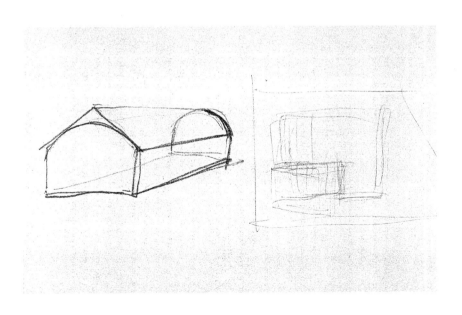

11 Herzog & de Meuron
Dominus Winery, Yountville, California (1995–1998 →**137**)
Skizze, 1995, Bleistift auf Makulatur
21 × 29,7 cm

VERSCHACHTELTE RÄUME

1 Richard Artschwager
Blp (Turtle Bay Steam Plant, New York City) 1980
Acryl auf Kamin

ÜBER RICHARD ARTSCHWAGER

Richard Armstrong

Die spontane ästhetische Eruption, aus der um 1962 Pop Art hervorbrach, war intensiv und von lang anhaltender Wirkung. Das Integrieren und Zitieren von Realität wie bei Robert Rauschenberg und Jasper Johns, Roy Lichtenstein und Andy Warhol veränderte unseren Blick auf die Kunst und, vielleicht noch tiefer greifend, auf die Welt selbst – sogar, welche Teile davon wir überhaupt anschauen.

Chronologisch gehört Richard Artschwager zur ersten Generation von Pop, aber seinem Temperament und der künstlerischen Überzeugung nach ist er ein Aussenseiter. Ein Ikonoklast selbst unter Nonkonformisten, hat Artschwager über vierzig Jahre hinweg ein Werk geschaffen, das in seiner Einwärtswendung und/oder visuellen Aggression sich von der konsumistischen Ironie, die einem Grossteil orthodoxer Pop Art eigen ist, deutlich abhebt. Artschwagers Verweise auf und Zitate aus den Massenmedien sind obskur, stumm, undurchsichtig. Alltäglich und doch gespenstisch, vertraut, aber dennoch unscharf, sind seine gemalten und gebauten Bilder zwar in der Wirklichkeit angesiedelt, ohne sie aber zu kommentieren. Durchgehend von Möbelstücken abgeleitet, beschwört Artschwagers Repertoire ein Paralleluniversum herauf – zweideutig, häufig entvölkert, illusionistisch und veränderlich. In seiner kompromisslosen Körperlichkeit erscheint Artschwagers Werk unmissverständlich utilitaristisch. Auf dem Boden stehend, ebenso wie an die Wand gehängt, fühlt es sich in seinem Kunststatus wohl. Jegliche Spannung wirkt da geradezu zerstörerisch. Von Anfang an hat Artschwager bildhauerische, taktile Werte auf Gemälde übertragen (deutlich gerahmt und mit leicht haarigen Druckpapieroberflächen), während er andrerseits bildliche Aspekte von Formica (einem dünnen, fotomechanisch bedruckten oder eingefärbten Plastiklaminat) bildhauerisch ausbeutete. Dieses

VERSCHACHTELTE RÄUME

2 Richard Artschwager **Office Scene** 1966
Acryl auf Celotex, Metallrahmen
106,5 × 109 cm
Kunstmuseum Wolfsburg, Sammlung Froehlich, Leinfelden

hartnäckige, manchmal amüsante Bemühen um gegenseitige Befruchtung belebt alles, was Artschwager unternimmt, und durchzieht sämtliche Medien, Formate und Orte. Hier liegt denn wahrscheinlich auch die offensichtlichste Schnittstelle mit der modernen Architektur – in der Unzufriedenheit mit bestimmten festen Vorgaben der gebauten Umgebung. Durch Übertreibung, ja, Satire gegen die rechtwinklige Regelmässigkeit hat Artschwager in einer Grosszahl von Gemälden, Zeichnungen und Installationen über zahllose Exterieurs und Räume nachgedacht (einschliesslich deren Inhalt oder Leere) und ist zum Schluss gekommen, wie mir scheint, dass Materie wichtig ist, dass wir in erster Linie körperliche Wesen sind und dass Raum ein Konstrukt sowohl der Logik als auch der Sinne und der Imagination sein soll.

3 Richard Artschwager **Polish Rider IV** 1971
Acryl auf Sperrholz, Metallrahmen, 2 Paneele
193 × 233,5 cm
Emanuel Hoffmann-Stiftung, Depositum Museum für Gegenwartskunst, Basel

SCHÖNHEIT UND ATMOSPHÄRE

Herzog & de Meuron
Blaues Haus, Oberwil (1979–1980 →**5**)
Fotografie: Herzog & de Meuron, 1980

< Yves Klein **Vénus bleue** 1978
  Gipsabguss, bemalt mit IKB-Farbe (International Klein Blue)
  66 × 22,9 × 27,9 cm
  Suzanne und David Booth, Los Angeles

<< Dan Graham **Heart Pavilion** 1991
   Einwegspiegelglas, Stahl, 238,7 × 426,7 × 365,8 cm
   Carnegie Museum of Art, Pittsburgh. A.W. Mellon Acquisition
   Endowment Fund und Carnegie International Acquisition Fund

Gerhard Richter **I.S.A. (555)** 1984
Huile sur toile, 250 × 250 cm
Collection Bayer Corporation, Pittsburgh

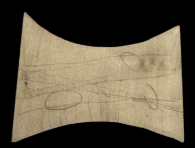

160_002M Bois et plexiglas, 112,5 × 109,5 × 21,7 cm   160_001M Tilleul et mine de plomb, 17,3 × 12,8 × 3 cm

Herzog & de Meuron
Laban Dance Centre, Londres (1997–2002 →**160**)

178_054M Polyester armé, 225 × 130 × 64 cm

178_059SA Polyester armé et éclairage par fibre optique, 67 × 47 × 2 cm

178_061SA Polyester armé et éclairage par fibre optique, 105 × 92 × 2 cm

178_053M Polyester armé, 140 × 90 × 69 cm

Herzog & de Meuron
Prada Tokyo, Aoyama, Tokyo (2000– →**178**)

158_021M Acrylique, 25 × 25 × 12,5 cm

158_023M Acrylique, 25 × 16 × 12,5 cm

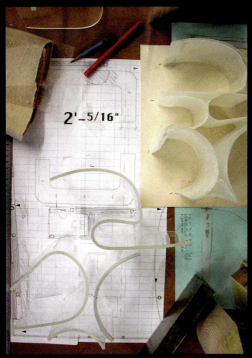

158_022M et 158_023M Acrylique, 25 × 16 × 12,5 cm chacune

Herzog & de Meuron
Kramlich Residence and Media Collection, Oakville, Californie
(1997– →**158**)

372   BEAUTÉ ET ATMOSPHÈRE

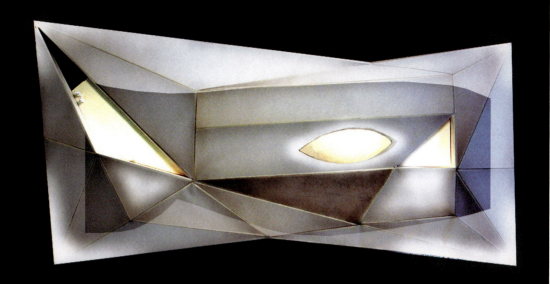

158_024M Kalkpapier, Karton, 60 × 30 × 7 cm

158_025M Karton, 240 × 120 × 30 cm

158_001M Holz, Papier, Acryl, Karton, 240 × 120 × 30 cm

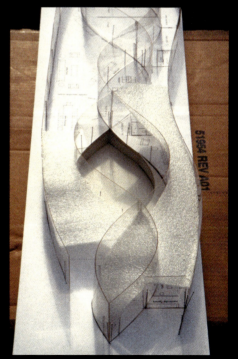

158_011M Holzkarton, Kalkpapier, 60 × 30 × 7 cm

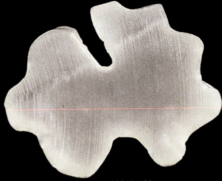

166_014M
Acrylique, 6 × 5 × 3,5 cm

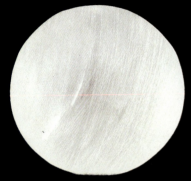

166_011M
Acrylique, 4,3 × 4,3 × 3,6 cm

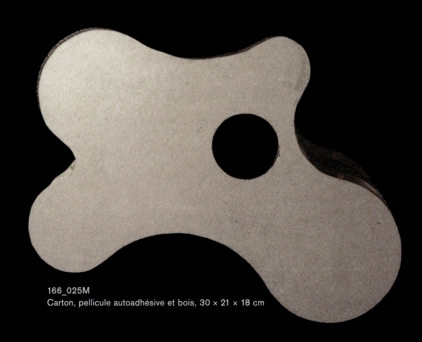

166_025M
Carton, pellicule autoadhésive et bois, 30 × 21 × 18 cm

Herzog & de Meuron
Bibliothèque de l'Université technique de Cottbus
(1998– →**166**)

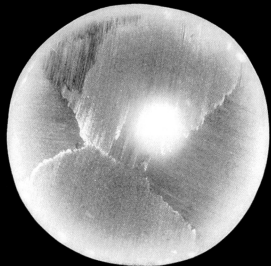

166_012M
Acryl, 4,8 × 4,8 × 3,2 cm

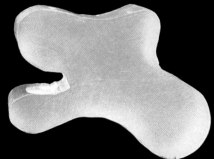

166_015M
Acryl, 6,5 × 4,5 × 3,2 cm

166_013M
Acryl, 7 × 6 × 2,5 cm

Philip Ursprung: In Ihren jüngsten Projekten, etwa Prada Tokyo, hat man manchmal den Eindruck, als würden sie wie schillernde Seifenblasen im Raum zerstieben.
Herzog & de Meuron: Uns verfolgte seit langen Jahren die Idee, ein Parfüm zu entwickeln. Wir waren dabei überzeugt, dass im Grunde genommen nicht Modeschöpfer, Sportler oder Filmstars, sondern Architekten die Parfüms für das einundzwanzigste Jahrhundert entwerfen sollten.
Allerdings konnten wir unsere Überlegungen trotz oder vielleicht sogar wegen all dieser Gespräche mit Parfümeuren, Modedesignern und CEOs aus der Modewelt bis heute leider nicht verwirklichen. Und nun ist es wohl zu spät. Die Parfümwelt ist seither vor allem von Comme des Garçons, Prada und auch Gaultier intellektualisiert und erneuert worden. In der Welt der Mode, die uns ja alle irgendwo fasziniert, geht alles noch viel schneller als in der Architektur – anziehen, ausziehen, sich verwandeln, Formen geben, plastische Möglichkeiten ausprobieren, die Beschaffenheit der Oberflächen untersuchen, einen Stil erfinden und wieder verwerfen. Mode betrifft jeden von uns, denn jeder zieht sich irgend etwas an und drückt damit auch etwas aus. Parfüms sind ein Teil davon und das Angebot ist grösser denn je und dennoch irgendwo limitiert. Das wirklich Interessante bei Parfüms ist nicht eigentlich der Duft an sich, sondern die mit dem Duft gespeicherte Erinnerung. Jeder Mensch kann – fast wie mit Fotografien – auch mit Gerüchen und Düften Erfahrungen und Bilder der Vergangenheit wachrufen. Für uns lösten Düfte immer architektonische Bilder und räumliche Erinnerungen aus – so als würde ein innerer Film abgespielt. Uns ging es deshalb auch nie darum, einen bestimmten Duft in die Welt zu setzen, sondern wir wollten sozusagen eine Bibliothek von Gerüchen und Düften abrufbar machen als eine Art Schnittstelle zwischen Fiktion und Realität: Parfüms, die wie Schweiss riechen, wie Ölfarbe, wie nasser Beton oder warmer Asphalt, auf den es geregnet hat, oder wie eine alte Küche. Diese Düfte entziehen sich den herkömmlichen Kategorien des Wohlgeruchs. Wir hätten gerne ein solch aussergewöhnliches Projekt gemacht, weil es unserer Auffassung von Architektur eine andere Facette beigefügt und verdeutlicht hätte, wie weit reichend Architektur sein kann. Mittlerweile ist das kalter Kaffee. Es gibt diese Düfte oder ähnliche und sie werden sich wie alle anderen auch wieder verflüchtigen.
Und noch etwas zum Geruch und zur Verflüchtigung desselben: Auch Architektur hat diesen Aspekt, dass sie uns prägt und uns an die eigene Geschichte erinnert. Man denke nur an die Schulhäuser seiner eigenen Jugend, deren Architektur einem doch noch lange in der Erinnerung verhaftet bleibt, zusammen

mit ihrem spezifischen Geruch. Ich weiss nicht, ob das Unbehagen, das die Erinnerung an die Architekturen unserer eigenen Vergangenheit häufig hervorruft, daher kommt, dass die Zeit, und damit verbunden eben ein ganzes Stück Leben, bereits vergangen ist oder dass wir in diesen architektonischen Erinnerungen auch die üblichen Frustrationen des Erwachsenwerdens einbauen. Man kann sicher bessere oder schlechtere Architektur entwerfen, angenehmere oder weniger angenehme, aber wie beim Parfüm ist die Erfahrung, die man darin oder damit macht, entscheidend. Es ist ein Unterschied, ob man in einem Fussballstadion einen Sieg oder eine Niederlage erlebt hat. Erinnerungen und Erfahrungen sind immer individuell. Dieser Aspekt des unfassbar Emotionalen, von dem ein Ort imprägniert sein kann, spielt in unserer Wahrnehmung von Architektur eine Rolle. Architektur kann deshalb nicht neutral sein. In gewissem Sinne ist Architektur deshalb ein sehr altertümliches Medium, denn es involviert einen ganz physisch und lässt einem keine Distanz.

Basierend auf einem Interview, 2002

Gläserner Schwimmkörper für japanische Fischernetze
Glas, eingesammelt von Dave Lods an der Nordküste der
Aleuten-Halbinsel, Alaska, 2001

Gläserne Schwimmkörper für japanische Fischernetze
In einem Interview spricht Jacques Herzog davon, wie sehr ihn der Effekt von Licht interessiert, das durch eine Glaskugel scheint. In Projekten für Barcelona und Teneriffa verwenden Herzog & de Meuron Glaskugeln, die in Betonoberflächen integriert sind. Glaskugeln, die als Schwimmkörper japanischer Fischernetze dienten und in aller Welt an die Strände gespült wurden, sammelte man bereits im frühen zwanzigsten Jahrhundert und befinden sich in Museen des Westens. Heute sind die mysteriösen Kugeln durch billigere Kunststoff-schwimmkörper ersetzt.

165_002M Kunststoff, Draht, 20 × 20 × 20 cm

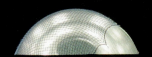

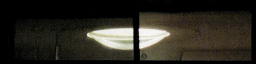

165_020M (Detail) Musterzimmer, 1050 × 650 × 300 cm

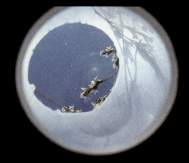

165_002M Kunststoff, 20 × 20 × 20 cm

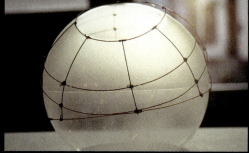

165_002M Kunststoff, Draht, 20 × 20 × 20 cm

Herzog & de Meuron
**REHAB Basel, Zentrum für Querschnittgelähmte und
Hirnverletzte** (1998–2002 →**165**)

378 SCHÖNHEIT UND ATMOSPHÄRE

Albert F. King **Late Night Snack** ca. 1900
Öl auf Leinwand, 40,6 × 56 cm
The Carnegie Museum of Art, Pittsburgh
Geschenk der R. K. Mellon Family Foundation

165_002SA Acryl, 14 × 6 × 6 cm

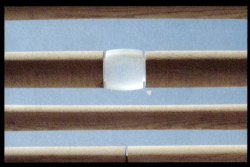

165_020M (Detail) Musterzimmer, 1050 × 650 × 300 cm

165_003SA Acryl, 14 × 6 × 6 cm

165_014M Carton et papier, 46 × 29 × 23 cm

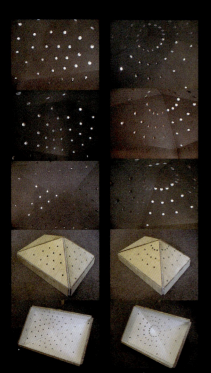

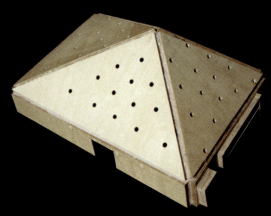

165_013M Bois, 45 × 30 × 20 cm

165_013M et 165_019M Bois, 45 × 30 × 20 cm chacune

Herzog & de Meuron
REHAB Basel, centre de rééducation pour les traumatismes cérébraux et médullaires (1998–2002 →**165**)

166_041VHS *Entrauchungsstudie* (15 min)
Videostills: Herzog & de Meuron, März 1999

166_001M Sperrholz, Acryl, Draht, 29 × 16 × 11 cm   166_002M Sperrholz, Acryl, 29 × 17 × 11 cm

Herzog & de Meuron
Universitätsbibliothek Cottbus (1998– →**166**)

178_038M Karton
12 × 7 × 18 cm

178_045M Karton
12 × 7 × 18 cm

178_040M Karton
12 × 7 × 18 cm

178_043M Karton
12 × 7 × 18 cm

178_041M Karton
12 × 7 × 18 cm

178_042M Karton
12 × 7 × 18 cm

178_037M Karton
12 × 7 × 18 cm

178_039M Karton
12 × 7 × 18 cm

178_046M Karton
12 × 7 × 18 cm

178_047M Karton
12 × 7 × 18 cm

178_036M Karton
12 × 7 × 18 cm

178_044M Karton
12 × 7 × 18 cm

Herzog & de Meuron
Prada Tokyo, Aoyama, Tokio (2000– →**178**)

178_001M Schaumstoff
18 × 13 × 18 cm

178_009M Karton, Papier
24 × 14 × 34 cm

178_012M Karton, Papier
12 × 12 × 18 cm

178_035M Karton, Acrylfolie
12 × 12 × 18 cm

178_008M Acryl, lichtdurchlässige
Folie, 25 × 14 × 35 cm

178_010M Japanpapier
24 × 14 × 33 cm

178_003M Japanpapier
24 × 15 × 33 cm

178_007M Japanpapier
24 × 14 × 32 cm

178_004M Papierfolie
24 × 15 × 33 cm

178_013M Acrylfolie
12 × 12 × 18 cm

178_006M Draht
25 × 14 × 36 cm

178_005M Plastik
24 × 14 × 36 cm

178_038M Karton
12 × 7 × 18 cm

178_045M Karton
12 × 7 × 18 cm

178_040M Karton
12 × 7 × 18 cm

178_043M Karton
12 × 7 × 18 cm

178_041M Karton
12 × 7 × 18 cm

178_042M Karton
12 × 7 × 18 cm

178_037M Karton
12 × 7 × 18 cm

178_039M Karton
12 × 7 × 18 cm

178_046M Karton
12 × 7 × 18 cm

178_047M Karton
12 × 7 × 18 cm

178_036M Karton
12 × 7 × 18 cm

178_044M Karton
12 × 7 × 18 cm

Herzog & de Meuron
Prada Tokyo, Aoyama, Tokio (2000– →**178**)

178_001M Schaumstoff
18 × 13 × 18 cm

178_009M Karton, Papier
24 × 14 × 34 cm

178_012M Karton, Papier
12 × 12 × 18 cm

178_035M Karton, Acrylfolie
12 × 12 × 18 cm

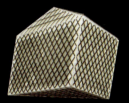
178_008M Acryl, lichtdurchlässige Folie, 25 × 14 × 35 cm

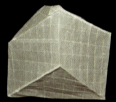
178_010M Japanpapier
24 × 14 × 33 cm

178_003M Japanpapier
24 × 15 × 33 cm

178_007M Japanpapier
24 × 14 × 32 cm

178_004M Papierfolie
24 × 15 × 33 cm

178_013M Acrylfolie
12 × 12 × 18 cm

178_006M Draht
25 × 14 × 36 cm

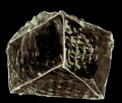
178_005M Plastik
24 × 14 × 36 cm

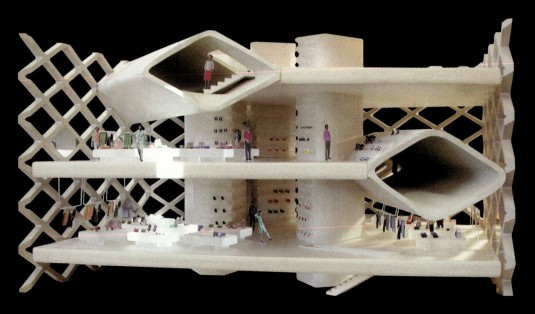

178_063M Holz, Farbe, Acrylglas, Papier, Leder
114 × 100 × 61 cm

178_033M Schaumstoff, Acryl
36,5 × 26 × 40 cm

178_031M Schaumstoff, Acryl, Papier
24 × 23 × 35,5 cm

178_029M Schaumstoff, Acryl, Folie, Karton
24 × 20 × 25 cm

Herzog & de Meuron
Prada Tokyo, Aoyama, Tokio (2000– →**178**)

178_049M Acryl, Karton
45 × 30 × 39 cm

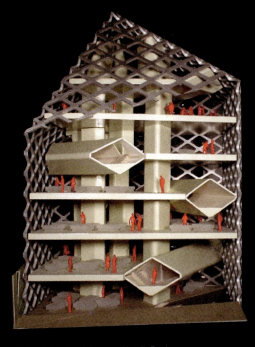

178_051M Acryl, Karton, Metall, Papier
40 × 40 × 80 cm

178_030M Schaumstoff, Acryl, Karton,
Papier, 24 × 20 × 35 cm

178_032M Sperrholz
36,5 × 26 × 34,5 cm

178_028M Schaumstoff, Acryl
37 × 26 × 30 cm

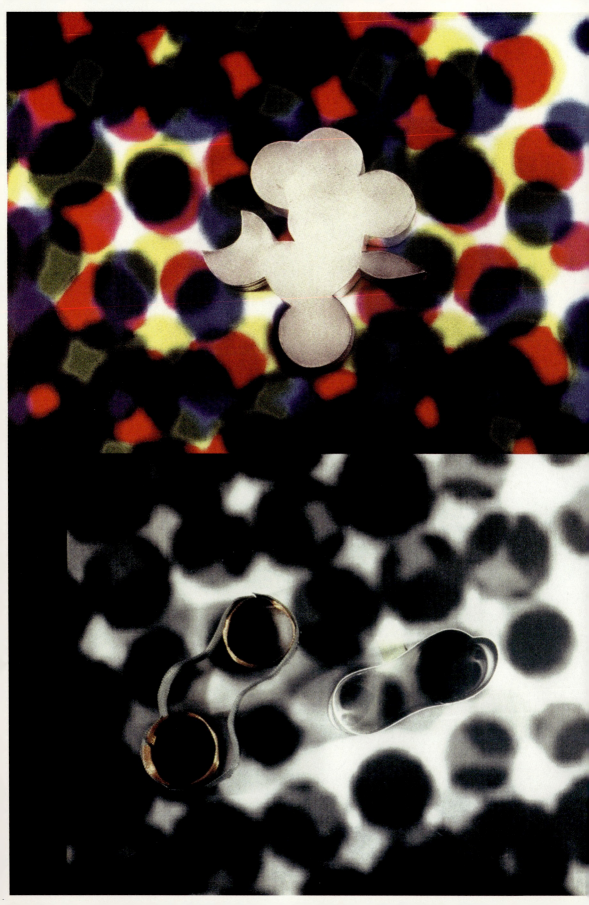

< Herzog & de Meuron
**Hafenanlage, Neuordnung der Muelle de Enlace,
Santa Cruz de Tenerife** (1998– →163)

163_012M Acrylfolie, Aluminiumfolie, Papier
41 × 27 × 5 cm
163_018M (Detail) Papier, Acrylfolie, Kupferdraht,
Silberdraht, 33 × 27 × 6 cm

Andy Warhol **Selbstporträt** 1986
Serigrafie, Acryl auf Leinwand, 203 × 203 cm
Carnegie Museum of Art, Pittsburgh
Fellows of the Museum of Art Fund

163_003M Schaumstoff, Papier, 60 × 25 × 6,5 cm

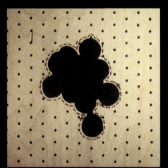

163_017M Holz, Schnur, 25 × 24 × 6,5 cm

163_016M Holz, 26 × 25 × 8 cm

163_030M Gips, 22 × 22 × 7 cm

163_005M Schaumstoff, Papier, 55 × 50 × 6 cm

163_013M Acryl, 18 × 18 × 4,5 cm

Herzog & de Meuron
**Hafenanlage, Neuordnung der Muelle de Enlace,
Santa Cruz de Tenerife** (1998– →**163**)

163_007M Schaumstoff, Papier, Karton 41 × 30 × 3 cm

163_006M Schaumstoff, Papier, Karton 41 × 30 × 2,5 cm

163_011M Schaumstoff, Papier, Karton 41 × 36 × 2,5 cm

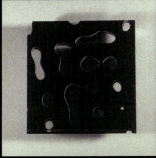  

163_009M Schaumstoff, Papier, Karton 41 × 36 × 3 cm

163_008M Schaumstoff, Papier, Karton 41 × 30 × 3 cm

163_010M Schaumstoff, Papier, Karton 41 × 36 × 3,2 cm

Andy Warhol **Selbstporträt** 1986, Siebdruck auf synthetischer Polymerfarbe auf Leinwand, 203,2 × 193 cm
The Andy Warhol Museum, Pittsburgh. Gründungssammlung, Beitrag The Andy Warhol Foundation for the Visual Arts, Inc.

Dan Graham **Girls' Make-up Room**, 1998–2000
Spiegelglas, perforierter Edelstahl, 170 × 300 cm (Dm.)
Galerie Hauser & Wirth, Zürich

163_025M Schaumstoff, Papier, Aluminiumfolie
12,5 × 8,5 × 3,5 cm

163_012M Papier, Acrylfolie, Aluminiumfolie, 41 × 27 × 5 cm

163_019M Papier, Karton, 50 × 22 × 7 cm

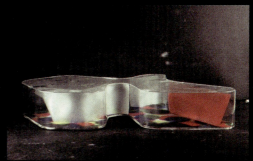

163_014M Acryl, Papier, Kunststoff, 42 × 22 × 6,5 cm

163_020M Papier, Karton, 17 × 10 × 9 cm

163_003M Schaumstoff, Papier, 60 × 25 × 6,5 cm

163_017M Holz, Schnur, 25 × 24 × 6,5 cm

163_032M Gips, 42 × 30 × 9 cm

Herzog & de Meuron
Hafenanlage, Neuordnung der Muelle de Enlace, Santa Cruz de Tenerife (1998– →**163**)

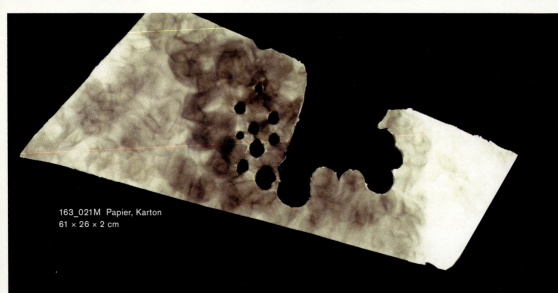

163_021M Papier, Karton
61 × 26 × 2 cm

163_024M Schaumstoff, Papier
28 × 28 × 3 cm

163_019M Papier, Karton
50 × 22 × 7 cm

Herzog & de Meuron
**Hafenanlage, Neuordnung der Muelle de Enlace,
Santa Cruz de Tenerife** (1998– →163)

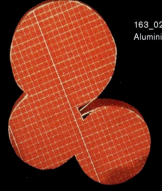

163_025M Schaumstoff, Papier, Aluminiumfolie, 12,5 × 8,5 × 3,5 cm

163_020M Papier, Karton
17 × 10 × 9 cm

163_031M Gips
40 × 35 × 10 cm

163_014M Acryl, Papier, Kunststoff
42 × 22 × 6,5 cm

ORNAMENT UND BEWEGUNG:
WISSENSCHAFT UND KUNST IN GOTTFRIED
SEMPERS SCHMUCKBEGRIFF

Carrie Asman

«Eitelkeit und Eigensinn» war das apodiktische Urteil, das Gottfried Semper Mitte des neunzehnten Jahrhunderts fällte, als er seinen Blick über das babylonische Chaos der Dächer von London schweifen liess. Seine Kritik richtete sich vor allem gegen zeitgenössische Architekten, die sich gern in fremde Baustile vergangener Epochen aus möglichst fern liegenden Kulturen hineinfantasierten, ohne mit ihren monumentalen Bauten aktuelle Bedürfnisse, geschweige denn die Häuser der Umgebung, in irgendeiner Weise zu berücksichtigen.

Eigensinn ist durchaus das treffendste Wort für den leidenschaftlichen Charakter des Sohnes einer französischen Hugenottin und eines norddeutschen Wollfabrikanten aus Altona, der stets zu heftigen Ausbrüchen neigte. 1849 wurde er wegen seiner Beteiligung am Dresdener Aufstand und weil er Barrikaden entworfen, gebaut und bis zum Schluss verteidigt hatte, seines Amtes als Professor an der Dresdner Kunstakademie enthoben und für mehrere Jahre des Landes verwiesen.[1]

Die Theorie, in die sich Semper während seines Pariser Exils flüchtete, ist von diesem Temperament durchaus geprägt. Welcher andere Architekt seiner Zeit hätte es gewagt, bunte Eulen nach Athen zu tragen; antike Bauten wie den Theseustempel «so wie sie einmal waren» in Farbe zu malen und gegen Winckelmanns weisse Klassik zu wüten, mit *Laokoon* gegen die Trennung der Künste zu wettern oder in der Baukunst die Mauer durch die Wand zu ersetzen und zu sagen, am Anfang war das Gewand?

---

1 Für eine detaillierte Beschreibung der Barrikaden und der Umstände ihrer Entstehung siehe Harry Francis Mallgrave, *Gottfried Semper. Ein Architekt des 19. Jahrhunderts,* übersetzt von Joseph Imorde und Michael Gnehm, Zürich, gta Verlag, 2001, S. 165ff. (engl. Originalausgabe: *Gottfried Semper. Architect of the Nineteenth Century,* New Haven und London, Yale University Press, 1996, S. 165ff.).

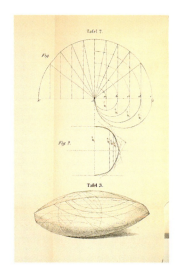

Wer sonst hätte es gewagt, die Mauer als rein räumliche Umfriedung neu zu definieren? Denn Semper ging es nicht um die Mauer als tragendes Element, sondern um die Wand und damit um das Ge-Wand, das heisst, von vornherein um etwas Leichtes, um einen Vorhang, um eine Unterteilung, genauer gesagt, um das Prinzip der schmückenden Bekleidung – eine äusserst fragile Konstruktion, in die er den Ursprung der Architektur und der Kunst zu verlegen suchte.

Trotz der widersprüchlichen Natur seines Denkens und des revolutionären Erfindungsreichtums seiner Ideen gibt es im Werk von Semper eine Konstante: den innigen Wunsch, eine verbindliche Sprache zu finden, die imstande ist, zwischen Extremen zu vermitteln. Eine der fundamentalen Prämissen, die Sempers Zeichnungen und theoretischen Schriften über Kunst und Architektur zugrunde liegen, ist die feste Überzeugung, dass Wissenschaft und Kunst eine gemeinsame Sprache verbindet.

Sempers Zeichnungen eines im British Museum ausgestellten griechischen Bleischleudergeschosses sind hierfür ein Musterbeispiel. In der Studie aus dem Jahr 1959, *Über die bleiernen Schleudergeschosse der Alten und über zweckmässige Gestaltung der Wurfkörper im Allgemeinen*, erhebt Semper bereits im Untertitel den Anspruch, den «dynamischen» Ursprung bestimmter Formen in Natur und Kunst zu ergründen.[2] Mit einer Kombination aus zeichnerischem Geschick und breiten Kenntnissen in der Physik und Mathematik versucht Semper, die Bewegungsdynamik unterschiedlicher Körper

1–2 Gottfried Semper
Trigonometrische Funktionen und bleiernes Schleudergeschoss
Aus *Über die bleiernen Schleudergeschosse der Alten und über zweckmässige Gestaltung der Wurfkörper im Allgemeinen*,
Frankfurt am Main, Verlag für Kunst und Wissenschaft, 1859, S. 103 und Tafel 2

in flüssigen oder gasförmigen Medien nachzuzeichnen. Mit Hilfe von über hundertfünfzig trigonometrischen Funktionen, die er im Laufe eines Jahres entwickelte, kam Semper zu dem Schluss, dass das mandelförmige Projektil die optimale Form für sich schnell durch den Raum bewegende Objekte sei (Abb. 1–2).

Durch die Darstellung des Projektils in verschiedenen «wissenschaftlichen» Sprachen hoffte Semper, die dem Schleudergeschoss innewohnende formale Schönheit als *Naturgesetzmässigkeit* zu erfassen und zu kodifizieren, eine Gesetzmässigkeit, die sowohl in der Architektur als auch in den anderen Künsten wirksam ist und mit seinem Begriff des Ornaments eng zusammenhängt.[3] Sempers Neuprägung des Wortes Nat*urgesetzmässigkeit* soll heissen, dass beide Aspekte des Begriffes einbeschlossen sind: einerseits das abstrakt Axiomatische und andererseits Regelmässigkeiten oder (eventuell sogar ornamentale) Muster, die visuell in der Kunst und in der Natur gleichermassen wahrzunehmen sind. In der Erweiterung dieses Begriffs war Semper seiner Zeit um Einiges voraus. Denn Schmücken heisst für Semper, «dem Objekt bewusst eine Ordnung aufzuerlegen», die einer inneren Gesetzmässigkeit des Objektes entspricht.

Semper fertigte die drei Zeichnungen in Abbildung 2 als Beweis, dass die Form des Projektils weder als Nachahmung der Natur noch als Projektion mathematischer Formeln zu verstehen sei. Die Form des Wurfkörpers basiere vielmehr auf Beobachtungen von Vorgängen in der Natur, von Kräften (er unterscheidet zwischen Naturkraft und Lebenskraft), die in einer Weise zusammenstossen, die Spannung erzeugt. Semper visualisiert diese Spannung in drei Zeichnungen: der Schneckenlinie, dem Echinus und dem Bleigeschoss (von oben nach unten).

Die Schneckenlinie ist eine Form, die wir in der Natur in der Form des Nautilus wiedererkennen, aber auch als ein Merkmal in der Ornamentik der ionischen Säule (Abb. 3). Ausserdem entspricht diese Form einer geometrischen Linie und der Spannung, die in der geraden Linie entsteht, wenn sie in eine Kurve gebogen wird. Als logarithmische Spirale beschreibt die Schneckenlinie ferner die steigende und fallende Flugbahn eines Wurfkörpers in einem

---

2 Gottfried Semper, *Über die bleiernen Schleudergeschosse der Alten und über zweckmässige Gestaltung der Wurfkörper im Allgemeinen: Ein Versuch die dynamische Entstehung gewisser Formen in der Natur und in der Kunst nachzuweisen*, Frankfurt am Main, Verlag für Kunst und Wissenschaft, 1859.
3 Den Begriff «Naturgesetz» prägte Aristoteles im Buch 7 der *Physik*. Später wurde er von Newton als «leges motus» neu bestimmt, das zweite Gesetz der mathematischen Funktionen. Es besagt, dass sich eine Veränderung der Bewegung proportional zur Kraft verhält, die sie beeinflusst. Für ausführlichere Bestimmungen des Begriffs vgl. Friedel Weinert (Hrsg.), *Laws of Nature. Essays on the Philosophical, Scientific and Historical Dimensions*, Berlin und New York, de Gruyter, 1995.

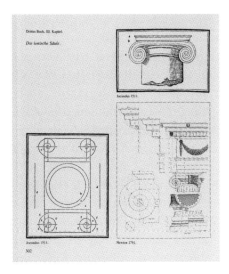

Medium, während er sich durch verschiedene Grade des Widerstands bewegt. In der zweiten schematischen Darstellung des Echinus zeigt Semper das Verhältnis von Fläche zu Raum, das er in seinem Essay ausführlich abhandelt.

Am Ende seiner Studie weist Semper auf die Korrespondenz zwischen dem Schleudergeschoss, der Muschelform und dem Pflaumenkern (griechisch = *balnoi*), einer ursprünglichen Form der Ballistik, hin. Die grafische Wiedergabe beider Objekte führt ihn zur Schneckenlinie. Die gleiche Schneckenlinie soll sowohl auf einen ornamentalen als auch auf einen strukturellen Aspekt des Echinus der dorischen Säule hinweisen, dessen Name dem griechischen Wort für Seeigel entstammt. Der Echinus (in der Baukunst auch Kissen genannt) ist eine Spezies, die ihre Stachel verliert, während sie beim Austrocknen sich in eine gerundete flache Muschel verwandelt. Als Zierkissen zwischen Abakus und Säulenschacht gelegen, wird der Echinus zwar häufiger als Kennzeichen der dorischen Säule verstanden, ist aber auch bei anderen Säulentypen vertreten.[4] Der Echinus ist ein prägnantes Beispiel für Sempers allgemeine Vorliebe, Querverbindungen zwischen etymologischen Ableitungen und Grundformen der Architektur aufzudecken. Sempers Studie richtete sich gegen Karl Böttichers Werk über die *Tektonik der Hellenen* und vor allem gegen dessen klassizistischen Blick,

---

4 Joseph Rykwert, *The Dancing Column. On Order in Architecture,* Cambridge, Mass., MIT Press, 1996, S. 180f.

3 Marcus Vitruvius Pollio **Die ionische Säule**
Aus *Baukunst,* Bd. 1, Leipzig, G.J. Göschen, 1796; Faksimileausgabe Zürich und München, Artemis, 1987, S. 302

der die Formen der griechischen Baukunst als strukturelle Schemata verstand, deren Oberfläche mit Symbolen der Pflanzen- und Tierwelt geschmückt waren.[5]

Diese Kritik führte Semper in seinem zweibändigen Werk über den Stil aus, in dem die Naturgesetze eine erstaunlich bedeutende Rolle spielen.[6] Der Bewegungsablauf, den er in seiner Studie über das bleierne Schleudergeschoss ein Jahr zuvor beschrieben hatte, erscheint hier in den Einführungskapiteln als drittes konstituierendes Element des Stils, nach der Proportion und der Symmetrie. Das dynamische Prinzip der Bewegung soll den statischen schönheitstheoretischen Proportionslehren der klassizistischen Ästhetik des achtzehnten Jahrhunderts entgegenwirken. Semper veranschaulicht seinen Begriff des Stils mit Darlegungen von Newtons Naturgesetzen und seinen grafischen Zeichnungen des Kometen aus dem Jahr 1680, die dessen Bewegungen als reguläre Intervalle im Laufe eines Jahres beschreiben (Abb. 4).[7] Newton stellt die Lichtlinien, die der Kometenschwanz über den

---

[5] Karl Bötticher, *Tektonik der Hellenen,* 2 Bde., Potsdam, F. Riegel, 1844–1852.
[6] Gottfried Semper, *Der Stil in den technischen und tektonischen Künsten oder praktische Ästhetik: Ein Handbuch für Techniker, Künstler und Kunstfreunde,* 2 Bde., Frankfurt am Main, Verlag für Kunst und Wissenschaft, 1860–1863.
[7] Vgl. Semper, 1860–1863, S. XXX (wie Anm. 6) und Sir Isaac Newton, *Philosophiae Naturalis Principia Mathematica,* Buch 3, London, 1687 (neue Übersetzung: Sir Isaac Newton, *The Principia: Mathematical Principles of Natural Philosophy,* a new translation by I. Bernard Cohen and Anne Whitmann, preceded by «A Guide to Newton's Principia» by Bernard Cohen, Berkeley, University of California Press, 1999, Book 3, S. 916ff.).

4 Gottfried Semper **Die Bahn des Kometen von 1680 (gemäss Isaac Newton)**
Aus *Der Stil in den technischen und tektonischen Künsten oder praktische Ästhetik: Ein Handbuch für Techniker, Künstler und Kunstfreunde,* Bd. 1, München, Bruckmann, 1878, S. XXXV

Himmel zeichnet, als Ergebnis der Bewegung eines durch den Raum geschleuderten Geschosses dar. Diese Lichtstreifen entstehen durch den Widerstand des Körpers gegen das Medium, durch das er sich bewegt. Der Widerstand erzeugt ein Futteral oder eine «Enveloppe» von atmosphärischem Gas – den so genannten Luftnimbus –, das sich am Kopf des Kometen verdichtet und hinter ihm als Schwanz verteilt und so eine sichtbare Spur nach sich zieht.

Semper setzt das dynamische Prinzip dieser linearen Bewegung in Beziehung zu stilistischen und ornamentalen Motiven und Details in Kunst und Architektur, die ein dahinfahrendes Schiff, sich wellende Haare, Kleiderfalten oder die Bewegungen von Ohrringen darstellen. In seinem Essay aus dem Jahr 1856, «Über die formelle Gesetzmässigkeit des Schmuckes und dessen Bedeutung als Kunstsymbol»[8], fasst Semper solche Details als «Richtungsschmuck» zusammen – ein Terminus, der Aby Warburgs «bewegter Gewandung» und dem «schmückenden Beiwerk» nahe kommt, Begriffe, die bereits in der Dissertation über Botticelli erscheinen und in Warburgs Werk zum Leitthema wurden.[9]

Das dynamische Prinzip ist ein wiederkehrendes Motiv, das Sempers Zeichnungen und Schriften zugrunde liegt. In seinen Zeichnungen des bleiernen Schleudergeschosses und des Ornaments verwendet Semper deren «gemeinsame Linie» als strategisches visuelles Mittel, um zwischen beiden Bedeutungsfeldern eine Verbindung zu schaffen, die ihn seinem selbst gesteckten Ziel näher bringen sollte, Kunst und Architektur durch die Entwicklung einer gemeinsamen Sprache zwischen den Wissenschaften und den Künsten zu einer «Wissenschaft» zu erheben. Die Naturgesetze, deren Geltung für die Naturwissenschaften eine Selbstverständlichkeit geworden war, sollten sich auch auf die Kunst erstrecken.

Eine ähnliche visuelle Strategie ist in Sempers Theorie vom Ursprung der Architektur am Werk. Semper verlagert das Schwergewicht von der «Mauer», weg von ihrem statischen, Gewicht tragenden Aspekt, auf die «Wand», in der er einen Vorhang, ein abteilendes Element, sieht. Diese Auffassung taucht das erste Mal unter dem Begriff «Bekleidung» oder «Ge-wand» in dem Buch über die *Vier Elemente der Baukunst* auf, das Semper während seines Exils in Paris verfasste, als er assyrische ornamentale Wandverkleidungen

---

[8] Gottfried Semper, «Über die formelle Gesetzmässigkeit des Schmuckes und dessen Bedeutung als Kunstsymbol» (1856), in: Gottfried Semper, *Kleine Schriften*, hrsg. von Hans und Manfred Semper, Berlin und Stuttgart, 1884, S. 304–343 (Reprint Mittenwald, Mäander Kunstverlag, 1979).
[9] Aby Warburg, «Sandro Botticellis *Geburt der Venus* und *Frühling*» (1893), in: Aby Warburg, *Ausgewählte Schriften und Würdigungen*, hrsg. von Dieter Wuttke, Baden-Baden, Verlag Valentin Koerner, 1992.

im Louvre studierte.[10] Damit führte Semper den Ursprung der Architektur nicht nur auf Textilien zurück, sondern er definierte die Baukunst mit Begriffen der visuellen Wahrnehmung des Raumes. Seine Idee der räumlichen Umfriedung wurde eine entscheidende Entdeckung für die Architektur des zwanzigsten Jahrhunderts. Ein Raum endet nicht mit der Mauer, sondern mit dem «Ge-Wand», das heisst mit der Bedeckung oder Bekleidung der Fläche, die man sieht. Semper weist darauf hin, dass, ebenso wie der nackte Mensch zum Schutz oder aus Scham bekleidet ist, auch heilige Gegenstände und Räume bedeckt oder eingeschlossen werden, um sie vor dem unbefugten Blick zu schützen. Indem er das «Ge-Wand» oder das oberflächliche Ornament in den Mittelpunkt stellt, will Semper dessen Eigenschaft als integralen Bestandteil des architektonischen Raumes wieder zur Geltung bringen und nicht als «bloss anhängende Schönheit». Ein Status, der nicht zuletzt durch Kants *Zweite Kritik der Urteilskraft* im Rahmen der ästhetischen Theorie der deutschen Klassik formalisiert wurde.

Sempers Naturgesetz und sein Begriff des Ornaments basieren beide auf der umfassenden Idee des griechischen Kosmos, der auf diese Weise seine volle dreifache lexikalische Bedeutung wiedererlangt, nämlich als Ornament, als Welt beziehungsweise Weltordnung und als moralische Ordnung. Oberfläche (Ornament) und Raum (Weltordnung) sollen Semper zufolge stets in Zusammenhang bleiben. Das vierte Element, das Semper an die Spitze seiner Liste setzt, ist das Individuum, das den Raum bewohnt und die Koordinaten und die Beziehung der Dinge in ihm bestimmt. In seinen Schriften über die Textilkunst gibt Semper dem Begriff des Kosmos eine anthropologische Wendung: «Denn in Beziehung der Unterordnung in künstlerischer Hinsicht kommt immer zuerst das Individuum, welches das Zimmer belebt, dann sein Schmuck, Kleidung, Möbel und endlich erst die Dekoration des Raumes, hierin zuletzt die Masse der Decke, des Bodens und der Wand in Betracht.»[11] Diese wachsende Entpersonalisierung, die mit der räumlichen Bewegung weg vom Individuum einsetzt, sollte 1906 in Georg Simmels «Exkurs über die Psychologie des Schmucks» zum Thema werden.[12]

10 Gottfried Semper, *Die vier Elemente der Baukunst: Ein Beitrag zur vergleichenden Baukunde*, Braunschweig, Vieweg und Sohn, 1851.
11 Gottfried Semper, «Textile Kunst» (1855–1859), in: Gottfried Semper, *Wissenschaft, Industrie und Kunst und andere Schriften über Architektur, Kunsthandwerk und Kunstunterricht*, hrsg. von Hans M. Wingler, Mainz und Berlin, Kupferberg, 1966, S. 101.
12 Georg Simmel, «Exkurs über die Psychologie des Schmucks», in: Georg Simmel, *Soziologie. Untersuchungen über die Formen der Vergesellschaftung, Gesamtausgabe*, hrsg. von Otthein Rammstedt, Bd. 11, Frankfurt am Main, Suhrkamp, 1992, S. 114–121. Vgl. auch Carrie Asman, «Georg Simmels Psychologie des Schmucks. Vom Diamanten zur Glühbirne», in: *Frauen Kunst Wissenschaft*, 17, Mai 1994, S. 14–22.

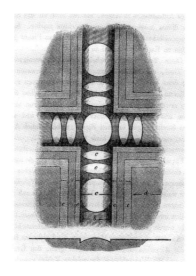

Polychromie, das Auftragen von Farbe auf steinerne Oberflächen in der Antike, ist ein anderer Aspekt des Schmuckes, dem Semper in den ersten Kapiteln seiner *Vier Elemente der Baukunst* nachgeht. Ausgehend von der chemischen Analyse von Überresten von Farbpigmenten, die an klassischen Statuen und Bauten gefunden worden waren, stellte Semper die weisse Ästhetik des Klassizismus in Frage, indem er die Ornamentierung und die Farbregeln von Tempeln und Statuen rekonstruierte und sie so bemalte, «wie sie einmal waren». Im Anschluss an Jacob Ignaz Hittorff und Antoine-Chrysostome Quatremère de Quincy konzentriert sich Semper auf den Tempel des Theseus in Athen als Musterbeispiel (Abb. 5). Er isolierte die strukturelle und symbolische Funktion einiger Ornamente und richtete sein Augenmerk besonders auf die Entwicklung des «Perlstabs», eines bekannten Ornaments der griechischen Architektur, auf das er 1834 zum ersten Mal ausführlich in seinen «Sieben Ebenen der Monumentalität» eingeht.[13] Der Perlstab bot Semper die Möglichkeit, die Resultate seiner Polychromie-Forschungen zu ordnen und zugleich die verschiedenen Aspekte des Ornaments einer kohärenten Vorstellung von Oberfläche und Raum unterzuordnen. Von diesem Standpunkt aus konnte er von einem gemeinsamen Ursprung der Malerei und Bildhauerei sprechen. Mit seiner Argumentation

13 Vgl. die Beschreibung der Perlenleiste und Perlenschnur bei Gottfried Semper, «Vorläufige Bemerkungen über bemalte Architektur in bemalte Architektur und Plastik bei den Alten» (1834), in: Semper, 1884, S. 242 (wie Anm. 8).

5 Gottfried Semper **Perlstab: schematische Zeichnung mit chemischer Aufschlüsselung**
Aus *Die vier Elemente der Baukunst: Ein Beitrag zur vergleichenden Baukunde,* Braunschweig, Vieweg, 1851–1869, S. 38

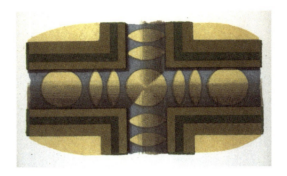

beabsichtigte er, die künstliche Trennung der Künste aufzuheben, die seit Lessing im Zentrum der deutschen ästhetischen Theorie stand. Mit einem kulturanthropologischen Blick stellt Semper die funktionale Entwicklung des Motivs der «Perlenschnur» dar, von seinen Anfängen als Teil eines visuellen Systems der Aufzeichnung bei rituellen Praktiken über die folgenden Stadien bis zu ihrem jetzigen Status als Ornament: von einem Kratzer an der Wand zu einer Kerbe in der Tempelmauer, um wichtige rituelle Ereignisse wie das Opfern eines Schafes zu markieren, bis zum integralen Bestandteil der Architektur des Theseustempels in Athen. Semper zeigt, wie die Perle zusammen mit der Farbe zur Formulierung einer Grammatik des Architekturschmuckes beiträgt, indem sie die Aufmerksamkeit des Betrachters auf das Zusammenspiel von Oberfläche und konstruktiven Elementen lenkt. Farbe wird auf Oberfläche und Ornament aufgetragen, um die Konturen zu betonen, während Licht und Schatten den Übergang von Fläche zum dreidimensionalen Körper akzentuieren (Abb. 6).

Die Konzepte «Gesetzmässigkeit» und «Gewand» dienten Semper nicht nur als Brücke zwischen Wissenschaft und Kunst, sie waren auch Korrektive für willkürliche Grenzziehungen zwischen den Künsten und dem diametralen Gegensatz zwischen Kunst und Natur, der infolge der übertriebenen Klassifizierungen von Kenntnissen und Dingen spätestens seit dem achtzehnten Jahrhundert postuliert worden war. Neben Franz Bopps universeller Grammatik und Georges Cuviers Methode, Dinge anhand ihrer

6 Gottfried Semper
Perlstab: handkolorierte Tafel des Theseus-Tempels
Aus *Der Stil in den technischen und tektonischen Künsten oder praktische Ästhetik*,
Bd. 1, München, Bruckmann, 1878, Tafel 2

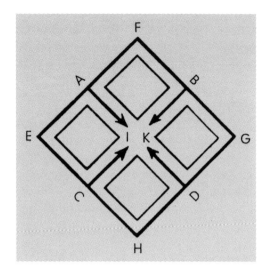

Funktionen statt nach ihren äusserlichen Ähnlichkeiten zu ordnen, war Sempers Projekt auch zweifellos von Humboldts Kosmos-Idee beeinflusst. Die Theorie der Sprachgemeinschaften beseelte auch die Organisation von natürlichen und von Menschen hergestellten Objekten. Sie spielte eine wichtige Rolle in Sempers «Plan eines idealen Museums» und bei der Ordnung von dessen Sammlungen (Abb. 7).[14] Obwohl Sempers historische Perspektive oft mit der Entwicklungstheorie Darwins und der Tradition Goethes und Jean-Baptiste Lamarcks in Verbindung gebracht wurde, ist seine zähe Suche nach übergreifenden Systemen ein zu wichtiger Aspekt seines Werkes, als dass man diese Parallelen überbewerten dürfte. Anders als Semper schreckten diese Morphologen vor einem Vergleich des Toten mit dem Lebendigen zurück. Sie sträubten sich gegen den Gebrauch der Mathematik bei der Erklärung organischer Formen, die mit dem Mysterium des Lebens zusammenhängen könnten.

Betroffen von der allgemeinen Desorganisation in der Darstellung der Objekte bei den Weltausstellungen in Paris und London, entwickelte Semper einen ersten schematischen Plan für ein Ausstellungskonzept, das die reziproke transformierende Wirkung zwischen den Materialien und der «Entwicklung» in Kunst und Handwerk präsentierte. Viele dieser Ideen ent-

14 Gottfried Semper, «Plan eines idealen Museums» (1852), in: Gottfried Semper, *Wissenschaft, Industrie und Kunst und andere Schriften über Architektur Kunsthandwerk und Kunstunterricht,* hrsg. von Hans M. Wingler, Mainz und Berlin, Kupferberg, 1966, S. 71–79.

7 Gottfried Semper **Plan eines idealen Museums** 1852
Aus *Wissenschaft, Industrie und Kunst,* hrsg. von Hans M. Wingler,
Mainz und Berlin, Kupferberg, 1966, S. 78

standen während seiner Spaziergänge durch den *Jardin des Plantes* und im Nachdenken über die Themen aus dem Wintersemester 1851–1852 am *Conservatoire des Arts et Métiers*. Das Ergebnis war ein neuer «systematischer Plan», der die prägende Bedeutung der Wissenschaften für das Verständnis der Kunst demonstrieren sollte. In dieser Liste, die er ausführlich zitiert, werden Themen aufgeführt wie: auf die Kunst angewandte Geometrie, beschreibende Geometrie, auf die Kunst angewandte Physik, auf die Industrie angewandte Chemie, industrielle Ökonomie etc. Sempers Hauptinteresse war es, ein Museums- oder Ausstellungskonzept zu entwerfen, welches das Spezifische des Materials (ob nun Eisen, Textilien, Glas oder Ton) und die Entwicklung seiner Transformation (historisch, ethnografisch und technologisch) sichtbar machen sollte; dabei sind die vier Aspekte Rohmaterial, Maschinen, Manufaktur und die schönen Künste systematisch zu integrieren. Sempers Ausstellungskonzept zielt weniger auf die Entwicklung des Geschmacks ab als darauf, die Entwicklung von Form und Technik in Verbindung mit dem Spezifischen der Materialien aufzuzeigen. Es zeugt von der Ambivalenz von Sempers Position gegenüber historischen Rekonstruktionen und von seinem Ehrgeiz, zugleich einen Grundriss und ein Modell zu entwerfen, das der Kunst einen festen Platz in einer Kultur der Wissenschaften sichern sollte. Für Semper galt: «Eine vollständige und allumfassende Sammlung muss den Längsschnitt, den Querschnitt und den Grundriss für die gesamte Kulturgeschichte bieten …»[15]

Ganz gleich, wie man sich zu Sempers Darlegungen zum bleiernen Schleudergeschoss oder zu seiner Museumstheorie stellt, in seinem Werk lässt sich kaum ein Aspekt finden, der nicht auf bezeichnende Weise auf die gemeinsame Sprache von Wissenschaft und Kunst verweist. Darüber hinaus sollte man erwägen, in welchem Ausmass sich Sempers «obsessives» Verlangen, zwischen Kunst und Wissenschaft zu vermitteln, in visuellen und strukturellen Strategien manifestiert hat. Die zwei vermittelnden Konzepte – Naturgesetzmässigkeit und das Prinzip der Bekleidung – zeichnen den Fluss seiner Argumentation vor und kanalisieren ihn, indem sie als Brücken oder «Passagen» zwischen den zwei Bereichen dienen. Sempers zweibändiges Werk über den Stil beginnt mit einer Auseinandersetzung über Naturgesetze, während sich seine Zeichnungen und mathematischen Studien zum Bleigeschoss als Vorwand und Vorwort für und zu einer Auseinandersetzung über die Entwicklungsformen des Ornaments entpuppen. Zudem stellt sich die Frage, inwieweit diese «Grenzgänge» dazu dienen können, unser Ver-

15 Vgl. Semper, 1966, S. 76 (wie Anm. 14).

ständnis beider Disziplinen zu fördern, und inwieweit sie zu einem Dialog zwischen beiden beitragen; neuere Arbeiten zur Geschichte der Visualisierung von Modellen und Systemen in der Wissenschaft deuten darauf hin, dass Semper kein isolierter Fall war.

Der Weg von Sempers Werk in Dresden, Paris, London und am Eidgenössischen Polytechnikum in Zürich zum heutigen Werk der Architekten Herzog & de Meuron ist sicherlich lang und gewunden. Immerhin liesse sich so viel sagen, dass ihr Werk eine logische Schlussfolgerung aus einer Tradition darstellt, die mit Semper begann, ohne dass man damit gleich die Schlagwörter Purismus oder Traditionalismus bemühen müsste. Dafür gibt es zu viele unerwartete Berührungspunkte zwischen den Planern der Tate Gallery of Modern Art, London (1994-1999 →126) und dieser zentralen Gestalt der Architektur des neunzehnten Jahrhunderts, deren Fehlinterpretationen fast so produktiv sind wie das Neuverständnis ihrer Arbeit. Obwohl Alois Riegls *Stilfragen* oft als nützliche Referenz für das Studium von Sempers vergleichender Stiltheorie gedient und tatsächlich dazu beigetragen haben, Semper von den Semperianern zu scheiden – speziell von solchen, die sich lieber auf Semper bezogen, als ihn zu lesen –, war Riegls Werk doch auch für eine Reihe von irrtümlichen Vorstellungen verantwortlich, die Semper betrafen.

Die Arbeiten von Herzog & de Meuron stehen keineswegs mimetisch unter dem Bann von Sempers Einfluss, jedoch bewusst oder unbewusst in seiner Nachfolge. Denn in ihren Werken werden einige der hier vorgeführten Ideen von Semper, die über die Möglichkeiten der damaligen Verhältnisse und Produktion weit hinausgingen, aufgegriffen und radikal neu formuliert. Die stete Aufmerksamkeit, die Herzog & de Meuron auf das Ornament verwenden, entzieht es den engen Grenzen einer Opposition zum Minimalismus, auf den ihre Arbeiten oft irrtümlicherweise reduziert werden.[16] Herzog & de Meuron setzen dort an, wo Sempers theoretisches Werk endet: indem sie das Ornament auf die Grenze zurückverlegen und so die komplexe Beziehung zwischen Oberfläche und Raum an den Tag treten lassen.

Hierfür gibt es eine Reihe von Beispielen: die Wände, die Herzog & de Meuron für die Griechisch-Orthodoxe Kirche, Zürich (1989 →57) oder für die Zwei Bibliotheken, Université Jussieu, Paris (1992 →90) entwarfen. Die Dominus Winery, Yountville, California (1995-1998 →137) und die Bibliothek der Fachhochschule Eberswalde (1994-1999 →105), die Herzog & de Meuron zusammen mit dem Künstler Thomas Ruff entwarfen, sind nur vereinzelte

---

16 Vgl. *Arch+, Herzog & de Meuron. Minimalismus und Ornament,* 129/130, Dezember 1995.

Beispiele für die vielen Impulse ihres Werkes, die das Zwiegespräch zwischen Kunst und Architektur fortsetzen, für das Semper die theoretische Grundlage lieferte. Es gibt auch gewisse strukturelle Korrespondenzen zwischen Sempers Zeichnung der karaibischen Hütte und dem Steinhaus, Tavole (1982–1988 →17), wo Herd, Dach und Terrasse mit einer einzigen Linie verbunden werden.

Eine genauere Betrachtung von Sempers theoretischen Schriften über Kunst und Architektur gewährt eine neue Perspektive auf die Blätter an der Seitenwand von Ricola-Europe SA, Produktions- und Lagergebäude, Mulhouse-Brunstatt (1992–1993 →94). Dieser Schmuck sichert dem Bauwerk einen Platz in der Naturgeschichte der Architektur – nicht weil sie eine Form darstellt, welche die Architekten der Natur entlehnten, sondern weil sie damit die willkürliche Trennung zwischen Natur und Kunst niederreissen, die Trennung zwischen der blickdichten Mauer als opaker, lasttragender Struktur und der Mauer als lichtdurchlässigem raumumschliessendem «Ge-Wand».

ATMOSPHÄREN ALS GEGENSTAND
DER ARCHITEKTUR

Gernot Böhme

Die Schwierigkeit, über Architektur zu reden
Über Kunst zu reden ist allemal schwierig, das beweist nicht nur der traurige Zustand der Katalogtexterei, des Rezensions- und Kritikwesens, sondern auch die Tatsache, dass es des Aufwandes zweier ganzer Disziplinen bedarf, um diesen Diskurs aufrecht zu erhalten, nämlich der Ästhetik und der Kunstgeschichte. Deren gesellschaftliche Funktion ist es nämlich, der Sprachlosigkeit des Kunstbetrachters aufzuhelfen, beziehungsweise ihm durch die jeweiligen Fachleute die notwendigen Kategorien zu vermitteln. Mit dem Reden über Architektur scheint es nun besonders schlecht bestellt, jedenfalls wenn es um Architektur als Kunst geht, das heisst wenn es darum geht, dass etwas Gebautes nicht nur zweckmässig ist, sondern ... ja, sondern ... wenn da ein *Mehr* ist, wie Adorno sehr trefflich sagte und damit die Sprachlosigkeit auf den Punkt brachte. Besonders schwierig ist das Reden über Architektur, wenn man der klassischen Ästhetik glauben darf, weil Gebautes einerseits zweckmässig sein soll und andererseits qua Kunstwerk *zweckmässig ohne Zweck*. Hegel hat aus diesem Widerspruch oder besser gesagt der sich daraus entfaltenden Dialektik kühn ein Schema für die Architekturgeschichte gemacht, die sich im Dreischritt von der Antike bis in seine eigene Zeit entfalten sollte.[1] Wenn in diesem Ansatz auch das Richtige liegt, dass der Architekt – ganz anders als die Künstler anderer Gattung – jeweils ein Kunstwerk schafft, das das Künstlerische zugleich mit dem Nützlichen vermitteln muss, so liegt doch darin auch die Verführung, den Kunstcharakter von Architektur mit Hilfe von Anleihen aus anderen Künsten verstehen zu wollen – durch Vergleiche mit Skulptur, Malerei, Literatur, Musik:

1 Georg Wilhelm Friedrich Hegel, *Vorlesungen über Ästhetik, Werke in 20 Bänden*, Bd. 14, Frankfurt am Main, Suhrkamp, 1970, S. 270f.

Ein Gebäude wirke wie eine Skulptur; der Architekt gehe in seinen Entwürfen vor wie dieser oder jener Maler; ein Raum spreche eine poetische Sprache; eine Konstruktion habe eine Struktur wie eine Fuge von Johann Sebastian Bach. Solche Reden sollen natürlich lobend sein und doch fragt man sich, ob sie nicht pure Verlegenheiten sind oder gar die Architektur herabwürdigen. Hat die Architektur denn gar nichts Eigenes?

Sicherlich sind die Verwandtschaft und die Wechselbeziehungen zwischen den Künsten etwas Wichtiges und als solche der Rede wert. Doch die von anderen Künsten entliehene Weise über Architektur zu reden, schadet nicht nur der Architekturrezeption, weil sie deren genuinen Anspruch durch einen Nebel von Metaphern verschleiert, sondern ist für den Architekten selbst eine Gefahr. Sie verleitet ihn mit einem geborgten Selbstverständnis, nämlich von anderen Künsten geborgten Verständnis des Künstlerischen, seine Arbeit zu tun – und damit schliesst sich dann der Kreis und der Diskurs wird konsistent: Ein Architekt gestaltet seine Bauten wie Skulpturen, der andere versucht sich im Malerischen, der dritte will Gebäude wie Texte und der vierte wie Musik. Warum nicht? Warum sollten solche Beziehungen für den Architekten nicht fruchtbare Heuristiken sein und für den Betrachter erhellende Metaphern? Sie sind es. Und doch könnten es Ausflüchte sein. Ein Ausweichen vor dem, worauf es eigentlich in der Architektur ankommt.

Aber was ist dies? Wenn man, was die Vergleiche mit den anderen Künsten nahe legen, in äusserster Kürze durchgeht – Form und Materie, Ausdruck, Bedeutung, Harmonie – dann scheint die Skulptur der Architektur am nächsten zu stehen. Arbeiten nicht beide im Sichtbaren durch Gestaltung von Materie? Doch schon fängt die Verführung für den Architekten an, nämlich für die Sichtbarkeit zu arbeiten und sein Gestalten als Formgebung von Massen zu verstehen. Demgegenüber ist zu fragen: Ist die genuine Art Architektur wahrzunehmen wirklich das Sehen – oder nicht vielmehr das Spüren? Und gestaltet der Architekt eigentlich Materie – und nicht vielmehr den Raum?

Die Wahrnehmung von Architektur
Hegel, der die Künste nach den Sinnen einteilt, subsumiert die Architektur ohne viel Nachdenken unter die visuellen Künste. Da mag die von den Griechen geerbte Vorliebe der Philosophen für das Sehen eine Rolle gespielt haben. Heute gibt es ganz andere Gründe dafür, die Architektur zu den *visual arts* zu zählen. Es ist vor allem ihre Selbstrepräsentation, die zu

dieser Auffassung führt, oder besser gesagt die Präsentation ihrer Werke. Schon vor dem Bauen ist die Präsentation architektonischer Projekte durch Zeichnung, Modell und seit einiger Zeit durch Computersimulation und -animation essenziell, nämlich für Wettbewerbe und Bauherren. Und nachher, wenn das Gebäude dann steht, das Projekt ausgeführt ist, ist die fotografische Darstellung des Werkes genauso wichtig, in mancher Hinsicht wichtiger als das Werk selbst. Die Präsenz des Architekten in Fachzeitschriften, in Katalogen, Feuilletons, Broschüren und damit seine Reputation hängt von der gelungenen fotografischen Darstellung seiner Werke ab. Wer könnte auch – bei den grossen Architekten – durch die ganze Welt reisen, um sich davon einen Eindruck zu verschaffen, wie ihre Werke wirklich sind, in natura. Da sollte es einen wundern, wenn nicht der Gedanke an das spätere Foto in den Entwurf mit eingeht.

Damit haben wir den dritten Faktor, der architektonisches Schaffen bestimmt, benannt: Architektur muss nicht nur nützlich sein, eine Funktion erfüllen, sie soll auch ein Kunstwerk sein – und schliesslich muss sie bezahlt werden, also dem Markt entsprechen. Dazu gehören Werbung und *brand design,* dazu muss Architektur inszeniert werden, und deshalb gehört zur Architektur heute auch immer eine Tendenz zur Selbstinszenierung.

Und doch: Wenn es wahr ist, dass Architektur wesentlich Raumgestaltung ist, dann gehört sie nicht zu den visuellen Künsten. Einen Raum sieht man nicht. Man ist geneigt, diesen Satz durch die Unzulänglichkeiten der

1 Jonathan Borofsky **Man Walking to the Sky** 1992
Ausstellungssituation an der *documenta IX,* Kassel 1992
Fiberglas, Aluminium und bemalter Stahl
Stange: 24 m (Länge), Figur: 198 × 141 × 55 cm
documenta Archiv, Kassel

perspektivischen Darstellung zu beweisen. Dabei unterstellt man aber vorschnell, dass, was man eigentlich sehe, Bilder seien, also Flächiges – und dann folgt natürlich trivialerweise, dass man Räumliches trotz aller Tricks nicht adäquat im Flächigen wiederfinden wird. Der ganze Trugschluss hängt daran, dass man gewohnt ist, den Fotoapparat als Modell des Sehens mit dem Auge – mit einem Auge! – zu verstehen. Aber wir sehen ja mit zwei Augen, und was sie uns zeigen, ist bisher noch durch keine Technologie ohne Rekurs auf die Augen nachgemacht worden. Also sieht man den Raum doch, nämlich im räumlichen Sehen mit beiden Augen. Doch was sieht man da eigentlich? Und was leistet das binokulare Sehen? Man ist immer geneigt, diese Leistung wiederum technisch zu verstehen, nämlich nach dem Modell des binokularen Entfernungsmessers. Allerdings kann man von fester Basis und durch Anpeilen von den beiden Enden die Entfernung von Gegenständen gegenüber dieser Basis bestimmen. Auch im Sehen findet auf diese Weise eine Art Entfernungsschätzung statt. Wichtig aber ist ein anderer Effekt des Sehens mit zwei Augen – ein Effekt übrigens, der in radikaler Weise dem perspektivischen Sehen widerspricht. Mit gutem Recht hat der Kunsthistoriker Ernst Gombrich als einen zentralen Punkt der Perspektive das Verdecken eines Gegenstandes durch den andren herausgearbeitet: Perspektivisch malen heisst so zu malen, dass nichts erscheint, was für ein Auge, das starr auf einen Punkt blickt, verdeckt ist. Genau dieses Prinzip ist im binokularen Sehen durchbrochen: Man kann gewissermassen um Hindernisse herumsehen und durch die so erzeugte *Unschärfe* erhalten die Dinge den Charakter des Schwebens im Raum. Hinzu kommt die Augenbewegung, in der durch ständigen Perspektivwechsel die Dinge quasi versuchsweise verrückt werden. So paradox es erscheinen mag: Der Eindruck, dass die Dinge im Raum sind, wird gerade durch die Unbestimmtheit ihrer Lokalisierung gewonnen.

Man muss offenbar unterscheiden zwischen der Körperlichkeit der Dinge und ihrem Dasein im Raum beziehungsweise ihrer Fähigkeit, durch ihre Form oder ihr Arrangement Raum zu geben. Die Körperlichkeit von Dingen kann durch perspektivische Darstellung sehr wohl repräsentiert werden. Nicht aber ihre Räumlichkeit oder der Raum selbst. Vom letzteren kann man im Sehen binokular und mit beweglichem Auge zwar einen Eindruck bekommen, einen Eindruck freilich, der, wenn man ihn von anderen Erfahrungen isoliert, etwas eigentümlich Schemenhaftes behält. Das wird besonders im Betrachten von 3-D-Projektionen deutlich. Mit mehr *Leben* erfüllt sich das räumliche Bild, wenn man von einer weiteren Möglichkeit des Auges Gebrauch macht, nämlich der einer wechselnden Fixierung auf unterschiedliche Distanzen. Auf diese Weise kann man nämlich virtuell, das heisst mit dem Blick in der Tiefe des Raumes umherwandern – und da erst erfährt man den Raum als etwas, in dem man ist.

Dadurch ändert sich die Szene. Raum wird genuin erfahren dadurch, dass man im Raum ist. Durch leibliche Anwesenheit. Die einfachste und überzeugendste Art, sich der leiblichen Anwesenheit in einem Raum zu versichern, ist Bewegung. Deshalb sind auch im Sehen diejenigen Elemente, die Bewegung enthalten, wechselnde Perspektive und wechselnde Fixierung, am besten geeignet, uns den Eindruck von Räumlichkeiten zu vermitteln. Das Sehen selbst aber ist kein Sinn für das Darin-Sein, sondern eher ein Sinn, der Unterschiede setzt und Distanzen schafft. Dagegen gibt es einen spezifischen Sinn für das Darin-Sein, den Sinn, den man Befindlichkeit nennt. Im Befinden spüren wir, wo wir uns befinden. Das Spüren unserer eigenen Anwesenheit ist zugleich das Spüren des Raumes, in dem wir anwesend sind.

Wo wir uns befinden – das könnte noch topologisch, als Ortsbestimmung verstanden werden. Tatsächlich gehen in das Spüren leiblicher Anwesenheit zwar sehr wohl auch die Abstände zu den Dingen, besser gesagt, ihre bedrückende Nähe oder ihre fliehende Weite ein, und sehr wohl auch die Geometrie des Raumes, aber auch hier eher im Sinne von Bewegungsanmutungen, wie «aufstrebend» oder «lastend». Aber das Spüren des Wo ist eigentlich viel integrativer und zugleich spezifischer, es bezieht sich nämlich auf den Charakter des Raumes, in dem man sich befindet. Wir spüren, was das für ein Raum ist, der uns umgibt. Wir spüren seine *Atmosphäre*.

Das hat Konsequenzen für die Wahrnehmung von Architektur. Wenn es wahr ist, dass Architektur Räume gestaltet, so muss man, um sie zu beurteilen, sich in diese Räume hineinbegeben. Man muss leiblich anwesend sein. Natürlich wird man dann die Gebäude und die Konstruktionen betrachten und sie nach Mass und Gestalt beurteilen, aber dazu brauchte man nicht anwesend zu sein. Die entscheidende Erfahrung kann man nur machen, wenn man durch seine Anwesenheit an dem Raum, den Architektur gestaltet oder schafft, teilnimmt. Diese Teilnahme ist eine affektive Tendenz, von dem Charakter eines Raumes, nämlich seiner Atmosphäre in unserem Befinden gestimmt werden. Damit erweist sich der Satz, den man Polyklet zuschreibt und der sich dann bei Vitruv explizit findet, schliesslich als wahr, nämlich, dass der Mensch das Mass der Architektur ist. Freilich in anderem Sinne, als er gemeint war.

Die Architektur und der Raum

Peter Zumthor hat einmal gesagt, es gebe in der Architektur zwei Grundarten räumlicher Gestaltung, nämlich die Abgrenzung eines Raumes im architektonischen Körper einerseits und die Umfassung eines räumlichen Bereiches, der mit dem unendlichen Raum verbunden ist, durch einen offenen Körper andererseits.[2] Er denkt dabei offenbar an Beispiele wie eine Halle einerseits und eine Loggia oder auch einen Platz andererseits. Aber sind das die einzigen Weisen, in denen Architektur Raum gestaltet, oder sind es nur die grundlegenden? Man braucht die bei Zumthor an dieser Stelle implizierte Raumvorstellung gar nicht zu verlassen, um sich Möglichkeiten einfallen zu lassen, die sich in der Alternative abgrenzen/umfassen nicht unterbringen lassen. Was tut eine mittelalterliche Burg auf einer Bergspitze? Was tat Jonathan Borofskys Himmelsstürmer, der *Man Walking to the Sky,* vor dem Fridericianum während der *documenta IX* (Abb. 1), was tut ein Flugzeug am Himmel? Den Raum konzentrieren, den Raum öffnen, einen Raum schaffen. Es tut dabei nichts zur Sache, dass zwei dieser Beispiele nicht eigentlich architektonisch sind, denn die mit ihnen genannten Möglichkeiten stehen der Architektur durchaus auch zur Verfügung. Sie stehen nur am Rande einer geometrischen, oder allgemeiner, mathematischen Raumauffassung, im Übergang zum Raum leiblicher Anwesenheit. Die klassische, durch die Mathematik geprägte Raumauffassung kannte wesentlich zwei Raumtypen: nämlich *topos* und *spatium*. Raum qua *topos* ist der Ortsraum, der Raum der Nachbarschaft und der Umgebungen, Raum qua *spatium* ist der Raum der Abstände und des Masses. Eine mittelalterliche Burg auf einem Berg etwa schafft einen Ort, sie artikuliert damit die offene Weite und konzentriert den Raum auf einen Ort hin. Man sieht, wie hier die Erfahrung dieses Raumes in leiblicher Anwesenheit eingeht. Man spürt, wenn man sich in der Nähe aufhält, dass der Raum durch die Burg orientiert ist, gewissermassen einen Schwerpunkt hat. Borofskys *Man Walking to the Sky* macht nur explizit, was Linien, Balken, Gesimse, Dachreiter mit dem Raum tun: Sie versehen ihn mit Bewegungsanmutungen. Auch das passt gar nicht in das Schema Abgrenzen oder Umfassen. Bewegungsanmutungen werden quasi ins Nicht eingezeichnet und öffnen durch ihre Tendenzen einen Raum. Solche Mittel sind in der Architektur nicht unbekannt. Man denke nur an die flammenden Schwingungen japanischer Dächer. Ein Flugzeug am Himmel nun artikuliert den Raum. Es schafft gewissermassen Raum, indem es in der unbestimmten Weite sich selbst als einen Punkt markiert.

2 Peter Zumthor, *Architektur denken,* Baden, Lars Müller Publishers, 1998, S. 20, 22.

SCHÖNHEIT UND ATMOSPHÄRE

Diesen Beispielen nachgehend, bemerkt man, dass sie eine Raumerfahrung voraussetzen, die keine Dinge benötigt. Der Ortsraum und der Abstandsraum sind wesentlich durch Dinge bestimmt. Der Raum als Raum der leiblichen Anwesenheit dagegen ist zunächst nichts weiter als die spürbare unbestimmte Weite, aus der heraus sich durch Artikulation Räume bilden können. Orientierungen, Bewegungsanmutungen, Markierungen sind solche Artikulationsformen. Da diese Artikulationen keinen gegenständlichen Raum voraussetzen, sondern sich quasi in die Leere einschreiben, bleiben sie angewiesen auf den Menschen in seiner leiblichen Anwesenheit. Es ist der Raum leiblichen Spürens – eines Spürens, das in die unbestimmte Weite auslangt –, der durch solche Artikulationen Gestalt gewinnt. Entschliesst man sich einmal, diesen Raum für die Architektur als grundlegender anzusehen, grundlegender als *topos* und *spatium,* weil nämlich die Architektur nicht Gebäude an sich, sondern für Menschen schafft, dann fällt es auch leicht, nicht klassische und das heisst nicht gegenständliche Mittel der Raumkonstitution als solche der Architektur anzuerkennen. Solche Mittel sind zuallererst Licht und Ton. Licht als solches kann Räume schaffen, wie etwa den Lichtkegel einer Strassenlaterne, in den man eintritt. Töne, Geräusche, Musik können Räume schaffen – selbstständige ungegenständliche – wie man es am eindrucksvollsten beim Hören mit dem Kopfhörer erfährt. Natürlich haben die Architekten von diesen Mitteln immer schon Gebrauch gemacht, man hat aber den Eindruck, dass ihre Zeit jetzt oder vor

2 Herzog & de Meuron
Konzerthalle, Europäischer Musikmonat, Messe Basel (2000–2001 →188)
Fotografie: Ruedi Walti, 2001

kurzem erst angebrochen ist. Das hängt damit zusammen, dass man durch die technische Erzeugung von Licht und Ton von den Zufällen der Jahres- und Tageszeit oder der Festsaison unabhängig ist. Zwar hat Abt Suger das Licht schon architektonisch eingesetzt, aber er war doch in der Wirkung vom Wetter abhängig. Jetzt können Beleuchtung und Akustik zu festen Bestandteilen von Architektur werden. Wenn man von Licht und Ton als Momenten der Raumgestaltung redet, wird man zunächst daran denken, dass sie quasi wie Gegenstände eingesetzt werden: So findet man etwa bei Axel Schultes Kapitelle aus Licht, Wände aus Licht. Das hiesse aber, die räumliche Bedeutung von Licht und Ton unterschätzen. Vielmehr schaffen sie Räume eigener Art, beziehungsweise geben Räumen einen bestimmten Charakter. Durch das Licht, das einen Raum erfüllt, kann der Raum heiter sein, beschwingt, düster, festlich, heimelich. Durch die Musik, die einen Raum erfüllt, kann er bedrückend sein, anregend, kompakt oder zerrissen. Der Charakter solcher Räume wird erfahren durch die Befindlichkeit, die sie einem vermitteln. Wir sind zurück beim Thema Atmosphäre.

Schluss: Architektur oder Bühnbildnerei?
Die Anerkennung des Raumes leiblicher Anwesenheit als des eigentlichen Gegenstandes der Architektur bringt diese in gefährliche Nähe zur Bühnenbildnerei. Für diese war schon immer klar, dass die Räume, die sie schuf, gestimmte Räume sind, Atmosphären. Dazu dienten ihr nicht nur Gegenstände, Wände und Massen, sondern immer schon Licht, Ton, Farbe und konventionelle Mittel aller Art: Symbole, Bilder, Texte. All dies war für sie relevant, nicht nach seinen objektiven Eigenschaften, sondern nach dem, was es ausstrahlte, was es als Erzeugendes zur Szene im ganzen und zur Atmosphäre, die sie erfüllt, beitrug (Abb. 2). Soll der Architekt etwa vom Bühnenbildner lernen, gar von daher ein neues Bewusstsein seiner Kunst entwickeln? Hat der Architekt nicht immer auf den Bühnenbildner quasi als seinen kleineren Bruder oder gar als den unernsten Nachahmer seiner eigenen Kunst herabgeblickt? Doch was soll an dieser Beziehung von Architektur und Bühnenbild so gefährlich sein? Etwa, dass die Architektur sich ganz und gar in postmoderne Inszenierungskunst auflösen könnte? Das wird nicht geschehen. *Ernst ist das Leben, heiter sei die Kunst.* Allerdings. Und das wird die Architektur auch weiterhin vom Bühnenbild unterscheiden. Sie baut nicht für den Blick der Zuschauer, die teilnehmend oder distanziert einem Spiel folgen, sondern für Menschen, die in ihren Räumen den Ernst des Lebens erfahren.

SCHÖNHEIT ALS SICHTBARKEIT

Boris Groys

Die Frage nach dem Schönen, sei es das Naturschöne oder das Kunstschöne, scheint im Verlauf der Moderne ständig an Bedeutung abgenommen und für die heutigen Künste ihre Relevanz endgültig verloren zu haben. Zurecht sagt man, dass unterschiedliche Kulturen zu unterschiedlichen Zeiten sehr heterogene Vorstellungen von Schönheit pflegen. Die Entstehung des modernen historischen Bewusstseins führt scheinbar zu einem radikalen ästhetischen Relativismus, der jede Suche nach einem allgemein verbindlichen Schönheitskanon oder nach einem Katalog der Kriterien für das eindeutige ästhetische Urteil von vornherein als ein sinnloses, vergebliches Unternehmen erscheinen lässt. In der historischen Perspektive wird der Mensch als lokales, zeit- und ortsgebundenes Wesen verstanden, das keine transhistorischen, universalen Moral- oder Kunstvorstellungen haben kann. Nun wird dabei jedoch übersehen, dass gerade durch die Aneignung einer solchen historisierenden Perspektive, sobald sie massenhaft verbreitet ist, tendenziell jeder moderne Betrachter die Fähigkeit bekommt, sich von allen lokalen Bestimmungen seines eigenen Geschmacks zu lösen, seinen Blick zu globalisieren und als kunstinteressierter Tourist universal zu werden. Das bedeutet sicherlich nicht, dass ein solcher universalisierter Tourist seinen ursprünglichen lokalen Geschmack durch einen universalen Geschmack ersetzt. Vielmehr präsentiert sich jede lokale Kultur, inklusive seiner eigenen, dem Blick eines solchen globalisierten Betrachters lediglich als ein bestimmter ästhetischer Kontext unter vielen anderen möglichen Kontexten, als ein Saal in einem Weltmuseum, als eine künstlerische Installation. Oder anders ausgedrückt: Die Innenperspektive einer jeweiligen Kultur wird durch eine universalistische Aussenperspektive ersetzt, unter der alle diese Kulturen miteinander verglichen werden können. Dadurch verlieren die entsprechenden Kulturen zwar nicht ihre ästhetische Eigenart. Aber sie hören auf, ästhetisch bindend zu sein.

Und was noch wichtiger ist: Genauso wie der Betrachter begeben sich auch die Dinge, Zeichen und Bilder, die den jeweiligen lokalen Kulturen entstammen, auf eine Weltreise. Auch Dinge und Bilder werden zu Touristen und beginnen ihre Kontexte zu wechseln. Dadurch werden diese Dinge und Kulturphänomene wenn nicht universal, dann zumindest in vielen unterschiedlichen Kontexten gleich präsent. Die Zuschreibung einzelner Kulturphänomene zu einem bestimmten Kulturkreis wird somit obsolet. Wir können die chinesische Küche nicht mehr nur in China essen, sondern auch in New York, Paris und Dortmund. Daher stellt sich die Frage, in welchem kulturellen Kontext die chinesische Küche am besten schmeckt – und es muss nicht unbedingt China sein. Das Verhältnis zwischen den Kunstdingen und ihren kulturellen Kontexten wird variabel. Und das bedeutet: Zwar beurteilen wir die Kunst nach wie vor nicht kontextunabhängig, aber zugleich fragen wir in erster Linie danach, wie gut oder wie schlecht die einzelnen Kunstdinge oder Kunststrategien sich in den verschiedenen kulturellen Kontexten behaupten können. Dabei belegen wir mit dem ästhetischen Urteil nicht nur die einzelnen Dinge, sondern auch ihre Kontexte. Wir können, wie es Andy Warhol einmal gesagt hat, nur die Städte schön finden, in denen McDonald's-Filialen stehen – und wir können genauso gut sagen, dass die Präsenz von McDonald's alle Städte gleich hässlich machen kann. Im Zeitalter des Tourismus, in dem eine feste Verbindung zwischen den Dingen und ihren Kontexten aufgelöst ist, bekommt die Kontextabhängigkeit des ästhetischen Urteils eine neue Bedeutung. Diese Kontextabhängigkeit bedeutet nicht mehr, dass wir als Betrachter durch unsere lokale Kultur ästhetisch konditioniert und zu einem bestimmten Urteil prädisponiert sind oder dass wir den Geschmack einer jeweiligen Kultur übernehmen sollen. Stattdessen tendieren wir dazu, vor allem diejenigen künstlerischen Strategien ästhetisch reizvoll, also schön zu finden, die sich gleichermassen weltweit, das heisst in den unterschiedlichsten kulturellen Kontexten, ästhetisch behaupten können.

So können uns beispielsweise einige minimalistische, streng geometrische Gebäude, wenn sie im Kontext einer modernen Stadt stehen, durch ihre Fähigkeit beeindrucken, den Geist dieser Städte konsequent zu manifestieren. Doch die gleichen Gebäude können uns nicht weniger, sondern vielleicht sogar mehr beeindrucken, wenn sie inmitten einer alten Stadt mit altertümlicher Architektur oder inmitten einer Naturlandschaft stehen –

und zwar durch den äussersten Kontrast, den sie zwischen sich selbst und ihrer Umgebung schaffen. Wir können also durch die Harmonie einzelner Kunstdinge mit ihren jeweiligen Kontexten ästhetisch genauso fasziniert sein wie durch die Störung eines Kontextes durch ein Gebäude, ein Monument, ein Bild. Und mehr noch: Die Kontexte, in denen wir einzelne Kunstwerke situieren, sind nicht nur reale, sondern imaginäre, virtuelle Kontexte. Dadurch, dass heute Kunstwerke ständig auf Reisen sind – von einer Ausstellung zur anderen –, bekommt man beispielsweise die Möglichkeit zu vergleichen, wie diese Kunstwerke im Kontext unterschiedlicher Museumsarchitekturen aussehen. So finden wir die einzelnen Kunstwerke vor allem dann gelungen, wenn sie in unterschiedlichsten musealen Räumen gleich gut funktionieren – wie schwierig diese Räume auch sein mögen.

Freilich schätzt man auch Kunst und Architektur, die man nur an einem bestimmten Ort finden kann, aber dabei handelt es sich ebenfalls um einen weltweiten Kontext touristischer Erfahrung. Solche eigenartigen Orte sind Readymades für den touristischen Blick: Bestimmte Werke der Kunst oder Architektur werden hier nicht nur dafür geschätzt, was sie sind, sondern auch dafür, was sie nicht sind – so, wie man Readymades dafür schätzt, dass sie keine Kunstwerke sind. So fährt man in die jungen Städte Amerikas, um endlich die alte Architektur nicht mehr sehen zu müssen. Umgekehrt sucht man gerne altertümliche, provinzielle Orte auf, an denen man endlich einmal keine moderne, fortgeschrittene Architektur sehen muss. Der grösste Vorzug der minimalistischen Abstraktion besteht darin, dass man, wenn man sie ansieht, bestimmte Dinge nicht sieht – nämlich alles Menschliche, Allzumenschliche, das man einfach nicht mehr sehen will. Doch viele gehen in die alten Gemäldesammlungen, um «alle diese furchtbaren Dreiecke und Vierecke» nicht mehr sehen zu müssen, auf die man in den Sammlungen der modernen Kunst immer wieder trifft. Es muss also nicht nur das schön sein, was man sieht, – oft ist es noch viel schöner, bestimmte Dinge nicht zu sehen. Und das bedeutet: Das Schöne ist weder transhistorisch bestimmbar noch historisch verankert. Vielmehr ist das Schöne variabel – und zeigt sich dem modernen globalisierten Blick im ständigen Spiel zwischen dem Kunstwerk und seinen zahlreichen Kontexten.

Nun muss man sich aber sicherlich fragen, wie dieser globalisierte Blick eigentlich funktioniert und wer vor allem als Subjekt eines solchen Blicks auftritt. Besonders heute wird von jedem einzelnen aktiven Teilnehmer des Kunstgeschäfts, sei er Künstler, Kurator, Kritiker oder Architekt, erwartet, dass er seine Produktion einem globalisierten Blick anbietet, von dem angenommen wird, er sei fähig, diese Produktion richtig zu beurteilen – wobei eine solche Beurteilung offensichtlich für das weitere Schicksal des Autors von entscheidender Bedeutung ist und deswegen dessen Herz mit Hoffnung und Angst erfüllt. So versucht jeder, sich einen solchen Blick möglichst schnell anzueignen, um das globale Urteil über sein eigenes Werk zu antizipieren – was bekanntlich niemals vollständig gelingt. So ist dieser Blick mehr eine für die Moderne charakteristische regulative Idee als eine greifbare Realität. Jeder verfügt heute über touristische Erfahrungen, die sein Urteil bestimmen. Doch bleiben diese Erfahrungen begrenzt, fragmentiert – und das ästhetische Urteil dementsprechend unsicher, tentativ. Vielmehr fühlt man sich dem Blick des grossen touristischen Anderen ausgesetzt, der allerdings unsichtbar und abwesend bleibt. Die globale Kunstwelt bleibt eine zwar notwendige, aber schwer definierbare Vorstellung, der jede unmittelbare Evidenz fehlt.

Die Hoffnungen, die auf die global agierenden Kunstinstitutionen projiziert werden, suggerieren einem Künstler vor allem die Möglichkeit, dem Druck eines lokal herrschenden Geschmacks auf eine relativ schmerzlose Weise zu entgehen. Die Emigration, die noch für Picasso, Kandinsky oder Buñuel zwingend war, lässt sich heute vermeiden, indem der Künstler, der in einer Gegend lebt, in der seine Kunst nicht besonders geschätzt wird, beginnt, mit Hilfe der heutigen Kommunikationsmittel überall auf der Welt nach Gleichgesinnten zu suchen – anstatt zu versuchen, den Geschmack und die kulturellen Orientierungen seiner unmittelbaren Umgebung zu verändern. Damit ist übrigens auch der Eindruck einer gewissen Entpolitisierung der zeitgenössischen Kunst zu erklären, die heutzutage oft beklagt wird. In der Tat hat der Künstler von früher, der kein Verständnis für sein Werk innerhalb seiner lokalen Kultur finden konnte, seine Hoffnungen vor allem auf die Zukunft projiziert. Dementsprechend hat er versucht, die Denkweise seiner sozialen Umgebung zu verändern, eine neue Gesellschaft, einen neuen Menschen, das heisst letztendlich einen neuen Betrachter ins Leben zu rufen und sich zu diesem Zweck mit den politischen Kräften zu verbinden, die ebenfalls eine gesellschaftliche Transformation anstrebten. Heute sucht man vielmehr nach Gleichgesinnten ausserhalb seines unmittelbaren Kulturkreises – und hofft, bei ihnen die Anerkennung zu finden.

Doch wo Hoffnungen sind, dort wohnt immer schon die Angst, dass sich diese Hoffnungen nicht erfüllen, dass sich die Utopie in eine Dystopie verwandelt, dass der fremde, globalisierte Blick, anstatt einen zu retten, einen womöglich endgültig verurteilen wird. Wie beunruhigend der globalisierte Blick sein kann, zeigt auf eine sehr eindrucksvolle Weise eine Stelle aus der Schrift *Ästhetik des Hässlichen* des Hegelschülers Karl Rosenkranz:

> Nehmen wir z.B. unsere Erde, so würde sie, um als Masse schön zu sein, eine vollkommene Kugel sein müssen. Das ist sie aber nicht. Sie ist angeplattet an den Polen und geschwellt am Äquator, ausserdem auf ihrer Oberfläche von der grössten Ungleichheit der Erhebung. Ein Profil der Erdrinde zeigt uns, bloss stereometrisch betrachtet, das zufälligste Durcheinander von Erhebung und Vertiefung in den unberechenbarsten Umrissen. So können wir auch von der Oberfläche des Mondes nicht sagen, dass sie mit ihrem Gewirr von Höhen und Tiefen schön sei usw.[1]

Die Menschheit war in der Zeit, als dieser Text entstanden ist, von der Möglichkeit der Raumfahrt technisch noch weit entfernt. Das Subjekt der globalen ästhetischen Betrachtung wird hier aber trotzdem im Geiste eines Sci-Fi-Films als ein Ausserirdischer dargestellt, der mit einem Raumschiff aus dem All kommt und das äussere Aussehen unseres Sonnensystems ästhetisch beurteilt. Dabei wird ihm allerdings unterstellt, dass er den gleichen klassizistischen Geschmack hat wie der Autor – und deswegen feststellen muss: Unsere Erde und ihre unmittelbare Umgebung sehen nicht gut aus. Eine entsprechende Korrektur, die aus der Erde eine schöne Kugel machen würde, könnte sich allerdings für die Menschheit als unangenehm erweisen. Man kann deswegen behaupten, dass Rosenkranz in seinem Buch gerade deswegen auf dem ästhetischen Recht des Hässlichen besteht, weil er dadurch versucht, den potenziellen globalen Betrachter ästhetisch zu beschwichtigen.

Die Forderung, schön zu sein, ist also eine potenziell grausame Forderung. Der romantische Weltbetrachter – der Träger des Hegel'schen Absoluten Geistes – ist freilich bereit, alle Weltkulturen schön zu finden und sie in seine wohlwollende Betrachtung einzubeziehen. Diese Bereitschaft kann aber nicht immer automatisch unterstellt werden. So erstreckt sich die nietzscheanische «Ästhetische Rechtfertigung der Welt» nicht auf alles, was in der Welt zu finden ist – das Hässliche, Ressentimentgeladene, Niedrige bekommt bei Nietzsche keine ästhetische Rechtfertigung, sondern unterliegt vielmehr der Pflicht unterzugehen. Diese grausame, selektierende, ausschliessende Dimension des Schönen hat bekanntlich bei vielen den Wunsch provoziert, sich auf die Seite des Hässlichen zu stellen. Allerdings

---
1 Karl Rosenkranz, *Ästhetik des Hässlichen* (1853), Leipzig, Reclam, 1990, S. 20.

ist fraglich, ob der globalisierende Blick von heute, der im Unterschied zu dem von Rosenkranz beschriebenen über keine klassizistische Bildung verfügt, sondern variabel geworden ist, überhaupt noch zwischen Schön und Hässlich unterscheiden will. Vielmehr unterscheidet er zwischen Sichtbarem und Unsichtbarem. In einer signifikanten Rückkehr zur ursprünglichen Bedeutung des Ästhetischen wird heute im Grunde alles Sichtbare, Wahrnehmbare, Markante als schön empfunden – und das Unsichtbare als unschön. Dabei funktioniert die Sichtbarkeit des Sichtbaren wie auch der globalisierte Blick kontextabhängig und variabel. Das Sichtbare ist nicht gleich dem Spektakulären. So stellt sich die Sichtbarkeit in einem spektakulären Kontext gerade durch das Abwesende, Unscheinbare, Verschwindende ein. Das Spektakuläre würde in einem spektakulären Kontext dagegen visuell untergehen, das heisst unsichtbar werden.

Diese Wende wird unter anderem gut durch Lacans Beschreibung des Blicks illustriert. In seinen berühmten Analysen der Sichtbarkeit will Lacan nämlich zeigen, dass nicht nur Gott, sondern auch eine Sardinendose, die im Meer schwimmt und dabei das Sonnenlicht reflektiert, für uns einen Ort suggerieren kann, von dem aus der globale Blick uns betrachtet.[2] Jede Lichtquelle, die die Welt beleuchtet, muss von uns nämlich als ein Punkt gedacht werden, von dem aus die Welt sichtbar wird. Auch wenn etwa ein Kunstwerk nicht im Museum, sondern an einem Ort in der Natur ausgestellt wird, wo es von keinem Menschen gesehen werden kann, wird es trotzdem nicht dem Ausgestelltsein als solchem entzogen. Denn dieses Kunstwerk steht im Licht und wird damit auch erblickt – wenn auch vielleicht nur von einer Sardinendose, die zwischen klassischem und modernem Geschmack nicht unterscheidet. Für diese Lacan'sche Sardinendose – wie für den Gott des Alten Testaments – ist die ganze sichtbare Welt gleich gut – schlecht sind nur die Kräfte des Unsichtbaren, der Finsternis. Allerdings lässt sich nicht alles, was durch die Natur oder durch die Kunst produziert wird, automatisch sehen.

Die Kunst ist zwar ihrem Wesen nach Herstellung von Sichtbarkeit: Das Kunstwerk als solches wird dazu geschaffen, gesehen zu werden. Aber diese Herstellung der Sichtbarkeit gelingt nicht immer. Ein Kunstwerk, das sich von seinem Hintergrund, von seinem Kontext nicht abhebt, das seine Fremdheit und Andersartigkeit im jeweiligen Kontext nicht erkennen lässt – ein solches Kunstwerk verschwindet aus dem Blick. Diese ästhetische Bestimmung kann man gewiss von einer moralischen Perspektive aus bekla-

2 Jacques Lacan, *Le Séminaire*, Livre XI, Paris, Editions du Seuil, 1973, S. 88ff.

gen und als Ausdruck der modernen Oberflächlichkeit und der Kälte des «Kunstbetriebs» diagnostizieren. Eine solche Diagnose ist aber ihrerseits oberflächlich und irreführend. Das elementare Gesetz der Wahrnehmung besagt, dass wir eine Figur nicht sehen können, wenn sie sich visuell von ihrem Hintergrund nicht unterscheiden lässt: Unser Sehen ist durch die Relation Figur/Hintergrund bestimmt. Die Neuheit, die Fremdheit, die Andersartigkeit eines Kunstwerks in Bezug auf seinen Kontext oder auf seinen kunstgeschichtlichen Hintergrund ist also vor allem eine formale Bedingung der Sichtbarkeit dieses Kunstwerks überhaupt. Als solche muss diese formale Neuheit von allen inhaltlichen Konnotationen – etwa von den Ideologien des Fortschritts, der Avantgarde, aber auch des Unbewussten und des Anderen – abgekoppelt werden. Damit ein Kunstwerk zum Gegenstand einer inhaltlichen, ideologischen Interpretation werden kann, muss es zunächst als Kunstwerk überhaupt sichtbar sein. Und diese Sichtbarkeit kann nicht durch einen moralischen oder ideologischen Druck auf den Betrachter erzeugt werden, indem dieser – aus welchen Gründen auch immer – dazu genötigt wird, etwas pietätvoll zu betrachten, was sich überhaupt nicht sehen lässt.

Die Analyse der Sichtbarkeit in Bezug auf einen bestimmten Kontext kann daher erst dann durchgeführt werden, wenn die üblichen Fragen «Was ist neu?», «Was ist anders?» und «Wer ist das Subjekt der Kunst?» ersetzt werden durch eine andere Frage: «Wie *zeigt* sich etwas überhaupt?»

1 Herzog & de Meuron
Sammlung Goetz, Haus für eine zeitgenössische Kunstsammlung, München (1989–1992 →56)
Fotografie: Margherita Spiluttini, November 1994

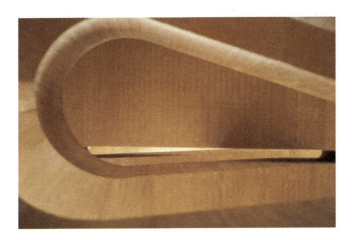

Diese Frage nach dem «wie» der Sichtbarkeit wird aber durch eine gewisse Tradition verhindert, die sich in der Moderne etabliert hat und die darin besteht, authentische Kunst mit dem Übergang von der Erscheinung zum Wesen oder von der äusseren Konvention zur inneren Wahrheit gleichzusetzen. Alles Sichtbare – wie jede Form von Präsenz – zeigt sich in dieser Tradition als unvermeidlich von Unauthentizität bedroht – denn jedes Sichtbare ist nicht nur ein Offenbarendes, sondern auch ein Verbergendes. Nun stellt sich aber die Sichtbarkeit nicht in Bezug auf das Wesentliche, sondern in Bezug auf den äusseren Kontext ein: In einigen Kontexten wird ein bestimmtes Kunstwerk sichtbar, das in anderen Kontexten verschwindet. Daher könnte die absolute Sichtbarkeit, die zugleich die absolute Schönheit wäre, nur in einem absoluten Kontext entstehen – das heisst in einem alle andere Kontexte übergreifenden universalen Kontext.

Die moderne Institution Museum kann als Versuch verstanden werden, die Idee des universalen Kunstkontextes zu verwirklichen, – aber ihr entspricht auch heute, und gerade heute, keine Realität. De facto haben wir zur Zeit keinen einheitlichen, universalen Kunstkontext, sondern viele partielle Kontexte, kein universales Museum – es sei denn in Form eines *musée imaginaire* von Malraux –, sondern unzählige konkrete, partielle Museen, die zusammen genommen kein einheitliches Bild der Kunst präsentieren (Abb. 1). Der Eigenkontext der Kunst war und bleibt in sich zersplittert und heterogen. Nun bedeutet aber dieses Nichtzustandekommen eines univer-

2 Herzog & de Meuron
Museum Küppersmühle, Sammlung Grothe, Duisburg
(1997–1999 →151)
Fotografie: Philip Ursprung, 1999

SCHÖNHEIT UND ATMOSPHÄRE

sellen Kunstkontextes nicht bloss eine Verhinderung der Sichtbarkeit, sondern auch ihre Ermöglichung unter neuen Bedingungen. Denn um Sichtbarkeit herzustellen, können wir nicht nur ein neues Kunstwerk in einen Kontext stellen, sondern auch ein schon bekanntes Kunstwerk in immer neuen Kontexten situieren. So eröffnet sich die Möglichkeit, wenn nicht länger auf der Seite der Form, dann dafür auf der Seite des Kontextes oder des Hintergrunds zu arbeiten, um auf dieser anderen Ebene Sichtbarkeit herzustellen. Und ich möchte an dieser Stelle behaupten, dass eine solche Arbeit mit dem Kunstkontext gerade heute intensiv praktiziert wird und das Kunstgeschehen insgesamt zunehmend bestimmt.

So werden heute immer neue Ausstellungen mit den gleichen Kunstwerken an verschiedenen Orten – in Museen, Ausstellungshallen oder auch im aussermusealen Raum – organisiert. Dabei ist es besonders reizvoll und lehrreich zu beobachten, wie sich diese Kunstwerke anders und neu zeigen, wenn sie in unterschiedlichen architektonischen Räumen gezeigt werden. Damit demonstriert die heutige Kunst ihre Architekturabhängigkeit, die eine Ausprägung ihrer allgemeinen Kontextabhängigkeit darstellt. Dabei ist nicht zu übersehen, dass die museale Architektur im allgemeinen Architekturkontext zunehmend eine zentrale, vorbildliche Stellung bekommt – so wie früher etwa die Kirchenarchitektur (Abb. 2). Zugleich diversifiziert sich die architektonische Gestaltung der musealen Räume mehr und mehr – und folgt ihrerseits immer mehr der Logik der heutigen künstleri-

3 Herzog & de Meuron
Tate Modern, London (1994–2000 →**126**)
Fotografie: Margherita Spiluttini, Mai 2000

schen Entwicklung. Die neue museale Architektur ist nämlich entweder spektakulär expressiv oder streng minimalistisch. Inzwischen werden auch industrielle und sonstige funktionale Räume unterschiedlichster Art als Museumsräume umfunktioniert – in direkter Fortsetzung der in der Kunst schon seit langem etablierten Readymade-Praxis. So ist der heutige Kunstbetrachter wie damals der gläubige Pilgerer dazu aufgerufen, von einem Museum zum anderen zu ziehen, um die Kunst sehen zu können – und durch diese seine eigene Reise die regulative Idee der Sichtbarkeit zu verwirklichen, die sich institutionell nicht verwirklichen lässt (**Abb. 3**). Der moderne Mensch präsentiert sich somit vor allem als Tourist – immer unterwegs zu einem universellen Kontext der Betrachtung, zu einem universellen, globalisierten Blick, zu einer Schönheit, die sich sehen lässt.

WERKVERZEICHNIS 1978–2002

1 Dachausbau Burgstrasse
Riehen, Schweiz
Projekt 1978, Ausführung 1978

5 Blaues Haus
Reservoirstrasse, Oberwil, Schweiz
Projekt 1979, Ausführung 1979–1980

2 Hausumbau Hardrain Basel
Basel, Schweiz
Projekt 1979, Ausführung 1979

6 Städtebauliche Studie für das Rosshofareal
Basel, Schweiz
Wettbewerb 1979

3 Neugestaltung des Marktplatzes
Basel, Schweiz
Wettbewerb 1979, Projekt 1982, 1983, 1985, 1987

7 Frei- und Hallenbad Am Mühleteich
Riehen, Schweiz
Wettbewerbe 1979, 1981, Projekt 1982

4 Umbau und Renovation eines Mehrfamilienhauses
Schwarzwaldallee, Basel, Schweiz
Projekt 1979, Ausführung 1980

8 Erweiterung eines Wohnhauses
Lochbruggstrasse, Laufen, Schweiz
Ausführung 1980

9 Einbau einer Wohnung im Gasthof zum Bad
Schönenbuch, Schweiz
Ausführung 1980

13 Umbau und Renovation eines Mehrfamilienhauses
Landskronstrasse, Basel, Schweiz
Ausführung 1981–1982

10 Unterirdischer Ausstellungsraum «Murus Gallicus»
Rittergasse, Basel, Schweiz
Projekt 1980

14 Fotostudio Frei
Riedlistrasse, Weil am Rhein, Deutschland
Projekt 1981, Ausführung 1981–1982

11 Renovation des Ausstellungsraumes Kaserne
Klingentalkirche, Basel, Schweiz
Projekt 1980, Ausführung 1981

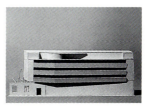

15 Wohn- und Geschäftshaus Claragraben
Basel, Schweiz
Wettbewerb 1982

12 Städtebauliche Studie Klösterliareal
Bern, Schweiz
Wettbewerb 1981

16 Wohnhäuser im St. Alban-Tal
Basel, Schweiz
Wettbewerb 1982

17 Steinhaus
Tavole, Italien
Projekt 1982, Ausführung 1985–1988

21 Erweiterung und Renovation eines Bauernhauses
Rocourt, Schweiz
Ausführung 1983, 1986

18 Pfarreizentrum
Bahnhofstrasse, Lenzburg, Schweiz
Wettbewerb 1983

22 Haus für einen Tierarzt
Am Kreuzberg, Dagmersellen/Luzern, Schweiz
Projekt 1983, Ausführung 1984

19 Umbau eines Bürohauses für Ricola
Laufen, Schweiz
Ausführung 1983

23 Theater Visp
Napoleonstrasse, Visp, Schweiz
Wettbewerb 1984

20 Umbau und Renovation eines Mehrfamilienhauses
In den Ziegelhöfen, Basel, Schweiz
Ausführung 1983

24 Umbau und Renovation eines Mehrfamilienhauses
St. Galler-Ring, Basel, Schweiz
Projekt 1984, Ausführung 1985

**25 Wohn- und Geschäftshaus
Schützenmattstrasse**
Basel, Schweiz
Wettbewerb 1984–1985,
Projekt 1991, Ausführung 1992–1993

**26 Umbau und Renovation eines
Mehrfamilienhauses**
Schützenstrasse, Birsfelden, Schweiz
Projekt 1984, Ausführung 1985

27 Sperrholzhaus
Rappenbodenweg, Bottmingen, Schweiz
Projekt 1984, Ausführung 1985

28 Ein Haus aus Lego, Beitrag zur Ausstellung
L'architecture est un jeu… magnifique
Centre Georges Pomidou, Paris, Frankreich
10. Juli bis 26. August 1985

**29 Wohnhaus entlang einer
Scheidemauer, Hebelstrasse**
Basel, Schweiz
Wettbewerb 1984, Ausführung 1987–1988

30 Restaurant für den Basler Zoo
Basel, Schweiz
Wettbewerb 1985

31 Wohn- und Bürohaus Schwitter
Allschwilerstrasse, Basel, Schweiz
Wettbewerb 1985, Projekt 1985,
Ausführung 1987–1988

**32 Umbau und Renovation eines Gebäudes
im historischen Zentrum von Laufen**
Laufen, Schweiz
Projekt 1985, Ausführung 1986

33 Sandoz, Umbau und Renovation eines Labors, Gebäude 91
Novartis-Industrieareal, Basel, Schweiz
Projekt 1985, Ausführung 1986

37 Freibad Am Mühleteich
Riehen, Schweiz
Projekt 1986–1987

34 Haus für einen Kunstsammler
Lerchenrainstrasse, Therwil, Schweiz
Projekt 1985, Ausführung 1986

38 Lagerhaus Ricola
Baselstrasse, Laufen, Schweiz
Projekt 1986, Ausführung 1987

35 E, D, E, N, Pavillon, Hotel Eden
Rheinfelden, Schweiz
Wettbewerb 1986, Ausführung 1987

39 Umbau und Renovation zweier Häuser
Spalenvorstadt, Basel, Schweiz
Projekt 1986, Ausführung 1987

36 Fassadenverkleidung eines Einfamilienhauses
Fischingen, Deutschland
Teilausführung 1986

40 Verschiedene Museen Messeplatz Wien
Wien, Österreich
Wettbewerb 1987

41 Archäologisches Museum
Neuchâtel, Schweiz
Wettbewerb 1987

45 Zwei Wohnhäuser, Gaba-Areal
St. Johanns-Rheinweg, Basel, Schweiz
Diverse Projekte 1982, 1983, 1985, 1988

42 Sandoz Bürogebäude 430
Novartis-Industrieareal, Basel, Schweiz
Projekt 1987

46 Sandoz Technologie-Entwicklungszentrum
Novartis-Industrieareal, Basel, Schweiz
Projekt 1988, 1991, Ausführung 1993

43 Siedlung Pilotengasse
Wien-Aspern, Österreich
Projekt 1987–1988, Ausführung 1989–1992

47 Ausstellung *Architektur Denkform*
Architekturmuseum Basel, Schweiz
1. Oktober bis 20. November 1988

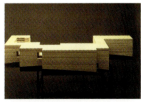

44 Wohnhaus und Altersresidenz Schwarz Park
Basel, Schweiz
Wettbewerb 1987–1988

48 Lokomotiv-Depot Auf dem Wolf
Basel, Schweiz
Projekt 1989, Ausführung 1991–1995

49 SBB Stellwerk 4, Auf dem Wolf
Basel, Schweiz
Projekt 1989, Ausführung 1991–1994

53 Reitergebäude mit auskragendem Glasdach für Ricola
Laufen, Schweiz
Projekt 1989, Ausführung 1989–1991

50 SUVA Haus, Umbau und Erweiterung eines Wohn- und Bürohauses
Basel, Schweiz
Projekt 1988–1990, Ausführung 1991–1993

54 Museum für Gestaltung
Basel, Schweiz
Projekt 1989–1990

51 Park für die Avenida Diagonal
Barcelona, Spanien
Wettbewerb 1989, Projekt 1989

55 Sportanlage Pfaffenholz
St. Louis, Frankreich
Projekt 1989–1990, Ausführung 1992–1993

52 Wohnüberbauung Luzernerring
Basel, Schweiz
Wettbewerb 1989

56 Sammlung Goetz, Haus für eine zeitgenössische Kunstsammlung
München, Deutschland
Projekt 1989–1990, Ausführung 1991–1992

57 Griechisch-Orthodoxe Kirche
Zürich, Schweiz
Wettbewerb 1989

61 SOLCO, Erweiterungsbau mit Büro-, Lager- und Laborräumen
Basel, Schweiz
Projekt 1990–1991

58 Helvetia, Erweiterung des Hauptsitzes
St. Gallen, Schweiz
Wettbewerb 1989, Projekt 1990–1991

62 Baudienstzentrum Auf dem Wolf
Basel, Schweiz
Projekt 1990

59 Ausstellung *Interpreting the Place*
9H Gallery, London, Grossbritannien
6. Oktober bis 12. November 1989

63 Ausstellung *Architektur Denkform*
ETH Zürich, Schweiz
27. April bis 10. Mai 1990

60 Masterplan für die Université de Bourgogne
Dijon, Frankreich
Projekt 1989–1990

64 Antipodes I, Studentenwohnheim, Université de Bourgogne
Dijon, Frankreich
Projekt 1990, Ausführung 1991–1992

65 Elsässertor, Geschäftshaus und Warenumschlag
Basel, Schweiz
Wettbewerb 1990

69 Ausstellung *Herzog & de Meuron*
Col·legi d'Arquitectes de Catalunya
Barcelona, Spanien
16. Oktober bis 9. November 1990

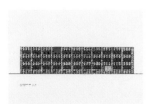

66 Flowtec, Büro- und Laborgebäude
Reinach, Schweiz
Projekt 1990

70 Beitrag zur Ausstellung *Ouvertures*
Galerie Arc en Rêve, Centre d'Architecture
Bordeaux, Frankreich
22. Oktober 1989 bis 6. Januar 1990

67 Altes Flugfeld, städtebauliche Studie
Karlsruhe, Deutschland
Projekt 1990

71 Berlin Zentrum, Beitrag zur Ausstellung *Berlin: Morgen*
Deutsches Architekturmuseum, Frankfurt am Main, Deutschland
26. Januar bis 24. März 1991

68 Zwei Teppiche, entworfen für die Teppichfabrik Melchnau
Langenthal, Schweiz
Projekt 1991

72 Sammlung Alfred Richterich
Laufen, Schweiz
Projekt 1991

73 Viesenhäuser Hof, Gestaltungsplan
Stuttgart-Mühlhausen, Deutschland
Wettbewerb 1991

**77 «Eine Stadt im Werden?»,
städtebauliche Studie**
Basel, Schweiz
Projekt 1991–1992

74 Ausstellung *Architektur von
Herzog & de Meuron*
Kunstverein, München, Deutschland
1. März bis 7. April 1991

78 Sils-Cuncas, Quartier- und Gestaltungsplan
Sils, Engadin, Schweiz
Wettbewerb 1991

75 Kulturzentrum
Blois, Frankreich
Wettbewerb 1991

**79 Antipodes II, Studentenwohnheim,
Université de Bourgogne**
Dijon, Frankreich
Projekt 1991

76 Ausstellung *Architecture of Herzog
& de Meuron*
5. Internationale Architekturausstellung, Biennale
Venedig, Schweizer Pavillon, Venedig, Italien
8. September bis 6. Oktober 1991

80 Quartier- und Gestaltungsplan, Beundenfeld
Bern, Schweiz
Projekt 1991–1992

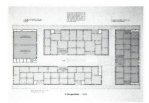

81 Ein Gebäude für Museen des 20. Jahrhunderts
Barer Strasse, München, Deutschland
Wettbewerb 1992

85 Freibad Im Schlipf
Riehen, Schweiz
Projekt 1990–1992

82 Atelierhaus Frei
Elektraweg, Weil am Rhein, Deutschland
Projekt 1992

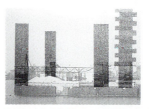

86 Frankfurt Osthafen, städtebauliche Studie und Beitrag zur Ausstellung *Wohnen und Arbeiten am Fluss*
Deutsches Architekturmuseum, Frankfurt am Main
20. Juni bis 26. Juli 1992

83 Hotel Admiral, neue Fassade für ein bestehendes Hotelgebäude
Basel, Schweiz
Projekt 1992

87 Berlin Pulvermühle, städtebaulicher Realisierungswettbewerb
Berlin, Deutschland
Wettbewerb 1992

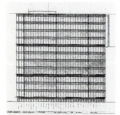

84 Ciba-Geigy AG Laborgebäude, neue Fassade für das Gebäude 411
Basel, Schweiz
Projekt 1992

88 *Hannover Expo 2000*, **Wettbewerbsbeitrag für eine Weltausstellung in Hannover**
Hannover, Deutschland
Wettbewerb 1992

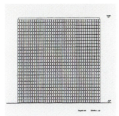

89 Zwei Ausstellungsräume für zeitgenössische Kunst, Musée de Semur-en-Auxois
Semur en Auxois, Frankreich
Projekt 1992

93 Flowtec SA, Produktionsgebäude
Cernay, Frankreich
Projekt 1992

90 Zwei Bibliotheken, Université de Jussieu
Paris, Frankreich
Wettbewerb 1992

94 Ricola-Europe SA, Produktions- und Lagergebäude
Mulhouse-Brunstatt, Frankreich
Projekt 1992, Ausführung 1993

91 SBS-Perrey, Geschäftshaus und Quartierplan
Delémont, Schweiz
Wettbewerb 1992

95 Quartierplan für Wohnungsbau auf dem Kruppgelände
Essen, Deutschland
Wettbewerb 1992

92 Wohnhaus am Rhein
Unterer Rheinweg, Basel, Schweiz
Wettbewerb 1992

96 Haus Koechlin
Riehen, Schweiz
Ausführung 1993–1994

97 Drei Wohnhäuser
Starnberg, Deutschland
Projekt 1993

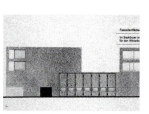

101 Coop Einkaufszentrum, Hotel und Wohnungen auf dem Warteck-Areal
Muttenz, Schweiz
Wettbewerb 1993–1994

98 Bibliothek und Masterplan der Technischen Universität Cottbus
Cottbus, Deutschland
Wettbewerb 1993

102 Wohn- und Geschäftshaus Dornacherplatz
Solothurn, Schweiz
Projekt 1993, 1995, 1997, Ausführung 1998–2000

99 Geschäfthaus und Hotel, Kempinski Residenz
Dresden, Deutschland
Wettbewerb 1993

103 «Die Bank», Beitrag zur Ausstellung *Olivetti Progetti*
Deutsches Architekturmuseum,
Frankfurt am Main, Deutschland
3. bis 25. September 1994

100 Roche Pharma-Forschungsgebäude, Bauten 41/92
Industrieareal F. Hoffmann-La Roche AG, Basel, Schweiz
Projekt 1993–1995, Ausführung 1998–2000

104 Roche, Administrations- und Schulungsgebäude
Sisseln, Schweiz
Projekt 1994

105 Bibliothek der Fachhochschule Eberswalde
Eberswalde, Deutschland
Projekt 1994–1996, Ausführung 1997–1999

109 Neue Eisenbahnbrücke über den Rhein
Basel, Schweiz
Wettbewerb 1994

106 Seminargebäude der Fachhochschule Eberswalde
Eberswalde, Deutschland
Projekt 1994–1995, Ausführung 1996–1997

110 Neustädter Feld, Neuordnung der Plattensiedlung
Magdeburg, Deutschland
Projekt 1994

107 Dresdner Bank Eberswalde, Wohn- und Geschäftshaus
Eberswalde, Deutschland
Projekt 1994, 1997

111 «Amphitryon», zwei Bürogebäude für die Bayerische Hypotheken- und Vereinsbank
Junghofstrasse, Frankfurt am Main, Deutschland
Wettbewerb 1994, Projekt 1995, 1997–1998

108 Hypo-Bank Theatinerstrasse, Geschäftsviertel mit gemischter Nutzung
München, Deutschland
Wettbewerb 1994, Projekt 1995

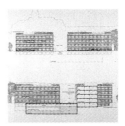

112 Erweiterung Kohlenberg-Holbein-Gymnasium
Basel, Schweiz
Wettbewerb 1994

113 Haus Landolt, neues Haus unter Einbezug eines bestehenden Hauses aus den 30er Jahren
Riehen, Schweiz
Projekt 1994, Ausführung 1994

114 Haus Vischer, Aufstockung auf ein Haus aus den 50er Jahren
Basel, Schweiz
Projekt 1994, Ausführung 1994

115 Haus Oeri/Bodenmann, Umbau einer neobarocken Villa von 1934
Basel, Schweiz
Projekt 1994, Ausführung 1994–1995

116 Schweizer Pavillon an der Bienal International de São Paulo
São Paulo, Brasilien
Projekt 1994, Ausführung 1994

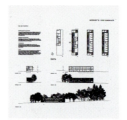
117 Heilanstalt Sonnenhalde
Riehen, Schweiz
Wettbewerb 1994

118 Gelände der Metallgesellschaft Reuterweg
Frankfurt am Main, Deutschland
Studie 1994

119 Zentralstellwerk SBB
Münchensteinerbrücke, Basel, Schweiz
Wettbewerb 1994, Projekt 1995,
Ausführung 1998–1999

120 Ausstellung *Das SUVA-Haus in Basel*
Architekturgalerie Luzern, Schweiz
25. September bis 30. Oktober 1994

121 Geschäftsbau am Georgsplatz
Dresden, Deutschland
Machbarkeitsstudie 1994

**125 Borneo Amsterdam, Wohnbauprojekt
in einem Hafenareal**
Amsterdam, Niederlande
Projekt 1994

122 Site Santa Fe, Kunsthalle und Kulturzentrum
Santa Fe, New Mexico, USA
Studie 1994

126 Tate Modern
London, Grossbritannien
Wettbewerb 1994–1995, Projekt 1995–1997,
Ausführung 1998–2000

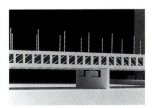

**123 Dreirosenbrücke Basel,
zweistöckige Autobahnbrücke**
Basel, Schweiz
Wettbewerb 1994

**127 Enka School, Schulanlage
für sämtliche Schulstufen**
Istanbul, Türkei
Projekt 1994

**124 Rheinhafen Westquai Basel,
Wohnbauprojekt in einem Hafenareal**
Basel, Schweiz
Studie 1994

128 Haus in Leymen
Leymen, Haut-Rhin, Frankreich
Projekt 1996, Ausführung 1997

129 Dresdner Bank Pariserplatz
Berlin, Deutschland
Wettbewerb 1995

133 Atelier Rémy Zaugg
Mulhouse, Frankreich
Projekt 1995, Ausführung 1995–1996

130 Ausstellung *Herzog & de Meuron,*
une exposition, konzipiert von Rémy Zaugg
Centre Georges Pomipdou, Paris, Frankreich
8. März bis 22. Mai 1995

134 Holzhaus
Stuttgart, Deutschland
Projekt 1995

131 Karikatur & Cartoon Museum,
Umbau und Neubau
Basel, Schweiz
Projekt 1994, Ausführung 1994–1996

135 Haus in Arlesheim
Arlesheim, Schweiz
Projekt 1995

132 ISP – Institut für Spitalpharmazie,
Rossettiareal
Basel, Schweiz
Projekt 1995, Ausführung 1997–1998

136 Weisser Brunnen am Rüdenplatz,
städtebauliche Studie
Basel, Schweiz
Wettbewerb 1995, Projekt 2000

137 Dominus Winery
Yountville, California, USA
Projekt 1995, Ausführung 1996–1998

141 Schauspielhaus Zürich, Kultur- und Werkzentrum für Theater, Museum u. a. Nutzer
Escher-Wyss-Areal, Zürich, Schweiz
Wettbewerb 1996

138 PUK Areal, Psychiatrische Universitätsklinik
Basel, Schweiz
Projekt 1995

142 Wohn- und Geschäftshaus Herrnstrasse
München, Deutschland
Projekt 1996, Ausführung 1998–2000

139 Euro Airport Basel-Mulhouse-Freiburg, Flughafenerweiterung
Mulhouse, Frankreich
Wettbewerb 1995

143 Fünf Höfe, Innenstadtprojekt für München
München, Deutschland
Projekt 1997–1998, Ausführung 1999,
Fortsetzung geplant 2003

140 Stellwerk-Satellit
Basel, Schweiz
Projekt 1995–1996, Ausführung 1998–1999

144 Stadion St. Jakob
Basel, Schweiz
Vorprojekt 1996

**145 Kunstkiste Bonn, Museum
für die Sammlung Grothe**
Bonn, Deutschland
Projekt 1996–1997

149 Wohnhäuser an der Rue des Suisses
14. Arrondissement, Paris, Frankreich
Wettbewerb 1996, Projekt 1997–1998,
Ausführung 1999–2000

146 Gaba-Areal Basel, Überbauungsstudien
Basel, Schweiz
Projekt 1996

150 Der Oberrheingraben
Region Oberrhein, Deutschland
Raumplanerische Studie 1996–1997

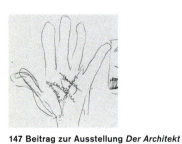

147 Beitrag zur Ausstellung *Der Architekt
als Seismograph*
6. Internationale Architekturausstellung, Biennale
Venedig, Internationaler Pavillon, Venedig, Italien
15. September bis 17. November 1996

151 Museum Küppersmühle, Sammlung Grothe
Duisburg, Deutschland
Projekt 1997, Ausführung 1997–1999

**148 St. Jakob-Park Basel. Fussballstadion,
kommerzielles Zentrum und Seniorenresidenz**
Basel, Schweiz
Projekt 1996, 1998, Ausführung 1998–2002

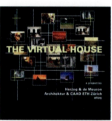

152 Das Virtuelle Haus
New York, USA
Projekt 1996–1997

153 Erweiterung Aargauer Kunsthaus Aarau
Aarau, Schweiz
Wettbewerb 1997, Projekt 1998–1999,
Ausführung 2001, Fortsetzung geplant 2003

157 Ausstellung *Architectures of Herzog &
de Meuron: Protraits by Thomas Ruff*
TN Probe, Tokio, Japan
22. Januar 1996 bis 9. Januar 1997

154 Ricola Marketing Gebäude
Laufen, Schweiz
Projekt 1997, Ausführung 1998

158 Kramlich Residenz und Media Sammlung
Oakville, California, USA
Projekt 1997–1998, Ausführung 1999
Fortsetzung geplant 2003

155 Museum of Modern Art
New York, USA
Wettbewerb 1997

159 Kristallring
Ausführung 1997

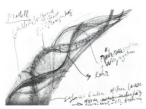

156 Ausstellung *Zeichnungen – Drawings*
Peter Blum Gallery, New York, USA
10. Mai bis 31. Juli 1997

160 Laban Dance Centre
London, Grossbritanien
Wettbewerb 1997, Projekt 1998–1999,
Ausführung 2000–2002

161 Multiplex-Kino Heuwaage
Basel, Schweiz; Wettbewerb 1997,
Projekte 1998, 2000

**165 REHAB Basel, Zentrum für Querschnitt-
gelähmte und Hirnverletzte**
Basel, Schweiz
Wettbewerb 1998, Projekt 1998–1999,
Ausführung 1999–2002

162 Messe Basel, Hochhaus und Platzgestaltung
Basel, Schweiz
Wettbewerb 1998

166 Universitätsbibliothek Cottbus
Cottbus, Deutschland
Projekt 1998–1999, 2001, Ausführung 2001
Fortsetzung geplant 2003

**163 Hafenanlage, Neuordnung der
Muelle de Enlace**
Santa Cruz de Tenerife, Kanarische Inseln, Spanien
Wettbewerb 1998, Projekt 1999–2002

167 Haus über dem Bodensee
Ermatingen, Schweiz
Projekt 1998–2000, Ausführung 2001
Fortsetzung geplant 2003

164 Centro Cultural, Museum und Kulturzentrum
Santa Cruz de Tenerife, Kanarische Inseln, Spanien
Projekt 1999–2000, Ausführung geplant 2002–2005

**168 Zwei gläserne Flügelbauten auf
dem Girtannersberg**
St. Gallen, Schweiz
Wettbewerb 1989, Projekt 1998–1999,
Ausführung 2000–2002

169 Schaulager für die Emanuel Hoffmann-Stiftung
Münchenstein/Basel, Schweiz
Projekt 1998–1999, Ausführung 2000–2002

173 New de Young Museum
Golden Gate Park, San Francisco, California, USA
Wettbewerb 1999, Projekt 2000–2002,
Ausführung geplant 2002–2004

170 Büroumbau
Basel, Schweiz
Projekt 1998

174 Helvetia Patria St. Gallen, Nordtrakt
St. Gallen, Schweiz
Projekt 1999–2001, Ausführung 2001
Fortsetzung geplant 2004

171 Jack S. Blanton Museum of Art
Austin, Texas, USA
Wettbewerb 1998, Projekt 1999

175 Walker Art Center, Erweiterung des Museums und Kulturzentrums
Minneapolis, Minnesota, USA
Projekt 1999–2002, Ausführung geplant 2002–2005

172 Zwei Atelier- und Wohnhäuser
Düsseldorf, Deutschland
Projekt 1999–2000, Ausführung 2000–2002

176 Refektorium
Pomerol, Frankreich
Projekt 2001, Ausführung 2002

177 Astor Place for Ian Schrager Hotels
New York, USA
In Zusammenarbeit mit Rem Koolhaas/OMA
Projekt 1999–2001

181 Ameropa, Wohn- und Geschäftshaus
Binningen, Schweiz
Projekt 2000–2001, Ausführung 2002
Fortsetzung geplant 2003

178 Prada Tokyo
Aoyama, Tokio, Japan
Projekt 2000–2001, Ausführung 2001
Fortsetzung geplant 2003

182 Plaza de España
Santa Cruz de Tenerife, Kanarische Inseln, Spanien
Wettbewerb 1998, Masterplan
1999–2001, Projekt 2002–

179 Schällemätteli, städtebauliche Studie
Basel, Schweiz
Wettbewerb 2000

**183 Ausstellung *Herzog & de Meuron:
Archaeology of the Mind***
Canadian Centre for Architecture, Montreal, Kanada
23. Oktober 2002 bis 6. April 2003

180 Geschäftshaus Elsässertor II
Basel, Schweiz
Projekt 2000, Ausführung geplant 2002–2004

**184 Prada Le Cure, Pruduktionszentrum
und Lagerhaus**
Terranuova, Arezzo, Italien
Projekt 2000–2001

185 Prada New York, Headquarters Prada USA
New York, USA
Projekt 2000, Ausführung erster Bauabschnitt
2000–2002

189 Chais d'Hosanna
Pomerol, Frankreich
Projekt 2001–2002,
Ausführung geplant 2002–2003

186 Ausstellung *Herzog & de Meuron: In Process*
Walker Art Center, Minneapolis, Minnesota, USA
4. November 2000 bis 11. Februar 2001

190 Forum 2004 Building and Plaza
Barcelona, Spanien
Wettbewerb 2000, Projekt 2001–2002,
Ausführung 2002, Fortsetzung geplant 2004

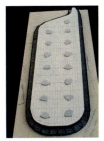

187 Prada Levanella, Lager- und Verteilzentrum
Montevarchi, Arezzo, Italien
Projekt 2000–2002

191 Tate Modern, Anpassungsarbeiten
London, Grossbritanien
Projekt 2001, Ausführung 2001–2002

188 Konzerthalle, Europäischer Musikmonat, Messe Basel
Basel, Schweiz
Projekt 2000–2001, Ausführung 2001

192 Fotosammlung Oslostrasse
Münchenstein/Basel, Schweiz
Projekt 2001; Ausführung 2001–2002

193 St. Johanns-Vorstadt, Büroumbau
Basel, Schweiz
Projekt 2001, Ausführung 2001–2002

197 Vitra Study Centre
Weil am Rhein, Deutschland
Machbarkeitsstudie 2001

194 Ausstellung *Works in Progress*
Projekte von Herzog & de Meuron und von
Rem Koolhaas/OMA
Fondazione Prada, Mailand, Italien
2. März bis 8. April 2001

198 Haus am Tegernsee
Tegernsee, Deutschland
Machbarkeitsstudie 2001

195 Haus am Fluss
St. Johanns-Rheinweg, Basel, Schweiz
Studie 2001–2002

**199 Bibliothek Aarau, Erweiterung Aargauer
Kantonsbibliothek** Aarau, Schweiz
Machbarkeitsstudie 2001–2002

**196 Öffentliche Kunstsammlung Basel,
Erweiterung Kunstmuseum**
St. Alban-Graben, Basel, Schweiz
Wettbewerb 2001

200 Museum der Kulturen
Basel, Schweiz
Projekt 2001

201 La Caixa, Ausstellungszentrum
Madrid, Spanien
Projekt 2001–

204 Dreispitzareal, städebauliche Studie
Basel, Schweiz
Studie 2001–2002

202 Basel, städtebauliche Studie
Basel, Schweiz
Studie 2001–

205 Allianz Arena, Fussballstadion für München
München-Fröttmaning, Deutschland
Wettbewerb 2001–2002, Projekt 2002,
Ausführung 2002–, Fertigstellung geplant 2005

203 Davines Head Office
Parma, Italien
Projekt 2002, Ausführung geplant 2003–2004

ANHANG

BIBLIOGRAFIE

Monografien

a+u Architecture and Urbanism. Herzog & de Meuron, 300, 1995.

a+u Architecture and Urbanism. Herzog & de Meuron 1978–2002, Sondernummer Februar 2002.

Arch+. Herzog & de Meuron, Minimalismus und Ornament, 129/130, Dezember 1995.

AV Monografías/Monographs. Herzog & de Meuron 1980–2000, 77, 1999.

AV Monografías/Monographs. Materia Suiza/Swiss Matter, 89, 2001.

El Croquis. Herzog & de Meuron, 60, 1993.

El Croquis. Herzog & de Meuron 1993–1997, 84, 1997.

El Croquis. Herzog & de Meuron 1998–2002, 109/110, 2002.

Du. Herzog & de Meuron, Tate Modern, 706, Mai 2000.

Gambke, Ulrich, *Anpassung und Setzung. Herzog & de Meuron,* Videoaufzeichnung, München, Naumann Filmproduktion, 1994 (55 min).

Herzog & de Meuron. Architektur Denkform, Architekturmuseum in Basel, Basel, Wiese, 1988.

Herzog & de Meuron, Barcelona, Gustavo Gili, 1989.

H&deM. Architektur von Herzog & de Meuron, Kunstverein München, München, 1991.

Architektur von Herzog & de Meuron, hrsg. vom Bundesamt für Kultur, Biennale Venedig, Baden, Lars Müller, 1992.

Herzog & de Meuron, *Das neue SUVA-Haus in Basel,* Luzern, Edition Architekturgalerie, 1994.

Architectures of Herzog & de Meuron. Portraits by Thomas Ruff, New York, Peter Blum, 1994.

Herzog & de Meuron. Sammlung Goetz, Kunsthaus Bregenz, Archiv Kunst Architektur, Stuttgart, Gerd Hatje, 1995.

Herzog & de Meuron. Urban Projects – Collaboration with Artists – Three Current Projects, TN Probe Toriizaka Networking, Tokio, 1997.

Herzog & de Meuron. Eberswalde Library, Architecture Landscape Urbanism, 3, London, Architectural Association, 2000.

Klammer, Markus, *Dimension Schweiz 1915–1933,* Museum für Moderne Kunst, Bozen, Museion, 1993.

Mack, *Gerhard, Herzog & de Meuron. Das Gesamtwerk,* 3 Bde., Basel, Birkhäuser, 1996–2000.

Minimal Tradition. Max Bill und die «einfache» Architektur 1942–1996, hrsg. vom Bundesamt für Kultur, XIX Triennale di Milano, Baden, Lars Müller, 1996.

Moore, Rowan und Raymund Ryan, *Building Tate Modern,* London, Tate Gallery Publishing, 2000.

Rivista Tecnica. Architettura recente in Svizzera, 77, 1/2, 1986.

Vischer, Theodora (Hrsg.), *Herzog & de Meuron. Zeichnungen / Drawings,* New York, Peter Blum, 1997.

Wang, Wilfried, *Herzog & de Meuron,* Zürich, Artemis, 1992.

Wang, Wilfried (Hrsg.), *Herzog & de Meuron. Projects and Buildings 1982–1990,* New York, Rizzoli, 1990.

Wang, Wilfried, *Herzog & de Meuron,* 3., erweiterte und aktualisierte Aufl., Basel, Birkhäuser, 1998.

Zaugg, Rémy, *Herzog & de Meuron – Eine Ausstellung,* Kunsthaus Bregenz, Ostfildern, Cantz, 1996 (frz. Originalausgabe: *Herzog & de Meuron, une exposition,* Centre Georges Pompidou, Dijon, les presses du réel, 1995).

Zaugg, Rémy, *Eine Architektur von Herzog & de Meuron. Eine Wandmalerei von Rémy Zaugg. Ein Werk für Roche Basel,* Basel, Birkhäuser, 2001.

Artikel und Aufsätze

Allain-Dupré, Elizabeth, «Herzog et de Meuron», in: *Moniteur architecture AMC,* 9, März 1990, S. 28–39.

Amelar, Sarah, «In Rural France, Herzog & de Meuron Reconsider the Essence of House», in: *Architectural Record,* 187, 4, April 1999, S. 116–121.

Amelar, Sarah, «Two Herzog & de Meuron Projects Reveal Deep Skin», in: *Architectural Record,* 187, 8, August 1999, S. 82–91.

Beckel, Inge, «Der Reiz des Atektonischen», in: *Schweizer Ingenieur und Architekt,* 114, 27/28, 1996, S. 13–20.

Betsky, Aaron, «Swiss Reserve», in: *Architecture,* 87, 6, Juni 1998, S. 122–127.

Bideau, André, «Stadtlandschaft als Ästhetik», in: *Werk, Bauen + Wohnen,* 12, 2001, S. 10–19.

Blaser Werner, «Die Birke in der Architektur», in: Alfred Hablützel, *Wege der Birke,* Sulgen, Niggli, 1996, S. 64–73.

Blundell-Jones, Peter, «Swiss Authenticity», in: *Architectural Review,* 1124, Oktober 1990, S. 36–43.

Boissière, Olivier, «On a marché sur la lune», in: *Ouvertures,* 5, 1990, S. 16.

Boudet, Dominique, «Herzog & de Meuron: Tate Modern, Londres: tradition, Art-Déco et supermodernisme», in : *Moniteur architecture AMC,* 108, Juni/Juli 2000, S. 54–69.

Boudet, Dominique, «Herzog & de Meuron: logements PLI, Paris 14e», in: *Moniteur architecture AMC,* 117, Juni/Juli 2001, S. 50–61.

Brändli, Matteo und Pierre-Alain Croset, «Herzog & de Meuron: caratteri concettuali e materiali», in: *Casabella,* 612, Mai 1994, S. 20–27 u. S. 69–70.

Brausch, Marianne, «Herzog & de Meuron», in: *L'Architecture d'aujourd'hui,* 227, Oktober 1991, S. 124–135.

Brausch, Marianne, «Herzog & de Meuron», in: Marianne Brausch und Marc Emery (Hrsg.), *Fragen zur Architektur: 15 Architekten im Gespräch,* Basel, Birkhäuser, 1995, S. 27–43.

Brausch, Marianne, «Herzog et de Meuron: l'architecture en questions», in: *Moniteur architecture AMC,* 72, Juni/Juli 1996, S. 55–57.

Burckhardt, François, «La 'pelle architettonica' interna: sguardo naturale e sguardo artificiale nell'architettura della casa Kramlich», in: *Crossing,* 1, Dezember 2000, S. 30–35.

Capezzuto, Rita, «Herzog & de Meuron e la ricerca fenomenologica / Herzog & de Meuron and Phenomenological Research», in: *Domus,* 823, Februar 2000, S. 3–8.

Casciani, Stefano, «Prada reinventa la moda / Prada Reinvents Fashion», in: *Domus,* 836, April 2001, S. 94–101.

Chance, Julia, «The Face of Jacques Herzog», in: *Architectural Design,* 71, 6, November 2001, S. 48–53.

Cohn, David, «Quiet Front: A Portfolio of Work by the Swiss Firm Herzog & de Meuron Reveals a Sense of Strength and Calm», in: *Architectural Record,* 183, 5, Mai 1995, S. 84–91.

Cohn, David, «Herzog and de Meuron Sculpt Public Spaces in Two Projects», in: *Architectural Record,* 190, 2, Februar 2002, S. 32.

Colafranceschi, Daniela, «Intervista a Jacques Herzog», in: Daniela Colafranceschi (Hrsg.), *Sull' involucro in architettura,* Roma, Dedalo, 1996, S. 140–159.

Curtis, William J. R., «Herzog & de Meuron's Architecture of Luminosity and Transparency Transforms an Old Power Station on the Thames into the New Tate Gallery of Modern Art», in: *Architectural Record,* 188, 6, Juni 2000, S. 102–109.

Davidson, Cynthia, «An Interview with Herzog & de Meuron», in: *ANY,* 13, 1996, S. 48–58.

Davoine, Gilles, «200 logements à Vienne, Autriche», in: *Moniteur architecture AMC,* 69, März 1996, S. 74–81.

Duboy, Philippe, «Herzog & de Meuron: l'hétérotopie à Paris, rue des Suisses, XIVe», in: *L'Architecture d'aujourd'hui,* 337, November/Dezember 2001, S. 112–117.

Egg, Anne-Laure, «Glissement entre l'ancien et le nouveau: le musée Küppersmühle, Duisbourg, Allemagne», in: *Architecture intérieure Crée,* 289, 1999, S. 74–77.

«Fashionable Collaborations: Prada – Herzog & de Meuron», in: *a+u Architecture and Urbanism,* 375, Dezember 2001, S. 42–49.

Federle, Helmut und Jacques Herzog, «Künstler in der Schweiz – Schweizer Kunst», in: *Werk, Bauen + Wohnen,* 10, Oktober 1984, S. 49–55.

Fer, Briony u. a., «Roundtable: Tate Modern», in: *October,* 98, Herbst 2001, S. 3–25.

Fernández-Galiano, Luis, «La vida de las formas: OMA y H&M casas mutantes», in: *AV – Arquitectura Viva,* 73, Juli/August 2000, S. 26–29.

Fingerhuth, Carl, «Architektur als soziale Werke», in: *Werk, Bauen + Wohnen,* 3, März 1988, S. 44–57.

Fretton, Tony, «Into the Void: Herzog & de Meuron's Tate Modern», in: *Architecture Today,* 109, Juni 2000, S. 34–57.

Herzog, Jacques & Pierre de Meuron, «Architektonische Elemente der Stadtentwicklung Basels», in: *Basler Stadtbuch 1974,* Basel, Christoph Merian Stiftung, 1975, S. 101–142.

Herzog & de Meuron, «Rationale Architektur und historische Bezugnahme», in: *The Village Cry*, 3, 1977, S. 224–226.

Herzog & de Meuron, «Rationale und rationalistische Aspekte des Entwerfens», in: *Der Architekt*, 5, 1978, S. 224–226.

Herzog & de Meuron, «Haus-Bar», in: *archithese*, 13, 1, Januar/Februar 1983, S. 50.

Herzog & de Meuron, «The Piece and the Entirety», in: *A3 Times*, 10, 1988, S. 5.

Herzog & de Meuron, «The Hidden Geometry of Nature: Six Projects», in: *Assemblage*, 9, Juni 1989, S. 80–107.

Herzog & de Meuron, «Leidenschaftlich treulos», in: *Ouvertures*, 5, 1990, S. 18f. (wiederabgedruckt in: Gerhard Mack, *Herzog & de Meuron 1989–1991. Das Gesamtwerk*, Bd. 2, Basel, Birkhäuser, 1996, S. 182).

Herzog & de Meuron, «Two Fields of Operation: Surfaces and Structures», in: *Lotus International*, 76, 1993, S. 113–131.

«Herzog & de Meuron», in: *L'Architecture d'aujourd'hui*, 300, September 1995, S. 39–75.

Herzog & de Meuron, «Urban Suburban», in: *Dan Graham: The Suburban City*, hrsg. von Theodora Vischer, Museum für Gegenwartskunst Basel, Basel, 1996, S. 25–28.

Herzog, Jacques und Pierre de Meuron, «2001 Pritzker Architecture Prize», Acceptance Speech, 7. Mai 2001, abgedruckt in: *The Pritzker Architecture Prize*, Jacques Herzog and Pierre de Meuron, The Hyatt Foundation, 2001.

Herzog & de Meuron, Michael Alder, Martin Steinmann und Peter Zumthor, «Reden über Holz», in: *archithese*, 15, 5, September/Oktober 1985, S. 2–14.

Herzog & de Meuron und Stanislaus von Moos, «Aparencia y vulneración», in: *Quaderns*, 167/168, Oktober 1985/März 1986, S. 50–79 (deutsch: «Schein und Verletztheit», in: Eraldo Consolascio (Hrsg.), *Lesearten. Texte zur Architektur – unter anderem*, 4, Zürich, ETH, Abteilung Architektur, 1988/1989, S. 79–88).

Herzog & de Meuron und Moritz Küng, «Architecture as Manipulation Object», in: *Skala, Nordic Magazine of Architecture and Art*, 29, 1993, S. 18–26.

Herzog & de Meuron, Jaime Salazar und Thomas Weckerle, «Thoughts About Recent Renovation Projects», in: *Quaderns*, 201, 1993, S. 48–74.

Herzog & de Meuron und Lynette Widder, «Für eine intuitive Verständlichkeit / Towards an Intuitive Understanding», in: *Daidalos*, Sonderausgabe, August 1995, S. 56–63.

Herzog & de Meuron und Rémy Zaugg, «Basel, eine Stadt im Werden?», in: *archithese*, 22, 6, 1992, S. 28–43 (frz.: «Basel, une ville en devenir», in: *L'Architecture d'aujourd'hui*, 300, September 1995, S. 62–75).

Herzog & de Meuron und Sandra Giraudi, «Sperimentazioni sull'involucro», in: *Rivista Tecnica*, 88, 1/2, 1997, S. 20–25.

Herzog & de Meuron und Rémy Zaugg, «Über Zusammenarbeit / About Collaboration», in: Gerhard Mack, *Herzog & de Meuron 1992–1996. Das Gesamtwerk*, Bd. 3, Basel, Birkhäuser, 2000, S. 226–232.

Herzog, Jacques, «Das spezifische Gewicht der Architekturen / The Specific Gravity of Architectures» (1981), in: Gerhard Mack, *Herzog & de Meuron 1978–1988. Das Gesamtwerk*, Bd. 1, Basel, Birkhäuser, 1997, S. 204–206.

Herzog, Jacques, «Das spezifische Gewicht der Architekturen», in: *archithese*, 12, 2, März/April 1982, S. 39–42.

Herzog, Jacques, «Die Architektur der Darstellung», in: *Werk, Bauen + Wohnen*, 11, November 1983, S. 29–33.

Herzog, Jacques, «Die verborgene Geometrie der Natur» (1988) (dt./engl.) in: *Gerhard Mack, Herzog & de Meuron 1978–1988. Das Gesamtwerk*, Bd. 1, Basel, Birkhäuser, 1997, S. 207–211.

Herzog, Jacques, «La geometría oculta de la naturaleza / The Hidden Geometry of Nature», in: *Quaderns*, 181/182, April/September 1989, S. 96–119.

Herzog, Jacques, «La ciudad y su estado de agregación / The City and Its State of Aggregation», in: *Quaderns*, 183, Oktober/Dezember 1989, S. 113–122 (deutsch: «Die Stadt und ihr Aggregatszustand», in: Gerhard Mack, *Herzog & de Meuron 1989–1991. Das Gesamtwerk*, Bd. 2, Basel, Birkhäuser, 1996, S. 180–181).

Herzog, Jacques, «Das kleine Haus auf dem Rigi», nicht veröffentlichtes Manuskript, 1993.

Herzog, Jacques, «Poesis Production», in: Cynthia C. Davidson (Hrsg.), *Anyway*, New York, Anyone Corporation und Rizzoli, 1994, S. 84–89.

Herzog, Jacques, «Sui Materiali / On Materials», in: *Domus*, 765, November 1994, S. 74–77.

Herzog, Jacques, «Recent Work of Herzog & de Meuron», in: *Columbia Documents of Architecture and Theory*, 4, Dezember 1995, S. 5–25.

Herzog, Jacques, «Firmitas», Vortrag im Rahmen der Architekturgespräche an der ETH Zürich, 31.10.1996, überarbeitete Fassung abgedruckt in: Gerhard Mack, *Herzog & de Meuron 1992–1996. Das Gesamtwerk*, Bd. 3, Basel, Birkhäuser, 2000, S. 222–225.

Herzog, Jacques, «Thinking of Gadamer's Floor», in: Cynthia C. Davidson (Hrsg.), *Anything*, New York, Anyone Corporation, 2001, S. 114–119.

Herzog, Jacques und Theodora Vischer, «Gespräch zwischen Jacques Herzog und Theodora Vischer, Mai 1988» (dt./engl.), in: *Gerhard Mack, Herzog & de Meuron 1978–1988. Das Gesamtwerk*, Bd. 1, Basel, Birkhäuser, 1997, S. 212–217.

Herzog, Jacques und Theodora Vischer, «Gespräch zwischen Jacques Herzog und Theodora Vischer» (dt./engl.), in: *Parkett,* 20, 1989, S. 140–150.

Herzog, Jacques und Bernhard Bürgi, «Gespräch zwischen Jacques Herzog und Bernhard Bürgi, Basel, 8. November 1990» (dt./engl.), in: Gerhard Mack, *Herzog & de Meuron 1989–1991. Das Gesamtwerk,* Bd. 2, Basel, Birkhäuser, 1996, S. 183–188.

Herzog, Jacques und Hubertus Adam, «Mit unseren heutigen Mitteln die Welt erlebbar machen», in: *archithese,* 30, 1, Januar/Februar 2000, S. 5–9.

Herzog, Jacques und Rem Koolhaas, «Unsere Herzen sind von Nadeln durchbohrt», in: *Du,* 706, Mai 2000, S. 62f.

Herzog, Jacques und Hubertus Adam, «Den Menschen auf seine Körperlichkeit zurückwerfen: Jacques Herzog im Gespräch mit Hubertus Adam», in: *archithese,* 33, 2, März/April 2002, S. 46–53.

Herzog, Jacques, Marcel Meili und Andreas Ruby, «Update zur Gegenwart: Studio Basel, Forschung in der Schweiz», in: *Werk, Bauen + Wohnen,* 4, April 2002, S. 42–47 u. S. 70–73.

Herzog, Jacques, René Hardmeier, Fritz Schumacher und Irma Noseda, «Basel – der Hafen muss weg!», in: *Werk, Bauen + Wohnen,* 5, Mai 2002, S. 30–34.

Hubeli, Ernst, «Das Selbe und das Besondere. Ein Gespräch mit Jacques Herzog und Pierre de Meuron, neuere Arbeiten», in: *Werk, Bauen + Wohnen,* 10, Oktober 1993, S. 14–31.

Huber, Dorothy, «The Hidden and the Apparent: Comments on the Work of Jacques Herzog and Pierre de Meuron», in: *Assemblage,* 9, Juni 1989, S. 114–117.

Jehle-Schulte Strathaus, Ulrike, «... dass es möglich ist, etwas hinzustellen...», in: *Werk, Bauen + Wohnen,* 7/8, Juli/August 1982, S. 11–17.

Jehle-Schulte Strathaus, Ulrike, «Farben und Form als Tarnung», in: *Werk, Bauen + Wohnen,* 9, September 1986, S. 47–51.

Josephy, Martin, «Kunstvoll kunstlos», in: *archithese,* 32, 1, Januar/Februar 2002, S. 38–43.

Kammerer, Hans, Gustav Peichl und Dietmar Steiner, «Förderungspreis Baukunst», in: *Kunstpreis Berlin,* 1987, S. 12f.

Kelly, Lore, «Architektonische Poesie», in: *Docu Bulletin,* 5/6, Mai/Juni 1990, S. 5–13.

Knutt, Eklaine, «Polite Intervention», in: *World Architecture,* 87, Juni 2000, S. 48–55.

Latouche, Pierre-Edouard und Philip Ursprung, «Le musée imaginaire d'Herzog et de Meuron», in: *AI: Architecture and Ideas / Architecture et idées,* 3, 1, Winter/Frühling 2001, S. 34–43.

Lavalou, Armelle und Jean-Paul Robert, «Rémy Zaugg, l'atelier», in: *L'Architecture d'aujourd'hui,* 315, Februar 1998, S. 39–59.

Loderer, Benedikt: «Mit achtungsvoller Respektlosigkeit», in: *Hochparterre,* 13, 6/7, 2000, S. 10–17.

Lootsma, Bart, «Fenomenologie van de architectuur», in: *de architect,* 23, 1, Januar 1992, S. 26–43.

Lubow, Arthur, «Clean, Well-Lighted Places», in: *Departures,* Januar/Februar 2002, S. 100–105.

Lucan, Jacques, «Jacques Herzog & Pierre de Meuron: Vers une architecture», in: *Du,* 615, Mai 1992, S. 28–33.

Lucan, Jacques : «Herzog et de Meuron: Galerie d'art à Munich», in: *Moniteur architecture AMC,* 40, April 1993, S. 36–39.

Magrou, Rafaël, «Energie pour l'art contemporain: extension de la Tate Britain», in: *Techniques et architecture,* 449, August/September 2000, S. 32–37.

Marcel, Odile, «H&deM: création et communication, une architecture comme modèle social», in: *Pages Paysages,* 5, 1995, S. 30–43.

de Meuron, Pierre, «Warum Architektur-Wettbewerbe?», in: *Projekte für Basel,* Basel, Hochbauamt Basel-Stadt, 1983, S. 57–58.

Miyake, Riichi, «Jacques Herzog Interview», in: *Kenchiku bunka,* 604, Februar 1997, S. 99–112.

Moore, Rowan, «Beyond Architecture», in: *Blueprint,* 115, März 1995, S. 26–30.

Moore, Rowan, «Il mundo di Herzog / The World of Herzog», in: *Domus,* 844, Januar 2002, S. 44–47.

Neumeyer, Fritz, «Quatre travaux récents», in: *Moniteur architecture AMC,* 56, November 1994, S. 34–44.

Neumeyer, Fritz, «Komplizenschaft mit der Architektur», in: *Architektur Aktuell,* 175/176, 1995, S. 66–73.

Nicolas, Aymone, «Eaux-fortes: bibliothèque, Eberswalde, Allemagne», in: *Techniques et architecture,* 448, April/Mai 2000, S. 62–67.

Omlin, Sybille, «Überlagerung von öffentlich und privat», in: *Werk, Bauen + Wohnen,* 11, November 2001, S. 40–45.

Paczowski, Bohdan, «Quel style? Tate Gallery of Modern Art, Londres, Royaume-Uni», in: *L'Architecture d'aujourd'hui,* 331, November/Dezember 2000, S. 98–105.

Pousse, Jean-François, «Gabions de lumière: Dominus Winery, Yountville, Californie», in: *Techniques et architecture,* 442, April 1999, S. 94–99.

Powell, Kenneth, «Powerhouse: Tate Modern, London», in: *Architect's Journal,* 211, 16, 27. April 2000, S. 24–33.

Reichlin, Bruno, «Objectlike: The Ricola Storage Building», in: *Assemblage,* 9, Juni 1989, S. 108–113.

Riley, Terence, «'Goetz Collection' and 'Signal Box auf dem Wolf'», in: Terence Riley, *Light Construction,* New York, Museum of Modern Art und Abrams, 1995, S. 50–53 u. S. 72 f.

Robert, Jean-Paul, «Mécanique de la vie privée», in: *Maison française,* 516, Februar/März 2002, S. 138–143.

Rocca, Alessandro, «Herzog & de Meuron, persuasori occulti / Herzog & de Meuron, Hidden Persuaders», in: *Lotus international,* 82, 1994, S. 52–67.

Rojo, Luis, «Ensayos, analogías, metáforas / Essays, Analogies, Metaphors», in: *Arquitectura,* 292, Juli 1992, S. 30–35.

Roman, Antonio, «Herzog & de Meuron: fachadas a la espescificidad / Facades of Specificity», in: *a+t,* 4, Oktober 1994, S. 10–29.

Ryan, Raymund, «The Fabricated Landscape», in: *Blueprint,* 123, Dezember 1995, S. 22–26.

Ryan, Raymund, «Brut de brut», in: *Blueprint,* 147, Februar 1998, S. 30–33.

Ryan, Raymund, «Lo generale en detalle / The General in Particular», in: *a+t,* 14, 1999, S. 10–37.

Ryan, Raymund, «The Eberswalde Chronicle», in: *a+u Architecture and Urbanism,* 352, Januar 2000, S. 44–49.

Schmidt, Eva, «Kooperation im Werden – Herzog & de Meuron und Rémy Zaugg / Evolving Collaboration – Herzog & de Meuron and Rémy Zaugg», in: Florian Matzner (Hrsg.), *Public Art. Kunst im öffentlichen Raum,* Ostfildern-Ruit, Hatje Cantz, 2001, S. 230–241.

Slessor, Catherine, «Art and Industry: Art Museum, London, England», in: *Architectural Review,* 1242, August 2000, S. 44–49.

Steinmann, Martin, «Fabrikbauten», in: *Schweiz – Suisse – Svizzera – Svizra – Switzerland, Neuere Architektur in und um Basel,* 1, 1988, S. 32–41 u. S. 48.

Steinmann, Martin, «Das! – Zu zwei neuen Werken», in: *Werk, Bauen + Wohnen,* 9, September 1989, S. 44–57.

Steinmann, Martin, «Möglichkeiten eines Gegenstandes», in: *Kritik,* 2, 1993, S. 52–56.

Such, Robert, «Curvare la strada / Bending the Street», in: *Domus,* 843, Dezember 2001, S. 34–43.

Tschanz, Martin, «Sanfte Pervertierungen / Gentle Perversions», in: *Daidalos,* 56, Juni 1995, S. 88–95.

Valor, Jaume, «Se permite escribir sobre las paredes / Writing on the Walls is Allowed», in: *Arquitectura,* 295, März 1993, S. 116–119.

Volkart, Yvonne, «Herzog & de Meuron. Giving a Glow to a Given Trace», in: *Flash Art International,* 185, Dezember 1995, S. 70–72.

Wang, Wilfried, «Herzog & de Meuron: Interpreting the Place», in: *Architecture Today,* 2, Oktober 1989, S. 44–47.

Zucchi, Cino, «States of Matter: Notes on the Work of Herzog & de Meuron», in: *Lotus international,* 73, 1992, S. 50–66.

AUTOREN

Jacques Herzog wurde 1950 in Basel geboren und studierte von 1970 bis 1975 bei Aldo Rossi und Dolf Schnebli Architektur an der ETH Zürich. Er wurde 1977 Assistent bei Dolf Schnebli und gründete 1978 mit Pierre de Meuron das Architekturbüro Herzog & de Meuron in Basel. Als Künstler hatte er 1979, 1981, 1983 und 1986 Einzelausstellungen in der Galerie Stampa in Basel. Er war 1983 Gastprofessor an der Cornell University sowie 1989 und wieder seit 1994 an der Harvard University. Seit 1999 ist er Professor im ETH-Studio Basel. 2001 gewann er den Pritzker Architecture Prize.

Pierre de Meuron wurde 1950 in Basel geboren und studierte von 1970 bis 1975 bei Aldo Rossi und Dolf Schnebli Architektur an der ETH Zürich. Er wurde 1977 Assistent bei Dolf Schnebli und gründete 1978 mit Jacques Herzog das Architekturbüro Herzog & de Meuron in Basel. Er war 1989 und wieder seit 1994 Gastprofessor an der Harvard University. Seit 1999 ist er Professor im ETH-Studio Basel. 2001 gewann er den Pritzker Architecture Prize.

Harry Gugger wurde 1956 in Grezenbach geboren. Er studierte von 1984 bis 1989 Architektur bei Flora Ruchat an der ETH Zürich sowie bei Tadao Ando an der Columbia University. Er war 1990 Assistent von Herzog & de Meuron an der Sommerakademie Karlsruhe und wurde 1991 Partner in der Firma. 1994 war er Gastprofessor an der Hochschule für Architektur und Bauwesen in Weimar. Er unterrichtet seit 2001 an der École Polytechnique Fédérale in Lausanne.

Christine Binswanger wurde 1964 in Kreuzlingen geboren. Sie studierte von 1984 bis 1990 bei Flora Ruchat und Hans Kolhoff Architektur an der ETH Zürich. Sie arbeitete erstmals 1991 bei Herzog & de Meuron und wurde 1994 Partnerin in der Firma. Seit 2001 unterrichtet sie an der École Polytechnique Fédérale in Lausanne.

Carrie Asman wurde 1953 in Oakland geboren. Sie promovierte 1988 an der Stanford University und arbeitet zur Zeit an einer Ausstellung zum Thema «Parure et Pudeur: Limites du corps» (Paris, 2004).
Publikationen u. a.: *From Agon to Allegory. Walter Benjamin and the Drama of Language,* Stanford, UMI, 1988; *Johann Wolfgang Goethe. Der Sammler und die Seinigen,* Amsterdam und Dresden, Verlag der Kunst, 1997.

Richard Armstrong wurde 1949 in Kansas City geboren. Er ist Direktor des Carnegie Museum of Art in Pittsburgh. Er studierte Kunstgeschichte am Lake Forest College, Illinois, und arbeitete als Kurator am La Jolla Museum of Contemporary Art, California, und am Whitney Museum of American Art, wo er die Richard-Artschwager-Retrospektive im Jahr 1988 organisierte.
Publikationen u. a.: *Richard Artschwager,* Whitney Museum of American Art, New York, 1988; *Carnegie International 1995,* The Carnegie Museum of Art, Pittsburgh, Pennsylvania, 1995.

Gernot Böhme wurde 1937 in Dessau geboren. Er ist seit 1977 Professor für Philosophie an der TU Darmstadt und war Gastdozent an den Universitäten von Wien, Harvard, Linköpping, Cambridge, Canberra und Rotterdam (Erasmus Universiteit). Er arbeitet zur Zeit über Chaostheorie und die Verbindung von Technisierung und Gesellschaft.
Publikationen u. a.: *Atmosphäre. Essays zur neuen Ästhetik,* Frankfurt am Main, Suhrkamp, 1995; *Anmutungen. Über das Atmosphärische.* Ostfildern, edition tertium, 1998; *Theorie des Bildes,* München, Fink 1999; *Aisthetik: Vorlesungen über Ästhetik als allgemeine Wahrnehmungslehre,* München, Fink, 2001.

Georges Didi-Huberman wurde 1953 in Saint-Étienne geboren und ist Kunsthistoriker und Theoretiker der visuellen Kultur. Er ist Professor an der École des hautes études en sciences sociales in Paris und Autor von mehr als zwanzig Büchern zur Geschichte und Theorie des Bildes. Ausserdem war er Kurator einiger Ausstellungen, darunter *L'Empreinte* im Centre Georges Pompidou, Paris.
Publikationen u. a.: *La ressemblance informe,* Paris, Macula, 1995; *Die Erfindung der Hysterie,* München, Fink, 1997; *Vor einem Bild,* München, Hanser, 2000; *Devant le temps: histoire de l'art et anachronisme des images,* Paris, Les Editions de Minuit, 2000.

Kurt W. Forster wurde 1935 in Zürich geboren. Er unterrichtete an der Yale University, der Stanford University, am Massachusetts Institute of Technology und an der ETH Zürich. Er war Gründungsdirektor des Getty Center for the History of Art and the Humanities in Santa Monica, California, Direktor des Canadian Centre for Architecture in Montreal sowie Direktor der Accademia di architettura in Mendrisio.
Publikationen u. a.: mit Francesco Dal Co und Hadley Soutter Arnold, *Frank O. Gehry. Das Gesamtwerk,* Stuttgart, DVA, 1998; als Herausgeber, Aby Warburg, *The Renewal of Pagan Antiquity. Contributions to the Cultural History of the European Renaissance,* Los Angeles, Getty Research Institute for the History of Art and Humanities, 1999.

Boris Groys wurde 1947 in Berlin (Ost) geboren und ist Professor für Philosophie, Kunstwissenschaft und Medientheorie an der Hochschule für Gestaltung in Karlsruhe. Er war Gastprofessor an der University of Pennsylvania und an der University of Southern California, Los Angeles sowie Rektor der Akademie der bildenden Künste in Wien.
Publikationen u. a.: *Gesamtkunstwerk Stalin,* München, Hanser, 1988; *Über das Neue. Versuch einer Kulturökonomie,* München, Hanser, 1992; *Unter Verdacht. Eine Phänomenologie der Medien,* München, Hanser, 2000.

Reinhold Hohl wurde 1929 in Zürich geboren und promovierte an der Universität Basel. Er war Dozent für Kunstgeschichte an der City University of New York und an der University of Wisconsin in Milwaukee sowie Titularprofessor für Kunstgeschichte an der ETH Zürich, wo er auch die Graphische Sammlung leitete. Er hat zahlreiche Aufsätze zu Alberto Giacometti, Picasso, Marcel Proust sowie zu futuristischer und kubistischer Malerei verfasst.
Publikationen u. a.: *Alberto Giacometti,* Stuttgart, Hatje, 1971; *Alberto Giacometti. Eine Bildbiographie,* Ostfildern-Ruit, Hatje, 1998.

Catherine Hürzeler wurde 1961 geboren. Sie studierte Kunstgeschichte an der Universität Basel. Lizenziatsarbeit zu Gerhard Richters *Atlas*. Sie ist Dozentin für Kunstgeschichte an der Hochschule für Gestaltung und Kunst in Basel.

Petros Koumoutsakos wurde 1963 in Gythion (Griechenland) geboren. Er studierte Schiff- und Maschinenbau, Luft- und Raumfahrttechnik sowie angewandte Mathematik an der Nationalen Technischen Universität Athen, der University of Michigan und dem California Institute of Technology. Er ist Professor für Computational Sciences an der ETH Zürich. Publikationen u. a. zu Fluiddynamik, Nanotechnologien und über Algorithmen aus der Biologie; mit Georges-Henri Cottet, *Vortex Methods: Theory and Practice,* Cambridge, Cambridge University Press, 2000.

Robert Kudielka wurde 1945 in Lindau i.B. geboren und promovierte an der Eberhard-Karls-Universität in Tübingen und ist Professor für Ästhetik und Theorie der Kunst an der Hochschule der Künste Berlin. Er war Gastprofessor am Royal College of Art in London sowie an der Universität von Rio de Janeiro. Publikationen u. a.: als Herausgeber, *The Eyes Mind: Bridget Riley. Collected Writings 1965–1999,* London, Thames and Hudson, 1999; mit Bridget Riley, *Paul Klee: The Nature of Creation – Works 1914–1940,* Hayward Gallery, London, Lund and Humphries, 2002.

Albert Lutz wurde 1954 in Chur geboren und studierte europäische und ostasiatische Kunstgeschichte an der Universität Zürich, wo er 1991 promovierte. Er ist Direktor des Museums Rietberg Zürich, wo er für die China-Abteilung zuständig ist und als Kurator zahlreiche Ausstellungen realisiert hat. Publikationen u. a.: mit Helmut Brinker, *Chinesisches Cloisonné. Die Sammlung Pierre Uldry,* Museum Rietberg Zürich, Zürich, 1985 (englische Ausgabe 1986); mit Huang Qi, *Chinesische Szenen. Die Bildrolle des Malers Xiao Yuncong und Fotografien von Daniel Schwartz,* Museum Rietberg Zürich, Zürich, 1992; mit Alexandra von Przychowski, *Wege ins Paradies. Chinesische Gelehrtensteine,* Museum Rietberg Zürich, Zürich, 1998.

Christian Moueix wurde 1946 in Libourne geboren. Er studierte Agrarwissenschaften in Paris und an der University of California at Davis. Er leitet das Weingut der Familie in Pomerol (Châteaux Petrus, Hosanna, Trotanoy, La Fleur Petrus u. a.) und Saint-Emilion (Château Magdelaine) sowie die Firma Jean-Pierre Moueix, négociant à Libourne. Aus dem Weinberg Napanook im Napa Valley, California, kommt der Dominus-Wein, für den Herzog & de Meuron 1997 die Dominus Winery gebaut haben. Seine Frau Cherise Chen-Moueix berät ihn in allen künstlerischen Fragen.

Peggy Phelan wurde in New York geboren und ist Professorin für Performance Studies an der Tisch School of the Arts, New York University. Sie ist Gastprofessorin für Theaterwissenschaften an der Stanford University und war 1997–1999 Fellow des *Death-in-America*-Projekts des Open Society Institute.
Publikationen u. a.: *Unmarked: The Politics of Performance,* London und New York, Routledge, 1993; *Mourning Sex: Performing Public Memories,* London und New York, Routledge, 1997; mit Helena Reckitt, *Art and Feminism,* London, Phaidon, 2001; mit Hans Ulrich Obrist und Elizabeth Bronfen, *Pipilotti Rist,* London, Phaidon, 2001.

Alfred Richterich ist Mitinhaber einer Firma, Sammler und Mäzen.

Thomas Ruff wurde 1958 in Zell am Harmersbach geboren. Er ist Professor an der Kunstakademie Düsseldorf, wo er bei Bernd Becher Kunst und Fotografie studierte. Er hat seit 1990 Bauten von Herzog & de Meuron fotografiert und unter anderem bei der Bibliothek der Fachhochschule Eberswalde mit ihnen zusammengearbeitet. Ferner hat er an mehreren Katalogen zu Herzog & de Meuron mitgewirkt.
Publikationen u. a.: *Herzog & de Meuron. Das neue SUVA-Haus in Basel 1988–1993,* Architekturgalerie Luzern, Luzern, 1994; *Architectures of Herzog & de Meuron. Portraits by Thomas Ruff,* New York, Peter Blum, 1995; *Eberswalde Library. Herzog & de Meuron,* London, Architectural Association, 2000.

Rebecca Schneider wurde in San Francisco geboren. Sie unterrichtet am Department of Theater, Film, and Dance sowie am Department of the History of Art der Cornell University. Sie ist regelmässige Autorin bei *TDR: The Drama Review.* Als «performing theorist» hat sie gelegentlich mit Künstlern zusammengearbeitet, kürzlich in einer Installation von Hannah Hurtzig und Heike Roms im British Museum in London.
Publikationen u. a.: *The Explicit Body in Performance,* London, Routledge, 1997; mit Gabrielle H. Cody (Hrsg.), *Re:direction. A Theoretical and Practical Guide,* London u. a., Routledge, 2001; *Playing Remains* (in Vorbereitung).

Ulrike Meyer Stump wurde 1971 in Zürich geboren und studierte Geschichte der Fotografie und moderne Kunstgeschichte an der Princeton University, wo sie zur Zeit über Karl Blossfeldt promoviert. Sie hatte Lehraufträge an der École du Louvre, am Kunsthistorischen Institut der Universität Zürich und an der Hochschule für Gestaltung und Kunst Zürich.
Publikationen u. a.: *Karl Blossfeldt: Arbeitscollagen,* München, Schirmer/Mosel, 2000; «Natur im Raster: Blossfeldt-Rezeption heute», in: *Konstruktionen von Natur. Von Blossfeldt zur Virtualität,* hrsg. von der Akademie der Künste Berlin, Dresden, Verlag der Kunst, 2001.

Philip Ursprung wurde 1963 in Baltimore geboren. Er promovierte 1993 an der Freien Universität Berlin und ist Nationalfonds-Förderungsprofessor für Geschichte der Gegenwartskunst am Departement Architektur der ETH Zürich. Er unterrichtete an der Universität Genf, der ETH Zürich, der Kunsthochschule Berlin-Weissensee, der Hochschule der Künste Berlin und an der Universität Basel.
Publikationen u. a.: *Kritik und Secession, «Das Atelier»: Kunstkritik in Berlin zwischen 1890 und 1897,* Basel, Schwabe, 1996; mit Katharina Schmidt (Hrsg.), *White Fire – Flying Man, Amerikanische Kunst in Basel 1959–1999,* Museum für Gegenwartskunst Basel, Basel, Schwabe, 1999; *Grenzen der Kunst: Allan Kaprow und das Happening, Robert Smithson und die Land Art,* München, Silke Schreiber, 2002.

Adolf Max Vogt wurde 1920 in Zürich geboren. Er studierte Kunstgeschichte, klassische Archäologie und europäische Literatur an den Universitäten von Zürich, Lausanne und Glasgow. Er war Professor am Departement für Architektur an der ETH Zürich, wo er das Institut für Geschichte und Theorie der Architektur (gta) gründete und leitete. Er hat in Istanbul, Rom, London, Moskau und Berlin geforscht und war Gastprofessor am Massachusetts Institute of Technology. Seit seiner Emeritierung 1985 setzt er seine Tätigkeit mit Vorträgen und Publikationen zur Kunst und Architektur fort.
Publikationen u. a.: *Boullées Newton-Denkmal. Sakralbau und Kugelidee,* Basel, Birkhäuser, 1969; *Russische und französische Revolutionsarchitektur 1917/1789,* Köln, DuMont, 1974; *Karl Friedrich Schinkel. Blick in Griechenlands Blüte,* Frankfurt, Fischer, 1985; *Le Corbusier, der edle Wilde,* Braunschweig, Vieweg, 1996.

Jeff Wall wurde 1946 in Vancouver geboren. Er promovierte an der University of British Columbia in Kunstgeschichte, wo er auch Kunst studierte. Er unterrichtete an der Simon Fraser University und an der University of British Columbia Kunst. Im Rahmen seines Unterrichts machte er auch Lehrveranstaltungen zu Ästhetik sowie Geschichte und Theorie der Kunst.
Publikationen über den Künstler u. a.: *Jeff Wall,* London, Phaidon, 1996; *Jeff Wall – Bilder von Landschaften,* Photographische Sammlung, SK Stiftung Kultur im MediaPark, Köln, 1999; *Jeff Wall: Oeuvres 1990–1998,* Musée de l'art contemporain de Montréal, Montreal, 1999; Rolf Lauter (Hrsg.), *Jeff Wall: Figures & Places,* München, Prestel, 2001.

Alejandro Zaera-Polo wurde 1963 in Madrid geboren und ist Architekt. Er unterrichtet an der Princeton University und am Berlage Institute in Amsterdam. 1992 gründete er mit Farshid Moussavi Foreign Office Architects. Die Firma hat heute Büros in London und Tokio und hat Projekte in Japan, Spanien, Südkorea, Grossbritannien und in den Niederlanden verwirklicht. Von Foreign Office Architects stammte der offizielle britische Beitrag an der *8. Internationalen Architekturausstellung* an der Biennale Venedig, 2002.

Rémy Zaugg wurde 1943 in Courgenay geboren und hat als Künstler mehrmals an Projekten von Herzog & de Meuron mitgewirkt, vom Universitätscampus von Dijon (Studentenwohnheim Antipodes I) bis zu Fünf Höfe, Innenstadtprojekt für München (in Ausführung). Herzog & de Meuron, die 1995–1996 sein Atelier in Mulhouse bauten, wurden auf ihn als Autor von *Die List der Unschuld* aufmerksam.
Publikationen u. a.: *Die List der Unschuld.* Eindhoven, Verlag des Stedelijk Van Abbemuseum, 1982; *Herzog & de Meuron – Eine Ausstellung,* Kunsthaus Bregenz, Ostfildern, Cantz, 1996.

BILDNACHWEIS

Wenn nicht anders bezeichnet, wurden sämtliche Skizzen, Modelle, computergenerierten Bilder und Drucke von Herzog & de Meuron durch Herzog & de Meuron fotografiert.

Richard Artschwager: S. 360; Atelier Gerhard Richter: S. 370 o.; Martin Bühler/Öffentliche Kunstsammlung Basel: S. 18 o., 102–103, 107 o. und u. l.; Hillel Burger, Botanical Museum of Harvard University: S. 317; CCA Photographic Services (François Bastien, Michel Boulet, Alain Laforest, Louis Lapointe, Michel Legendre, Charles Lemay): S. 37, 91–93, 198, 254–256, 265 u. r., 266–269, 338, 339, 342, 343, 378 o.; Christian-Paul Chamiot S. 62; Geoffrey Clements: S. 200; Courtesy Alberto Giacometti-Stiftung, Zürich: S. 96; Courtesy Andy Warhol Museum, Pittsburgh: S. 308; Courtesy documenta Archiv, Kassel: S. 237; Courtesy Barbara Gladstone Gallery, New York: S. 156 o. und Mitte; Courtesy Bibliothèque nationale de France, Paris: S. 178; Courtesy Carnegie Museum of Art, Pittsburgh: S. 238; Courtesy Carnegie Museum of Natural History, Pittsburgh: S. 264 u. r.; Courtesy Chinati Foundation, Marfa, Texas: S. 111 u.; Courtesy Galerie Hauser & Wirth, Zürich: S. 392; Courtesy Kunstmuseum Wolfsburg, Deutschland: S. 362; Courtesy Marian Goodman Gallery, New York/Paris: S. 278; Courtesy Metropolitan Museum of Art, New York: S. 114; Courtesy National Gallery of Canada, Ottawa: S. 111 o.; Courtesy Öffentliche Kunstsammlung Basel: S. 133, 137, 363; Courtesy San Francisco Museum of Modern Art: S. 50 u.; Courtesy Sir John Soane's Museum, London: S. 35; Courtesy Universität der Künste Berlin: S. 250, 251, 314; Courtesy Whitney Museum of American Art, New York: S. 104 o.; Courtesy Windsor Castle, Royal Library, London: S. 129; Nat Finkelstein: S. 146–147, 306; Michael Fontana: S. 172, 173; video Enrique Fontanilles: S. 195 o. l.; 1990 James Franklin Photography, Los Angeles: S. 157; Galerie Lenbachhaus München: S. 206, 207, 212–217; Video Ulrich Gambke: S. 14; Greg Heins/Courtesy Arthur M. Sackler Museum, Harvard University Art Museums: S. 88, 89 (ohne o. r.); Herzog & de Meuron: S. 12, 22, 158 o. r. und u. l., 159 (ohne u. r.), 195 o. r. und u. r., 201 u. r., 246–247, 259 u., 262, 263, 271, 334 u., 369; S. 440, Projekt 183; Video Herzog & de Meuron: S. 310, 322–323, 381 o.; Video Herzog & de Meuron mit Enrique Fontanilles: S. 23; Video Jacques Herzog mit Alex Silber: S. 218; Carl Huber, Basel: S. 132; Helga Huber: S. 136; Yasuhiro Ishimoto: S. 327; Susanne Kudielka: S. 297; Marcus Leith/Tate Photography: S. 34, 148; Armin Linke: S. 40; Attilio Maranzano: S. 26, 454, Projekt 194; Fritz Maurer, Zürich: S. 134; Louis Meluzo: S. 368; Michael Nedzweski/Courtesy Arthur M. Sackler Museum, Harvard University Art Museums: S. 89 o. r., 120; Maria Netter: S. 135; Alfred Richterich: S. 174; Christian Richters: S. 154; Richard Ross: S. 192 o. r. und o. l.; Roberto Schezen: S. 353; Ruedi Seiwald: S. 159 u. r.; Margherita Spiluttini: S. 15, 24 o., 46 u., 56, 60, 179, 224, 234, 288, 292–296, 300, 303, 307, 352, 424, 426; S. 432, Projekte 17, 23, 24; S. 433, Projekte 25, 29, 31; S. 434 Projekte, 36, 38; S. 435, Projekte 46, 48; S. 436, Projekte 49, 55, 56; S. 437, Projekt 64; S. 441, Projekte 94, 96; S. 442, Projekte 100, 102; S. 443, Projekt 105; S. 444, Projekte 113, 119; S. 445, Projekte 126, 128; S. 446, Projekte 131, 132, 133; S. 447, Projekte 137, 142, 143; S. 448, Projekte 149, 151; S. 449, Projekt 154; S. 450, Projekt 168; Richard Stoner: S. 264 u. l., 366–367, 379 o., 389, 391 u.; Hisao Suzuki: S. 211, 257 o. l., 337 u.; S. 437, Projekt 57; S. 446, Projekt 134; Michael Tropea: S. 50 o.; Philip Ursprung: S. 18 u., 290, 291, 425; Jean-Luc Verville: S. 202 u.

COPYRIGHTS

Wenn nicht anders bezeichnet, sind alle Skizzen, Modelle, computergenerierten Bilder, Drucke, Fotografien und Videostills von Herzog & de Meuron © Herzog & de Meuron, Basel, 2002.

© Richard Artschwager/ARS (New York)/SODRAC (Montréal) 2002: S. 104 o., 360, 362, 363; © Joss Bachhofer: S. 439, Projekt 74; © Bernd und Hilla Becher: S. 155; © Nachlass Joseph Beuys/VG Bild-Kunst (Bonn)/SODRAC (Montréal) 2002: S. 82–83, 107 o. und u. l.; © Hélène Binet: S. 449, Projekt 160; Fotografie © Dirk Bleicker, Berlin: S. 412; © Nachlass Karl Blossfeldt/VG Bild-Kunst (Bonn)/SODRAC (Montréal) 2002: S. 250, 251, 312, 314; © Jonathan Borofsky/Courtesy Paula Cooper Gallery, New York: S. 412; © Balthasar Burkhard: S. 334 o. und Mitte, 335, 438, Projekt 65; © Alejandro Delgado: S. 450, Projekt 164; © 1992 Les Éditions Québec/Amérique Inc.: S. 181; © Nat Finkelstein, 1968/Courtesy Wooster Projects: S. 146–147, 306; © Alain Fleischer: S. 280; © Flugaufnahme Comet, Zürich: S. 430, Projekt 6; © Nachlass Alberto Giacometti/ADAGP (Paris)/SODRAC (Montréal) 2002: S. 96, 132–137; © Dan Graham: S. 366–367, 392; © Michael Hanak Archiv, Zürich: S. 158 o. l.; © F. Hausmann/Luftreportagen, Wien: S. 434, Projekt 40; © Greg Heins: S. 88, 89 (ohne o. r.); © Yasuhiro Ishimoto: S. 327; Fotografie © The J. Paul Getty Museum: S. 58, 59; Plastik © Donald Judd Foundation/VAGA (New York)/SODART (Montréal) 2002: S. 18 o., 102–103, 111; © Nachlass Yves Klein/ADAGP (Paris)/SODRAC (Montréal) 2002: S. 368; © Jannis Kounellis: S. 43; © Louise Lawler: S. 156 u.; © Armin Linke: S. 40; © Steve McQueen: S. 278; © Nachlass László Moholy-Nagy/VG Bild-Kunst (Bonn)/SODRAC (Montréal) 2002: S. 283; © Prada: S. 26, 454, Projekt 194; Bild © President and Fellows of Harvard College: S. 89 o. r., 120; © Richard Prince: S. 156 o. und Mitte; © Gerhard Richter: S. 206–209, 212–217, 370 o.; © Christian Richters: S. 154; © Richard Ross: S. 192 o. r. und o. l.; © Fausto und Vera Rossi: S. 45; © Thomas Ruff/VG Bild-Kunst (Bonn)/SODRAC (Montréal) 2002: S. 32, 162–166, 168, 169, 260, 261, 318, 452, Projekt 183; © Robert Smithson/VAGA (New York)/SODART (Montréal) 2002: S. 50, 200; Fotografie © 2002 Sotheby's, Inc.: S. 116–117; Fotografie © 2002 The Andy Warhol Museum, Pittsburgh, Pa., a museum of Carnegie Institute: S. 308; © 1999–2002 Margherita Spiluttini, All Rights Reserved: S. 15, 24 o., 46 u., 56, 60, 179, 224, 234, 288, 292–296, 300, 303, 307, 352, 424, 426; S. 432, Projekte 17, 23, 24; S. 433, Projekte 25, 29, 31; S. 434, Projekte 36, 38; S. 435, Projekte 46, 48; S. 436, Projekte 49, 55, 56; S. 437, Projekt 64; S. 441, Projekte 94, 96; S. 442, Projekte 100, 102; S. 443, Projekt 105; S. 444, Projekte 113, 119; S. 445, Projekte 126, 128; S. 446, Projekte 131, 132, 133; S. 447, Projekte 137, 142, 143; S. 448, Projekte 149, 151; S. 449, Projekt 154; S. 450, Projekt 168; © Hiroshi Sugimoto: S. 97; © Hisao Suzuki: S. 211, 257 o. l., 337 u.; S. 437, Projekt 57; S. 446, Projekt 134; © Tate, London 2002: S. 34, 148; © Nick Tenwiggenhorn: S. 24 u.; S. 446, Projekt 130; © Jeff Wall: S. 10–11, 66, 68, 71, 74–75; © Ruedi Walti: S. 416; S. 436, Projekt 50; S. 450, Projekt 165; S. 453, Projekt 188; © Andy Warhol Foundation/ARS (New York)/SODRAC (Montréal) 2002: S. 18 o., 102–103, 264 u. l., 308, 389, 391 u.; © Christopher Williams: S. 157; © Rémy Zaugg: S. 237, 238.

Der Verlag hat sich bemüht, alle Quellen und Urheberrechtsinhaber zu ermitteln und zu bezeichnen. Fehler oder Auslassungen werden in folgenden Auflagen korrigiert.

SPEZIELLER DANK AN

Dieter Appelt, Universität der Künste Berlin
Lynn Corbett, Carnegie Museum of Art, Pittsburgh
Hendrik David, ETH Zürich
Oliver Dufner, ETH Zürich
Charlotte Gutzwiller, Öffentliche Kunstsammlungen, Basel
Deborah Harding, Carnegie Museum of Natural History, Pittsburgh
Christoph Kohler, ETH Zürich
Roman Kurzmeyer, Basel
Angela Lammert, Akademie der Künste, Berlin
Chris Rauhoff, Carnegie Museum of Art, Pittsburgh
Fernando Romero, Mexico City
Dietmar Schenk, Universität der Künste Berlin
Erika Trunzer, Atelier Rémy Zaugg, Mulhouse-Pfastatt
Jens Ullrich, Atelier Thomas Ruff, Düsseldorf
David Watters, Carnegie Museum of Art, Pittsburgh
Jürgen Wilde, Archiv Ann und Jürgen Wilde, Zülpich-Mülheim
Michèle Zaugg-Röthlisberger, Basel/Mulhouse-Pfastatt

LEIHGEBER (AUSSTELLUNGSSTATIONEN IN NORDAMERIKA)

Herr und Frau Richard Artschwager, Hudson, New York
Suzanne und David Booth, Los Angeles
Canadian Centre for Architecture, Montréal
Carnegie Museum of Art, Pittsburgh
Carnegie Museum of Natural History, Pittsburgh
Centre Georges Pompidou; Musée national d'art moderne, Paris
Galerie Hauser & Wirth, Zürich
Herr und Frau Stanley Gumberg, Pittsburgh
Herzog & de Meuron, Basel
Lego Systems, Billund, Dänemark
Musée du Séminaire de Sherbrooke, Sherbrooke
Museum of Contemporary Art, Los Angeles
Museum of Contemporary Art, San Diego
The Museum of Modern Art, New York
Museum of Science and Technology of Canada, Ottawa
National Gallery of Canada, Ottawa
Peter Blum, New York
Richard Rosenblum family collection, Newton Center, MA
Société du patrimoine religieux de Saint-Hyacinthe, Saint-Hyacinthe
Universität der Künste Berlin
Université de Montréal, Montréal
Walker Art Center, Minneapolis
The Andy Warhol Museum, Pittsburgh
Lawrence Weiner, New York

KATALOG

Konzept: Philip Ursprung, Lars Müller
und Herzog & de Meuron
CCA Head of Publications: Lesley Johnstone
Redaktion deutsch: Martino Stierli, Marguerite Joly
Redaktion englisch: Edward Tingley
Redaktion französisch: Marie Robert, Marie-Josée Arcand
Bildrechte: Jocelyne Gervais

Übersetzung
Französisch – deutsch: Hubertus von Gemmingen
Englisch – deutsch: Hans Juerg Rindisbacher

Designkonzept: Lars Müller, Hendrik Schwantes
Typografie: Integral Lars Müller/Markus Reichenbach
Pre-Press: Timo Kuhn

Produktion: Bagos, CH-Gossau
Druck: Grafiche Duegi, I-Verona
Einband: Buchbinderei Burkhardt, CH-Mönchaltorf

Printed in Italy

AUSSTELLUNG

Project Initiator: Kurt W. Forster
Kurator: Philip Ursprung
Ausstellungsarchitektur: Herzog & de Meuron
Jacques Herzog, Pierre de Meuron, Harry Gugger,
Christine Binswanger, Monika Annen, Christine Moser,
Esther Zumsteg

CCA Assistant Director, Exhibitions and Publications:
Helen Malkin
CCA Head of Exhibitions: Serge Belet
CCA Assistant Curator: Pierre-Édouard Latouche
CCA Exhibition Coordinator: Kathleen Lancup
Grafische Gestaltung der Ausstellung: Integral Lars Müller

ISBN 3-907078-84-5

Canadian Centre for Architecture
1920 rue Baile
Montréal, Québec
Kanada H3H 2S6

Lars Müller Publishers
5401 Baden/Switzerland
www.lars-muller-publishers.com